数字经济系列教材

U0816351

数字经济导论

主　编 ◎ 吕红波　　周晓燕
副主编 ◎ 马代绍俊　朱宏哲　孙　旭

首都经济贸易大学出版社
Capital University of Economics and Business Press
· 北 京 ·

图书在版编目(CIP)数据

数字经济导论 / 吕红波，周晓燕主编. -- 北京 ：
首都经济贸易大学出版社，2024.6
ISBN 978-7-5638-3650-5

Ⅰ. ①数… Ⅱ. ①吕… ②周… Ⅲ. ①信息经济
Ⅳ. ①F49

中国国家版本馆 CIP 数据核字(2024)第 026664 号

数字经济导论
SHUZI JINGJI DAOLUN
主　编　吕红波　周晓燕
副主编　马代绍俊　朱宏哲　孙旭

责任编辑　佟周红
封面设计　砚祥志远·激光照排　TEL：010-65976003
出版发行　首都经济贸易大学出版社
地　　址　北京市朝阳区红庙（邮编 100026）
电　　话　(010)65976483　65065761　65071505(传真)
网　　址　http://www. sjmcb. com
E-mail　publish@cueb. edu. cn
经　　销　全国新华书店
照　　排　北京砚祥志远激光照排技术有限公司
印　　刷　唐山玺诚印务有限公司
成品尺寸　170 毫米×240 毫米　1/16
字　　数　406 千字
印　　张　22
版　　次　2024 年 6 月第 1 版　2024 年 6 月第 1 次印刷
书　　号　ISBN 978-7-5638-3650-5
定　　价　56. 00 元

前言

近年来，伴随着互联网、大数据、云计算、人工智能、区块链等技术的加速创新，数字经济正在成为重组全球要素资源、重塑全球经济结构、改变全球竞争格局的关键力量，给人类社会带来广泛而深刻的影响。科学把握新科技革命和产业变革的时与势、危与机，习近平总书记强调，“当今时代，数字技术、数字经济是世界科技革命和产业变革的先机，是新一轮国际竞争重点领域，我们一定要抓住先机、抢占未来发展制高点”①。

进入新时代，以习近平同志为核心的党中央站在统筹中华民族伟大复兴战略全局的高度，将发展数字经济提升为国家战略，对做强做优做大我国数字经济做出了总体擘画，引领我国数字经济迈上了高质量发展的台阶。当前，我国数字经济发展较快、成就显著，推动了生产方式、生活方式和治理方式的变革，对经济社会的引领作用日益凸显，让世界感受到了我国数字经济发展的磅礴伟力。

但客观分析，我国数字经济大而不强、快而不优也是不争的事实，数字经济发展不平衡、不充分、不规范的问题仍较为突出。推动数字经济健康发展，必须做好我国数字经济发展顶层设计，加强关键核心技术攻关，加快新型基础设施建设，推动数字经济和实体经济融合发展，推进重点领域数字产业发展，规范数字经济发展，完善数字经济治理体系，积极参与数字经济国际合作。踏上新征程，党的二十大报告强调：“加快发展数字经济，促进数字经济和实体经济深度融合，打造具有国际竞争力的数字产业集群”②。

为帮助读者理解我国数字经济发展情况，进而把握数字经济大潮，我们以新的思维、新的态度、新的体系策略组织编写了本书。本书共十二章，涵盖了数字经济生态体系、数字经济发展基础、数字经济核心产业、数字经济融合应用、数据要素市场、数字经济时代的发展战略、数字经济下的公共治理、数字经济与企业数字化转型、数字经济与数字贸易、数字经济下的金融创新、数字经济的治理与监管。这些内容涉及数字经济学理论、数字技术的发展与应用、数字产业化和

① 习近平：《习近平谈治国理政》第四卷，外文出版社，2022，第206页。

② 习近平：《习近平著作选读》第一卷，人民出版社，2023，第25页。

产业数字化、我国数字经济未来发展趋势及政策趋向、我国数字经济安全和规范发展等，内容丰富，体系完整，适合作为高等院校数字经济相关专业的教材，也适合作为相关数字经济研究人员的参考读物。

本书由吕红波、周晓燕担任主编，马代绍俊、朱宏哲、孙旭担任副主编。本书各章的撰稿人依次为：第一章，西安外事学院吕红波；第二章，空军航空大学朱宏哲；第三章，32504部队饶向阳；第四章，空军预警学院孙旭；第五章，空军预警学院李郧；第六章，西安外事学院叶红梅；第七章，海军勤务学院贾贺；第八章，空军预警学院罗焕军；第九章，95795部队马代绍俊；第十章，西安外事学院周晓燕；第十一章，西安外事学院古丽逊；第十二章，西安外事学院牛文博。吕红波、周晓燕对全书进行了统稿修订。

囿于时间仓促且作者水平有限，本书难免存在疏漏之处，敬请批评指正。写作过程中参考借鉴了许多专家学者的观点，在此一并感谢。

目 录

第1章 绪论

数字经济作为一种新的经济形态，正在全球蓬勃兴起，成为推动经济发展的新引擎。党的十八大以来，以习近平同志为核心的党中央高度重视数字经济发展问题。习近平总书记强调："要站在统筹中华民族伟大复兴战略全局和世界百年未有之大变局的高度，统筹国内国际两个大局、发展安全两件大事，充分发挥海量数据和丰富应用场景优势，促进数字技术和实体经济深度融合，赋能传统产业转型升级，催生新产业新业态新模式，不断做强做优做大我国数字经济。"① 因此，本章将对数字经济的兴起、数字经济的定义、数字经济的相关理论等进行介绍，并阐述未来我国数字经济的基本政策趋向。

学习目标

- 了解数字经济在全球范围的兴起以及中国数字经济的发展
- 理解数字经济的内涵和特征
- 把握中国数字经济的政策趋向

1.1 数字经济的兴起

在数字经济之前，人类经历了游牧经济、农业经济、工业经济、信息经济等不同阶段。随着信息产业革命的深入发展，特别是人工智能技术开发的广泛扩展，智能化的生产生活时代悄然到来。互联网、物联网、大数据、云计算、传感技术、机器人、虚拟现实等科技，使社会经济生活日趋智能化，促进了数字经济的大发展。

① 习近平：《习近平谈治国理政》第四卷，外文出版社，2022，第206页。

1.1.1 全球数字经济的产生与发展

1946 年美国宾夕法尼亚大学诞生了世界上第一台通用电子计算机，人类社会进入电脑时代，拉开了数字经济的序幕。20 世纪 60 年代，伴随着半导体产业的兴起，数字信息作为生产要素投入经济活动中，标志着数字经济的初始阶段。20 世纪 90 年代到 21 世纪初，随着互联网的广泛运用，在产业互联网的推动下，全球掀起了数字经济的浪潮。2008 年全球金融危机之后，数字经济出现了爆发式增长（如表 1-1 所示）。

表 1-1 工业经济时代、信息经济时代与数字经济时代的比较

	工业经济时代	信息经济时代	数字经济时代
代表性的通用技术	电力、交通网络等	数据中心、数字通信网络开始发育	大数据、云计算、人工智能、移动互联网、智能终端等
生产要素	资本、劳动力、土地等	“信息”开始体现价值	“数据”成为核心要素
代表性产业	汽车、钢铁、能源等	信息技术（IT）产业，以及被 IT 化的各行业	数据技术（DT）的产业融合，被 DT 化的各产业，数据驱动
核心商业主体	大企业主导，追求纵向一体化	大企业主导、由 IT 技术支撑起供应链协同	平台主导
新经济形态	规模经济：以产品为价值载体	范围经济：以服务和解决方案为价值载体	平台经济+共享经济
商业模式	B2C	大规模定制为最高形态	C2B、C2M
组织模式	泰勒制	传统金字塔体系受到冲击，各类管理理念盛行	云端制（大平台+小前端）
文化习惯	命令与控制	泰勒制管理	开放、分享、透明、责任

数据来源：阿里研究院。

1. 数字经济产生的影响

数字经济是技术进步的一个自然结果，但它所带来的变革却是广泛而深刻的。

（1）数字经济改变了生产发展方式。其一，信息化蔓延，速度成为市场竞争的关键因素。数字经济已经成为一种新的经济发展方式，开始重新整合行业布局、产业竞争格局。随着消费者的需求不断变化和竞争对手不断出现，产品与服务的更新周期越来越快。这要求企业以最快的速度对市场做出反应、以最快的速度制定新的战略并加以实施、以最快的速度对战略进行调整。对市场迅速反应和迅速调整都要求企业建设自己的“数字神经”平台，未来将会有越来越多的企业，基于物联网、大数据等技术支持来建设自己的信息管理平台，实现企业的智能化提升和企业效益增值。

其二，数字技术冲击，推动跨企业的合作成为必然选择。数字经济以其强大的技术冲击力，改变或重建企业关系及市场规则、交易形式。不容置疑的是，市场反应速度的压力使得企业必须通过合作进行资源整合和发挥自己的核心优势，创新、不断创新，成为自我强大的常态。同时，行业机会和产业规模经济都要求新产品研发投入巨额的成本。这些都迫使企业以合作的方式来分担成本，甚至是与竞争对手进行合作，形成合作竞争的关系。而迅猛发展的信息技术手段特别是互联网技术更新，可以降低合作沟通的信息成本，强化合作的内驱力，为企业赢得更大市场空间，使得广泛的、低成本的合作成为可能。

其三，信息技术创新，促使行业断层、价值链重构和供应链管理更新。在信息技术快速发展的冲击之下，许多行业出现了大的断层，产业的竞争规则在变化、新的对手来自四面八方、新的供应商随时产生。这种断层既对行业中的现存者提出了挑战，又为新生者提供了机会，各个行业都不同程度地存在重新“洗牌”的机会。许多中间环节面临被消除的危险，他们被迫提供新的、更大的价值。许多企业进入价值链的其他环节（上游或下游），制造业向服务业转型或在价值链中重新定位（如从品牌制造商转为 OEM 制造商）。企业主动或被动地利用数字化手段以对应价值链重构，或重新抓住自己的客户，或重组优化自己的供应商队伍。

其四，大数据技术运用，使得大规模量身定制成为可能。传统经济中，商品或服务的多样性与其所到达的范围是一对矛盾。大众化的商品总是千篇一律，而量身定制的商品只有少数人能够享用。数字技术的发展使得企业现在能够以极低的成本收集、分析不同客户的资料和需求，通过灵活、柔性的生产系统进行个性化定制。在这方面，国外汽车和服装行业提供了许多成功的例子。大规模量身定制生产方式将给每个客户带来个性化的产品和服务，同时要求企业具备极高的敏捷反应能力。

（2）数字经济重构了经济发展要素。其一，数据成为驱动经济发展的关键生产要素。随着移动互联网和物联网的蓬勃发展，人与人、人与物、物与物的互联互通得以实现，数据量呈爆发式增长。全球数据增速符合大数据摩尔定律，大约每两年翻一番。庞大的数据量及其处理和应用需求催生了大数据概念，数据日益成为必要的战略资产。数据资源将成为企业的核心实力，谁掌握了数据，谁就具备了竞争优势。数据已成为数字经济时代的生产要素，而且是最为关键的生产要素。数据驱动型创新正在向经济社会的各个领域扩展，成为国家创新发展的关键形式和重要方向。

其二，数字经济基础设施成为新的基础设施。在工业经济时代，经济活动架构在以铁路、公路和机场为代表的物理基础设施之上。数字技术出现后，网络和云计算成为必要的信息基础设施。随着数字经济的发展，数字基础设施的概念变得更广泛，既包括宽带、无线网络等信息基础设施，也包括对传统物理基础设施的数字化改造，例如安装了传感器的自来水总管、数字化停车系统、数字化交通系统等。这两类数字基础设施共同为数字经济发展提供了必要的基础条件。工业时代以“砖和水泥”为代表的基础设施转向了以“光和芯片”为代表的数字时代基础设施。

其三，提升数字素养成为劳动者和消费者的新需求。农业经济和工业经济，对大多数消费者的文化素养基本没有要求；对劳动者的文化素养虽然有一定要求，但往往局限于某些职业和岗位。然而在数字经济条件下，数字素养成为劳动者和消费者都应具备的文化素养。因此，数字技术运用是数字时代的基本人权，是与听、说、读、写同等重要的基本能力。提升数字素养既有利于数字消费，也有利于数字生产，是数字经济发展的关键要素和重要基础。

其四，信息交互成为拉近供给和需求关系的重要形式。传统经济活动严格划分了供给侧和需求侧，一个经济行为的供给方和需求方的界限非常清晰。但是，随着数字经济的发展，供给方和需求方的界限日益模糊，逐渐成为融合的“产消者”。在供给方面，许多行业中涌现出新的技术，能够在提供产品和服务的过程中充分考虑用户需求，不仅创造了满足用户现有需求的全新方式，也改变了行业价值链。例如，很多企业通过大数据技术挖掘用户需求，有针对性地设计产品、开发影视作品和图书等，甚至借助3D打印技术实现完全个性化的设计、生产。公共服务的提供也是如此，政府通过听取民众意见，及时了解经济社会数据，进行科学决策、精准施策。随着数字经济的发展，需求方面也相应地出现了重大变化——透明度增加、消费者参与等消费新模式的出现，使企业不得不改变原来的设计、推广和交付方式。

（3）数字经济改写着人类社会生活。习近平总书记指出：“当前，以互联网、大数据、人工智能等为代表的现代信息技术日新月异，新一轮科技革命和产业变革蓬勃推进，智能产业快速发展，对经济发展、社会进步、全球治理等方面产生重大而深远影响。”[①] 如今，网络购物、在线外卖、手机支付等数字化消费场景，

① 习近平：《习近平向2019中国国际智能产业博览会致贺信》，《人民日报》2019年8月27日。

早已像柴米油盐一样，进入老百姓日常生活；信息化、智能化改造等数字化融合场景，持续产生着“化学反应”，助力传统行业转型升级。2022 年我国数字经济规模达 50.2 万亿元，占 GDP 的比重提升至 41.5%，成为经济增长的重要引擎，推动着产业不断升级，促使就业格局更加优化，刺激消费需求持续增长。而随着新一代网络信息技术不断创新突破，数字化、网络化、智能化深入发展，世界经济加快了向数字化转型的脚步。伴随着全球互联网流量的飙升，微软、苹果、亚马逊、腾讯和阿里巴巴等超级数字平台在世界经济中扮演着越来越重要的角色。

总的来看，新一轮科技革命和产业变革席卷全球，大数据、云计算、物联网、人工智能、区块链等新技术不断涌现。数字经济正深刻地改变着人类的生产和生活方式，它作为经济增长新动能的作用日益凸显。当前世界经济复苏乏力，需要寻找重现经济繁荣的增长点。数字经济由于具有高技术、高渗透、高融合、高增长等特性，成为推动世界经济繁荣的重要引擎。发展数字经济受到高度重视，已经成为世界各国应对国际激烈竞争、抢占战略制高点的重要手段，由此也吹响了全球范围数字经济竞争的号角。

2. 全球数字经济的发展

世界银行（WB）一直将数字经济作为帮助发展中国家实现经济增长、减少贫困、增加就业的重要手段。经济合作与发展组织（OECD）倡议各国政府加快扶持互联网经济，着手应对互联网和通信技术投资放缓的问题，消除在数字创新方面的监管障碍，维持互联网基础设施建设的高速发展，提高数字技术水平，缩小国家间在数字经济方面的差距。亚太经济组织（APEC）多年来一贯重视数字经济建设，主张在全球范围内制定有效的贸易法规，促进全球网络化贸易环境建设。二十国集团（G20）将数字经济列为创新增长蓝图中的一项重要议题，已连续多年就数字经济议题达成重要会议成果。与此同时，世界各主要经济体纷纷将数字经济作为振兴实体经济、培育经济新动能的重要战略，积极抢占全球产业竞争制高点（如表 1-2 所示）。

表 1-2　一些代表性国家政府推动数字经济的战略措施

美国：数字经济议程 （US：Digital Economic Agenda）	自由开放的互联网；互联网信任和安全；创新和新兴技术
欧盟：数字单一市场战略 （EU：Digital Single Market Strategy）	破除法律和行政壁垒，实现数字商品服务自由流通；加强网络交流平台的管理；推动数字技术发展；增加数字产业投资

续表

德国：数字经济战略 2025 （Germany：Digital Economic Strategy in 2025）	构建千兆（吉比特）光纤网络；建立投资及创新领域监管框架；在基础设施领域推进智能互联以加速经济发展；加强数据安全，保障数据主权；促进中小企业、手工业和服务业商业模式数字化转型；帮助德国企业推行“工业 4.0”；注重科研创新，数据技术发展到顶尖水平
英国：数字经济法 （UK：Digital Economy Act）	重视通信基础设施特别是宽带的建设，建立数字版权保护的法律和管制框架，保护在线著作权等
中国：互联网+战略 （China：Internet+ Strategy）	依托互联网信息技术实现互联网与传统产业的深度融合；通过优化生产要素、重构经济结构等途径来完成经济转型和升级；推动移动互联网、云计算、大数据、物联网等与现代制造业结合，促进电子商务、工业互联网和数字金融的创新发展

美国数字经济的巨大发展与美国政府的规划和推动有密切关系。在克林顿政府时期，美国就发布了《国家信息基础设施行动计划》，大力支持发展信息产业，推动互联网普及，鼓励美国数字经济发展。2016 年 12 月，美国商务部建立了数字经济顾问委员会（DEBA），成员包括科技行业巨头、创新者以及专家，旨在为政府、企业和消费者提供发展数字经济的建议，从而以数字技术的应用与发展促进经济繁荣、教育完善、积极参与政治与文化生活。2018 年，美国商务部经济分析局发布工作文件——《对数字经济的定义和衡量》，对世界认识和衡量数字经济起到了重要的促进作用。此外，美国商务部还先后出台了一系列数字经济政策与举措，如《数字经济议程》《数字政府战略》《数字战略 2020—2024》《设计美国的数字发展战略》等。

为全面提升在数字经济领域的竞争力，欧盟发布了一系列数字化转型战略规划，如 2010 年《欧洲数字议程》、2015 年《数字单一市场战略》、2016 年《欧洲工业数字化战略》、2018 年《欧盟人工智能战略》。2020 年欧盟发布了用于指导欧洲适应数字经济时代的总体规划，如《塑造欧洲的数字未来》《欧洲新工业战略》《欧洲数据战略》《人工智能白皮书》等，旨在重新定义并扩大其数字主权；2021 年发布了《2030 数字指南针：欧洲数字十年之路》的纲要文件，内容涵盖了欧盟到 2030 年实现数字化转型的愿景、目标和途径。此外，德国政府 2010 年发布《数字经济战略 2025》，在国家战略层面明确了德国制造转型和构建未来数字社会的思路，以及未来数字化必备的工业；2018 年发布《建设数字化战略》，提出建设数字化能力、数字化基础设施、数字化转型创新、数字化转型社会和现代国家五大行动领域。

英国政府 2009 年发布“数字英国”计划，为英国社会、经济、文化等方面的数字化进程设立了明确目标；2017 年发布《英国数字战略》，涵盖数字化连接、数字化技术、数字化商业、宏观经济、网络空间、数字化政府、数据等七个方面，以确保数字红利覆盖整个国家，并让每个国民受益。

日本凭借大数据、云计算、人工智能等新技术的发展，在推动“再工业化”进程中注重数字化和智能化的发展融合，对数字经济进行了系统性布局，从智能制造、数字化人才培养等领域推动数字经济发展，2019 年日本开始全力推进“数字新政”战略，在“后 5G”信息通信基础设施、学校的信息技术应用、中小企业信息化和信息技术领域研发等方面，加大资金投入力度，推动社会数字化、智能化转型。

从全球数字经济发展历程，可以看出数字经济呈现三大特征：平台支撑、数据驱动、普惠共享。在这三个特征的支撑下，全球数字经济发展呈现以下六个趋势：第一，工业时代的基础设施发生数字化重构，社会经济系统的既有规则面临数字化挑战。第二，数据逐渐展现出生产要素的基本特性，并逐渐成为全球新型的战略竞争资源。第三，数字空间逐渐成为实体空间的补充，并正在展现与现实社会不一样的组织特性和市场特性。第四，传统产业开始大规模进行数字化转型，产业互联网平台成为传统产业转型的一个重要方向。第五，提供数字技术支撑的新兴产业、面向数字空间的新兴企业在国民经济中的比重在不断增加。第六，数字政府建设成为各国政府建设的重点，高水平的数字治理能力成为营商环境优良、政府安全的重要标志①。

1.1.2　中国数字经济的产生与发展

1994 年中国正式接入国际互联网，进入互联网时代，开始了数字经济的发展。2003 年至 2015 年，随着中国互联网用户数量持续保持两位数的增长，以网络零售为代表的电子商务率先发力，带动数字经济由萌芽期进入新的发展阶段。2015 年至今，中国数字经济战略上升为国家战略。在一系列政策的推动下，中国数字经济规模不断扩大，对 GDP 增长的贡献率不断提升，吸纳就业的能力显著增强，为换挡阶段的中国经济提供了重要支撑。

---

①　黄奇帆、朱岩、邵平：《数字经济：内涵与路径》，中信出版社，2022，第 7-8 页。

发展数字经济对中国有着特殊意义：一方面，数字经济是中国经济高质量发展的新动能。进入新发展阶段，中国正在按照新发展理念加快构建新发展格局，数字经济和数字技术有助于实现发展模式从粗放式向集约式的转变，对于打通堵点、消除梗阻、建设统一的大市场和畅通国内国际双循环具有极为重要的意义。另一方面，数字经济是引领国家创新战略的重要力量。数字经济本身就是新技术革命的产物，集中体现了创新的内在要求，也是推进供给侧结构性改革的重要抓手，是构建信息时代国家竞争新优势的重要先导力量，会为中国参与下一轮世界竞争提供有利条件。

紧跟时代步伐、顺应产业规律，中国政府高度重视数字经济发展，着力提高数字技术创新能力，加速推进数字产业化和产业数字化，促进互联网、大数据、人工智能与实体经济深度融合，充分发挥大市场优势，充分释放数字经济发展新动能。

在国家层面，党的十八大以来，党中央、国务院先后出台了《国务院关于积极推进“互联网+”行动的指导意见》《国家信息化发展战略纲要》《促进大数据发展行动纲要》《新一代人工智能发展规划》《数字中国建设整体布局规划》等，从战略层面支持推动数字经济发展。在国家政策的引导下，各级地方政府将大力发展数字经济作为推动经济高质量发展的重要举措，加快数字经济政策落地实施。受此影响，中国数字经济规模持续扩大，结构不断优化，增速保持高位运行，并且拥有产业优势及相关政策的支持，已经成为带动国民经济发展的核心力量，加快了制造业、农业、交通、教育、医疗等领域现代化发展的进程。中国是目前拥有全球最多网民的网络大国，是拥有最多年轻移动消费人口的国家，是全球第一电子商务大国、全球第一移动支付大国、全球第一物流智能大国、全球第一互联网就业大国，也正在成为新一轮产业革命的主导者。

2021 年 3 月 12 日发布的《中华人民共和国国民经济和社会发展第十四个五年规划和 2035 年远景目标纲要》，其中在第五篇“加快数字化发展　建设数字中国”中进一步部署：“迎接数字时代，激活数据要素潜能，推进网络强国建设，加快建设数字经济、数字社会、数字政府，以数字化转型整体驱动生产方式、生活方式和治理方式变革。”建设和发展数字经济，已经成为全社会的共识。随着数字经济时代的到来，数据的生产要素功能和“红利”的释放功能将会更强、更全面。

总的来看，中国的数字经济正呈现出向全社会、全产业、全国民立体推进的态势，具体表现为以下六个趋势：第一，数据要素的资源、资产属性逐渐清晰，数据要素市场化配置展现了多种形态，并逐渐开始形成规模。第二，在全国统一大市场的基本原则指引下，正在建立基于数据要素的社会经济系统基础规则体系。中国数字经济海量数据和丰富应用场景优势正在以建立新规则的方式显现。第三，传统要素的数据化正在改变这些要素的配置方式，进而引发房地产、资本市场、科技创新、人才市场等传统领域的相关产业的数字化革命。第四，传统产业数字化转型加速，产业互联网逐渐被传统产业认同，并开始逐渐重视企业的数据资产以及相应的运营方式。第五，开始重视数字空间与实体空间的相互作用，并重视探寻实体经济在数字空间中的运行规律。第六，数字治理能力是我国治理现代化建设的重要组成部分，数字政府正在加速全面推进数字技术与实体经济深度融合①。

1.2 数字经济的特征

1.2.1 数字经济的定义

1996年，美国学者唐·泰普斯科特（Don Tapscott）在《数据时代的经济学》一书中，正式提出“数字经济”的概念。其后，在数字经济快速发展与广泛应用的背景下，数字经济概念得以广泛传播。

数字经济中的“数字”，至少有两个方面的含义：一是数字技术，包括不断发展的信息网络、信息技术，如大数据、云计算、人工智能、区块链等；二是数据，特别是大数据，既是新的生产要素，也是新的消费品。

关于数字经济的定义，各国说法略有差别。在众多关于数字经济的定义中，有两个最具代表性，一个是2016年G20杭州峰会发布的《二十国集团数字经济发展与合作倡议》提出的，即“数字经济是指以使用数字化的知识和信息作为关键生产要素、以现代信息网络作为重要载体、以信息通信技术的有效使用作为效率提升和经济结构优化的重要推动力的一系列经济活动。”另一个是2021年12月国务院印发的《“十四五”数字经济发展规划》提出的，即“数字经济是继农业经济、工业经济之后的主要经济形态，是以数据资源为关键要素，以现代信息网络为主要载体，以信息通信技术融合应用、全要素数字化转型为重要推动力，促进公平与效率更加统一的新经济形态”。这两个定义的相似之处在于，都把数字经济看作是一种新的经济形态，都强调数字经济是通过数字技术或数字

① 黄奇帆、朱岩、邵平：《数字经济：内涵与路径》，中信出版社，2022，第9页。

化的方式来驱动的，都认为数据是一种决定经济投入产出的新的生产要素。

此外，国际货币基金组织（International Monetary Fund，IMF）将数字经济划分为狭义和广义两种：狭义的数字经济仅指在线平台及依存于平台的活动，广义的数字经济是指使用了数字化数据的活动。联合国贸易和发展会议（United Nations Conference on Trade and Development，UNCTAD）将数字经济分为三类：核心的数字部门，即传统信息技术产业；狭义的数字经济，包含数字平台、共享经济、协议经济等新经济；广义的数字经济，包含电子商务、工业化 4.0、算法经济等。中国信息化百人会提出，数字经济是全社会基于数据资源开发利用形成的经济总和。中国信息通信研究院提出，数字经济是以数字化的知识和信息为关键生产要素，以数字技术创新为核心驱动力，以现代信息网络为重要载体，通过数字技术与实体经济深度融合，不断提高传统产业数字化、智能化水平，加速重构经济发展与政府治理模式的新型经济形态。阿里巴巴提出数字经济两阶段说，数字经济 1.0 的核心是 IT（信息技术）化，信息技术在传统的行业和领域得到推广应用，属于 IT 技术的安装期；数字经济 2.0 的核心是 DT（数据技术）化，是以互联网平台为载体、以数据为驱动力的。

综上，数字经济可定义为：人类通过对数字化知识与信息的认识、分析和应用，引导并实现资源的有效优化配置与再生，实现经济高质量发展和社会全方位进步的经济形态。

1.2.2 数字经济的内涵

认识和把握数字经济概念和数字经济现象，需要从以下几个维度思考：

第一，数字经济的核心元素。在数字经济中，数据是要素，网络是载体，融合转型是动力。从其融入产业的切口看，数字经济涵盖数字产业化和产业数字化两方面。其中数字产业化主要指信息产业的增加值，主要包括基础电信、电子信息产品制造业、软件和信息服务业、互联网产业。产业数字化包括信息技术对其他产业（包括农业、工业和服务业）的贡献。

第二，数字经济的基本内涵。数字经济是一个内涵比较宽泛的概念，凡是直接或间接利用数据来引导资源发挥作用、推动生产力发展的经济形态都可以纳入数字经济的范畴。作为技术的数字经济，其形成基础是电信、计算机、通信设备等信息技术及不断升级的网络基础设施与智能机等信息工具。借助互联网、云计算、区块链、物联网等信息技术，人类处理大数据的数量、质量和速度不断增强，推动人类经济形态由工业经济向信息经济—知识经济—智慧经济形态转化，极大地降低了社会交易成本，提高了资源优化配置效率，提高了产品、企业、产业的附加值，推动了社会生产力快速发展，同时为落后国家超越性发展提供了技术基础。因此，数字经济也称智能经济，是工业4.0或后工业经济的本质特征，是信息经济—知识经济—智慧经济的核心要素。

作为经济的数字经济，是指一个经济系统，在这个系统中，数字技术被广泛使用并由此带来了整个经济环境和经济活动的根本变化。同时，数字经济也是一个信息和商务活动都数字化的全新的社会政治和经济系统。数字经济主要研究生产、分销和销售都依赖数字技术的商品和服务。数字经济的商业模式运行也在创建企业和消费者的双赢格局，并在提升双方或多方利益满足的同时，强化了利益链的紧密关系。

第三，数字经济概念的外延。由信息技术革命所带来的新商业模式、新生活方式，以及人们所获得的更多效用，都属于数字经济范畴，如网约车、无人驾驶、工业生产中物联网的应用等，这些行业本身并不隶属于信息技术相关行业，但它们的兴起实实在在地产生于数字经济的土壤中。

在发展过程上，数字经济的发展给企业竞争战略、社会组织结构和行业文化等领域的管理实践和运营方式带来了巨大的冲击。随着先进网络技术被广泛应用，人们原来的时空观念受到了真正的挑战，实效、位置、买卖之间的联系形式发生改变转变。企业组织整合与顾客、供应商、合作伙伴在数据、信息系统、工作流程和工作实务等方面的业务，及其所采用的标准、协议、传统、需要、激励和工作流程等内容，均呈现数字化形态。

在功能设施上，数字化的技术、商品与服务不仅在向传统产业进行多方向、多层面与多链条的加速渗透，即产业数字化；而且在推动诸如互联网数据中心IDC（Internet Data Center）建设与服务等数字产业链和产业集群的不断发展壮大，即数字产业化。国际火热的5G、6G，数据中心、工业互联网等新型基础设施本质上就是围绕科技新产业的数字经济基础设施，都被视为数字新经济范围。

在技术构成上，材料技术、芯片技术和计算机技术的发展，以及大数据、互联网、云计算、人工智能等技术，加深了新一代信息技术与工业制造业的深度融合，数字技术应用于信息的采集、存储、分析和共享的过程，产生了新技术、新产品、新产业、新业态和新模式。其中，以数字化、网络化、智能化为特征的信息通信技术的使用推广使得现代经济活动更加灵活多样、智慧便捷、高效低耗，其技术应用和实施过程均成为数字经济的基本形式。

根据《数字经济的定义、概念化和测量》（*Defining*，*Conceptualizing and*

Measuring the Digital Economy）一书中对数字经济结构的定义，数字经济及其核心产业可以划分为三个层次。

第一层是核心层数字部门，包括硬件、软件、信息服务以及通信技术，对应数字技术研发和制造的基础设施领域；第二层是狭义数字经济，包括基于数据、信息网络和数字技术应用的新商业模式，最为典型的是平台经济、数字服务，以及介于狭义数字经济和广义数字经济之间的共享经济、零工经济；第三层是广义数字经济，涉及与传统制造业、服务业的数字化相关的电子商务，还包含新出现的物联网、工业 4.0、精准农业、算法经济等，反映经济生活的各个层面所进行的数字化转型（如图 1-1 所示）。

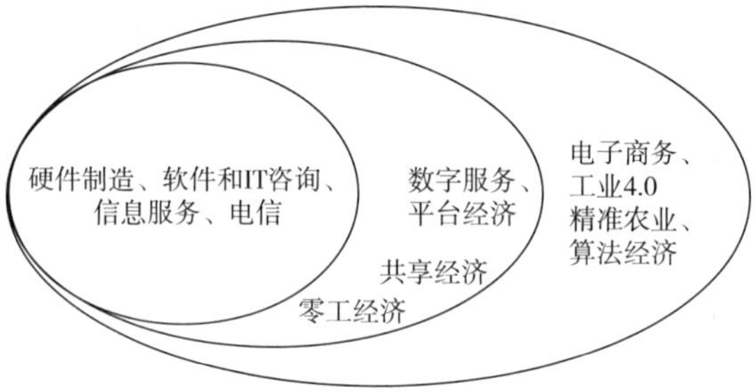

图 1-1　数字经济及其核心产业结构

第四，数字经济的内在本质。数字经济的本质在于信息化。信息化是由计算机与互联网等生产工具的革命所引起的工业经济转向信息经济的一种社会经济过程。信息化包括信息技术的产业化、传统产业的信息化、基础设施的信息化、生活方式的信息化等内容。信息生产要求发展一系列高新信息技术及产业，既涉及微电子产品、通信器材和设施、计算机软硬件、网络设备的制造等领域，又涉及信息和数据的采集、处理、存储等领域。同时，信息技术也被广泛应用于改造和提升农业、工业、服务业等传统产业，即数字技术会重新设计和再造一个全新的现代化发展进程。

1.2.3　数字经济的主要特征

数字经济的特征是由构成数字经济的元素、支撑数字经济的技术和数字经济的变化发展及其产生的影响作用等因素所决定显现出来的，能够反映数字经济形成缘由、发展趋势，足以体现数字经济的巨大生命力。

1. 数字经济在技术领域的特征

（1）快捷性。由数字经济从无到有、从小到大的快速发展来看，快捷性应该是其一个突出的外部特征。数字经济的快捷性主要表现在互联网技术应用突破了传统的国家、地区界限，各个国家和地区被网络连为一体，使整个世界紧密联系起来，把地球变成一个超级“网络”。它已经突破了传统物理时间概念及其约束，使人们的信息传输、交互连接、经济往来可以在更小的时间跨度上进行。而且，与传统经济及其他现代经济相比较，数字经济时间短、速度快、效率高，这显然是数字经济有别于其他任何经济形态的一大优势。所以，数字经济就是一种速度型经济。现代信息网络可用光速传输信息，数字经济以接近于实时的速度收集、处理和应用信息使生产节奏大大加快，数字经济彻底改变和颠覆了人们对经济的认知习惯和固有观念。

（2）渗透性。从数字经济的功能来看，以数字化技术为核心的数字经济，随着迅速发展的信息技术、网络技术等基本技术应用的不断扩张和持续延伸，必然触及和进入其他领域和行业，体现出数字经济所具有的高渗透性功能。信息化、信息服务业迅速地向第一产业、第二产业扩张，使得三大产业之间的界限愈加模糊，并以其技术装备和功能，直接促成了第一产业、第二产业和第三产业相互融合、一体化发展的趋势。由此可见，未来，数字经济的高渗透性特征还会重新界定不同产业之间的关系，决定产业变革的新方向、新成就。

（3）扩张性。就数字经济的结构而言，由于其数字集成芯片和生化材料的技术突破，其快速壮大外扩的能力愈来愈强。按照数字经济的价值等于网络节点数的平方的算法，网络产生和带来的效益将随着网络用户的增加而呈指数级增长。在数字经济中，由于人们的心理反应和行为惯性，在一定条件下，优势或劣势一旦出现并达到一定程度，就会导致差距不断拉大并自行强化，出现“强者更强，弱者更弱”的“赢家通吃”的垄断局面。

2. 数字经济在运行方面的特征

（1）高效率。在新一代信息技术的支撑下，生产、流通等环节经历着数字化的深刻变革，智能制造、数字贸易、数字金融等新业态不断涌现。这些新业态的出现带来的是与传统经济业态大相径庭的组织模式和运作模式。比如，经济组织结构趋向扁平化，信息不对称的情况大大降低，生产者与消费者可直接联系，中间商存在的必要性大大弱化，这有效降低了交易成本，提高了运行效率。

（2）快更新。相比传统经济，数字经济的信息技术含量更高，而信息技术的一大特点就是迭代更新速度很快。比如，计算机领域普遍存在摩尔定律现象，存储器、芯片等的处理能力每18个月就会翻一番。技术革命带来商业模式创新，推动经济运行模式快速变化。与摩尔定律相匹配的达维多定律告诉我们，企业必须不断更新自己的产品，要在市场上占据主导地位必须第一个开发出新产品，被动地以第二或第三家企业的身份将新产品推进市场，获得的收益将远不如第一家企业。因为尽管第一代产品不够完善，却能够自动获得50%的市场份额。企业要实现这一目标，前提是要在技术上保持领先，在这方面数字经济具有明显优势。

（3）广辐射。数字技术突破了国家或地区的场域。信息传输、经济往来可以在更短时间内进行，经济交往中的沟通、交易、物流等成本大幅降低，辐射范围更广，能够突破原有经济的交往半径，实现更大范围的跨区域交易。也就是说，数字经济以更加快速的渗透能力，把各行各业融合得更彻底，各行各业的经营半径互相渗透甚至叠加，使得数字经济和传统经济都展现出更为强大的生机和活力。

（4）大规模。根据美国学者罗伯特·梅特卡夫提出的梅特卡夫法则，网络价值以用户数量的平方的速度增长。信息资源的奇特性在于，它不仅可以被无损耗地消费，而且信息的消费过程可能同时就是信息生产的过程，它所包含的知识或感受在消费者那里催生出更多的知识或感受，即需求创造了新的需求。信息消费的人越多，产生的资源总量就越大。因此，数字经济在网络上的节点越多，其规模经济的“增值”效应就越明显，网络产生和带来的效益随着网络用户的增加呈指数级增长。

1.3　与数字经济相关的概念

近年来，随着数字技术与产业深度结合，数字经济的概念和内涵也在不断丰富。要更好地把握数字经济，需要了解与数字经济相关的概念。

1.3.1　知识经济

1962年，费里茨·马克卢普在其著作《美国的知识生产与分配》（*The Production and Distribution of Knowledge in the United States*）中，论述了知识和知识产业的经济地位，将知识产业定义为生产知识和提供信息服务或生产信息产品的组织或机构。1968年，号称“管理大师”的经济学家彼得·德鲁克首次提出了“知识经济”一词，指出知识经济是指利用知识创造商品和服务的一种经济形态，强调知识和技能在服务经济中的重要性。1997年，经济合作与发展组织（OECD）出版了代表性文本《以知识为基础的经济》（*The Knowledge-based Economy*），明确将知识经济定义为“基于知识和信息的生产、分配和使用的经济”，并指出了知识经济已经到来。此后，知识经济的发展进入快车道。

1.3.2 信息经济

基于费里茨·马克卢普“知识产业”的概念，马克·波拉特将“知识产业”改称为“信息产业”，并将信息产业看作是与农业、工业、服务业三次产业对应的“第四产业”。20世纪80年代，美国经济学家保尔·霍肯在《未来的经济》一书中，明确提出“信息经济”的概念，并将其解释为一种以新技术、新知识和新技能贯穿整个社会活动的新型经济形式。这样，信息经济就被看作是一种新兴的经济结构，是与农业经济、工业经济对应的一种经济形态。随着数字技术的广泛渗透，“信息经济”的概念被广泛使用，并且其内涵还在不断扩展。

1.3.3 网络经济

网络经济亦称互联网经济。学术界对“网络经济”概念的认识经历了一个漫长的过程。美国人曼纽尔·卡斯特在《网络社会的崛起》一书中，较为经典地界定了网络的概念。他认为网络是一组相互连接的节点，节点是曲线与已身相交之处，而具体的节点需根据具体网络种类而定。因此，网络经济被定义为通过因特网进行的经济活动，即基于互联网平台的生产者向消费者提供产品和服务的经济活动。当然，也有人从更广的意义上对网络经济做了界定，认为网络经济是指由计算机技术、网络技术和通信技术的发展与融合所驱动，以网络化企业、电子商务、网络银行和电子货币的广泛出现为基础，由竞争策略、业务处理形式、组织结构乃至经济结构等方面的变化所响应而形成的网络化经济活动与领域。总之，从其概念的历史发展看，网络经济的本质在于电子网络的连接性。

1.3.4 智能经济

在20世纪50年代，美国经济学家赫伯特·西蒙就提出智能代理模式，最简单的智能代理就是机器人。当前，智能经济被看作是建立在智能技术基础之上，由智能技术推动形成和发展的一种新的经济形态。智能经济重视技术应用与社会经济发展的深度融合，以智能产业化和产业智能化为主要形式，以智能城市、智能交通、智能家居等为应用领域，推动生产、生活方式实现智能化。智能时代，智能机器人将更广泛地应用到人类工作、生活的各个领域，成为智能经济发展的关键点。2019年1月，阿里研究院在《解构与重组：开启智能经济》报告中指出，智能经济是使用“数据+算法+算力”的决策机制去应对不确定性的一种经济形态，具有以数据为关键生产要素、以人机协同为主要生产和服务方式、以满足海量消费者的个性需求为经济价值追求方向三个特征。

1.3.5 共享经济

共享经济是指以获得一定报酬为主要目的，基于陌生人且存在物品使用权暂时转移的一种新的经济模式。在这种经济模式下，商业机构、组织或政府等第三方基于信息技术创建市场平台，其他群体或个体依托此类平台，交换闲置物资，共享知识、经验，为企业、创新项目筹集资金。进入21世纪，随着互联网的发展、第三方支付手段的兴起、中低收入人群对廉价服务需求的扩大、资源的过剩和闲置以及基于位置服务（Location Based Service，LBS）、云计算、大数据等创新技术的发展，共享经济逐渐成为借助网络等第三方平台兴起的一种新的经济模式。共享经济将供给方闲置资源使用权暂时性转移，从而实现生产要素的社会化，并通过提高存量资产的使用效率为需求方创造价值，是促进可持续发展的一种新的经济模式。

1.3.6 平台经济

平台经济是一种依托本身并不生产产品的“平台”，通过促成双方或多方供求之间的交易，收取适当的费用或赚取差价而获得收益的商业模式。从搜狗、百度等门户网站，到淘宝、京东等电商平台，再到腾讯、Steam等社交、游戏平台，平台经济随着平台企业的发展而兴起。作为产业经济的分支，平台经济所依托的载体“平台”与传统只涉及买卖双方的单边交易市场不同，是一种能容纳两种或多种类型产销群体，并通过实现产销群体间的博弈获取利润的双边或多边市场。

1.4 数字经济的政策趋向

近年来，世界正在进入数字化经济的全新发展阶段。中国积极布局发展数字经济，既是自身经济转型发展的需要，也是改变全球竞争格局的需要。我们要清醒地看到我国发展数字经济的优势和劣势，扬长避短、迎头赶上。在十九届中共中央政治局就推动我国数字经济健康发展进行第三十四次集体学习时，习近平总书记深刻强调：“要牵住数字关键核心技术自主创新这个‘牛鼻子’，发挥我国社会主义制度优势、新型举国体制优势、超大规模市场优势，提高数字技术基础研发能力，打好关键核心技术攻坚战，尽快实现高水平自立自强，把发展数字经济自主权牢牢掌握在自己手中。”①

1.4.1　坚持自主创新

当前，我国数字经济发展规模稳居世界第二。尽管如此，我们在一些基础技术领域和核心技术领域方面，仍然未摆脱受制于人的困局。数字经济的发展还有不尽如人意的现象，在做强做优方面亟待解决。一般认为的七项影响未来的关键技术（云计算、大数据、人工智能、互联网、虚拟现实、工业机器人、区块链）的主要专利和技术控制权大都集中在美国、日本、德国等国手中。上述核心技术的缺失，对于中国数字经济的挑战是非常大的。应该清醒地认识到，核心技术上的短板是最大的“命门”，紧紧牵住核心技术自主创新的“牛鼻子”是补齐短板的关键。

1. 数字经济自主创新的重大意义

（1）自主创新既可以成为我国国际竞争新优势，又可以增强我国发展的长期动力；既可以提高我国经济增长的质量和效益，又可以加快我国经济发展方式的转变。

（2）加快数字经济自主创新，对传统产业优化升级的支持方面有利，并且会催生新模式、产生新业态和新产业，对传统动能的改造升级和新动能培育壮大方面也有很大的促进作用。一方面，数字经济自主创新的加快，对于深化要素市场化配置改革有利，并且对降低实体经济运行成本有很大的促进作用；另一方面，数字经济自主创新的加快，对于构建新型发展体制机制方面有利，并且可以加快形成有利于创新发展的市场环境、投融资体制、分配制度、产权制度、人才培养引进使用机制等。同时，加快数字经济自主创新对于推动经济发展的动力、质量、效率等方面的变革，以及提高全要素生产率、加快国家创新体系建设也具有强劲的推动作用。

2. 自主创新的几大着力点

（1）推动数字经济的基础设施建设和技术发展。通信网络、大数据、5G 等数字基础设施和新技术的发展需要大力推进，互联网数据中心、传统宽带网络等传统基础设施的升级改造需要高标准推动，不同地区之间、城镇之间的基础设施水平差距大的问题需要解决，新一代数字基础设施，在安全、移动、高速等方面

---

① 习近平：《习近平谈治国理政》第四卷，外文出版社，2022，第 206 页。

需要积极构建，数字资源交互效果需要提升，应推动产业数字化升级、奠定数字产业化的坚实基础。

（2）加强数据安全工作和深化数据治理。就像农业时代的劳动力和土地一样，工业时代的数据、资本、技术已然变成了数字经济时代最核心的生产要素。在这当中，政府成了掌握那些海量公共数据的主体。应选择在交通运输、医疗卫生等重点领域进行改革试验，对公共数据的分类分级开放策略进行周密的研究，在公共数据的开放共享体制机制方面积极探索，需要加强公共数据资源的规范化、制度化、法治化，以最大程度地挖掘和释放公共数据的潜能。对于电商平台、互联网企业等采集来的数据，应开展数据反垄断、平台经济、数据流通等相关立法的建立健全工作；对定价、数据流通涉及的产权明确等环节的交易问题，加强共享、使用、存储、数据采集等相关行为的规范；明确平台各相关主体的权责规范，为数据的流通创设适合的法律和政策环境。与此同时，还要尽快健全完善个人信息保护、数据安全等方面的制度规范和法律法规，从而加大对个人数据的保护力度。

（3）推进重点领域智能化数字化的应用。数字经济助推实体经济发展，会产生叠加效应和倍增效应。它以人工智能、大数据等新技术的引导，农业、工业、服务业的着力推动，以及向生态化、平台化、智能化、数字化的升级，促进三大产业深度融合发展。要促进物联网、大数据、人工智能等新兴技术向重点行业的渗透转化，加快推进智能家居、智能制造、无人驾驶、智能交通、智慧教育、智慧医疗等智能经济应用发展。

（4）加强数字经济相关基础性研究的开展。与传统经济相比，数字经济有许多不同的特点，传统经济学理论的解释和指导对于数字经济而言已不能完全奏效，因此，亟须解决开展基础性研究的问题。应指导研发中心、科研院所、高校加强对数字经济技术、相关理论等方面的研究，在产品定价、组织管理、企业组织、竞争理论、数据产权等领域加快取得突破性成果。同时，要加快培养一批研发技术过硬、基础理论功底深厚的数字经济骨干人才和领军人才。

（5）加强数字经济国际交流与合作。以跨境电商为基础的数字丝绸之路为依托，加快“一带一路”沿线国家数字基础设施的互联互通和建设工作；实现信息流和数字流的互联互通，与各个国家的优势资源和核心生产要素相连接；加强我国与国际社会在智能化安全、智能化产业、智能化研发等方面的合作，进而加强我国对数字经济国际规则的探索和研究，最终提升我国在国际社会的话语权。

(6) 坚持走好基础研究和高端研发相结合的数字经济自主创新之路。自主创新是要在充分继承并借鉴前人已有的成功经验的基础上，结合发展实际和各自发展特点，开创出更好、更新的发展模式，而不是抛弃已有的成果和经验另起炉灶、从头做起。成功的创新要经过周密细致的调查研究和统筹规划，同样也不是一拍脑袋、想当然就能做到的。数字经济自主创新既要优化创新发展环境，探索新型商业模式，掌握高端技术，增强经济发展韧性，又要重视高端技术基础研究，提升基础研发能力，持续提高自主创新能力，形成有助于提高经济发展质量的新技术、新产品，从而有效防止因外部冲击而导致产业链断裂，打通数字经济发展渠道，并掌握数字经济发展的主动权。

(7) 充分发挥人才在数字经济自主创新中的引领和支撑作用。“创新驱动本质上是人才驱动”①，习近平总书记的这一重要论断，深刻指明了创新驱动发展战略的突破口和着力点在人才。数字经济专业人才的培育，有利于实现数字经济前沿研究的新突破，有利于夯实数字经济基础研究。要充分发挥人才在自主创新发展中的引领作用，加快数字经济创新型人才队伍建设，突破数字经济发展的人才瓶颈，建立健全人才培养与引进模式。要打破束缚人才的制度羁绊，创设符合人才成长规律的管理模式，建立更为灵活的人才管理机制，完善人才评估机制，广泛吸引各类创新人才，汇聚创新发展的强大正能量。

1.4.2 发挥我国制度优势、体制优势和市场优势

在全球数字经济竞争日趋激烈的形势下，抢占未来发展制高点，推动我国数字经济健康发展，要充分发挥我国社会主义制度优势、新型举国体制优势、超大规模市场优势。

1. 发挥我国制度优势

我国社会主义制度优势体现在诸多方面，集中地反映在两个方面：

(1) 我国独有的集中力量办大事的制度优势。我国特有的制度优势使得我国政府能够在数字基础设施的建设上大有作为。例如新型基础设施建设具有所需投资大、涉及产业广、规模大等特点，由此带来的高昂建设成本必然需要企业和民间资本的大量参与和支持。在此方面，必然借助于我国独有的集中力量办大事的制度优势，因为这有助于各类资本力量参与新型基础设施的建设，这无疑为数字经济生态体系的健康发展和完善奠定了基础。近年来，在以习近平同志为核心

① 习近平:《习近平谈治国理政》第四卷，外文出版社，2022，第538页。

的党中央的高度重视和大力推动下，各级政府纷纷出台政策促进数字经济发展，为数字经济发展提供体制保障和环境动力。

例如，浙江省、河北省（雄安新区）、福建省、广东省、重庆市、四川省等六个地区结合创建“国家数字经济创新发展试验区”，深入开展体制改革探索，围绕加速实体经济数字化转型，研究构建更加适应数字生产力进步的生产关系，建立适应平台经济、共享经济等新业态发展要求的管理制度，探索数据高效安全流通和应用的政策制度。特别是浙江省，以“数字化改革”为主线，研究出台了一系列政策文件，推动全省范围内的深化改革，全面引领数字经济新产品、新模式、新业态、新就业、新消费、新生活方式。

（2）我国对数字经济发展包容宽松的政策法规体系。当前，民众、企业、政府对发展数字经济的认识得到进一步统一，数字经济发展需要的良好的政策环境在中央到地方自上而下的政策部署里得到了体现。数字经济新模式、新业态和新产业蕴藏的巨大潜力和强大动能得到不断释放。中国政府对数字经济一直持包容宽松的监管态度，并从国家战略高度上重视发展数字经济。近年来，“上云用数赋智”行动、数字化转型伙伴行动等政策行动相继推出，我国发展数字经济的制度优势日益凸显。

2. 发挥我国体制优势

新型举国体制优势，也是我国社会主义制度的一大亮点，这一优势主要表现在以下三个方面：

（1）国家重视数字经济的发展顶层设计及其体制机制建设。党的十八大以来，党中央高度重视发展数字经济，实施网络强国战略和国家大数据战略，拓展网络经济空间，支持基于互联网的各类创新，推动互联网、大数据、人工智能和实体经济深度融合，建设数字中国、智慧社会，推进数字产业化和产业数字化，打造具有国际竞争力的数字产业集群，使得我国数字经济发展较快、成就显著。特别是新冠疫情暴发以来，数字技术、数字经济在支持抗击新冠疫情、恢复生产生活方面发挥了重要作用。《中国数字经济发展白皮书（2021）》显示，数字化体制改革最大限度地释放了数字经济发展的巨大潜力，全国有 13 个省份数字经济规模超过 1 万亿元，北京、上海的数字经济占 GDP 比重在全国领先，重庆、福建的数字经济增速在全国领先。

（2）市场主体机制。近年来，我国在电子商务、移动支付、共享经济等数字经济核心领域已经培养出了一大批走在世界前列的数字平台企业。在这些龙头企业的带动引领下，一批中小企业得以集聚。同时，在市场和政府的共同推动下，以人才、金融、新型基础设施、制度等多要素为支撑，形成了一个大的数字产业生态，对传统产业转型升级产生了诸多积极影响。此外，全球领先的龙头企业能够充分发挥国际话语权优势，深化对外经贸合作与技术交流，通过参与电子商务、移动支付、数字内容等领域的国际规则制定，为更多中国数字经济企业“走出去”奠定了良好的规则基础。

（3）协调配置机制。在数字经济时代，我国的互联网平台正逐渐成为协调和配置资源的基本经济组织，成为推动我国经济发展的重要加速器。一方面，数字经济能够依托平台的组织减少信息不对称性，避免生产要素多余投入或闲置造成的浪费；另一方面，互联网平台能够通过技术和模式创新打破各类要素投入生产的时间和空间约束，扩大生产要素的资源供给。众多平台企业通过打造共创共赢的生态系统，推动整个社会数字化转型，为中小微企业提供可负担的、世界级的数字基础设施，促使更多资源实现高效集聚，从而让整个社会的信息成本大幅下降，让更大范围的协同合作成为可能。

“十四五”时期，数字经济高质量发展亟须在数据要素基础制度改革上取得重大突破，加快建立数据资源产权、交易流通、跨境传输和安全保护等基础制度和标准规范。继续保持和发挥新型举国体制优势，一是要推进实体经济转型。加快推进实体企业价值链、供应链各环节的数字化改造，加快企业“上云用数赋智”，打通各部门、各环节的数据连接，推动实体企业业务流程、商业模式和业态创新。二是在首创性制度创新上“大胆地试，大胆地闯”，构建与数字经济发展相适应的政策法规体系。三是完善数字治理规则，推动数据权属、开放和流动，以及数字市场公平竞争，加强网络安全等领域的法律法规和管理制度建设，营造良好的数字经济发展环境。积极参与数字领域的全球治理规则制定，深化数字经济全球分工合作，促进数据、数字商品和服务跨境流动。

3. 发挥我国市场优势

我国超大规模市场优势主要体现在三个方面：

（1）市场规模优势。数字经济的典型特征是网络外部性，市场规模越大，越有利于海量数据的产生，也就越有利于数字经济发展。我国拥有14亿人口所形成的强大内需市场，网民规模巨大。强大的国内市场更有利于数字经济充分发挥降低市场交易成本和协调成本的能力，也将使得市场效率得到有效提升。

（2）消费群体优势。技术的可持续发展离不开市场的需求激励。我国人口数量众多，且人均 GDP 已突破 1.2 万美元，整体消费能力和潜力较大，超大规模市场优势较为突出。我国数字消费者数量庞大，各种数字应用渗透率都位于世界前列。庞大的消费者群体使得消费者的个性化需求得以满足，促使各个数字经济企业不断开辟新场景新产品，以满足消费者独特且多变的需求。当前，越来越多的中国互联网公司开始采用独特的生态战略，实现线上线下全场景打通，强化与消费者的沟通，通过社会化方式完成更多新产品新服务的生产和提供。

(3) 消费变革优势。随着传统消费市场和大数据、云计算、人工智能等数字技术的融合，许多以数字技术为依托的全新消费形式应运而生，在满足人们多样化消费需求的同时又促进了数字技术、数字产业的发展升级。我们要充分利用好我国超大规模市场的优势，推动新技术快速大规模应用和迭代升级，加速科技成果向现实生产力转化。

继续保持和发挥这些超大规模市场优势，一是要充分利用当前我国消费升级的强劲优势。这不仅为数字经济发展提供了多样化的应用场景，也有助于降低企业创新创业的试错成本。在数字经济中的大数据、人工智能等领域，我国企业能够依托海量数字消费者实现快速发展。但是中国仍有部分产业的成熟度较低，人民日益增长的美好生活需要难以通过落后的产业得到满足。未来，数字经济将提供更具创造性的解决方案，直击消费者痛点，有望实现跨越式发展。二是要从消费领域向生产领域扩展。我国是世界上制造业规模最大的国家，产业门类齐全、产业链完整、发展层次多样，产业数字化发展具有广阔的市场空间和丰富的应用场景。当前我国数字经济优势主要体现在消费领域，未来需要在生产领域多发力，发挥数字科技赋能的巨大威力，提高实体经济的全要素生产率，形成一批产业数字化和数字支撑平台领域的世界级企业，推动我国产业向全球价值链高端攀升。三是要促进数字消费提质。鼓励企业利用新一代信息技术开发智能网联化产品，不断创新互联网服务，提高数字产品和服务的定制化水平，满足消费升级需要，拉动科技创新和产业升级。

4. 发挥我国工业体系和人力资源优势

此外，在数字经济发展方面，我们还具有一些其他优势，这些优势也将为我国数字经济的腾飞保驾护航。

(1) 工业体系优势。一是技术优势。信息技术的持续迭代为数字经济增长增添了全新活力，近年来，我国在 5G 技术、人工智能、量子计算、物联网、区块链、大数据等信息技术优势领域持续突破，并加快推进产业化应用，为数字经济的蓬勃发展提供了强大支撑。二是产业优势。我国已成为制造业大国，是全球唯一拥有联合国产业分类中所列全部工业门类的国家，拥有世界上最完备的工业体系，在工业互联网快速发展的今天，这将为数字经济的发展带来更多红利。三是后发优势。总体来看，我国产业数字化转型仍处于起步期，传统产业数字化水平还有待提高。与此同时，数字经济在不同区域间发展不平衡的问题日益凸显，偏远落后地区、农村地区还有大量的数字化需求未能满足。

（2）人力资源优势。一是对人才的吸引力逐步增强。当前，我国数字经济规模占 GDP 比重超过四成，其增速远远超出 GDP 增速，在国民经济中的地位举足轻重，数字经济正在成为驱动经济增长、吸纳就业的新引擎。二是人才质量不断优化。随着人才强国战略的深入实施，我国教育体系日益优化，科技创新人才队伍建设取得积极进展。近年来，我国人才优势不断积累，“劳动力红利”逐步向“工程师红利”转化，为数字经济的高质量发展奠定了智力资本。

总之，数字技术的基础研发需要大量的资金、技术和人才培育的投入，是一项长期的系统工程。要充分发挥社会主义制度优势、新型举国体制优势，将政府、市场与社会有机地结合起来，科学统筹、集中力量、优化机制、协同攻关，把发展数字经济自主权牢牢掌握在自己手中。

1.4.3 提高数字技术基础研发能力

我国数字经济发展已经形成规模和速度优势，正面临全面优化升级和深度融合发展。在此基础上，我们要认清大势，把握机遇，强化数字经济发展的技术基础的研发能力，营造好的发展环境，高水平统筹发展与监管，着力推动我国数字经济健康发展。

数字经济发展的技术基础之所以如此重要，一方面，是因为数字经济的发展取决于数字技术的基础研发。数字化技术要带动经济腾飞，一定要结合各种科技要素和实体，其中数字经济要和物联网技术结合，要与各类大数据结合，要与机器人结合，要与虚拟现实结合，要与教育模式结合，要与设备技术结合。通过不断研发各种状态场景，就能让数字技术高速融入并应用于数字经济的各种工程。另一方面，是因为基础研究是自主创新的源头。“自主创新”不等于“闭门创新”。虽然我国的经济总量已位居世界第二，但我国企业总体上还处于全球行业价值链的中低端；我国的全员劳动生产率只有发达国家的 1/5 左右。要实现经济转型，就要先实现从买技术到自主创新的观念上的转变。中国经济能不能真正从世界“第二”走向“第一”，取决于我们原始创新和基础研究的能力。基础研究探索客观事物的原理与规律，不仅需要长期的努力与坚持，也需要不同背景、不同国家的科学家通力合作。我们要抓住将基础研究的成果转化为生产力的机会，在充分继承并借鉴已有的成功经验的基础上，结合发展实际和各自特点，开创出更新、更好的发展模式。

当前，数字技术基础研发的着力点主要包括以下五个方面。

1. 补齐基础研究短板

打好关键核心技术攻坚战，必须补齐基础研究的短板。许多“卡脖子”的技术问题，根源就在于基础理论研究跟不上，源头和底层的东西没有搞清楚。数字技术高水平自立自强，必须建立在基础研究和原始创新的深厚根基上。要把基础研究摆在更加突出的位置，以应用倒逼基础研究，以基础研究支撑应用，为关键核心技术突破提供知识和技术基础。同时，要强化原创引领导向，支持和激励科研人员增强创新自信，挑战科学和技术难题，实现更多“从 0 到 1”的突破，努力提出新理论、开辟新方向，为实现数字技术高水平自立自强提供持久的创新源泉。

2. 完善数字技术基础设施体系

完善数字技术基础设施体系是数字经济的底层逻辑和发展根基。有专家指出：以 5G、集成电路、大数据、云计算、区块链、人工智能等为代表的新一代信息技术快速演进、交叉融合，促使“技术—产业”交互迭代效应持续增强，正在深刻改变全球技术产业体系，并强有力地支撑着数字经济创新发展。为此，我们要实施“双千兆”网络协同发展行动计划，推广升级千兆光纤网络，建设品质优良、集约高效、安全可靠的精品 5G 网络。实施 5G 应用创新行动计划，培育 5G 产业生态，系统拓展应用领域。深入推进网络提速提质。提升互联网协议第 6 版（Internet Protocal Version 6，IPv6）端到端贯通能力，推进移动物联网全面发展，完善电信普遍服务补偿机制，优化国际通信出入口局布局。统筹布局绿色智能的数据与计算设施。推进全国一体化大数据中心体系建设，打造若干国家枢纽节点和区域大数据中心集群，推进国家工业互联网大数据中心建设，引导数据中心向高技术、高效能、低排放的“两高一低”方向发展。构建多层次的计算基础设施体系，推动建设公共数据共享交换平台、大数据交易中心等设施，提升人工智能基础设施服务能力。同时，积极发展高效协同的融合基础设施，加快车联网基础设施建设和改造，利用 5G、大数据、人工智能等技术对传统基础设施进行智能化改造。

除此之外，还要加快信息基础设施升级。“十四五”规划和 2035 年远景目标纲提出要“打造数字经济新优势”。完成这一重要任务，一是要加大数字科技研发投入。特别是要加大政府对数字经济领域基础科学、产业共性技术以及“卡脖子”技术的研发投入，通过提高研发费用等措施，鼓励企业加大研发投入、多关注基础研究。

二是要加快推动数字技术标准制定。推动政府主管部门、行业协会、领军企业、高校和科研院所密切合作，加快数字经济领域术语、新技术和数据格式、工业互联网平台架构等方面的标准制定，尽快达成业界共识，实现兼容和互联互通。同时，积极参与国际技术标准组织的工作，推动更多中国技术标准成为国际标准。

三是要支持科技成果产业转化。改革科技成果管理体制，使科研人员能够更好分享科技成果转化的收益，增强其推动科技成果转化的积极性；借鉴国际上比较成熟的经验，通过国家重大工程等为新技术的工程化创造早期市场；通过政府采购、新型基础设施建设等为数字科技的大规模产业化提供市场支持，加快技术迭代。

四是要促进数据开放连接共享。研究制定政府公共数据开放制度规范，推动企业登记、交通、气象、信用评价等不涉及国家安全的公共数据向企业开放以及各地区各部门间的数据共享；推动制定数据权利归属、数据交易等相关制度，建立数据交易市场，鼓励企业间的数据连接与交易共享。

五是要完善数字经济法律体系。借鉴国外成功经验并结合我国实际，着眼于促进创新、产业发展和国家安全等方面，加快数字经济重点领域和重点环节的立法工作，在推动数字经济快速发展的同时，维护国家利益和人民群众利益。

3. 构建平台体系

构建平台体系是数字经济的基本形态，也是数字化的神经中枢。通过平台整合线上线下资源，实现高水平互联互通，放大融通发展效应。要规范发展以在线基础设施支持市场交换的交易平台，这是数字经济最为活跃的部分，也是我国发展迅速、表现亮眼的方面。同时，要重点发展以操作系统或技术标准支持的专业平台，这是数字经济发展的关键点。例如，构建工业互联网平台体系，突出平台化设计、智能化创造、网络化协同、个性化定制、服务化延伸、数字化管理等特色，实现精准匹配供给需求，优化资源配置方向，跨领域、跨时空融通发展。当然，随着数字经济的深入发展，还会涌现一些新的平台，要适应数字经济发展的要求不断发展完善平台体系，优化体系结构，强化体系功能，放大体系优势。

4. 完善数字产业体系

依托数字核心企业形成产业关联体系和数字产业集群，这是数字经济的主体支撑和活力源泉。数字经济优势取决于数字核心企业和数字产业集群的聚合能力，在此基础上，促进形成数字产业链、供应链。我国数字经济发展要在这方面实现新突破，因为我国数字经济虽然具有速度优势，也形成了一定的规模，但数字核心产业不强，数字产业集群优势不明显，这是数字经济发展的短板所在。长此下去，将会严重制约数字经济发展进程和水平。

5. 完善数据资源体系

依托数据要素确权、交易主体、定价机制、交易市场、交易监管机构等，构建数据权属与数据收益制度体系、数据定价交易市场体系、数据共享与安全隐私保护体系、数据技术标准与基础设施支撑体系、数据市场开放体系。我国具有海量数据资源优势，但要把存量优势转化为发展优势，还需要加快完善数字资源体系，推动数字资产化进程，这样才能更好地发挥数据在数字经济发展中的重要作用。

案　　例

数字经济日新月异　应用场景全球领先①

党的十八大以来，我国实施网络强国战略、国家大数据战略，建设数字中国、智慧社会，数字经济取得了举世瞩目的发展成就，总体规模连续多年位居世界第二，对经济社会发展的引领支撑作用日益凸显。

数字基础设施的跨越式发展

在距离黄海岸边 70 多公里的一座岛礁上，网络建设者吴维国小心翼翼地在 25 米高的通信塔上安装 5G 基站。“下载速率 280.48 Mbps（兆比特每秒），上传速率 179.16 Mbps。”该 5G 基站建成后，附近海域无线网络速率将达到以前的 10 倍。

从海岛到戈壁，从矿井到珠峰……5G 商用三年多来，网络建设者们爬高塔、装天线、铺光缆，见证着我国 5G 网络建设稳步推进。截至 2023 年 4 月，我国累计建成开通 5G 基站 273.3 万个，总量占全球的 60%以上。我国 5G 移动电话用

① 刘坤《数字经济日新月异　应用场景全球领先》，《光明日报》2023 年 2 月 20 日。（使用时有删改）

户达6.34亿户，5G网络覆盖所有地市级城区、县城城区。

不只是5G，千兆光网、工业互联网等新型信息基础设施建设也在加快推进。截至目前，我国已有110个城市建成千兆城市，千兆光网具备覆盖超过5亿户家庭的能力。

此外，我国成为全球主要经济体中首个实现“物超人”的国家。我国5G行业虚拟专网已超过1.6万个，5G应用融入97个国民经济大类中的60个，应用案例数超5万个。5G正加速融入实体经济，成为驱动经济社会数字化转型的重要新动能。

中国信息通信研究院发布的数据显示，2022年我国数字经济规模达50.2万亿元，总量稳居世界第二，占GDP比重提升至41.5%，蓬勃发展的数字经济已成为我国构建新发展格局、构筑国家竞争新优势的重要力量。

数字红利由广大群众共享

沃柑、蜜柚等农产品纷纷上“云店”，池塘边“防溺水监控”系统自动喊话……在广东肇庆怀集县中洲镇，数字经济正成为乡村振兴的“新引擎”。

“我家种了50多亩沃柑，收成很好。网上云店开通后，仅一个月就销售了1万多斤沃柑，让我对果园未来发展更有信心了。”中洲镇水下村沃柑园果农欧彩芳说。这几年，村里的产业发展越来越红火，村民的“钱袋子”也鼓了起来。

放眼全国，数字经济方兴未艾，正渗透到社会各领域，让广大群众享受到更多数字红利。

5G视频通话让留守儿童能够与父母“面对面”聊天；8K超高清直播为各地观众带来炫酷观赛体验；直播带货等数字新业态、新模式不断涌现，App数量超过258万款，满足了用户消费、娱乐、社交、出行等各类需求……

当然，要清醒认识到，当今世界正经历百年未有之大变局，我国数字经济发展的内外部环境正在发生深刻变化。

国家发展和改革委员会主任何立峰表示，我国网民数量、数据资源、数字化应用场景全球领先，人民日益增长的美好生活需要还将催生更大规模、更加多元的内需市场，将为数字经济发展创造无限可能。

“还要看到，个别国家为维护自身科技垄断和霸权地位，遏制打压我国数字技术和数字产业创新发展，我们必须把数字技术的命脉牢牢掌握在自己手中，在科技自立自强上取得更大进展，才能不断提高我国发展的竞争力和持续性，在日趋激烈的国际竞争中把握主动、赢得未来。”何立峰说。

数字技术加快融入实体经济

位于呼伦贝尔草原的雁宝能源宝日希勒露天煤矿年生产能力达3 500万吨，是我国北方地区重要的煤炭保供单位。当地冬季漫长且寒冷，矿卡驾驶工作十分艰苦。

目前，依托5G网络，该矿区已实现在极寒天气下重型矿车、推土机等编组运行和无人矿卡精准停靠、自动装卸等作业场景。“十几年来，我们在坑里开大车，又累又危险；自从有了无人驾驶，我们工作比以前轻松、安全多了。”宝日希勒露天煤矿运输段3班无人驾驶组组长包长明说。

如今，5G、工业互联网等新技术在工业制造、港口、矿山等行业领域加速应用，赋能千行百业成效显著，数字经济和实体经济融合发展步伐加快。

从全球来看，数字技术、数字经济是世界科技革命和产业变革的先机，是新一轮国际竞争重点领域。

国家信息中心经济预测部产业经济研究室主任、研究员魏琪嘉认为，要紧抓当前全球新一轮科技革命和产业变革带来的有利条件，加快产业转型升级。要破解制约数字经济发展的机制难题，助力数据要素在促进产业转型方面发挥更大作用。

明天的中国，奋斗创造奇迹。

2021年10月18日，习近平总书记在十九届中央政治局第三十四次集体学习时强调：“数字经济事关国家发展大局，要做好我国数字经济发展顶层设计和体制机制建设，加强形势研判，抓住机遇，赢得主动。”2022年1月，国务院印发的《“十四五”数字经济发展规划》明确，“十四五”时期是我国数字经济转向深化应用、规范发展、普惠共享的新阶段。2022年10月，党的二十大对推进数字技术创新、深化数字化转型、建设数字中国提出了更高要求。

“我们将深入贯彻落实党中央、国务院决策部署，以数字技术创新突破和应用拓展为主攻方向，促进数字经济和实体经济深度融合。”工业和信息化部部长金壮龙表示，加快数字基础设施建设，推动数字产业创新发展，深化产业数字化转型，加强网络和数据安全防护，优化数字经济发展环境。

苏轼云：“犯其至难而图其至远。”（《思治论》）

数字经济事关国家发展大局。面向未来，要充分发挥我国海量数据和丰富应用场景优势，不断做强做优做大我国数字经济。

案例讨论题

1. 数字经济在推动我国经济高质量发展方面能够发挥哪些作用?

2. 根据案例材料，分析如何在激烈的国际竞争中做强做优做大我国数字经济。

小　结

数字经济是以信息技术和人工智能为核心的新科技革命和产业革命的必然产物，正在推动世界经济和世界文明方式快速发展，并深刻影响着人类社会生活的方方面面。中国作为世界网络大国和数字经济大国，面向未来，一方面要在数字产业化、产业数字化的进程中，创造新模式、新业态，将数字经济真正打造成为经济高质量发展的新引擎；另一方面，尤其要注重数字经济持续健康发展，确保这个新引擎能够持续输出强劲动力，坚持发挥好驱动作用。

关键术语

数字经济　新经济形态　数字经济自主权

习　题

1. 如何理解数字经济是一种新经济形态?
2. 数字经济的基本特征有哪些?
3. 我国发展数字经济的政策趋向是什么?

第2章
数字经济生态体系

数字经济不是孤立发展的，而是完整多样、动态演化和引领创新的共生体系，具有明显的生态特征。习近平总书记强调："数字经济具有高创新性、强渗透性、广覆盖性，不仅是新的经济增长点，而且是改造提升传统产业的支点，可以成为构建现代化经济体系的重要引擎。"① 良好的数字经济生态有助于解决信息不对称等问题，促进供给与需求更加匹配，使生产、流通、交换和消费各环节更加协同，加快形成我国新发展格局。

学习目标

- 了解"十四五"数字经济发展的总体要求、主要目标及重点任务
- 掌握数字技术的概念及主要的数字技术
- 理解数字经济赋能现代化产业体系的内在逻辑、主要路径和总体格局
- 掌握数字人才的概念及加快数字人才建设的举措

2.1 数字经济的政策体系

2021年12月，国家发展和改革委员会印发《"十四五"数字经济发展规划》，从顶层设计上明确了我国数字经济发展的总体要求、发展目标和重点任务；2022年10月，党的二十大对加快建设数字中国做出重要部署；2023年2月，中共中央、国务院印发《数字中国建设整体布局规划》，进一步为我国发展数字经济、建设数字中国构建了宏观政策框架。

---

① 习近平：《习近平谈治国理政》第四卷，外文出版社，2022，第206页。

2.1.1　“十四五”数字经济发展总体要求

“十四五”时期，我国进入全面建设社会主义现代化国家的新发展阶段。发展数字经济是把握新一轮科技革命和产业变革的战略机遇、构筑我国参与国际合作和竞争新优势的战略选择，也是加快构建新发展格局、推动高质量发展的必由之路。新的形势和任务，对推进数字技术创新、深化数字化转型、建设数字中国提出了更高要求。

1. 指导思想

以习近平新时代中国特色社会主义思想为指导，深入贯彻党的二十大精神，立足新发展阶段，完整、准确、全面贯彻新发展理念，构建新发展格局，推动高质量发展，统筹发展和安全、统筹国内和国际，以数据为关键要素，以数字技术与实体经济深度融合为主线，加强数字基础设施建设，完善数字经济治理体系，协同推进数字产业化和产业数字化，赋能传统产业转型升级，培育新产业新业态新模式，不断做强做优做大我国数字经济，为构建数字中国提供有力支撑。

2. 基本原则

（1）坚持创新引领、融合发展。坚持把创新作为引领发展的第一动力，突出科技自立自强的战略支撑作用，促进数字技术向经济社会和产业发展的各领域广泛深入渗透，推进数字技术、应用场景和商业模式融合创新，形成以技术发展促进全要素生产率提升、以领域应用带动技术进步的发展格局。

（2）坚持应用牵引、数据赋能。坚持以数字化发展为导向，充分发挥我国海量数据、广阔市场空间和丰富应用场景的优势，充分释放数据要素价值，激活数据要素潜能，以数据流促进生产、分配、流通、消费各个环节高效贯通，推动数据技术产品、应用场景、商业模式协同创新。

（3）坚持公平竞争、安全有序。突出竞争政策基础地位，坚持促进发展和监管规范并重，健全完善协同监管规则制度，强化反垄断和防止资本无序扩张，推动平台经济规范健康持续发展，建立健全适应数字经济发展的市场监管、宏观调控、政策法规体系，牢牢守住安全底线。

（4）坚持系统推进、协同高效。充分发挥市场在资源配置中的决定性作用，构建经济社会各主体多元参与、协同联动的数字经济发展新机制。结合我国产业结构和资源禀赋，发挥比较优势，系统谋划、务实推进，更好地发挥政府在数字经济发展中的作用。

2.1.2 “十四五”数字经济发展主要目标

到2025年，数字经济迈向全面扩展期，数字化创新引领发展能力大幅提升，智能化水平明显增强，数字技术与实体经济融合取得显著成效，数字经济治理体系更加完善，我国数字经济竞争力和影响力稳步提升。我国数字经济核心产业增加值占国内生产总值的比重达到10%。IPv6活跃用户数达到8亿户，千兆宽带用户数达到6 000万户，软件和信息技术服务业规模达到14万亿元，工业互联网平台应用普及率达到45%，全国网上零售额达到17万亿元，电子商务交易规模达到46万亿元，在线政务服务实名用户规模达到8亿户。

（1）数据要素市场体系初步建立。数据资源体系基本建成，利用数据资源推动研发、生产、流通、服务、消费全价值链协同。数据要素市场化建设成效显现，数据确权、定价、交易有序开展，探索建立与数据要素价值和贡献相适应的收入分配机制，激发市场主体创新活力。

（2）产业数字化转型迈上新台阶。农业数字化转型快速推进，制造业数字化、网络化、智能化更加深入，生产性服务业融合发展加速普及，生活性服务业多元化拓展显著加快，产业数字化转型的支撑服务体系基本完备，在数字化转型过程中推进绿色发展。

（3）数字产业化水平显著提升。数字技术自主创新能力显著提升，数字化产品和服务供给质量大幅提高，产业核心竞争力明显增强，在部分领域形成全球领先优势。数字新产业新业态新模式持续涌现、广泛普及，对实体经济提质增效的带动作用显著增强。

（4）数字化公共服务更加普惠均等。数字基础设施广泛融入生产生活，对政务服务、公共服务、民生保障、社会治理的支撑作用进一步凸显。数字营商环境更加优化，电子政务服务水平进一步提升，网络化、数字化、智慧化的利企便民服务体系不断完善，数字鸿沟加速弥合。

（5）数字经济治理体系更加完善。协调统一的数字经济治理框架和规则体系基本建立，跨部门、跨地区的协同监管机制基本健全。政府数字化监管能力显著增强，行业和市场监管水平大幅提升。政府主导、多元参与、法治保障的数字经济治理格局基本形成，治理水平明显提升。与数字经济发展相适应的法律法规制度体系更加完善，数字经济安全体系进一步增强。

展望2025年，我国数字经济将迈向繁荣成熟期，力争形成统一公平、竞争有序、成熟完备的数字经济现代市场体系，使我国数字经济发展基础、产业体系发展水平位居世界前列（如表 2-1 所示）。

表 2-1　“十四五”数字经济发展主要指标

指　标	2020 年	2025 年	属　性
数字经济核心产业增加值占 GDP 比重（%）	7.8	10	预期性
IPv6 活跃用户数（亿户）	4.6	8	预期性
千兆宽带用户数（万户）	640	6 000	预期性
软件和信息技术服务业规模（万亿元）	8.16	14	预期性
工业互联网平台应用普及率（%）	14.7	45	预期性
全国网上零售额（万亿元）	11.76	17	预期性
电子商务交易规模（万亿元）	37.21	46	预期性
在线政务服务实名用户规模（亿户）	4	8	预期性

数据来源：中国政府网。

2.1.3　“十四五”数字经济发展重点任务

新一轮科技革命和产业变革加速发展，大数据、云计算、人工智能、区块链等数字技术向经济社会各领域广泛渗透，引发了生产生活方式和产业生态的革命性变革。我国数字经济转向深化应用、规范发展、普惠共享的新阶段，面临一系列重点任务需要前瞻筹划、系统推进、高效落实。

1. 优化升级数字基础设施

我国已建成全球规模最大、覆盖面最广的 4G 网络，4G 基站数量占到全球一半以上。“十四五”时期要加快建设高速泛在、天地一体、云网融合、智能敏捷、绿色低碳、安全可控的智能化综合性数字信息基础设施，协同推进千兆光纤网络、IPv6 和 5G 网络建设，加快布局卫星通信网络等新型网络，推动 5G 商用和规模化应用，前瞻布局 6G 技术研发。系统优化算力基础设施布局，促进东西部算力的高效互补和协同联动，引导通用数据中心、超算中心、智能计算中心、边缘数据中心等合理梯次布局。建设可靠、灵活、安全的工业互联网基础设施，为制造业数字化网络化智能化的转型创造条件。《“十四五”数字经济发展规划》专门设置了“信息网络基础设施优化升级工程”，包括推进光纤网络扩容提速、5G 网络规模化部署、IPv6 规模部署应用和空间信息基础设施升级等方面的项目。

2. 充分发挥数据要素作用

随着经济数字化转型加快，“数据”作为数字经济的核心生产要素，对提高生产效率的乘数作用日益凸现。《“十四五”数字经济发展规划》提出加快构建数据权属、公开、共享、交易规则，建立健全数据资产评估、登记结算、交易撮合、争议仲裁等市场运营体系，提升数据交易效率，并鼓励市场主体挖掘商业数据价值。《数字中国建设整体布局规划》指出，要推动公共数据汇聚利用，建设公共卫生、科技、教育等重要领域国家数据资源库，畅通数据资源大循环；释放商业数据价值潜能，加快建立数据产权制度，开展数据资产计价研究，建立数据要素按价值贡献参与分配机制。

3. 大力推进产业数字化转型

产业数字化转型是推动数字技术和实体经济深度融合，赋能传统产业转型升级，重塑产业竞争力的重要途径。“十四五”期间，要加快企业研发设计、生产加工、经营管理、销售服务等业务数字化转型，实施中小企业数字化赋能专项行动。利用互联网新技术对传统产业进行全方位、全链条的改造，推动制造业、服务业、农业等产业数字化。培育转型支撑服务生态，解决企业“不会转”“不能转”“不敢转”等难题。设立“重点行业数字化转型提升工程”和“数字化转型支撑服务生态培育工程”，推动工业互联网创新发展，打造若干具有国际竞争力的工业互联网平台，促进我国将工业生产场景优势转化为产业链优势。

4. 加快推动数字产业化

数字产业化为产业数字化提供数字技术、产品、服务、基础设施和解决方案，从而为产业数字化转型升级创造条件。要瞄准传感器、量子信息、网络通信、集成电路、关键软件、人工智能、区块链等新技术，加大科技攻关力度，提高自主供给能力，提升产业链韧性和竞争力。加快培育智慧销售、无人配送、智能制造、反向定制等新业态新模式，鼓励开源科技创新，推动开发者平台等新型协作平台发展。《数字中国建设整体布局规划》明确提出，支持数字企业发展壮大，健全大中小企业融通创新工作机制，发挥“绿灯”投资案例的引导作用，推动平台企业规范健康发展。

5. 持续提升公共服务数字化水平

公共服务数字化是实现利企便民服务、提高社会治理效能的有效途径。《“十四五”数字经济发展规划》从提高“互联网+政务服务”效能、提升社会服务数字化水平、推动数字城乡融合发展、打造智慧共享的新型数字生活等方面提出了具体举措，强调要打造数字产品服务展示交流和技能培训中心，培养全民数字消费习惯，并设立了“社会服务数字化提升工程”和“新型智慧城市和数字乡村建设工程”。《数字中国建设整体布局规划》也强调，提升数字化服务水平，加快推进“一件事一次办”，推进线上线下融合，加强和规范政务移动互联网应用程序管理。

6. 健全完善数字经济治理体系

完善的治理体系是数字经济持续健康发展的重要保障。要坚持促进发展和监管规范两手抓、两手都要硬，在发展中规范、在规范中发展。健全法律法规和政策制度，完善机制，提高我国数字经济治理体系和治理能力现代化水平。加快建立全方位、多层次、立体化监管体系，实现事前事中事后全链条全领域监管。提高监管技术水平，完善数字经济公平竞争监管制度。明确平台企业主体责任和义务，建设行业自律机制。为落实上述任务，“十四五”期间将大力实施“数字经济治理能力提升工程”和“多元协同治理能力提升工程”。

7. 着力强化数字经济安全体系

当前，数字技术成为推动经济发展质量变革、效率变革、动力变革的新引擎，给社会生产生活带来广泛而深刻的影响。与此同时，数字安全问题也日益凸显。维护数字安全，事关国家安全发展全局，事关经济社会稳定运行，事关广大人民群众的切身利益。为此，《“十四五”数字经济发展规划》就强化数字经济安全体系，提出了增强网络安全防护能力、提升数据安全保障水平、切实有效防范各类风险等一系列举措。《数字中国建设整体布局规划》也明确提出，要筑牢可信可控的数字安全屏障，切实维护网络安全，完善网络安全法律法规和政策体系；增强数据安全保障能力，建立数据分类分级保护基础制度，健全网络数据监测预警和应急处置工作体系。

8. 有效拓展数字经济国际合作

要加快贸易数字化发展，大力发展跨境电商和海外仓，打造跨境电商产业链和生态圈。高质量共建“数字丝绸之路”，积极发展“丝路电商”。深化与“一带一路”国家的数字经济合作。主动参与国际组织数字经济议题谈判，开展双多边数字治理合作，维护和完善多边数字经济治理机制，及时提出中国方案，发出中国声音，构建开放共赢的数字领域国际合作格局。

2.2 数字经济的技术体系

数字技术是指把各种信息（不管信息的载体是图、文、声、像或者其他形式）转换成计算机能够识别的语言进行加工、储存、分析和传输的技术，是伴随着互联网技术的发展和市场需求相结合而出现的一种信息技术。如果大数据、云计算、人工智能和区块链等技术实现相互融合，并为各产业赋能，则随着用户增加，产业经济效益将成倍增长。这一数字营销模式的影响，让各个互联网企业都把数字技术的开发和应用作为下一步企业级战略目标，争相在这片蓝海上率先构建多维度的网络有机生态圈。

2.2.1 大数据

大数据概念早已有之，1980 年著名未来学家阿尔文·托夫勒在《第三次浪潮》一书中，将大数据热情地赞颂为“第三次浪潮的华彩乐章”。近年来，随着大数据产业的快速发展和应用落地，大数据产业正在成为我国数字经济发展的重要驱动力。

1. 大数据的概念

大数据（BIG DATA）是指利用常用软件工具捕获、管理和处理数据所耗时间超过可容忍时间的数据集。大数据是需要新处理模式才能具有高增长率和有更强的决策力、洞察力、流程优化能力的海量信息资产。

2. 大数据的特点

业界通常用 4 个 V（Volume，Variety，Velocity，Veracity）来概括大数据的特点（如图 2-1 所示）。

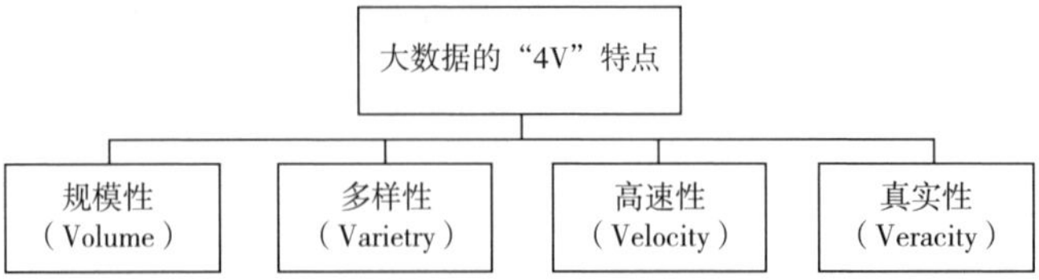

图 2-1 大数据的特点

（1）规模性（Volume）。大型数据集，规模一般在 10 TB 左右，但在实际应用中，很多企业用户把多个数据集放在一起，已经形成了 PB 级的数据量；相关资料表明，百度首页导航每天需要提供的数据超过了 1.5 PB（1 PB=1 024 TB），这些数据如果打印出来将用超过 5 000 亿张 A4 纸。

（2）多样性（Variety）。大数据来自多种数据源，数据种类和格式日渐丰富，已经冲破了以前所限定的结构化数据范畴，包括半结构化和非结构化数据。现在的大数据类型不仅是文本形式，更多的是图片、视频、音频、地理位置信息等多类型的数据，个性化数据占绝大多数。

（3）高速性（Velocity）。在数据量非常庞大的情况下，大数据也能够做到数据实时处理。大数据处理遵循“1 秒定律”，可从各种类型的数据中快速获得高价值的信息。

（4）真实性（Veracity）。大数据真实性高，随着社交数据、企业内容、交易与应用数据等新数据源的兴起，传统数据源的局限被打破，企业更需要有效的信息以确保信息的真实性及安全性。

3. 大数据的应用

目前，已经有众多成功的大数据应用，但就其效果和深度而言，当前大数据应用尚处于初级阶段，根据大数据分析预测未来、指导实践的深层次应用未来将成为发展重点。按照数据开发应用深入程度的不同，可将大数据应用分为三个层次：

一是描述性分析应用，指从大数据中总结、抽取相关的信息和知识，帮助人们分析发生了什么，并呈现事物的发展历程。例如，美国的 DOMO 公司从其企业客户的各个信息系统中抽取、整合数据，再以统计图表等可视化形式，将数据蕴含的信息推送给不同岗位的业务人员和管理者，帮助他们更好地了解企业现状，进而做出判断和决策。

二是预测性分析应用，指从大数据中分析事物之间的关联关系、发展模式等，并据此对事物发展的趋势进行预测。例如，微软公司纽约研究院研究员大卫·罗斯柴尔德（David Rothschild）通过收集和分析赌博市场、证券交易所、社交媒体用户发布的帖子等大量公开数据，建立预测模型，对多届奥斯卡奖项的归属进行预测。在 2014 年和 2015 年，他均准确预测了奥斯卡所有 24 个奖项中的 21 个。

三是指导性分析应用。这个层次是指在前两个层次的基础上，分析不同决策产生的不同结果，并对决策进行指导和优化。例如，无人驾驶汽车通过分析高精度地图数据和海量的激光雷达、摄像头等传感器的实时感知数据，对车辆不同驾驶行为的结果进行预判，并据此指导车辆的自动驾驶。

2.2.2 云计算

近十年来，云计算取得了飞速的发展。现如今，云计算被视为计算机网络领域的一次革命，因为它的出现，社会的工作方式和商业模式也在发生巨大的改变。

1. 云计算的概念

云计算（Cloud Computing）是分布式计算的一种，指的是通过网络“云”将巨大的数据计算处理程序分解成无数个小程序，然后通过多部服务器组成的系统进行处理和分析，得到结果并返回给用户。通过这项技术，可以在很短的时间内（几秒钟）完成对数以万计的数据进行处理，从而达到强大的网络服务。云计算并不是一种全新的网络技术，而是一种升级的网络应用技术。

云计算的基本特征有共享资源池、计算速度快、可度量服务、按需服务和收费、普遍的网络访问。共享资源池指的是计算、网络、存储等资源做了池化和共享处理，从而所有的用户都可以使用。计算速度快是指云计算能力应对需求的反应速度非常迅速。可度量服务和按需服务是指云计算针对每个用户的具体需求提供相应的服务，并根据每个用户的使用量来具体收费。普遍的网络访问是指可以在任何时间、任何地点通过网络来访问云计算资源。通俗地讲，云计算作为一种商品，可以在互联网上流通，就像水、电、煤气一样，可以方便地取用，且价格较为低廉。

云计算的核心就是以互联网为中心，在网站上提供快速且安全的云计算服务与数据存储，让每一个在互联网的人都可以使用网络上的庞大计算资源与数据中心。

2. 云计算的特点

与传统计算机系统相比，云计算具有以下特点：

第一，具有大规模并行计算能力。云计算系统的计算资源有 CPU 计算服务器、存储服务器、网络宽带等。一般的企业私有云往往具有上百万台电脑，大规模的电脑设备保证了云计算具有超强的计算能力。

第二，资源虚拟化和弹性调度。云计算的资源有存储资源、处理资源、内存资源等。它们往往是按需分配，根据客户的具体需求提供相应的服务，并往往采用动态分配资源的方法，比如综合了北京、上海等地的云计算中心的资源来为一个客户提供服务。虚拟化也是云计算的一个特点，是指网络、存储、服务器等都可以虚拟化，从而极大扩展了工作能力。

第三，高可靠性。云计算应用了数据多副本容错、计算节点同构等技术保证了其高可靠性。

第四，高性价比。云计算整合了种种最新网络技术，从而可以向客户提供高质量的服务，同时收取较为低廉的价格。

3. 云计算的类型

按照云计算服务模式来看，云计算可分为基础设施即服务（Infrastructure as a Service，IaaS）、平台即服务（Platform as a Service，PaaS）和软件即服务（Software as a Service，SaaS）三种类型。

一是基础设施即服务（IaaS）：它是指云计算提供商为个人或组织提供虚拟化的计算资源，如虚拟机、存储、网络和操作系统。IaaS是对计算、存储、网络等资源进行池化，通过登录服务门户让客户便捷实用。

二是平台即服务（PaaS）：它为开发人员提供通过全球互联网构建应用程序和服务的平台，使得开发团队能够快速构建、分发和运行应用程序。

三是软件即服务（SaaS）：通过互联网提供按需软件付费应用程序，云计算提供商托管和管理软件应用程序，并允许其用户连接到应用程序，并通过全球互联网访问应用程序。

按照云计算部署模式来看，云计算可分为公有云、私有云和混合云。其中，公有云是云服务提供者拥有所有软硬件资产，使用者将数据导入其平台以运营企业的应用程序；私有云是企业完全拥有所有资产和数据，在自有的平台内使用；混合云是企业根据业务的关键性和数据的敏感性，同时使用公有云和私有云。

2.2.3　人工智能

自2017年国务院发布《新一代人工智能发展规划》以来，新一代人工智能在产业应用上蓬勃兴起，在政策引导和资本大量涌入下，国内人工智能领域迎来空前繁荣。

1. 人工智能的概念

人工智能（Artificial Intelligence，AI）的定义包括两个部分：人工和智能。人工智能使用人工的方法在计算机或机器上实现智能。但对于什么是智能，目前仍然没有统一的定义。一些计算机专家认为，智能是指可以正确理解、解释外部数据，并利用从这些外部数据的学习，通过灵活思考，来达成特定的目标和任务的能力。换言之，一个机器只要能模拟人的认知功能，如人类思维中的学习和问题求解能力，就认为它具有人工智能。

人工智能是在计算机科学、控制论、信息论、神经心理学、哲学、语言学等多学科的基础上发展起来的一门综合性很强的交叉学科，是一门新思想、新观念、新理论、新技术不断出现的新学科和正在迅速发展的新兴学科。人工智能研究的基本内容有知识表示、机器感知、机器思维、机器学习和机器行为等。人工智能研究的主要领域有自动定律证明、博弈、模式识别、机器视觉、自然语言理解、智能信息检索、数据挖掘与知识发现、专家系统、自动程序设计、机器人等。

随着大数据、云计算、物联网等信息技术的发展，人工智能在算法、算力和数据等方面取得了重要突破，直接支撑了图像学习、语音识别、知识问答、人机博弈、无人驾驶等应用，人工智能已进入以深度学习为代表的大数据驱动的发展时期。

2. 人工智能发展的四个基础条件

人工智能发展所处的信息环境和数据基础正在发生深刻的变化。海量的数据、不断优化的算法模型、持续提升的计算能力和不断扩展的应用场景，正在推动人工智能的迅猛发展。

第一，海量的数据。互联网数据中心（IDC）研究预测 2025 年全球数据量将达到 163ZB，其中 20%的数据蕴藏有颠覆性潜力，注重数据价值的时代已经来临。人工智能时代的大数据和传统意义上海量的数据是有一定区别的，主要表现在两个方面：其一，人工智能时代的大数据的本质是大连接。传统意义上的大数据更多的是指其数据体量大，数据处理复杂，数据属于结构化或非结构化。但在人工智能时代，人们更关注数据的内在关联性。数据之间的关联性越强，意味着数据背后蕴藏的价值越大。其二，人工智能时代大数据的重要指标是其标注性。目前，机器学习和深度学习主要集中于监督学习，标注数据对于模型训练意义非凡。在弱人工智能阶段，AI 能力输出的背后通常是大量人工成本在支撑着规模惊人的数据集的构建。

第二，不断优化的算法模型。作为人工智能发展的核心要素，从 20 世纪 80 年代开始到现在，算法一直在不断地更迭、演进。AI 领域的算法分为三种流派：符号主义流派、贝叶斯流派以及联结主义流派。目前，人工智能算法也已经广泛应用于自然语言处理、语音处理以及计算机视觉等领域，并在某些特定领域取得了突破性进展。在未来，上述三种算法流派的融合将成为主要发展趋势。随着算法模型的重要性进一步凸显，全球科技巨头纷纷加大布局力度和投入，通过成立实验室、开源算法框架、打造生态体系等方法推动算法模型的优化和创新。

第三，持续提升的计算能力。计算能力是这一波人工智能浪潮的主要推动力。事实上，深度学习算法、神经网络是二十世纪七八十年代就被提出来的概念，之所以到最近深度学习才有了飞跃式的发展，从技术角度来看，主要原因是原来的计算能力不够。所有深度学习、神经网络里用到的训练过程都可被归结为矩阵运算范畴，而传统的 CPU 并不能满足计算对效率的要求。近年来，更适于矩阵运算的图形处理器（Graphics Processing Unit，GPU）、云、GPU 集群的出现，使得用海量数据训练一个庞大的模型得以实现。目前，亚马逊、谷歌、百度、阿里都已经开始提供基于 GPU 的计算机集群服务。除了 GPU 以外，将 AI 算法注入现场可编程门阵列（FPGA）这样的轻量级可编程芯片中，也能够极大地提高终端的运算速度，这也是人工智能未来发展的趋势之一。在专用人工智能领域，技术人员正致力于进一步优化芯片功能，尽量减少芯片在与计算无关的任务上所浪费的性能，包括缓存、存储的功能等。换言之，人们希望打造仅用于满足深度学习这一特定功能需求的专用芯片，然后再进行固化量产。

第四，不断扩展的应用场景。在技术突破和应用需求的双重驱动下，人工智能技术已经走出实验室，向各个产业领域渗透，产业化水平大幅提升。人工智能已经在智能机器人、无人机、金融、医疗、安防、驾驶、教育等领域得到了较为广泛的应用。

2.2.4　物联网

如果说互联网让人与人的沟通不再受时空限制，那么物联网则让物物相连成为现实。物联网这张大网，在互联网的基础上又添加了无数的设备节点。这个无声的网络，不断地把物理世界的信息转化成数字信息放进虚拟世界，把虚拟世界的指令变成物理世界真实的动作，它让共享单车、无人驾驶、扫码零售等应用不断涌现。

1. 物联网的概念

物联网（Internet of Things，IoT），顾名思义，就是物物相连的互联网，这有两层含义：第一，物联网的核心和基础仍然是互联网，是在互联网基础上延伸和扩展的一种网络，如果互联网是一棵大树，那么物联网就是它的一根树枝；第二，物联网用户端延伸和扩展到了任何物品与物品之间的信息交换和通信。因此，物联网是利用智能设备感知物理世界信息，经过计算和处理后，通过互联网传输数据，以实现人与物、物与物之间的实时信息交互和连接的新型网络，其本质上是通信网络和互联网的融合。

2. 物联网的构成

物联网依托云计算、大数据技术得以飞速发展，同时极大丰富了现实世界可用数据范围，掌握细节从此变得容易。物联网存在全面感知、可靠传递、智能处理的特点。

物联网的层次根据功能可以划分为感知层、网络层和应用层。物联网层次划分的内部逻辑是对物理世界感知并搜集信息，然后传输信息，并最终实现物理设备的协同工作，实现“万物互联”。感知层实现对现实世界的识别、感知，并采集信息，是物联网实现应用功能的基础层级，一般需要通过射频识别、传感器、执行器等智能设备来实现这一层级的功能；网络层用来对感知层收集的信息进行传递，同时通过通信网络连接各个层的基础设备；应用层用来对网络层传输的信息进行处理、分析和展示，如车联网就是对车载传感器感知的交通数据进行处理分析的应用。

3. 物联网的技术原理

物联网是在计算机互联网基础之上的扩展。它利用全球定位、传感器、射频识别、无线数据通信等技术来创造一个覆盖世界上万事万物的巨型网络，就像一个蜘蛛网，可以连接到全球任意角落。

在物联网中，物体之间无须人工干预就可以随意进行“交流”。其实质就是利用射频自动识别技术，通过计算机互联网实现物体的自动识别及信息的互联和信息共享。

射频识别技术能够让物品“开口说话”。它通过无线数据通信网络，把存储在物体标签中的有互用性的信息，自动采集到中央信息系统，实现物体的识别，进而通过开放性的计算机网络实现信息交换和共享，实现对物品的“透明化”管理。

物联网的问世打破了过去一直将物理基础设施和 IT 基础设施分开的传统思维。在物联网时代，任意物品都可以与芯片、宽带整合为统一的基础设施。在此意义上，基础设施更像是一块新的地球工地，世界的运转就在它上面进行。

2.2.5 区块链

区块链技术可以赋能于实体经济，对企业具有降成本、提效率、改善外部环境等作用。推进区块链与实体经济的深度融合不仅有助于我国在区块链技术与产业融合方面抢占创新制高点，而且对拓展区块链技术应用领域、促进传统产业升级都具有非常重要的作用。

1. 区块链的概念

区块链（Block Chain）是分布式数据存储、点对点传输、共识机制、加密算法等计算机技术的新型应用模式。所谓共识机制，是指区块链系统中实现不同节点之间建立信任、获取权益的数学算法。区块链是比特币中的一个重要概念，其本质是一个去中心化的数据库，也是比特币的底层技术。区块链由一串使用密码学方法相关联产生的数据块组成，每一个数据块中包含了一次比特币网络交易的信息，用于验证其信息有效性（防伪）和生成下一个区块。

由此，狭义来讲，区块链是按照时间顺序将数据区块以顺序相连的方式组合成的一种链式数据结构，并以密码学方式保证的不可篡改和不可伪造的分布式账本。广义来讲，区块链是利用块链式数据结构来验证与存储数据、利用分布式节点共识算法来生成和更新数据、利用密码学的方式保证数据传输和访问的安全、利用由自动化脚本代码组成的智能合约来编程和操作数据的一种全新的分布式基础架构与计算方式。

2. 区块链的特点

第一，去中心化。区块链数据的验证、记账、存储、维护和传输都不是基于中心机构，而是利用数学算法实现。去中心化使网络中的各个节点能够自由连接，从而进行数据、资产、信息等的交换。

第二，开放性。区块链具有源代码开源性，即网络中设定的共识机制、规则都可以通过一致的、开源的代码进行验证。任何人都可以直接加入（公开链），或者通过受控方式加入（联盟链）。

第三，自治性。区块链技术采用基于协商一致的规范和协议，使得整个系统中的所有节点都能够在去信任的环境中自由安全地交换数据，任何人的干预都不起作用。

第四，信息不可篡改。区块链使用了密码学技术中的哈希函数、非对称加密机制来保证区块链上的信息不被篡改。由于每一个区块都是与前续区块通过密码学证明的方式链接在一起的，因此当区块链达到一定的长度后，要修改某个历史区块中的交易内容，就必须将该区块之前的所有区块的交易记录及密码学证明进行重构，而这是不可能做到的，这就有效实现了防篡改。

第五，匿名性。由于节点之间的交换遵循固定的算法，区块间数据交互是不需要信任的，区块链中的程序规则会自行判断活动是否有效。因此，交易对手无须以公开身份的方式让对方对自己产生信任。

3.“区块链+”下的新型商业模式

（1）助力智慧农业精准服务体系构建。农业物联网应用维护的成本持续攀升是当前制约智慧农业发展与推广的主要因素。区块链技术应用于农业物联网，分布式计算会大幅提升智能化、规模化水平，去中心化管理模式实现“上链”物联设备的自管理和自维护，大大缩减了在传统中心化控制模式下高昂的维护费用。在农业产业化趋势下，生产、加工、运输等过程中难以防范的产品信息作伪是农产品溯源的一大痛点。而区块链可证可溯的技术特性，从源头杜绝了实时上链的生产环节数据信息作伪的人为因素，有效提升了产品附加值。智能合约技术应用于农业灾害的自动检测、自动赔付，解决了农业保险覆盖范围小、骗保事件频发等问题，简化理赔流程的同时也优化了农业金融环境。

（2）推动分布式智能生产网络构建。区块链技术从工业资产数字化、多方协同生产入手，在制造企业数字化转型升级进程中，推动分布式智能生产网络向云链混合型生产网络跃迁；灵活丰富的智能合约范式内嵌“云+链”混合架构，有效连接新零售和新制造，将设计者、生产者、消费者、销售者、服务者等角色平等接入分布式智能生产网络，实现从流量端到制造端多方数据的协作互信，大幅提升响应速度和整体效率；区块链与工业云融合，实现生产过程的跨组织数据互信，生产信息实时上链，让产品溯源和管理更加安全便捷；智能合约自动执行全供应链交易流程，有效解决了传统工业生产中账期不可控等问题，大幅提升了经济运行效率；云链混合技术与新零售、新制造相结合，以智能合约保证工业区块链订单信息传输和供应链清结算效率，有效控制成本，兼顾了安全与公平。

（3）推动文化产业构建内容产业新生态。区块链技术应用于版权保护领域，可实现版权开户、登记、交易、支付等信息的全网确权，从而大幅降低确权、交易和维权的成本，优化了数字版权的交易收益分配模式、用户付费机制等产业规则。通过构建全产业链价值共享平台，提升协同效率，构建运转流程更高效、利益分配更合理的内容产业新生态。

（4）助力金融行业实现信用穿透、降本增效。区块链技术在金融创新应用领域具有先天优势，在推动资产和产业数字化、重构传统金融产业运作模式、推动实体产业和金融深度融合等方面具有重要意义。以供应链金融为例，供应链金融是银行联系核心企业和上下游企业，提供灵活金融产品和服务的一种融资模式。供应链数据上链高效整合物流、信息流、资金流、商流等信息，全面掌控全供应链交易细节；智能合约可确保交易可证可溯，提升风险管理效率；可信信息流降低风险控制难度与成本，可使融资过程降本增效；链上可拆分电子凭证提升资金流转融通效率，解决了多级供应商融资难等问题。供应链全流程的可信化、数字化和智能化，有效提升了安全审计和行业监管效率，为企业增信的同时降低了企业融资和行业监管成本。

2.3　数字经济的产业体系

实体经济是一国经济立身之本，是创造财富的根本源泉。数字经济作为新一轮科技革命与产业革命的核心，正成为重塑全球经济结构、重组全球要素资源、改变全球竞争格局的关键力量。数字经济和实体经济深度融合，是打造新发展格局、推进高质量发展的重要途径，更是促进现代化产业体系建设的主要动力。

2.3.1　数字经济赋能现代化产业体系建设的内在逻辑

现代化产业体系作为实体经济、科技创新、现代金融和人力资源协同发展，传统产业和新兴技术深度融合而产生的高附加值产业形态，在新发展格局中具有引领创新驱动、显著增强产业链韧性、大幅提升资源配置效率等作用。数字经济凭借高创新性、广覆盖性和强渗透性等特点引领实体经济的生产模式和发展理念产生变革，持续推动传统产业向数字化、智能化、现代化升级，进而夯实现代化产业体系基础。

1. 数字经济为科技创新开启全新模式

科技创新同产业体系的有效衔接和有机融合是产业结构升级的方向，也是提升产业链国际竞争优势和全球价值链地位的关键。党的二十大报告再次强调了实施创新驱动发展战略、完善科技创新体系、建设开放创新生态等关键点。数字经济和实体经济深度融合，有利于推动传统创新体系数字化重构。一方面，变革价值创造流程。数据成为创新主体寻求创新灵感、研判市场趋势、优化研发布局的有力工具。数字时代的创新，在流程上强调生态成员之间的动态交互创新、产品的迭代优化。创新主体借助数字技术能够快速获取消费者对创新产品的反馈信息，从而降低创新活动的不确定性，激励更多创新活动的开展。另一方面，助推科技创新开放融合。数字技术依托互联网信息交流平台，消除政府、高校、企业等创新主体交流的壁垒，有效促进科技交流与知识流动，促进政产学研协同。创新要素的跨界渗透可促进科技创新资源的合理化配置，进一步扩大科技创新开放合作的范围，促进创新体系的协同发展。

2. 数字经济提升实体经济增长新动能

党的二十大报告指出："坚持把发展经济的着力点放在实体经济上"①。为此，我们必须发挥好数字经济对实体经济的赋能作用。2022 年，我国产业数字化规模为 41 万亿元，占数字经济的比重为 81.7%②。这说明数字经济已经渗透到传统产业的各个领域。一方面，通过数字技术对传统产业进行全方位、全链条的改造，加速了产业之间的融合，打通了实体经济中生产、经营、流通、服务等环节，极大提升了整个产业链效率，改进了价值创造模式。例如，智慧农业是数字技术与农业生产、流通、交易、服务、决策等深度融合的新业态。通过对人、机、物全面连接，智慧农业将传统农业从劳动密集型生产模式转变为可感知、可控制、可预测的智能化生产模式，不仅全面提升了劳动生产率，而且通过定制化服务提升了产品附加值和品牌价值。另一方面，数字经济助推产业跨界融合，开拓了实体经济发展的新空间，实现了不同产业之间的技术渗透融合。数字经济突破了产业界限，为不同产业中的经济主体创造了业务融合的机会，促使原本分散、孤立的实体经济通过数字融合的方式做大做强，营造出开放融合、分工协同的产业发展新格局。

3. 数字经济打通国内国际双循环的路径

在国际环境日趋复杂、逆全球化暗流涌动、贸易保护主义上升的背景下，我国加快构建以国内大循环为主体、国内国际双循环相互促进的新发展格局。这是我国推动开放型经济高质量发展、适应全球新经济形势的战略选择。数字经济与实体经济深度融合的市场资源配置模式，有利于打通国内国际双循环的路径，构建更加安全、可控、富有弹性和韧性的产业体系，从而实现生产要素良性顺畅的循环。数字经济以互联网平台为基础，以数据作为关键生产要素，建立了产业体系跨时空虚拟集聚的新模式。依托大数据构建的市场体系有助于打通不同市场主体间的信息阻隔，疏通生产、流通、分配和消费各环节的堵点，形成内外联动的供应链、产业链和国际产业分工体系，降低市场交易成本，提高市场资源配置效率。

---

① 习近平：《习近平著作选读》第一卷，人民出版社，2023，第 25 页。

② 中国信息通信研究院：《中国数字经济发展研究报告（2023）》，中信出版社，2023，第 12 页。

4. 数字经济实现扩大内需与供给侧结构性改革的有机结合

数字经济不仅为消费市场带来新模式和新业态，助推消费结构优化升级，而且为生产企业提供了一种新型的需求发现、服务评价、产品迭代的运营模式。在需求侧，以数字技术为基础的社交营销、直播电商、生鲜电商等新零售模式，可以更精准地提供符合消费者需求的产品，极大激发新消费潜能，有效扩大内需。据统计，截至 2022 年 12 月，我国网络直播用户规模达 7.51 亿户，其中，直播电商用户规模已达 5.15 亿户①。在供给侧，数字时代的消费者也是数据的生产者，大数据记录了个人、企业等市场主体的行为决策过程。运用大数据能有效发掘不同主体的潜在需求，为企业产品供给结构优化提供智能工具，促进传统产业数字化转型升级，提高产品的科技含量和附加值，一定程度上消除了供需错配的结构性梗阻。由此可见，数字经济不仅扩大了内需，也在不断提升现代化产业链水平，从而促进实现党的二十大报告中提出的“扩大内需战略同深化供给侧结构性改革的有机结合”的目标。

2.3.2　数字经济赋能现代化产业体系建设的主要路径

数字经济虽然有助于现代化产业体系的构建，但是也要克服和解决好数字经济发展过程中遇到的数据共享、平台垄断、数据安全等问题，从而提升数字治理能力，更好地发挥数字经济赋能产业发展的作用。

1. 完善数据基础制度建设，持续优化现代化产业发展环境

数据作为新型生产要素，已经融入现代产业体系的生产、分配、流通、消费等各个环节，应被视为支撑现代产业体系建设重点考虑的战略性资源。据国际数据公司（IDC）测算，预计到 2025 年，中国产生的数据总量将达到 48.6 ZB，约占全球的 27.8%。数据基础制度建设事关国家发展和安全大局。加快建设数据基础制度，是释放数据要素红利的战略选择。2022 年 6 月，习近平总书记在主持召开中央全面深化改革委员会第二十六次会议时强调：“要维护国家数据安全，保护个人信息和商业秘密，促进数据高效流通使用、赋能实体经济，统筹推进数据产权、流通交易、收益分配、安全治理，加快构建数据基础制度体系。”② 党的二十大报告也强调“加强个人信息保护”，“完善社会治理体系，健全共建共治

① 中国互联网络信息中心：《第 51 次中国互联网络发展状况统计报告》，《人民邮电报》2023 年 3 月 3 日。

② 习近平：《习近平主持召开中央全面深化改革委员会第二十六次会议强调：加快构建数据基础制度 加强和改进行政区划工作》，《人民日报》2022 年 6 月 23 日。

共享的社会治理制度，提升社会治理效能”。这为我国建设数字中国、发展数字经济指明了方向。完善数据基础制度建设，重点在于统筹发展和安全，助力数字基础设施更加广泛地融入生产生活中，营造良好的营商环境和现代产业发展生态，打造开放、公平、公正的数字治理体系，使数据要素更好发挥增进民生福祉的作用。

2. 提高产业体系科技含量，提升我国产业在全球产业链中的竞争力

数字技术对传统产业进行了全方位、全链条的改造，加速了产业之间的融合，促进我国实体产业迈向全球价值链中高端。一是变革制造业研发创新范式。在研发设计环节中，基于数字孪生及人工智能等技术的设计仿真可避免重复进行物理原型测试，并能提升质量，降低产品设计研发成本；网络化组织与数据驱动极大地缩短创新周期、降低创新成本，甚至突破研发工程师现有认知边界。二是变革生产方式。通过全面感知、机器视觉和智能分析等技术，可以实现精准、自主、柔性的大规模个性化定制。例如，围绕重点设备等高价值生产环节，运用大数据分析能够最大化压缩成本。三是优化资源组织方式，实现订单、产能、设计、金融等产业链资源的网络化集聚和动态优化配置。数字经济有助于推动我国产业体系的研发创新以及生产制造、资源组织的全方位变革，提高我国产业体系的科技附加值与国际竞争力，从而提升我国在全球产业链中的定价权。

3. 解决产业发展中的不平衡不充分问题，打造具有国际竞争力的数字产业集群

改革开放40多年来，我国经济社会和产业发展取得了巨大成就，已经建成了最为完整的产业体系。但也应该清楚认识到，我国产业发展的不平衡不充分问题仍然存在，产业体系中人力、资本、技术、数据等要素有机组合的质量仍亟待提高。以科技创新为依托，打造具有国际竞争力的数字产业集群，形成具有中国特色的数字经济与实体经济深度融合的现代化产业体系，可以从根本上解决这些问题。为此，要以数字中国建设为依托，充分发挥市场在资源配置中的决定性作用，更好地发挥政府作用；构建现代化基础设施体系，优化基础设施布局、结构、功能和系统集成，充分发挥现代化基础设施的共享协同作用，健全现代公共服务体系；运用大数据、人工智能等数字技术化解市场的不确定性，进而提升实体经济的发展韧性与创新能力。

4. 强化安全体系建设，提升政府监管治理水平

现代化产业体系是融合各类高新技术的产业升级新形态，其安全体系建设尤为重要。建设安全体系，一是要树立新的安全治理理念，将安全体系建设融入现

代产业规划、运营、管理全过程；充分考虑复杂环境、新技术集成存在的各类风险隐患，建立与之相适应的安全体系建设标准；针对不同产业特点制定全生命周期的安全管理规范和保障政策。二是要以数字政府为抓手创新监管方式，秉承包容审慎的监管原则，保障各种所有制市场主体的权利平等、机会平等和规则平等，通过制度激励更多企业主体承担社会责任，促进“政府+市场”的协同治理。三是应由政府牵头整合公共数据资源，汇集政府数据、产业数据、企业数据；根据数据的重要程度和风险等级，实施分类分级的差别化监管标准，建立健全数据共享制度、数据管理制度、数据有序开发利用制度和数据安全制度。

2.3.3　数字经济赋能现代化产业体系建设的总体格局

党的十八大以来，我国深入实施网络强国战略、国家大数据战略，加快推进数字产业化和产业数字化，着力构建以新一代信息产业为先导产业，以深入应用数字技术的工业、农业和服务业为融合产业，以相关产业公共服务平台为支撑产业的数字经济产业体系。我国数字经济取得了举世瞩目的发展成就，总体规模已连续多年位居世界第二，对经济社会发展的引领支撑作用日益凸显。

1. 数字产业创新能力加快提升

（1）关键核心技术取得突破。我国数字技术研发投入逐年上升，量子计算原型机、类脑计算芯片、碳基集成电路等基础前沿领域取得原创性突破，人工智能、区块链、物联网等新兴领域形成了一批自主底层软硬件平台和开源社区，关键产品技术创新能力大幅提升，初步形成规模化应用效应。

（2）产业创新活力不断增强。产业创新能力取得突破性进展，2022 年我国数字经济核心产业发明专利授权量达 33.5 万件，占同期全社会发明专利授权量的 41.9%。我国关键数字技术中人工智能、物联网、量子信息领域发明专利授权量居世界首位。不断发挥金融支持数字经济发展作用，深化股票发行注册制改革，2021 年至 2022 年 6 月，近 150 家数字经济相关企业在主板、科创板、创业板完成首发上市，募集资金近 3 000 亿元。我国持续扩大数字经济产业中长期贷款投放，截至 2022 年 6 月末，计算机、通信和其他电子设备制造业中长期贷款余额达 1.48 万亿元。

（3）数字产业快速成长。数字经济核心产业规模加快增长，全国软件业务收入从 2012 年 2.5 万亿元增长到 2022 年 10.81 万亿元，同比增长 11.2%。截至 2022 年，我国工业互联网核心产业规模超过 1.2 万亿元，大数据产业规模达 1.57 万亿元，并成为全球增速最快的云计算市场之一，2012 年以来年均增速超过 30%。

2. 产业数字化转型提档加速

（1）制造业数字化转型持续深化。信息化和工业化的融合不断走深向实，企业数字技术应用水平显著提升。截至 2022 年 6 月底，我国工业企业关键工序数控化率、数字化研发设计工具普及率分别达到了 55.7%、75.1%，比 2012 年分别提升 31.1 个和 26.3 个百分点。截至 2022 年 10 月，“5G+工业互联网”建设项目超过 4 000 个，形成了一系列新场景、新模式、新业态。全国具备行业、区域影响力的工业互联网平台超过 150 个，重点平台工业设备连接数超过 7 900 万台套，服务工业企业超过 160 万家，助力制造业降本增效。我国智能制造工程深入实施，通过智能化改造，110 家智能制造示范工厂的生产效率平均提升 32%，资源综合利用率平均提升 22%，产品研发周期平均缩短 28%，运营成本平均下降 19%，产品不良率平均下降 24%。

（2）服务业数字化水平显著提高。全国网络零售市场规模连续 10 年居于世界首位，从 2012 年的 1.31 万亿元增长到 2022 年的 13.79 万亿元。近年来，我国电子商务交易额保持快速增长，由 2012 年的 8 万亿元增长至 2022 年的 43.83 万亿元。电子商务、移动支付规模全球领先，网约车、网上外卖、数字文化、智慧旅游等市场规模不断扩大。

（3）农业数字化转型稳步推进。2022 年，我国农作物耕种收综合机械化率超过 74%，农机应用北斗终端超过 60 万台套。产品溯源、智能灌溉、智能温室、精准施肥等智慧农业新模式得到广泛推广，大幅提高了农业生产效率。

3. 公共服务数字化深入推进

（1）“互联网+政务服务”取得显著成效。全国一体化政务服务平台基本建成，“一网通办”“异地可办”“跨省通办”广泛实践。全国 96.68%的办税缴费事项实现“非接触式”办理，全面数字化电子发票试点稳步推进，电子发票服务平台用户数量突破千万级。联合国电子政务调查报告显示，我国电子政务在线服务指数排名从 2012 年全球第 78 位提高到 2022 年的第 9 位，为企业、群众办事更加便捷高效。

（2）数字惠民水平不断提升。截至 2022 年 10 月，全国中小学（含教学点）互联网接入率达 100%，住房公积金小程序服务显示有 1.64 亿缴存人，社会保障卡持卡人数达 13.63 亿人，电子社保卡领用人数达 6.19 亿人，全国已审批设置 1 700 多家互联网医院。在抗击新冠疫情期间，线上教学、互联网诊疗、线上健身等线上服务和无接触配送有力保障了居民需求。

(3) 数字城乡建设向纵深推进。新型智慧城市建设取得积极进展，城市信息模型平台和运行管理服务平台建设稳步推进，全国国土空间规划数字化监管平台基本建成，数字孪生流域、水网、水利工程加快建设，智慧交通、应急系统、广电等建设成效显著。数字乡村建设加快推进，促进乡村宜居宜业、农民富裕富足。全国现有行政村全面实现“村村通宽带”，农村通信难问题得到了历史性的解决。乡村治理数字化实现助力强村善治，党务、村务、财务“三务”在线公开率超过 70%。乡村信息服务体系逐步健全，全国累计建设运营益农信息设施 46.7 万个，提供各类服务 9.8 亿人次。“互联网+”农产品出村进城带动农民增收，2022 年全国农产品网络零售额达 5 313.8 亿元。

2.4　数字经济的人才体系

在世界数字经济步入加速创新、深度融合的时代大背景下，我国经济数字化转型跨入由需求端向供给端拓展的新阶段，数字经济发展重点也由消费领域转向生产领域，相较于消费领域数字化转型更多依赖于大量互联网用户带来的“人口红利”，生产领域数字化转型则更多依赖于“人才红利”。数字人才是数字经济发展的重要基础和动力，是指具有信息通信技术专业技能的人才以及与信息通信技术专业技能协同互补的跨界人才。近年来，伴随着“数字中国”建设的不断推进，我国数字人才队伍的建设步伐不断加快，但是离国际一流水平仍有很大差距，还无法适应激烈国际科技竞争的要求，新一轮科技竞争迫切需要加强数字人才建设。

2.4.1　数字人才是经济数字化转型的核心驱动力

数字产业化以数字技术的研发创新为引擎，属于典型的技术密集型产业，需要高水平的数字技术人才。产业数字化以数字技术的应用创新为动力，要求人才在具有广泛的商业技能与行业经验的前提下，凭借行业经验进行价值链拆解与资源优化配置，并借助数字化工具产生新的组合，进而创造新的商业价值。无论是技术创新还是应用创新，人才都扮演着至关重要的角色。

1. 数字产业化行业人才需求特点

数字产业化领域的企业基于技术创新和商业模式创新的快速迭代，为传统业务不断赋能。在技术创新层面，企业聚焦关键芯片、基础零部件、基础材料、基础软件等工业技术领域推进自主化进程和高端芯片、操作系统、人工智能关键核心技术攻关，提高数字技术基础研发能力和自主创新能力。在商业模式创新层面，企业利用数字技术提供的连接、数据、算法算力、加工制造等能力，可有效化解用户信息、生产成本、运行数据等问题，构建连接供应商、生产商、零售商、消费者以及各种相关资源的关系枢纽，整合多个市场主体和众多消费者资源。

对于数字产业化企业而言，专业人才是实现以上目标的关键支撑。调研显示，未来 3 年，数字产业化企业最需要数字运营人员和开发人员，其次是算法人员、销售人员和产品经理。这说明技术革新与商业模式创新是助推数字企业发展的两大动力。同时，对数字技能的培养和应用也成为共识。46.4%的数字企业期望员工能够接受数字技能和跨学科技能的培训，43%的企业需要员工使用数字化办公系统。具体岗位方面，数字产业化企业对人才的需求集中在电子信息制造、基础设施建设和前沿数字技术领域。数据显示，2022 年下半年，Java 工程师岗位需求量最大，占比为 6%，半导体技术、集成电路设计和通信技术工程师其次，占比在 4%以上①。

2. 产业数字化行业人才需求特点

在产业数字化领域，企业会基于自身特点和差异化需求，全方位、全角度、全链条开展数字化转型，提高全要素生产率。工业企业持续加深互联网、人工智能等新技术的布局应用，探索工业数字化工具开发利用模式，亟待突破工业大数据应用。同时，通过加强硬件互联互通，提高工业技术软件化的水平，提升产业链、供应链自主可控能力和应对重大风险和外部冲击的韧性和弹性。服务业企业依托数字技术持续赋能变革，不断催生出服务新模式、新业态，“互联网+”持续推动工业设计、商务服务、商贸流动、文化旅游等生产性和生活性服务迭代升级，促进产业价值链向高附加值、高技术含量环节攀升。在农业方面，随着农产品流通的数字化水平大幅提高，企业将进一步整合包括采购、仓储、包装、物流、运输、配送、售后等服务在内的农产品供应链，为分散小农户走进大市场拓宽渠道。此外，企业将物联网技术应用到现代农业生产设施设备领域，实现对农业生产全过程的数字化控制，推动农产品向品牌化、差异化和个性化发展。

产业数字化企业在数字化转型过程中注重管理全面转型、数字人才储备和提

① 人瑞人才、德勤中国：《产业数字人才研究与发展报告（2023）》，社会科学文献出版社，2023，第 9 页。

升数字化相关技能。根据有关机构对产业数字化企业的调研，70.8%的企业高度重视针对数字化转型的企业管理的配套转型，大部分企业也将加强数字化相关技能人员的储备（67.7%）和提升企业数字化技能以适应数字业务发展（60.0%）视作数字化转型的必经阶段。此外，数字技能赋能业务和企业管理者的重视和领导也具有一定的重要性①。

2.4.2 当前我国数字人才建设存在的主要问题

目前，我国正从国家层面推进“人才强国战略”的实施，地方各级政府也在积极推行人才政策，这是一个非常好的开端，但是在落实与开展过程中还处于“摸着石头过河”与“广撒网”的阶段，还有许多问题亟待解决。

1. 数字人才短板引关注

近年来，国家对数字人才的育、引、留、用等方面制度不断健全，数字人才队伍不断壮大。但专家研究表示，我国数字人才建设在取得长足发展的同时，仍然存在着一定的问题与不足。

第一，数字人才总量存在巨大缺口。据中国信息通信研究院统计，2020年全国数字人才总量缺口超过1 100万人，并以年均10%左右的幅度增长。据工业和信息化部赛迪研究院估计，到2021年，我国人工智能人才供需比已达到1∶10.6，低于德国（1∶9.0）、法国（1∶3.6）、英国（1∶2.7），意大利（1∶2.5）、美国（1∶2.2）等国家，是世界上人工智能人才缺口最大的国家。

第二，高层次数字人才比例偏低。基于AMiner科技情报平台数据，截至2021年，全国数字科研领域高层次人才仅有7 000多人，占全球人才总量的9%，仅为美国的35%。目前，世界顶级数字人才团队基本上都分布于美国顶级大学、科技巨头旗下科研机构。我国不仅缺乏世界知名的数字人才团队，而且也缺乏符合我国国情的数字人才团队组织模式。

第三，数字人才国际净流失较多。伴随着世界范围内“数字人才争夺战”愈演愈烈，数字人才的国际流动不断加速。据AMiner统计，2012—2021年，全球数字人才流动量为540.4万人，其中，美国约为92.9万人，我国约为44.7万人（位居第二）。与此同时，我国也成为世界上数字人才净流失第一大国，净流失人数达7.8万人。

第四，数字人才行业和地区分布不均衡。数字人才从第一、第二产业流向第

---

① 人瑞人才、德勤中国：《产业数字人才研究与发展报告（2023）》，社会科学文献出版社，2023，第10页。

三产业的趋势仍在加剧，这给农业现代化和制造业数字化转型带来负面影响。我国数字人才主要集中在数字项目的研发和运营等方面，而在项目策划、市场开拓这两端的分布比较少。我国超过四成的数字人才集中分布于北京、上海、广州和深圳四个城市，其余大部分地区的数字人才流失比较严重。

2. 引聚数字人才的环境需要改善

针对目前数字人才领域的短板，专家调研发现，导致上述问题的主要原因在于引聚数字人才的环境需要改善。

第一，数字人才基本配套制度亟待健全。尽管新版《中华人民共和国职业分类大典（2022 年版）》第一次新增了“数字职业”，但是对于数字人才识别标准及分类并没有做出明确规定，致使各地区及有关部门在具体实施过程中常常束手无策。数字人才技能评定还没有形成统一的体系。

第二，数字人才培养模式亟待优化。2021 年，我国普通高等学校数字化管理专业的相关毕业生人数在 35 万人左右，而该职业从 2019 年被纳入新职业以来，现实人才需求量在 200 万人以上。与此同时，高等院校专业设置的调整和数字人才市场需求的衔接不及时。

第三，数字人才成长载体亟待完善。国内数字领域高水平实验室还比较少。身处数字技术研究与开发第一线的企业是集聚与储备数字人才的最佳载体，而目前国内高端数字人才储备排名前十位的机构为中国科学院、清华大学等高校与科研院所，没有企业榜上有名。同时，我国在重大数字科研项目方面的投入力度还不够大，美国国家科学基金会数据显示，2021 年我国对数字科研投入的公共经费还不到美国的 20%。

第四，数字人才的激励和服务环境亟待改进。我国数字人才的薪酬水平与欧美发达国家相比仍然偏低。我国在引进国际数字人才的签证、落户和移民等方面的开放性与便利性需要进一步提高。同时，与一、二线城市相比，三、四线城市以及广大乡村的数字基础设施还不够健全，数字人才的服务水平也较低。

2.4.3 加快数字人才建设，决胜新一轮科技竞争

当前，以 ChatGPT 等为代表的颠覆性数字技术变革正在引发新一轮的全球科技竞争，而科技竞争说到底就是人才的竞争。党的十八大以来，伴随着国家“人才强国”和“数字中国”战略的进一步实施，我国数字人才建设有了长足的进步，数字人才队伍也得到了发展壮大。但是，我国数字技术与国际一流水平仍有很大差距，还不能适应激烈的国际科技竞争和人才竞争的要求，迫切需要贯彻落

实《数字中国建设整体布局规划》，加快数字人才建设，决胜新一轮全球科技竞争。

1. 加快健全数字人才基本制度与规划

参照国际经验和国内实际情况，制定数字人才要划分标准，并且建立相关标准动态调整机制。例如，数字人才可以划分为 A、B、C、D、E 类，并确立根据国内数字经济与技术发展形势进行动态调整的指导性标准。根据“数字中国”发展的整体部署，围绕打造一批多层次、高水平、国际化的数字人才队伍，制定数字人才中长期发展规划。紧盯 AI、元宇宙等前沿数字技术的发展要求，制定数字人才目录，并适度提前规划有关人才建设方案。鼓励地方政府根据本地数字经济的实际情况，给予数字领军人才和青年优秀人才特殊扶持政策。把数字人才协同发展融入国家区域协调发展战略中，以区域一体化为基础，以城市群和都市圈为支撑，建立数字人才区域共建共享机制，从而有效缓解数字人才区域分布不均衡的状况。探索制定数字人才职业技能等级制度。完善数字人才劳动合同和劳动监察相关法规。

2. 注重建立多层次数字人才培养体系

前瞻性规划培养数字人才，打造若干未来技术学院和现代产业学院。加强数字领域新工科、新文科建设，开设数字领域交叉专业，培养复合型数字人才。鼓励数字领军企业和高校联合建设“校中厂”“厂中校”等，积极探索“教学+实训+路演”人才培养模式。完善数字人才终身职业技能培训体系，加大宣传教育力度，增强数字知识与技能适时更新意识。鼓励企业对数字人才进行经常性培训，有关培训费用可以计入企业税收抵扣。创设全国数字技能大赛体系，建立物质与精神相结合的奖励机制，激励和引导数字人才持续学习最新的数字知识与技能。优化数字领军人才发现机制，注重从企业的科研生产一线选拔优秀数字人才。支持发展科技金融，大力扶持企业建立高水平数字人才团队，促进数字技术创新成果转化。实施全民数字素养和技能提升计划，要推动数字教育进学校、进社区、进农村、进企业、进机关。

3. 积极开辟引进国际数字人才新途径

坚持“以研聚才、以产聚才”的方针，大力引进国际数字人才。全力支持与数字技术有关的国家重点实验室发展，着力扶持实力雄厚的科研机构努力打造国际知名科研平台。加快传统制造业数字化转型，努力实现由“中国制造”向“中国创新”转变，增强高新技术产业对国际高端数字人才的黏合力。充分发挥政府科技计划导向作用，在重大专项、重点研发计划论证和实施过程中，支持企业承担政府科研项目，对企业引进国际数字人才给予扶持。在国内地方人才集团公司的基础上，建立国际数字人才猎头机构，加强与世界著名人才猎头公司的合作，建设新型国际人才引进中介市场，拓宽全球数字人才的联络和引进渠道。鼓励国内相关政府部门、科研机构和企业等共同创办高层次、高水平、影响力大的国际数字人才会议或论坛，增进国内外数字人才的交流与合作。完善技术移民政策，适当精简签证条件与程序，为全球顶尖数字人才引入打开“绿色通道”。

4. 大力提高对数字人才的激励与服务水平

要激发数字人才活力，必须着力创新选人用人制度，切实把绩效作为评价人才的主要标准，对数字领域德才兼备、成绩斐然的“干将”与“闯将”，应不拘一格、大胆使用，安排其担负重要数字技术研究与实践任务。对高端数字人才及其人才团队应充分授权，适当扩大“人财物”的自主支配权。对稀缺的顶级国际数字人才“量身定制”待遇，做到“投其所好”、精准激励，尽可能满足人才的切实需求，保证其全身心投入工作中去。创新以提升知识价值为导向的分配政策，强化科技成果转化激励，探索实施岗位分红权、项目收益分红、股权激励等中长期激励方式。建立数字人才稳定投入机制，实行严格的知识产权保护制度。构建“智配直享”国家数字人才综合服务体系，设立人才政策专员，建立完善数字人才诉求表达与跟踪服务机制。

案　例

上海：建设数据要素产业创新高地 力争2025年产业规模达5 000亿元①

党的十九届五中全会提出，要发展数字经济，推进数字产业化和产业数字化，推动数字经济和实体经济深度融合。2023年1月31日，习近平总书记在二十届中央政治局第二次集体学习时也强调：“要继续把发展经济的着力点放在实体经济上，扎实推进新型工业化，加快建设制造强国、质量强国、网络强国、数字中国，打造具有国际竞争力的数字产业集群。”

2023年8月15日，上海市人民政府发布的《立足数字经济新赛道 推动数据要素产业创新发展行动方案（2023—2025年）》提出，到2025年，上海数据

① 王可：《上海：建设数据要素产业创新高地 力争2025年产业规模达5 000亿元》，《中国证券报》2023年8月16日。（使用时有删改）

要素市场体系基本建成，国家级数据交易所地位基本确立；数据要素产业动能全面释放，数据产业规模达 5 000 亿元，年均复合增长率达 15%。

根据《行动方案》，上海将全力推进数据资源全球化配置、数据产业全链条布局、数据生态全方位营造，着力建设具有国际影响力的数据要素配置枢纽节点和数据要素产业创新高地。

为打造资源配置新枢纽，上海将提升上海数据交易所能级，并着重建立数据要素价值转化体系。上海将面向全国布局数据交易链等枢纽型平台设施，利用区块链技术推动交易机构互联、数商主体互认、场内场外交易链接，建设数据资源、产品和资产统一登记和存证服务体系。到 2025 年，上海挂牌 5 000 个可交易数据产品，服务 10 万家数据供需主体。此外，上海将推动数据资产化评估及试点，在国家有关部门指导下，探索形成以上海数据交易所场内交易为纽带的数据资产评估机制，在金融、通信、能源等领域开展试点。

为增强数据产业综合支撑，上海将加快新基建布局，到 2025 年，算力总规模较“十三五”期末翻两番。《行动方案》提出，上海将建设泛在智敏的网络连接体系，推进多云多网联动，巩固提升 5G、IPv6、北斗通导一体化等设施能级，加强区块链芯片、操作系统等创新和 6G、太赫兹、量子通信等关键技术应用。建设物联数通的新型感知体系，深化新型城域物联专网布局，发展工业互联网、车联网、智能管网、智能电网，持续推进工业互联网标识解析国家顶级节点（上海）体系建设。建设高效协同的算力体系，建设“E 级”超算载体、人工智能公共算力平台，因地制宜部署边缘计算资源池，对接“东数西算”国家战略，建设枢纽型算力调度平台。

此外，上海还将建设临港新片区国际数据港先导区。建设云网数链设施体系，推动现有海光缆扩容，新建直达东亚和东南亚的海底光缆，建设国家新型互联网交换中心，布局面向国际数据合作的高等级数据中心，推动区块链跨境国际合作。探索新型数据服务试验区，推进国际数据空间合作，深化电信服务开放，推动增值电信业务逐步对外资放开。建设上海数字贸易国际枢纽港临港示范区，开展规则综合集成和压力测试，探索数据跨境制度创新，研究编制场景清单和操作指引，推进数据的安全可信流动。优化临港数据跨境服务产业布局，大力发展数据跨境服务业。

案例讨论题

1. 上海市印发的《立足数字经济新赛道 推动数据要素产业创新发展行动方

案（2023—2025年）》体现出怎样的特点？

2. 联系实际，谈谈自己所在地区数字经济生态体系有哪些优势，有哪些需要改进和加强的方面。

小　结

以开放式创新为核心驱动力，打造具有强大生命力的数字经济生态体系，对建设实力和地位强大的数字中国至关重要。从生态视角纵览数字经济全局，政策体系从顶层设计上明确数字经济发展的总体思路，是推动我国数字经济高质量发展的行动纲领；数字技术是数字经济发展的基石，已成为世界大国竞争的制高点；数字经济与实体经济深度融合，是推动现代化产业体系建设的重要引擎；数字人才是经济数字化转型的核心驱动力，决胜新一轮科技竞争亟须加快数字人才建设。实现数字经济健康持续发展，离不开良好的生态体系保障，如何构建数字经济生态是摆在各级政府面前的重要课题。

关键术语

政策框架　数字技术　现代化产业体系　数字人才

习　题

1. 简述“十四五”时期我国数字经济发展的重点任务和重点工程。
2. 试析数字技术发展的意义及其对数字经济发展的影响。
3. 如何充分发挥数字经济赋能现代化产业体系建设的作用？
4. 为什么说数字人才是经济数字化转型的核心驱动力？

第3章 数字经济发展基础

数字经济的发展取决于新型基础设施建设、数字人才培养、数字技术创新、数字市场建设和数字安全保障等多个因素。筑牢数字经济发展的根基，尤其需要新型基础设施建设的支撑和数字安全战略的保障，只有两者相互补充、相互促进，才能实现数字经济的可持续、安全和快速发展。

学习目标

- 掌握新型基础设施的概念与特点
- 了解我国新型基础设施的建设布局及趋势
- 理解我国数字安全战略的主要目标及内容

3.1 新型基础设施的概念与特点

作为促进数字经济与实体经济深度融合的基础，新型基础设施为经济社会高质量发展提供坚实支撑。习近平总书记强调，要加快新型基础设施建设，加强战略布局，加快建设高速泛在、天地一体、云网融合、智能敏捷、绿色低碳、安全可控的智能化综合性数字信息基础设施，打通经济社会发展的信息“大动脉”。作为引领数字经济发展的新引擎，新型基础设施建设不仅满足了人们对未来社会美好生活的新需求，还引领了高新科技产业及相关产业发展，进一步推动数字中国成为现实。

3.1.1 “新型基础设施”概念的提出与相关重大部署

“新型基础设施”这一概念最早出现在中央层面的官方表述是在2018年12月召开的中央经济工作会议上，会议明确提出“加快5G商用步伐，加强人工智能、工业互联网、物联网等新型基础设施建设"[1]，这就首次将5G、人工智能、工业互联网、物联网定义为新型基础设施。但在正式提出"新型基础设施"这一概念之前，党和国家的领导同志就已经提出了信息化基础设施等类似的概念。早在20世纪80年代，习近平担任福建宁德地委书记时，就敏锐地认识到信息化基础设施对经济社会发展的重要作用，他指出，"经济要发展，邮电要先行"。在2002年5月17日第34个世界电信日，时任福建省省长的习近平在福建日报发表题为《缩小数字鸿沟 服务经济建设》的文章，提出把信息化基础设施建设作为推进数字福建建设的重要内容。2014年2月，在中央网络安全和信息化委员会第一次会议上，习近平总书记强调："要有良好的信息基础设施，形成实力雄厚的信息经济。"[2] 从数字福建到数字中国，从信息基础设施到新型基础设施，习近平以敏锐的眼光和前瞻的视角，推动了中国迈向数字经济时代的战略进程。

自2019年开始，中央相关会议频繁对新型基础设施建设进行部署。2019年3月召开的十三届全国人大二次会议上，国务院政府工作报告中提出"加快新一代信息基础设施建设"；7月30日召开的中央政治局会议指出，加快推进信息网络等新型基础设施的建设；12月10日召开的中央经济工作会议指出，要引导资金投向供需共同受益，具有乘数效应的先进制造、民生建设、基础设施短板等领域，促进产业和消费"双升级"，加强战略性、网络型基础设施建设。

2020年以来，在经济结构转型、中美贸易博弈、新冠疫情等挑战下，中国经济下行压力增大，新型基础设施建设前所未有地进入到党中央的布局之中。2020年1月3日，国务院常务会议明确指出，要"要大力发展先进制造业，出台信息网络等新型基础设施投资支持政策，推进智能、绿色制造"[3]。2020年2月14日召开的中央全面深化改革委员会第十二次会议提出，基础设施是经济社会发展的重要支撑，要以整体优化、协同融合为导向，统筹存量和增量、传统和新型基础设施发展，打造集约高效、经济适用、智能绿色、安全可靠的现代化基础设施体系。2020年3月4日召开的中央政治局常务委员会会议提出，要加大公共卫生服务、应急物资保障领域投入，加快5G网络、数据中心等新型基础设施建设速度。2020年5月召开的十三届全国人大三次会议上，国务院政府工作

---

① 《中央经济工作会议在北京举行》，《人民日报》2018年12月22日。

② 《习近平主持召开中央网络安全和信息化领导小组第一次会议强调：总体布局统筹各方创新发展 努力把我国建设成为网络强国》，《人民日报》2014年2月28日。

③ 《李克强主持召开国务院常务会议》，《人民日报》2020年1月4日。

报告提出要加强“两新一重”建设，其中加强新型基础设施建设，是指发展新一代信息网络，拓展 5G 应用，建设数据中心，增加充电桩、换电站等设施，推广新能源汽车，激发新消费需求、助力产业升级。新冠疫情是党和政府大力布局新型基础设施建设的一个直接动因。疫情期间，新型基础设施建设的潜力和优势也得到了极大彰显。譬如无接触方舱 CT、智能配送机器人、红外人体温度快速筛检仪等智能设备助力抗疫；线上办公、网络购物、在线教育和云服务改变了人们的工作生活方式；疫情态势研判、政务“一网通办”、违法犯罪网络监测等大数据应用都展现了非凡的管理效率和公平。

2021 年 3 月发布的《中华人民共和国国民经济和社会发展第十四个五年规划和 2035 年远景目标纲要》，明确将新型基础设施作为我国现代化基础设施体系的重要组成部分，提出要统筹推进传统基础设施和新型基础设施建设，打造系统完备、高效实用、智能绿色、安全可靠的现代化基础设施体系，要围绕强化数字转型、智能升级、融合创新支撑，布局建设信息基础设施、融合基础设施、创新基础设施等新型基础设施。2021 年 9 月召开的国务院常务会议提出，“十四五”时期科学布局和推进建设以信息网络为基础、技术创新为驱动的新型技术设施。工业和信息化部、中央网信办等 8 部门联合印发《物联网新型基础设施建设三年行动计划（2021—2023 年）》，提出至 2023 年年底，在国内主要城市初步建成物联网新型基础设施，社会现代化治理、产业数字化转型和民生消费升级的基础更加稳固。

2022 年 1 月，国务院印发《“十四五”数字经济发展规划》，从顶层设计上明确了我国数字经济发展的总体思路、发展目标、重点任务和重大举措。作为“十四五”时期推动我国数字经济高质量发展的行动纲领，《“十四五”数字经济发展规划》将加快建设新型基础设施放在基础设施体系建设工作的重要位置，强调“加快建设信息网络基础设施”；2022 年 12 月，中共中央、国务院印发《扩大内需战略规划纲要（2022—2035 年）》，系统布局新型基础设施建设。同时，多省市在 2022 年前后相继出台了“十四五”新型基础设施建设规划，明确了相关建设目标与建设任务，结合社会发展和产业需求，对新型基础设施建设布局开展统筹谋划。

总体来看，自 2018 年以来，我国对建设新型基础设施进行了系统的理论研究和广泛的实践探索，已从最初的概念式的局部试点阶段上升为战略式的全面发展阶段。

3.1.2　新型基础设施的概念阐释

新型基础设施是指采用新技术、新业态、新模式、新标准和新服务的一系列基础设施体系，是推进数字经济等新兴产业发展的重要支撑，是我国现代化基础设施体系的重要组成部分。新型基础设施建设的要求与创新、协调、绿色、开放、共享的新发展理念具有一致的内涵。

1. 新型基础设施的定义与范围

2020年4月20日，国家发展和改革委员会在新闻发布会上首次给出了新型基础设施的权威定义，指出新型基础设施是以新发展理念为引领，以技术创新为驱动，以信息网络为基础，面向高质量发展需要，提供数字转型、智能升级、融合创新等服务的基础设施体系。同时，还明确了新型基础设施的具体范围，主要包括三方面内容：一是信息基础设施，包括以5G、物联网、工业互联网、卫星互联网为代表的通信网络基础设施，以人工智能、云计算、区块链等为代表的新技术基础设施，以数据中心、智能计算中心为代表的算力基础设施等。二是融合基础设施，主要指深度应用互联网、大数据、人工智能等技术，支撑传统基础设施转型升级，进而形成的融合基础设施，比如，智能交通基础设施、智慧能源基础设施等。三是创新基础设施，主要是指支撑科学研究、技术开发、产品研制的具有公益属性的基础设施，比如，重大科技基础设施、科教基础设施、产业技术创新基础设施等。

央视新闻媒体在2019年3月曾对新型基础设施建设展开报道，重点聚焦七大领域：5G通信、特高压、城际高速铁路和城际轨道交通、新能源汽车充电桩、大数据中心、人工智能、工业互联网。也有部分专家学者认为七大领域当中有部分属于传统基建范畴，例如特高压和城际轨道交通。但无论是主流媒体报道的七大领域，还是国家发展和改革委员会（以下简称“国家发展改革委”）明确的三个方面内容，伴随着技术革命和产业变革，新型基础设施的定义将不断被完善，这一概念将被赋予更加丰富的内涵。

除了新型基础设施以外，数字基础设施这一关联概念也随着数字中国战略而提出。数字基础设施是指包括网络基础设施、算力基础设施和应用基础设施在内的，以信息网络为基础、以数据和算力为核心的新型基础设施。数字基础设施是新型基础设施的重要组成部分，是支撑数字经济发展的底座。在数字经济某些特定语境下，数字基础设施可以等同于新型基础设施。

2. 从基础设施到新型基础设施的历史考察

基础设施是指在社会生活和经济生产活动中持续地为人们提供服务的物质工程设施，包括维持现代社会正常运转所必需的公共设施或社会投资设施，如道路、桥梁、机场、铁路、水利、电力、通信、公共交通、环保和公共建筑等。基础设施自古有之，而如今基础设施建设是国家现代化建设的重要组成部分，是经济、社会和民生发展的基础，对提高社会生产力、促进区域经济发展、改善民生条件等方面发挥着重要作用。基础设施有多种分类方式，可以按照区域划分为城市基础设施和农村基础设施，也可以按照不同行业领域划分为交通基础设施、能源基础设施、工业基础设施、农业基础设施等等。基础设施按照功能属性，一般可分为生产性基础设施和社会性基础设施两大类。其中，生产性基础设施是为物质生产过程服务的有关成分的综合，是为物质生产过程直接创造必要的物质技术条件。社会性基础设施是为居民的生活和文化服务的设施，是通过保证劳动生产的物质文化和生活，进而间接影响再生产过程。

新型基础设施建设与科技革命和产业变革有着紧密的联系。一方面，科技革命和产业变革催生了新型基础设施建设；另一方面，新型基础设施建设加速了科学技术的创新变革。例如 18 世纪 60 年代开启的第一次工业革命，蒸汽机的发明与广泛使用促进了铁路、航道、公路等为代表的交通基础设施迅速发展，世界进入了蒸汽时代，同时促进了机械工程和能源技术的进步。19 世纪 70 年代开启的第二次工业革命，发电机、电动机的发明使电力得到广泛应用，世界进入了电气时代，以水电站、火电站、高压输电线等为代表的能源基础设施开始兴起，进而推动了电气工业和电力工程技术的快速发展。20 世纪 70 年代开启的第三次工业革命，计算机和信息技术的突破，使得光缆、卫星、移动通信等为代表的信息基础设施迅猛发展，引领了第二次世界大战后的经济繁荣，并带动了核能、微电子技术、航空航天、分子生物学和遗传工程等领域取得重大进展。

如今我们广泛提及的新型基础设施建设是新一代信息技术广泛应用下的基础设施建设，以“5G+ABCDEI”——5G 通信、人工智能（Artificial Intelligence）、区块链（Block Chain）、云计算（Cloud Computing）、大数据（Big Data）、边缘计算（Edge Computing）、物联网（Internet of Things）等技术为代表，是科技进步和生产力发展的必然产物。可以从三个层面来理解新型基础设施：一是物理层，主要是指新型基础设施建设的实体硬件基础。物理层包括传统基建范围内的公共建筑、能源、交通设施，以及应用了新一代技术的 5G 基站、信号塔台、通信光缆等通信设施，还包括各类传感器、摄像头等探测设备，数据机组、服务器等存储设备，计算机、智能机器人等实现人机交互的终端设备。二是信息层，主要是记录、存储和管理各类数据的信息空间。信息层包括声音、图像、文档等各类异构数据的数据库，网页、应用程序、操作系统等软件和网络平台。三是规则层，规则是现代经济最核心的“基础设施”。广义的“规则”包括数字技术质量标准、法规制度及市场机制、基础科学及工程理论、数字文明文化理念等认知层次的标准规范，处于顶层高度，对物理层和信息层的建设和发展具有引领作用。

3. 新型基础设施的概念内涵

新型基础设施涵盖了传统基础设施领域的交通、能源、水利、通信、市政等，同时也包括了物联网、云计算、大数据、人工智能、5G 等新兴技术应用的智能城市、智能交通、智能电网、智慧水管理、智慧医疗等方面。新型基础设施会推动社会经济、技术和环境等多方面的发展，有助于满足社会对高效率、低成本和可持续的基础设施的需求，其内涵主要包括数字化和智能化的特征、网络化的形态以及绿色化的目标。

第一，数字化和智能化的特征。新型基础设施以数字化和智能化为主要特点，通过新一代信息技术的广泛应用，实现建设智能城市、智能交通、智能电网等系统目标。新型基础设施不仅拥有传统基础设施的功能，更具备智能化、自动化、互联互通等特征，实现了信息互联、模块化、智能化、人机交互的新生态，也可以实现更加高效的数据收集、分析和利用，能够消除数据孤岛，提高城市运行效率和服务质量，使城市变得更加智能、人性化和可持续。

第二，网络化的形态。新型基础设施具有网络化的属性，其与互联网、移动通信、云计算等技术综合，形成了复杂的网络生态系统。新型基础设施通过互联互通的技术架构和分布式的数据管理，强化信息化和数字化的互联互通，实现各类设施、设备、数据全面互联，支撑智慧城市、智能化生产，促进了工业生产、商业服务、居民生活之间的互联互通。

第三，绿色化的目标。新型基础设施是一类可持续性基础设施，强调对环境和能源资源的高效利用和节约。随着全球应对气候变化和环境污染等环保问题的形势日益严峻，新型基础设施逐渐朝着绿色、低碳、环保的方向发展。例如，智能化建设将促进能源高效利用、减少二氧化碳排放，数字化的交通和智能电网将促进交通和能源资源的合理利用和节约。

3.1.3 新型基础设施的特点优势

除了基础设施建设所具有的公共属性、服务属性等一般特点以外，新型基础设施建设的“新”主要体现在以下 5 个方面：

一是应用新一代技术。新型基础设施建设和传统基础设施建设最显著的区别是广泛应用了以“5G+ABCDEI”为代表的新技术，而且这些技术还将不断更新迭代。新型基础设施建设有别于劳动密集型的传统基础设施建设，它是以高端人才为建设者的高精尖项目，技术含量高、创新步伐快。新型基础设施建设应用的不是单一的产品技术或工业生产技术，更多的是指以数据为中心，结合信息网络和融合创新并形成循环作用的新技术链①。

二是呈现新建设形态。新型基础设施具有数字化、网络化、绿色化的形态特征。以“铁—公—机”为代表的铁路、公路、机场、能源、水利等传统基础设施建设项目，往往需要大兴土木，而且建设周期长。新型基础设施建设在有形的建筑物建设方面将明显少于传统基础设施建设，更多的投资将转向机器设备、技术研发和运维服务等“后台”建设，其建设过程往往不易被公众觉察。传统基础设施主要功能是支撑“人畅其行、物畅其流”，人和物是主要的交流要素，新型基础设施则是支撑信息要素的感知、传输、存储、运算，为数字化转型、智能化升级和融合创新提供基础支撑，以数据流引入技术流、资金流、物资流。高质量新型基础设施建设必须具有节能环保的属性和以低污染、低排放为特征，为我国实现低碳发展奠定物质基础。

三是创造新兴经济业态。新型基础设施建设开拓了电子商务、智能生产、云服务等新型市场，推动了生产、运输、销售、管理等产业环节的创新发展。同时，得益于新型基础设施建设的平台支撑作用，促使外卖、看剧、刷短视频、玩游戏等线上文娱活动成为大众消费新需求。以外卖、快递、网约车、直播带货为代表的数字经济新业态发展迅猛，在促进劳动就业、经济发展和疫情防控等方面发挥了重要作用。

四是激发新经济动能。传统基础设施投资和建设周期长，资金成本回收慢，盈利能力较弱。相比而言，新型基础设施建设虽然投资规模大、研发周期长，但是建成后应用见效快，能使人们享受到它带来的种种便利，其盈利能力相比传统基础设施建设更强、成长潜力更大。例如，数字化企业在工业互联网技术支撑下，进一步突破地理限制，通过信息共享和远程办公提高生产效率，拓宽线上销售渠道。

---

① 郭朝先：《新型基础设施建设赋能中国经济高质量发展的路径研究》，《国民经济管理》2021 年第 2 期。

五是形成新型投融资模式。传统基础设施建设基本上是由地方政府、国有企业建设实施和运营，其投资经营趋于“中心化”；新型基础设施建设涉及的产业范围非常宽泛，其建设主体多元化。政府鼓励不同民营资本进入新型基础设施投资，由民营企业主导建设和运营，基于平台经济，这将有助于形成更庞大的投资经营群体。

3.1.4 新型基础设施建设面临的问题困境

随着时代的发展，中国经济的持续增长和工业化进程不断推进，新型基础设施建设越来越成为焦点，但是，新型基础设施建设在实践中还面临着一些问题困境。

一是核心技术基础仍需筑牢。云计算、大数据的应用普及，带来了数字化、智能化的变革。5G、工业互联网、人工智能、数据中心，需要用到大量的基础技术和产品，如芯片、软件、服务器等，往往是行业数据和信息流动的“心脏”，支撑着移动支付、人脸识别、无人驾驶、物联网的各种应用场景。但当前，我国在基础性信息技术和产品上的对外依存度仍然较高，部分核心技术被少数几家国外厂商掌握。在新型基础设施建设底层技术和产品大量依赖国外产品的背景下，设施建设越多，风险可能越大，一旦出现风险可能造成的损失也越大，这对我国的信息稳定性和安全性都是极大挑战。同时，由于我国大部分企业尚未掌握核心关键技术，在产业分工上处于中低端，对于价值分配缺少话语权和主导权，新型基础设施建设带来的市场收益会大量流向跨国科技企业，意味着新型基础设施建设建得越多、规模越大，可能对我国的产业和企业带来的伤害越大。推动科技自立自强，夯实技术基础是发展新型基础设施的核心关键。

二是投融资风险不容轻视。首先，新型基础设施在建设过程中需要耗费大量资金，投资风险较高。这些风险在某些地区和企业中更加明显，尤其是融资渠道不畅，难以获得充足的资金支持。由于各地区基础设施建设的差异性和资金限制，有效的资金利用成为需要全社会协同作战的难点。其次，新型基础设施投资和建设需要依赖高科技和前沿的技术，而这些技术的发展风险不可控。同时，由于有的新技术还处于试验阶段，其技术风险和不确定性都存在。再次，由于新型基础设施建设是以提升社会服务的效率和便捷性为目标的，因此还存在市场需求不稳定的风险。最后还包括政策调整风险，政府对于新型基础设施项目的支持力度非常重要和必要，在政策支持制度、资金扶持、税收优惠等方面需要进行针对性改革，并确保不会轻易更改有关政策，这样才能确保新型基础设施项目能够按照计划顺利推进。

三是行业应用亟待落地。新型基础设施建设以提升社会服务和便捷性为目标，但是对于交通、建筑、医疗、教育、地产、金融等行业，仍然需要对其相关业务进行梳理和拓展，并基于新型基础设施从服务支持到业务升级的变革，将具体应用落实。2020 年新冠疫情的突然暴发，将此前广泛应用到商业场景的通用新一代信息技术，快速深入到社会治理的方方面面。在国内战“疫”中，盘活数据之后的数字政府应用让人们耳目一新，然而疫情期间也暴露了我国数字治理方面的一些短板，比如政府各业务部门数据融通不足、技术赋能不够、场景融合不强等。究其原因，核心是传统技术企业在结合各行业数字转型业务中知识储备不足，缺乏行业化落地能力。可以预见，通用的技术会越来越难以解决具体问题，由此数字技术会逐渐具备行业属性，数据智能技术行业化是解决这些“疑难杂症”的必然路径。

四是管理运维要求更高。新型基础设施建设属于高科技领域，要求操作人员具备高水平的技术能力和专业知识，理解并掌握新型基础设施的特点和使用方法，能够快速响应，高效解决问题，确保设施安全运行和数据的完整性、保密性。为提高运行效率，运营商必须采用能够有效监测的设施，对设备的运行数据进行实时的监控，并进行分析，同时也应当熟练掌握人工智能或大数据技术进行预测、预警、故障自诊断和自动修复等操作。最令人担忧的是，信息化安全威胁不断升级，保障新型基础设施网络安全也是新的挑战。新型基础设施的管理要特别注意保护用户的数据隐私，以及遵循相关法规和行业规范，不得泄露用户信息，避免因数据泄露等问题带来的损失。要做好新型基础设施的管理和运维，需要不断学习、掌握和应用新技术，注重安全性、可用性、自适应性和灵活性，坚持不断改进和创新。应该形成全员参与、全程管理机制，所有相关部门和人员都应当承担相应的职责，密切协作，形成合力，为基础设施的安全运行提供有力保障。

五是技术人才缺口长期存在。随着各产业的数字化转型进入更深的阶段，大量数字化、智能化的岗位相继涌现，相关行业对数字人才的需求与日俱增，人才短缺已成为制约数字经济发展的重要因素。2023 年 3 月 17 日，人瑞人才科技集团联合德勤中国、社会科学文献出版社发布了《产业数字人才研究与发展报告（2023）》。报告显示，当前我国数字人才缺口约在 2 500 万人至 3 000 万人，且该缺口仍在持续放大。2022 年下半年数字人才需求最大的前十大城市中，除了一线城市——广州、深圳、北京、上海占据前四位之外，后六个为新一线城市，如武汉、成都、西安等。前十大城市合计占全国数字人才的 75%。从工作内容来看，一线城市需求量最大的前五类人才分别是C++人才、半导体技术人才、产品经理、Java人才、嵌入式软件开发工程师，新一线城市人才需求则表现为Java人才、电气工程师、电商运营、通信技术工程师和嵌入式软件开发工程师。从薪资水平来看，一线城市和新一线城市数字人才岗位的月平均薪资分别为18 328元、13 563元。随着中央及各地对新型基础设施建设的有力推进，数字经济发展对信息技术人才的需求将会持续稳步走高，人才缺口将进一步扩大。

在缓解新型基础设施建设问题的过程中，政府和企业可以采取积极有效的措施应对。首先，必须围绕解决数据融合、数据共享、数据安全等重点问题，强化标准体系建设和发展路线研究，发挥标准规范的引领作用。其次，通过政策引导，进一步加大对新型基础设施建设的投资，提供更多资金和技术支持，优化项目评估和审批机制，提升投资和融资效率。最后，加大培训和教育力度，不断提高人员素质和专业技能，制定专门的预防和应对信息化安全策略，加强运维和管理水平，确保新型基础设施正常运行。

3.2 我国新型基础设施建设布局及趋势

新型基础设施建设在赋能生产、生活、治理方式和服务模式数智化转型等方面不断取得突破性成果，是数字经济蓬勃发展的重要驱动力量。随着新型基础设施建设加速，数字生态会越来越广，其应用价值会越来越高，从而激发经济活力，释放更多消费需求。

2023年1月31日，二十届中央政治局就加快构建新发展格局进行第二次集体学习，习近平总书记强调，要适度超前部署新型基础设施建设，扩大高技术产业和战略性新兴产业投资，持续激发民间投资活力。新型基础设施建设项目普遍具有前期投资规模大、投资回收周期长等特点，为充分调动社会资本参与，我国推出金融工具等重要融资途径，补充了包括新型基础设施在内的重大项目资本金。截至2022年11月底，两批共7 399亿元金融工具支持的2 700多个项目已全部开工建设，主要用于支持交通、能源、水利、新型基础设施建设等重大项目建设。同时，《关于支持中央企业发行科技创新公司债券的通知》提出，支持中央企业开展基础设施REITs（不动产投资信托基金）试点，重点支持交通、能源、水利、生态环保及5G、工业互联网等新型基础设施项目发行REITs。目前，各类投融资主体积极参与新型基础设施建设项目。我国正面向重点区域和行业积极推动示范应用，从而确保新型基础设施建设持续投入和创新迭代的良性循环。

3.2.1　信息基础设施实现跨越式发展

信息基础设施是新型基础设施的重要组成部分，包括以 5G/6G、物联网、工业互联网、卫星互联网等为代表的通信网络基础设施，以人工智能、云计算、区块链等为代表的新技术基础设施，以数据中心、智能计算中心等为代表的算力基础设施等。党的十八大以来，我国深入实施网络强国战略、国家大数据战略，信息基础设施建设成效显著，数据赋能作用和创新驱动乘数效应凸显。随着网络技术、云计算、大数据和人工智能等信息技术与应用的不断成熟，移动通信网络服务逐渐转向以端到端网络高速率、低时延、高可靠和大连接能力为特征的三大场景化行业应用拓展，一体化服务能力不断完善，定制化能力不断提升。在一系列政策推动下，我国网络基础设施实现快速发展。2022 年 8 月 24 日，中央网信办发布信息称，我国算力基础设施已达到世界领先水平，全国在用数据中心机架总规模超过 650 万标准机架。截至 2023 年 5 月末，全国 5G 基站建设总数达 284.4 万个，基站总量占全球总量的 60%以上；移动物联网快速发展，在全球主要经济体中率先实现“物”连接数超过“人”连接数；新一代互联网技术正加快应用，互联网协议第六版即 IPv6 地址资源总量位居全球第一，我国网络规模和应用水平全球领先，网络基础设施正全面向 IPv6 演进升级。

一是信息通信网络建设规模全球领先。随着“宽带中国”战略深入实施，我国已建成全球规模最大的光纤和移动宽带网络。截至 2022 年年底，光缆线路总长度达 5 958 万公里，比上年末净增 477 万公里，网络运力不断增强；具备千兆网络服务能力的 10G PON 端口数达 1 523 万个，比上年末净增 737.1 万个。全国共 110 个城市达到千兆城市建设标准。

二是算力基础设施加速发展。为筑牢信息时代的发展基石，从中央到地方纷纷采取措施系统推进数字基础设施建设。截至 2022 年 6 月底，我国服务器规模约 2 000 万台，算力总规模超过 150 EFlops（每秒 15 000 京次浮点运算次数），排名全球第二。在全球算力分布统计中，我国智能算力总规模占比 26%。“东数西算”工程加快实施，全国一体化大数据中心体系完成总体布局，全国共有 8 个国家算力枢纽节点启动建设，2022 年全国新开工数据中心项目近 70 个，新建数据中心规模约 150 万标准机架。截至 2022 年年底，基础电信企业为公众提供服务的数据中心机架数达 81.8 万个，其中中西部地区机架数占比达 21.9%，数据中心过度集中在东部的局面有所改善。2023 年我国在海南成功下水运营全球首个商业用途的海底数据中心，与传统陆上数据中心相比，海底数据中心不仅能耗更低、节约土地，运算功率密度是陆地传统数据中心的5~7倍。网络、连接、算力、数据、安全等融合服务能力增强，运算能力和数据服务发展势头迅猛，为提供高质量新型数字化服务奠定了基础。随着我国持续在各地区、各行业推进数字化转型，产业协同不断深化，算力基础设施、算力平台、算力服务等具有国际竞争力的算力产业生态初步形成。与此同时，我国全力打造国家算力网络体系，随着“东数西算”工程的推进，东西部之间不断完善跨区域算力调度、区域内算力协同、多云协同算力联通调度。工业和信息化部数据显示，数据中心、云计算、大数据、物联网等新兴业务快速发展，通信业2022年共完成业务收入3 072亿元，比上年增长32.4%，在电信业务收入中占比由上年的16.1%提升至19.4%。

三是信息通信服务能力大幅提升。我国移动通信实现了从“3G突破”到“4G同步”再到“5G引领”的跨越，6G领域的愿景需求研究、关键技术研发、国际交流合作逐步加快。互联网普及率从2012年的42.1%提高到2023年6月的76.4%，网民规模达10.79亿人。2022年全国电话用户总数达18.63亿户，其中移动电话用户总数16.83亿户，普及率为119.2部/百人，5G移动电话用户达5.61亿户。面向中小企业连续4年推进宽带和专线降费，让利超过7 000亿元。相比2012年，宽带网络平均下载速率提高近40倍，移动网络单位流量平均资费降幅超95%。中西部地区中小城市信息通信服务能力进一步提升。国家民用空间基础设施体系初步建成，北斗三号全球卫星导航系统开通，卫星遥感系统已形成全球观测能力。

我国信息基础设施建设取得了长足发展，但与数字经济高质量发展需求以及国际先进水平相比，仍有较大差距：当前系统化、国际性工业互联网平台空缺，云计算基础设施及应用场景仍处于培育期，应用场景相对不足；新一代信息技术处在不断更新和优化调整过程中，信息基础设施的建设、运营、管理和维护成本较高，社会资本参与积极性不高；关键核心技术存在短板，产业的潜在高附加值难以被激发，先进制造业与数字经济融合的叠加效应和乘数效应都大打折扣。

未来，前瞻布局信息基础设施建设，要加快构建高速泛在、天地一体、云网融合、智能敏捷、绿色低碳、安全可控的智能化综合性数字基础设施，全面提升基础设施数字化水平，扩大信息高技术产业、战略性新兴产业和未来产业投资，持续开辟发展新领域新赛道。

一要适度超前部署信息基础设施建设。加快构建全国一体化大数据中心体系，建设绿色智能的国家枢纽节点和数据中心集群，完善国家数据要素基础设施。加快千兆光网建设，新设一批国际通信出入口，全面推进 IPv6 商用部署。建设人工智能公共算力开放创新平台，以低成本算力服务中小企业。建设空间信息基础设施和国际共享基础设施，推进北斗产业化重大工程，构建民商统筹、集约高效的卫星遥感系统，助推卫星互联网和空间信息产业发展。

二要加大投资支持力度。充分发挥中央投资引导带动作用，用好中长期贷款、地方政府专项债、政策性开发性金融工具等，增强社会资本参与投资的积极性。同时，放宽准入门槛，优化市场竞争环境，吸引民营资本、境外资本参与新型基础设施建设运营。加大对中西部地区信息网络建设投入，支持中小城市网络升级和云计算设施建设，补齐短板。

三要加快信息关键核心技术攻关。依托信息基础设施建设，构建数字创新生态和开源社区，加强数字技术创新，牢牢把握数字经济的发展主动权。完善国家算力网络布局，打造分布式国家数据中心集群。稳妥推进国家民用空间、5G/6G 和光纤网络等建设，推动空间技术、人工智能等新技术融入基础设施，培育面向重点区域和行业的应用场景，统筹发展新技术、新模式、新业态、新产业。加强新兴技术的探索，构建新兴技术研发及应用的伦理规范和标准体系。

3.2.2 融合基础设施建设赋能千行百业

融合基础设施是充分利用数据要素和信息技术，改造提升传统基础设施水平，推动各领域高质量发展的重要手段。近年来，我国大力推进融合基础设施建设取得积极成效，新技术新业态新模式发展活跃，赋能千行百业的效果显著，为经济社会发展和民生改善注入了强大动能。

一是融合基础设施体系加快构建。融合基础设施建设推动了各领域基础设施互联互通，实现了整个基础设施体系的高质量发展。全国工业互联网网络、平台、安全等体系建设不断完善，低时延、高可靠、广覆盖的网络设施初步建成，以国家顶级节点为中心的标识解析体系规模化发展，国家、省、企业三级协同联动的技术监测服务体系基本形成。具有一定行业和区域影响力的工业互联网平台超过 240 个，重点平台连接工业设备超过 8 000 万台（套），服务工业企业超过 160 万家。智慧能源建设持续深入，截至 2022 年 11 月，全国最大的新能源集控中心累计接入光伏场站 86 座，接入容量近 11 吉瓦，汇集接入 2 000 多万数据测点。新型智慧城市建设取得积极进展，城市信息模型平台和运行管理服务平台建设稳步推进，全国国土空间规划数字化监管平台基本建成，数字孪生流域、水网、水利工程加快建设。

二是融合基础设施支撑产业转型向纵深拓展。融合基础设施范围广阔，正融入千行百业，催生出更多业态和模式，加快各行业发展进程。工业互联网已经全面融入45个国民经济大类，飞机、船舶、汽车、采矿等一大批国民经济支柱产业开展“5G+工业互联网”创新实践，截至2022年11月，全国在建项目超过4 000个。截至2022年6月，我国工业企业关键工序数控化率、数字化研发设计工具普及率分别达55.7%、75.1%，比2012年分别提升31.1个和26.3个百分点。立体智能交通体系加速构建，主要车企已实现L2级（组合辅助驾驶）智能网联汽车规模量产，无人码头、自动驾驶等交通运输新形态不断涌现。智慧农业得到广泛推广，截至2021年年底，已有10万台（套）农机自动驾驶系统安装使用北斗系统，产品溯源、智能灌溉、智能温室、精准施肥等新模式大幅提高了农业生产效率。

三是融合基础设施的企业支撑能力持续提升。一方面，信息技术头部企业凭借雄厚的发展基础、深厚的技术积累以及强大的资源整合能力，持续赋能智能制造、智慧能源、智能交通等应用场景，推动传统行业的数字化转型。另一方面，各参与主体合作共赢，赋能成效显著。在工业领域，制造企业、工业软件服务商、工业设备提供商及信息通信企业多路径布局工业互联网平台市场，“综合型+特色型+专业型”平台体系初步构建。在交通领域，互联网企业、系统集成商、硬件厂商共同参与交通系统管理、车内交互等多个环节，在智能交通、自动驾驶、智能汽车等领域形成了一系列优秀解决方案。

过去十年，我国在机场港口、水利、能源、信息等基础设施建设方面取得了重大成就。持续优化基础设施布局，构建现代化基础设施体系意义重大。下一步，为推动融合基础设施加速升级，应从以下四个方面着手：

一是统筹共建，加大投入力度。在政策支持方面，健全各部门协调机制，构建统一的智慧化基础设施，鼓励各个市场主体参与，提升软硬件基础设施水平；在资金支持方面，发挥财政资金引领推动作用，引导金融机构为基础设施数字化改造提供融资支持。

二是系统推进，加强技术攻关。制定重点产品与关键技术路线图，加强基础设施核心技术和应用技术协同攻关；发挥技术的聚变效应和辐射效应，推动5G、人工智能、云计算、区块链等关键技术的协同发展；建设一批新型研发机构、企业创新联合体等新型创新载体，加大力度推进数字技术与行业领域融合应用。

三是需求牵引，深化转型应用。以需求和问题为导向推进融合基础设施数字化与绿色化深度融合。一方面，鼓励用户积极参与，大力推动数字技术赋能高耗能领域绿色化转型，面向需求加强信息基础设施和融合基础设施的协同创新。另一方面，鼓励用户采纳融合基础设施提供的服务，在使用中不断促进迭代升级，打造绿色制造、可持续能源网络和低碳交通网络。

四是开放共享，繁荣发展生态。提高不同系统或平台之间的互联互通，强化计算、数据、支撑能力等集约共建和开放共享。发挥行业协会、产业联盟作用，有效推动需求对接和资源共享。推动行业企业、平台企业和集成服务企业跨界融合，大力推进数字技术在各行业领域的融合应用。构建共建、共治、共享的融合基础设施生态。

3.2.3　创新基础设施助力关键突破

创新基础设施是指具有公益属性的科技研发基础设施，如重大科技基础设施、科教基础设施、产业技术创新基础设施等。党的二十大报告提出，要构建现代化基础设施体系。各省市陆续推出了创新基础设施建设相关政策，在科研、科教以及科创等领域开展前瞻性及系统性布局。创新基础设施已成为助力关键突破、促进成果转化、支撑科技创新的强劲动能。

一是科研领域重大基础设施持续布局。“十四五”规划明确提出要“适度超前布局国家重大科技基础设施，提高共享水平和使用效率”。国家重大科技基础设施，是推动科技创新、突破关键核心技术的利器。近二十年来，根据国家的部署，我国已经布局建设 77 个国家重大科技基础设施，其中的 34 个已建成运行。被称为“中国天眼”的 500 米口径球面射电望远镜（FAST），支持物理、化学、材料等领域开展 3 000 多项前沿研究的稳态强磁场实验装置，以及填补国内脉冲中子源及应用领域空白的中国散裂中子源等基础平台，已迈入全球第一方阵。从重大科技基础设施建设涉及领域来看，从最初的物理学领域，逐渐包含能源、生命科学、空间和天文、工程技术等多个学科领域，研究领域逐步拓展，多学科基础研究均衡发展；从承担机构来看，从以往由中国科学院主导负责，转向科研院所、高等院校、政府机关等多部门负责，参与主体不断扩展，向多元化发展；从装置类型来看，主要以专用基础设施建设为主，公共实验平台与公益基础设施稳步发展；从空间分布来看，我国重大科技基础设施空间布局呈现整体分散、块状集聚的分布特征，主要集中于京津冀、长三角、大湾区等发达城市群，这也是中国创新能力最强的区域，集聚发展、协同建设、共同受益的发展趋势愈加明显；从科研领域依托的软环境看，截至 2021 年年底，正在运行的国家重点实验室有 533 个，已基本实现主要领域全覆盖。2016 年以来我国颁发的国家自然科学奖、国家技术发明奖、国家科技进步奖中，国家重点实验室参与完成的项目占一半以上，在科技创新中发挥了不可替代的作用。全国正在建设运行的国家实验室有9个，青岛海洋科学与技术试点国家实验室已成为全球功能最全、规模最大的科考共享平台。此外，诸如载人空间站、大型电子对撞机、大型基因库等新型创新基础设施也在持续布局，成为推动我国基础科学发展的重要支撑。

二是科教领域基础设施不断完善。科技部数据显示，截至2021年年底，全国共有科技馆和科学技术类博物馆1 677个，比上年增加152个，展厅面积增长13.03%。流动科普设施开拓发展，科技馆体系服务覆盖范围逐步扩大，“十三五”期间，流动科技馆配发339套，巡展3 029站，服务公众9 269万人次。数字科技馆资源量大幅提升，线上服务能力显著增强，中国数字科技馆网站资源总量达15.8 TB，日均页面浏览量达363万次。与此同时，科教活动日益丰富，2021年全国各类机构组织开展线上线下科普（技）讲座103.82万次，吸引33.80亿人次参加，同比增长108.24%。此外，科普大篷车补齐了乡镇农村科普基础设施和科普公共服务的短板，“十三五”期间共配发657辆科普大篷车，活动次数11.4万次，服务公众9 610万人次。2012年至2021年年末，全国29个省区市和新疆生产建设兵团建设了1 112所农村中学科技馆，直接服务公众超过967万人次。

三是科创领域加快基地建设步伐。自2016年起，国务院先后分三批建设了212家大众创业万众创新示范基地。据统计，前两批区域示范基地技术合同成交额超过1 820亿元，高校、院所示范基地成果转化交易额约90亿元，高校、院所与企业合作数量年增长15.4%，企业与地方政府合作的项目数量大幅增长69.4%，在不断地探索迭代中，逐渐形成了适合创新创业发展的模式和成熟经验。

四是技术开发设施体系不断完善。截至2022年9月，我国已在重点领域布局建设了200多家国家工程研究中心、1 600多家国家级企业技术中心和一批国家产业创新中心。科技成果转化的链条、平台呈现高质量发展态势，截至2021年年末，全国创业孵化机构数量达15 253家，其中孵化器6 227家、国家级科技企业孵化器1 287家；全国创业孵化机构总收入达801.76亿元，同比增长10.58%，孵化器在孵企业年总收入1.24万亿元，同比增长21.3%。从孵化器内已经走出了科大讯飞、亿华通等一批科技领军企业。

总之，创新基础设施建设应加强前瞻性布局、完善创新链条，聚焦高质量发展，为建设科技强国夯实基础。其一是面向世界科技前沿，聚焦科技变革主方向，建设一批重大科技基础设施，推进国家实验室、综合性国家科学中心等战略科技力量的集群化、协同联动发展，系统提升科研基础设施多元化建设、开放共享支撑能力。其二是面向国家重大战略需求，对标中长期规划，强化科教基础设施建设，统筹并整体谋划高端科技资源平台发展，构建特色鲜明、国际领先的科教基础平台体系。其三是面向经济主战场，鼓励前沿科技企业参与创新基础设施建设，链接前沿研究和产业发展的关键环节，完善科技孵化器等新型基础设施布局，建设一批新型共性技术平台和试验中台，优化高水平试验验证设施，支撑产业技术升级和企业创新发展。其四是面向企业创新主体，在强化科技创新主体能力建设的同时，推动建设一批低成本、专业化的创新创业服务设施，为中小企业创新发展提供便利条件。

3.3　我国数字安全战略

习近平总书记指出，安全是发展的前提，发展是安全的保障，安全和发展要同步推进。随着科技的飞速发展，数字技术已渗透到现代生活的方方面面。然而，数字技术的普及也带来了诸多安全问题，包括网络攻击、数据泄露、个人隐私曝光等。对于中国这样一个人口众多、数字经济庞大的国家来说，数字安全问题尤为重要。2023 年 2 月，中共中央、国务院印发《数字中国建设整体布局规划》，明确部署了数字中国建设“2522”的整体框架。其中，强化数字技术创新体系和筑牢数字安全屏障是数字中国建设的“两大能力”。必须加快完善我国数字安全战略，筑牢数字安全屏障，切实维护网络安全，完善网络安全法律法规和政策体系，要增强数据安全保障能力，加强个人信息保护，夯实国家网络安全和数据安全保障体系。

3.3.1　中国数字安全的现状背景

数字安全是指在数字化时代，保护数字信息系统、网络、设备、数据和信息资源的完整性、可用性和保密性，防止非法侵入、破坏、窃取和篡改等行为，确保数字信息的安全和可靠性。数字安全是信息化时代的重要组成部分，是信息化建设的基础和保障。数字安全不仅直接关系到个人信息的安全，还深刻影响国家安全、社会稳定、经济发展等多个层面。

1. 数字安全需求极为迫切

随着 5G、人工智能、大数据等技术的快速发展和应用，数字技术已经深入到我们生活的每一个角落，从在线支付到云计算，从人工智能到大数据，我国社会正在经历着前所未有的数字化转型。然而，这个转型也不可避免地带来了一些挑战，其中最重大、最迫切的挑战，就是数字安全问题。而我国对数字安全的需求也在不断增长。例如，5G 的高速网络为物联网提供了更广阔的应用空间，但同时也增加了数据泄露和个人隐私受损的风险。

2. 数字安全问题日益突出

中国作为世界第二大经济体，数字经济规模全球领先，数字安全问题对其发展至关重要，我国数字安全面临着更大的挑战。据统计，全球每年因网络攻击造成的经济损失高达数千亿美元。中国的数字安全形势也不容乐观，网络攻击、网络病毒、网络诈骗等问题层出不穷，给国家安全和经济发展带来了巨大的威胁。

3. 数字安全技术不断进步

为了应对数字安全挑战，中国在网络安全技术研发方面加大了投入。例如，中国已经在量子通信、区块链等领域取得了一些重要成果。企业在数字安全方面也扮演着重要角色。一些大型互联网企业如 360、阿里巴巴、腾讯等，在网络安全技术和人才培养方面做出了积极贡献。同时，一些创新型初创企业也在网络安全领域取得了突破。

3.3.2 中国数字安全战略的相关政策法规

1.《中华人民共和国国家安全法》

《中华人民共和国国家安全法》（以下简称《国家安全法》）是全国人民代表大会常务委员会于 2015 年 7 月 1 日通过的一项重要法律。它旨在保障国家安全，维护国家主权、统一、领土完整和发展利益，促进维护国家安全和社会稳定。《国家安全法》对政治安全、国土安全、军事安全、文化安全、科技安全等 11 个领域的国家安全任务进行了规范，规定了国家安全制度的运行机制，加强了对国家安全的法律监督责任。这些措施有助于建立一整套国家安全运行的机制，提高国家安全的保障能力。《国家安全法》为国家安全保障提供了更全面、更系统、更科学的法律保障，是我国维护国家安全的重要法律。

《国家安全法》强化了对涉及国家安全的信息和技术的保护，是数字安全政策制定的重要法律依据。其中，涉及国家安全的信息和技术必须经过国家安全审查和安全认证，进一步提高了信息和技术的安全保障水平，防止信息和技术被恶意利用或侵犯国家安全。《国家安全法》第二十五条明确要求："国家建设网络与信息安全保障体系，提升网络与信息安全保护能力，加强网络和信息技术的创新研究和开发应用，实现网络和信息核心技术、关键基础设施和重要领域信息系统及数据的安全可控；加强网络管理，防范、制止和依法惩治网络攻击、网络入侵、网络窃密、散布违法有害信息等网络违法犯罪行为，维护国家网络空间主权、安全和发展利益。”

2.《中华人民共和国网络安全法》《中华人民共和国数据安全法》及相关配套法规

近年来，我国针对网络、数据、信息安全等领域颁布了一系列相关法律。例如，2017年6月1日起施行的《中华人民共和国网络安全法》是我国网络安全领域的最高法律法规，其中包括了对于个人和组织数据安全的规定，明确了网络运营者必须保障数据安全，防止数据泄露的责任和义务。

《中华人民共和国网络安全法》（以下简称《网络安全法》）是我国第一部全面规范网络空间安全管理方面问题的基础性法律，是我国网络空间法治建设的重要里程碑，是依法治网、化解网络风险的法律重器，是让互联网在法治轨道上健康运行的重要保障。该法第四条明确提出了我国网络安全战略的主要内容，即明确保障网络安全的基本要求和主要目标，提出重点领域的网络安全政策、工作任务和措施。第七条明确规定，我国致力于“推动构建和平、安全、开放、合作的网络空间，建立多边、民主、透明的网络治理体系”。这是我国第一次通过国家法律的形式向世界宣示我国网络空间治理目标，明确表达了我国的网络空间治理诉求，提高了我国网络治理公共政策的透明度，与我国的网络大国地位相称，有利于提升我国对网络空间的国际话语权和规则制定权，促成网络空间国际规则的出台。

《中华人民共和国网络安全法实施条例》是《网络安全法》的配套法规，于2020年10月1日起施行。该法规进一步细化了网络运营者、基础设施提供者、互联网域名注册管理机构等对网络安全的保障义务。

《中华人民共和国数据安全法》（以下简称《数据安全法》）于2021年6月10日施行，是我国关于数据安全领域最新的专门法律。该法律详细规定了数据安全的基本原则和保护措施，强调了对个人隐私和敏感数据的保护，明确了数据关键基础设施保护措施和安全评估机制等方面的规定。作为我国第一部有关数据安全的专门法律，该法表明数据作为一种新型的、独立的保护对象已经获得立法上的认可，这部法律的颁布进一步完善了我国在网络与信息安全领域的法律法规体系。

此外，2021 年 11 月 1 日起施行的《中华人民共和国个人信息保护法》（以下简称《个人信息保护法》）也为中国公民维护个人信息安全提供了法律支持。

3. 工业和信息化部、公安部等部门颁布的一系列文件规定

为了进一步加强数据安全管理，工业和信息化部、公安部等部门也相继制定发布了一系列规定，如《互联网信息服务安全管理规定》《移动互联网应用软件信息基本权限和安全管理规范》《数据中心基础设施安全细则》等，以规范和管理数据安全的各个方面。

总体来看，中国的数据安全法规体系基本成型，在国家安全和社会经济生活各领域不断完善保障个人隐私和敏感数据的安全，促进了数字经济和中国式现代化发展。

3.3.3 数字安全面临的挑战

随着数字技术的快速发展与广泛应用，数字安全问题日益凸显。

1. 数据侵犯和隐私泄露

随着数字时代的到来，互联网已经成为很多企业公共的交流平台，各类信息的传递也变得越来越方便。但是，这种大量信息流动也意味着取证能力的弱化，许多数据也很容易面临被非法窃取、泄露的风险。如果对这些数据的管理不严格，就会导致用户隐私泄露，对其产生恶劣影响。

2. 网络犯罪的数量不断增加

网络犯罪已成为威胁社会稳定和安全的一种新问题。计算机网络是黑客攻击的一个重要目标，不法分子可以通过恶意网络攻击或者木马病毒软件来窃取公民的个人信息，进行网络诈骗或者盗窃重要的商业机密和技术资料。

3. 人工智能的快速发展引起人们的担忧

人工智能已经进入了快速发展阶段，但是对人工智能的过度重视可能导致悲观主义和恐慌。人们担心，一旦人工智能的控制权落到不良企业或非法机构手中，将会威胁到整个社会的正常运转和个人安全。因此，加强人工智能的安全管理与监管势在必行。

4. 信息泛滥和信息处理困难

信息泛滥已经成为数字时代的一大特点，大量的信息无法被正确处理或过滤。没有足够的手段保证过量的信息不会对人们的正常生活和工作造成干扰或者

危害，这是数字安全发展的一个极大的难题，如今的信息处理能力还未达到安全要求。

5. 被攻击的产品和服务的增加

虽然数字技术的快速发展使人们的生活方便，但同时也使得越来越多的产品和服务面临着数字安全风险。人们的信息可能会被病毒以及不法分子攻击，导致产品数据遭受泄露、服务停止等一系列问题。

3.3.4　中国数字安全的战略目标

数字安全战略是指针对数字安全问题，制定的一系列措施和策略。中国数字安全战略的目标是确保国家信息安全和网络安全，保障经济、社会和国家安全的合法权益。具体来说，中国数字安全战略的主要目标有以下方面：

1. 保障国家安全

数字安全是国家安全的重要组成部分。因此，中国数字安全战略的一个主要目标是维护国家安全。维护国家数字安全要先保障国家重要信息基础设施的安全，包括政府网络、金融网络、能源网络等关键基础设施。此外，维护国家数字安全还需要保障网络空间严格遵守国家法律法规，防范网络攻击、网络维稳等。

2. 提高网络安全水平

加强数字安全建设，提高网络安全水平是中国数字安全战略的重要目标。这需要建立一套完整的网络安全保障体系，包括制定网络安全标准、加强网络监管和管理，依靠科学有效的技术管理制度，采取行之有效的措施来预防和应对网络安全威胁。

3. 促进互联网与信息化行业健康发展

互联网与信息化产业是我国发展的重点，数字安全也是这个产业的一项重要组成部分。中国数字安全战略的一个主要目标是促进互联网与信息化行业的健康发展，提高数字安全领域的技术创新能力与发展水平。

4. 提高公民数字素养

中国数字安全战略的一个重要目标是提高公民的数字素养，增强公众的数字安全意识和防范能力。这需要采取多种渠道和方式，普及数字安全知识，发动社会力量提升公众数字安全素养，形成有效的数字安全治理格局。

5. 提高国际数字安全合作水平

数字安全已经成为全球性问题，国际数字安全合作的重要性不断凸显。中国数字安全战略的另一个重要目标是加强与其他国家的数字安全合作，联合应对共同的数字安全挑战和威胁。同时，通过与其他国家加强国际数字安全合作，推动建设一个安全、稳定、开放、合作的数字世界。

3.3.5 中国数字安全战略的主要内容和未来展望

网络安全和信息化是一体之两翼、驱动之双轮，必须统一谋划、统一部署、统一推进、统一实施。《网络安全法》第三条明确规定："国家坚持网络安全与信息化并重，遵循积极利用、科学发展、依法管理、确保安全的方针；既要推进网络基础设施建设，鼓励网络技术创新和应用，又要建立健全网络安全保障体系，提高网络安全保护能力。"在我国数字安全战略策略制定上，必须统筹安全和发展，基于体系和能力，做到"双轮驱动、两翼齐飞"。

1. 大力构建数字安全生态系统

中国未来的数字安全战略将会更加关注数字安全生态系统的建设，即打造以数据安全为核心，以技术创新、业务发展和政策法规为引领，保障数字经济安全运行的总体环境。这一生态系统包括安全产品、服务、技术、人才等多个方面，包括政府、企业、个人、技术提供商和合规机构等各方面的参与者。数字安全战略的目标是将信息安全融入整个数字经济生态系统，并从技术、管理和法律等多个角度，构建全面的数字安全保障体系。通过大力推进数字安全技术研发和产业化，建立完善的网络安全检测和监管机制，最终形成安全风险可预测、可发现、可防控的数字安全生态系统。

2. 加快促进数字安全产业发展

数字安全产业是一个高技术的、复杂的、综合性强的产业。在推进数字经济发展的过程中，加快促进数字安全产业发展具有重要的意义，可以提升数字经济的发展能力和国家的信息化水平，进一步缓解数字经济增长所面临的安全问题。政府要加大对数字安全产业的扶持力度，通过税收、财政和金融等多种政策支持，鼓励数字安全产业创新发展，为培育核心竞争力的数字安全企业提供资源优化和资本助力。要倡导国际企业、地区企业之间加强合作交流，在知识和技术等方面进行合作共享。要推动网络安全产业园区建设，围绕跨境数据流通、数据安全、金融科技安全等方向，在全国范围内打造一批网络安全特色产业集群。此外，各地政府还应建立区域之间的协作共享机制，形成全面覆盖、包罗万象的数字安全产业联盟。

3. 不断加强数字安全人才培养

数字安全领域需要高素质的人才，未来，中国数字安全战略将会更加注重人才培养，为数字安全产业输送更多的人才。各级政府应该加大对数字安全人才的培养和引进力度，鼓励高校加强对数字安全人才的培养，建立数字安全人才培养体系和认证制度，完善数字安全人才评价体系，使中国拥有更多高水平的数字安全专业人才。

4. 持续完善数字安全法律法规体系

确保数字安全、技术标准完善和市场规范是数字经济健康发展的基础，是治理体系和治理能力现代化的重要体现。如今我国数字安全领域的法律法规还不够完善，政府要坚持统筹发展和安全，进一步明确监管底线，加强数字安全领域的法律法规建设，完善数字安全相关法律法规，加强对网络犯罪的打击力度，保护数字信息的安全性和可靠性。通过加快完善相关法律法规体系，筑牢安全屏障，为数字经济健康发展营造更好环境。

5. 深度参与数字安全国际合作

数字安全问题是全球性的，需要国际合作来解决。政府应该加强与其他国家和国际组织的数字安全合作，共同应对数字安全挑战，维护数字安全和国际安全。近年来，中国在加强全球治理方面发挥了大国表率作用，在大数据时代，中国拥抱多边主义，倡导“安全共享”。未来，中国数字安全战略将会更加注重国际合作，推动国际数字安全规范的制定和国际数字安全治理机制的构建，加强技术交流和培训，形成负责任、公正、透明的国际数字安全治理架构，维护全球数字经济的安全和可持续发展。

6. 积极开展数字安全公众教育

数字安全问题不仅是政府和企业的责任，也是全社会及全体公众的责任。加强数字安全宣传教育，对于保障数字经济的安全发展具有非常重要的意义。政府、企业、科研学术机构等单位要制作数字安全知识宣传资料，如海报、宣传册等，通过线上线下多种渠道发布，让公众了解数字安全基本概念、数字威胁、安全措施等方面的知识。要举办数字安全讲座、研讨会等活动，邀请专家学者和数字安全行业从业者分享关于数字安全的最新资讯、技术和防御策略等内容，提高公众对数字安全的认知度和敏感性。要依托高校、企业等有技术背景的单位成立数字安全培训机构，开展培训课程和考核认证，通过课堂教学、模拟演示、案例分析等方式，为公众培训数字安全专业知识和实践技能。要推广保障数字安全的应用软件，如反病毒软件、防火墙、虚拟专用网（VPN）、加密工具等，有效提高公众保护个人数字安全的技术手段。通过综合运用各种手段，提升全社会的数字安全素养，提高公众的网络安全意识和数字防护能力。

案　例

重庆市积极推进新型基础设施建设投资　打造高质量发展坚实底座[①]

新型数字基础设施赋能经济社会数字化转型升级，是建设制造强国、网络强国、数字中国的坚强柱石。2021年10月18日，习近平总书记在十九届中央政治局第三十四次集体学习时强调："要加强战略布局，加快建设以5G网络、全国一体化数据中心体系、国家产业互联网等为抓手的高速泛在、天地一体、云网融合、智能敏捷、绿色低碳、安全可控的智能化综合性数字信息基础设施，打通经济社会发展的信息'大动脉'。"

近年来，重庆市深入实施创新驱动发展战略，为有效克服疫情不利影响，进一步稳住经济基本盘，重庆市委、市政府部署开展"抓项目稳投资"专项行动，大力推进重大新型基础设施项目建设。

亮出"组合拳"，全力推动新型基础设施体系架构建设。按照"做强长板、补齐短板"总体要求，重庆市锚定全国领先的新型基础设施建设标杆城市，不断丰富政策制度供给，完善新型基础设施体系架构，筑牢数字经济创新发展底座。一是强化规划引领。出台《重庆市新型基础设施"十四五"发展规划（2021—2025年）》，谋划部署信息基础设施、融合基础设施和创新基础设施三方面内容，明确全市新型基础设施发展重点、实施路径和重点工程。二是抓实重大项目。印发实施《重庆市新型基础设施重大项目建设行动方案（2020—2022年）》，构建全市新型基础设施"3+7+21"体系，建立市级新型基础设施重大项目储备库，重点遴选水平高、规模大、带动效益强的项目入库，形成项目滚动实施、接续不断的良性循环。三是推动引领示范。开展新型基础设施试点示范项目认定，在用地计划指标、用电保障、能耗指标方面给予倾斜，按照项目投资额等比例给予500万元~1 000万元奖励支持，建立新型基础设施重大项目白名单制度，引导金融机构优先给予低利率、长周期信贷支持。

---

① 国家发展改革委：《重庆市积极推进新型基础设施建设投资　打造高质量发展坚实底座》。（使用时有删改）

夯实“新底座”，信息基础设施能级全面提升。重庆市围绕建成国际一流的信息通信枢纽城市，加速推进5G网络、超高速光纤宽带网络等实现城乡广覆盖，不断强化供给能力和供给质量。一是推动5G网络规模化部署。重庆市建成全国首个5G新型基础设施大数据平台，实现所有区县重点区域和部分重点乡镇广覆盖，每万人拥有5G基站数（13.46个/万人）排西部第一、全国第六，成功打造一批远程驾驶应用、远程医疗、智慧园区等国家级5G示范项目。二是提升互联网直联水平。持续提升互联网骨干直联点性能，骨干直联点省际互联带宽达43.3 T，网间直联带宽达490 G，与重庆互联网直联城市超过38个，建成中新（重庆）国际互联网数据专用通道。三是加快算力基础设施布局。数据中心规模快速增长，重庆市建成西部地区起步最早、集中度最高、规模最大的两江云计算产业园区，全国一体化算力网络成渝国家枢纽节点正式获批。重庆数据中心集群起步区提速建设，中科曙光先进计算中心、中新（重庆）国际超算中心等一批重大项目落地。

深化“新应用”，融合基础设施加速转型进程。围绕建成全国重要的融合应用标杆城市，持续提升农业、工业、交通、市政、社会生活等传统基础设施数字化水平，大力拓展新型基础设施应用空间。一是农业生产经营数字化转型成效显著。重庆市构建农业农村大数据管理平台，全市3 626个主体的7 435批次产品纳入市级农产品溯源管理平台。国家级重庆（荣昌）生猪大数据平台成为全国最大的生猪活体现货电子交易市场，重庆市建成市级智慧农业试验示范基地240个。二是工业互联网应用创新持续活跃。工业互联网标识解析国家顶级节点（重庆）功能增强，已服务陕西、宁夏、贵州等西部10个省市，接入标识解析二级节点32个，累计标识注册量突破百亿个，累计解析量超过50亿次，接入企业节点2 000余个，覆盖17个垂直行业。三是智慧城市建设不断推进。全市新型智慧城市运行管理中心建成投用，数据共享接入近3 000类，集中存储1 693类，累计数据调用量超过94亿条，数字停车系统覆盖全市80多万个停车位，建成充电换电一体化设施1.7万台，车桩比达3.55∶1，出台智慧小区评价标准，打造智慧小区244个。

打造“新平台”，创新基础设施赋能产业发展。重庆市围绕建设具有全国影响力的科技创新中心，新建一批国家级重点实验室、技术研发平台、产业创新平台、应用试验基地等，汇聚国际国内一流创新资源，构建起专业化、品牌化的科技创新体系。一是优化创新基础设施布局。西部（重庆）科学城集中力量建设综合性科学中心，超瞬态实验装置启动培育，两江协同创新区功能不断完善，布局新加坡国立大学、比利时鲁汶大学、哈工大、西工大、北理工等高端创新机构45家。二是培育产业创新平台。重庆市聚焦智能汽车、集成电路、轻金属材料、生物医药等战略性新兴产业领域，落地中科院重庆科学中心、国家儿童医学研究中心、长江上游种质创制科学工程、中国自然人群资源库重庆中心等重大项目，加大力度建设国家应用数学中心、低轨卫星重点实验室、硅基光电子芯片封测实验室等前沿交叉研究平台。三是提升科技成果转化效能。重庆市成功获批8家国家双创示范基地，打造环大学创新生态圈6个，建设市级以上孵化平台375家，集聚初创企业和团队1.5万个，设立区域科技金融服务中心46个，率先开展知识价值信用贷款改革试点，已为4 000多家科技型企业共发放贷款123.2亿元。

案例讨论题

1. 重庆市推进新型基础设施项目建设的举措呈现出怎样的特点？有何启示？
2. 联系实际，尝试拟定所在地区加强新型基础设施建设的方案，并分享讨论。

小　结

当前我国新型基础设施建设的布局规模全球领先、数字赋能千行百业，但也存在技术基础薄弱、投融资风险较大等困境，未来还要进一步聚焦产业化应用的落地，科学统筹建设布局。数字安全是数字经济发展带来的不容忽视的问题，我国数字安全战略聚焦科技创新和信息化发展，从法律法规体系、人才培养、教育宣传和国际合作等方面，构建全面系统的数字安全生态。大力实施“人才强国”“科技强国”战略，依靠创新驱动发展，实现高水平科技自立自强，必须不断夯实数字经济的发展基础，为建设中国式现代化，实现高质量发展筑牢根基。

关键术语

新型基础设施　数字安全战略

习　题

1. 新型基础设施建设的范围主要包含哪几个方面？
2. 如何评价我国新型基础设施建设的现状？
3. 在数字经济的背景下，数字安全面临的威胁有哪些？
4. 我国数字安全战略的主要内容有哪些？

第 4 章 数字经济核心产业

数字经济核心产业是指为产业数字化发展提供数字技术、产品、服务、基础设施和解决方案，以及完全依赖于数字技术、数据要素的各类经济活动，是数字经济发展的基础。习近平总书记强调，推进重点领域数字产业发展，“要聚焦集成电路、新型显示、通信设备、智能硬件等重点领域，加快锻造长板、补齐短板，培育一批具有国际竞争力的大企业和具有产业链控制力的生态主导型企业，构建自主可控产业生态。要促进集群化发展，打造世界级数字产业集群”①。本章在解读数字经济核心产业分类与产业链的基础上，介绍我国数字经济核心产业的规模，并分析其产业创新与发展趋势。

学习目标

- 掌握数字经济核心产业架构及其产业链上下游的组成
- 了解我国数字经济核心产业规模
- 认识我国数字经济核心产业发展优势与创新

4.1 数字经济核心产业分类及产业链

2021 年 5 月 14 日国家统计局第十次常务会议通过《数字经济及其核心产业统计分类（2021）》，对数字经济及其核心产业做出明确界定与科学分类。数字经济产业范围可分为数字产品制造业、数字产品服务业、数字技术应用业、数字要素驱动业、数字化效率提升业五个大类。其中，前四大类为数字产业化部分，第五大类为产业数字化部分，而属于数字产业化部分的数字产品制造业、数字产

① 习近平：《习近平谈治国理政》第四卷，外文出版社，2022，第 207 页。

品服务业、数字技术应用业、数字要素驱动业为数字经济的核心产业①。

4.1.1 数字产品制造业

数字产品制造业包括计算机制造、通信及雷达设备制造、数字媒体设备制造、智能设备制造、电子元器件及设备制造、其他数字产品制造业。

计算机制造产业主要包括计算机整机制造、计算机零部件制造、计算机外围设备制造、工业控制计算机及系统制造、信息安全设备制造、其他计算机制造。计算机整机制造指将可进行算术或逻辑运算的中央处理器和外围设备集成计算整机的制造，包括硬件与软件集成计算系统的制造、来件组装计算机的加工。我们熟悉的联想、戴尔、清华同方等品牌厂家都属于计算机整机制造企业。计算机零部件制造指对组成电子计算机的内存、板卡、硬盘、电源、机箱、显示器等部件的制造，所有关于计算机内部组成设备的制造都属于计算机零部件制造。计算机外围设备制造指计算机外围设备及附属设备的制造，包括输入设备、输出设备和外存储设备等制造，像鼠标、键盘、移动硬盘等计算机外接设备的制造都属于计算机外围设备制造。工业控制计算机及系统制造指一种采用总线结构，对生产过程及机电设备、工艺装备进行检测与控制的工具总称。工业控制计算机具有重要的计算机属性和特征，如具有计算机 CPU、硬盘、内存、外设及接口，并有操作系统、控制网络与协议、计算能力、友好的人机界面。工控行业的产品和技术非常特殊，属于中间产品，是为其他各行业提供可靠、嵌入式、智能化的工业计算机的制造。目前主要有总线工业电脑（IPC）、可编程控制系统（PLC）、分散型控制系统（DCS）、现场总线系统（FCS）及数控系统（CNC）五种类型的工业控制计算机。信息安全设备制造指用于保护网络和计算机中信息和数据安全的专用设备的制造，包括通信安全、边界安全、身份鉴别与访问控制、数据安全、基础平台、内容安全、评估审计与监控、安全应用设备等制造，防火墙、漏洞扫描设备、入侵检测系统（IDS）、入侵防御系统（IPS）及安全隔离网闸这些设备都属于信息安全设备。其他计算机制造指计算机应用电子设备（以中央处理器为核心，配以专业功能模块、外围设备等构成各行业应用领域专用电子产品及设备，如金融电子、汽车电子、医疗电子、信息采集及识别设备、数字化 3C 产品等），以及其他未列明计算机设备的制造。

通信及雷达设备制造业包括通信系统设备制造、通信终端设备制造与雷达及

---

① 国家统计局令第 33 号：《数字经济及其核心产业统计分类（2021）》，《国务院公报》2021 年第 20 号。

配套设备制造。通信系统设备制造指固定或移动通信接入、传输、交换设备等通信系统建设所需设备的制造。日常生活中我们熟悉的光纤交换机、网络收发器等设备都属于通信系统设备。通信终端设备制造是指固定或移动通信终端设备的制造。我们常用的手机、电话机、对讲机等设备都是通信终端设备。雷达及配套设备制造指雷达整机及雷达配套产品的制造，包括雷达整机、天线、终端等雷达零部件的制造。

数字媒体设备制造业包括广播电视节目制作及发射设备制造、广播电视接收设备制造、广播电视专用配件制造、专业音响设备制造、应用电视设备及其他广播电视设备制造、电视机制造、音响设备制造、影视录放设备制造。广播电视节目制作及发射设备制造是指广播电视节目制作、发射设备及器材制造，包括广播、电视发射机、调屏差转机、电视差转机等设备生产制造。广播电视接收设备制造是指专业广播电视接收设备的制造，不包括家用广播电视接收设备的制造。专业音响设备制造指广播电视、影剧院、各种场地等专业用录音、音响设备及其他配套设备的制造。应用电视设备及其他广播电视设备制造是指应用电视设备、其他广播电视设备和器材的制造。电视机制造是指非专业电视机制造，包括家用电视制造。音响设备制造是指非专业用智能音响、无线电收音机、收录音机、唱机等音响设备的制造。影视录放设备制造是指非专业用智能机顶盒、录像机、摄像机、激光视盘机等影视设备整机及零部件的制造，包括教学用影视设备的制造，但不包括广播电视等专业影视设备的制造。

智能设备制造业主要包括工业机器人制造、特殊作业机器人制造、智能照明器具制造、可穿戴智能设备制造、智能车载设备制造、智能无人飞行器制造、服务消费机器人制造、其他智能消费制造。工业机器人制造是指用于工业自动化领域的工业机器人的制造，如焊接专用机器人、喷涂机器人、工厂用物流机器人、机械式遥控操作装置（遥控机械手）等。特殊作业机器人制造是指用于特殊性作业的机器人的制造，如水下环境、危险环境、高空作业、国防、科考、特殊搬运、农业等特殊作业机器人。智能照明器具制造是指利用计算机、无线通信数据传输、扩频电力载波通信技术、计算机智能化信息处理及节能型电器控制等技术组成的分布式无线遥测、遥控、遥信控制系统，具有灯光亮度的强弱调节、灯光软启动、定时控制、场景设置等功能的照明器具的制造。可穿戴智能设备制造是指由用户穿戴和控制，并且自然、持续地运行和交互的个人移动计算设备产品的制造，包括可穿戴运动监测设备的制造。智能车载设备制造是指包含具备汽车联网、自动驾驶、车内及车际通信、智能交通基础设施通信等功能要素，融合了传感器、雷达、卫星定位、导航、人工智能等技术，使汽车具备智能环境感知能力，自动分析汽车行驶的安全及危险状态的车载终端产品及相关配套设备的制造。智能无人飞行器制造是指按照国家有关安全规定标准，经允许生产并主要用于娱乐、科普等领域的智能无人飞行器的制造。服务消费机器人制造是指除工业和特殊作业以外的各种机器人的制造，包括用于个人、家庭及商业服务类机器人，如家务机器人、餐饮用机器人、宾馆用机器人、销售用机器人、娱乐机器人、助老助残机器人、医疗机器人、清洁机器人等。其他智能消费制造指其他未列明的智能消费设备的制造。

电子元器件及设备制造业包括半导体器件专用设备制造、电子元器件与机电组件设备制造、电力电子元器件制造、光伏设备及元器件制造、电气信号设备装置制造、电子真空器件制造、半导体分立器件制造、集成电路制造、显示器件制造、半导体照明器件制造、光电子器件制造、电阻电容电感元件制造、电子电路制造、敏感元件及传感器制造、电声器件及其零部件制造、电子专用材料制造、其他元器件及设备制造。

其中，半导体器件专用设备制造是指生产集成电路、二极管（含发光二极管）、三极管、太阳能电池片的设备的制造。电子元器件与机电组件设备制造是指生产电容、电阻、电感、印制电路板、电声元件、锂离子电池等电子元器件与机电组件的设备的制造。电力电子元器件制造是指用于电能变换和控制（从而实现运动控制）的电子元器件的制造。光伏设备及元器件制造是指太阳能组件（太阳能电池）、控制设备及其他太阳能设备和元器件制造，但不包括太阳能用蓄电池制造。电气信号设备装置制造是指交通运输工具，如机动车、船舶、铁道车辆等专用信号装置及各种电气音响或视觉报警、警告、指示装置的制造，以及其他电气声像信号装置的制造。电子真空器件制造是指电子热离子管、冷阴极管或光电阴极管及其他真空电子器件，以及电子管零件的制造。半导体分立器件制造是指各类半导体分立器件的制造。集成电路制造是指单片集成电路、混合式集成电路的制造。显示器件制造是指基于电子手段呈现信息供视觉感受的器件及模组的制造，包括薄膜晶体管液晶显示器件（TN/STN-LCD、TFT-LCD）、场发射显示器件（FED）、真空荧光显示器件（VFD）、有机发光二极管显示器件（OLED）、等离子显示器件（PDP）、发光二极管显示器件（LED）、曲面显示器件以及柔性显示器件等。半导体照明器件制造是指用于半导体照明的发光二极管（LED）、有机发光二极管（OLED）等器件的制造。光电子器件制造是指利用半导体光—电子（或电—光子）转换效应制成的各种功能器件的制造。电阻电容电感元件制造是指电容器（包括超级电容器）、电阻器、电位器、电感器件、电子变压器件的制造。电子电路制造是指在绝缘基材上采用印制工艺形成电气电子连接电路，以及附有无源与有源元件的制造，包括印刷电路板及附有元器件构成电子电路功能组合件。敏感元件及传感器制造是指按一定规律，将感受到的信息转换成为电信号或其他所需形式的信息输出的敏感元件及传感器的制造。电声器件及其零部件制造是指扬声器、送受话器、耳机、音箱等器件及其零部件的制造。电子专用材料制造是指用于电子元器件、组件及系统制备的专用电子功能材料、互联与封装材料、工艺及辅助材料的制造，包括半导体材料、光电子材料、磁性材料、锂电池材料、电子陶瓷材料、覆铜板及铜箔材料、电子化工材料等。其他元器件及设备制造是指其他未列明的电子器件、电子元件、电子设备的制造。

其他数字产品制造业包括记录媒介复制、电子游戏游艺设备制造、信息化学品制造、计算器及货币专用设备制造、增材制造装备制造、专用电线电缆制造、光纤制造、光缆制造、工业自动控制系统装置制造。记录媒介复制指将母带、母盘上的信息进行批量翻录的生产活动。电子游戏游艺设备制造是指主要安装在室内游乐场所的电子游乐设备的制造，包括电子游戏机等。信息化学品制造是指电影、照相、幻灯、投影、医学和其他生产用感光材料、冲洗套药，磁、光记录材料，光纤维通信用辅助材料，及其专用化学制剂的制造。计算器及货币专用设备制造是指金融、商业、交通及办公等使用的电子计算器、具有计算功能的数据记录、重现和显示机器的制造，以及货币专用设备及类似机械的制造。增材制造装备制造是指以增材制造（3D 打印）技术进行加工的设备制造和零部件制造。专用电线电缆制造是指在声音、文字、图像等信息传播方面所使用的电线电缆的制造。光纤制造是指将电的信号变成光的信号，进行声音、文字、图像等信息传输的光纤的制造。光缆制造是指利用置于包覆套中的一根或多根光纤作为传输媒质并可以单独或成组使用的光缆的制造。工业自动控制系统装置制造是指用于连续或断续生产制造过程中，测量和控制生产制造过程的温度、压力、流量、物位等变量或者物体位置、倾斜、旋转等参数的工业用计算机控制系统、检测仪表、执行机构和装置的制造。

4.1.2　数字产品服务业

数字产品服务业主要包括数字产品批发业、数字产品零售业、数字产品租赁、数字产品维修和其他数字产品服务业。

数字产品批发业包括计算机、软件及辅助设备批发，通信设备批发，广播影视设备批发。计算机、软件及辅助设备批发是指各类计算机、软件及辅助设备的批发和进出口活动。通信设备批发是指各类电信设备的批发和进出口活动。广播影视设备批发是指各类广播影视设备的批发和进出口活动。

数字产品零售业包括计算机、软件及辅助设备零售，通信设备零售，音像制品、电子和数字出版物零售。计算机、软件及辅助设备零售指各类计算机、软件及辅助设备的零售活动。通信设备零售指各类电信设备的零售活动。音像制品、电子和数字出版物零售指各类音像制品及电子出版物的零售活动。

数字产品租赁包括计算机及通信设备经营租赁与音像制品出租。计算机及通信设备经营租赁是指各类计算机、通信设备的租赁活动。音像制品出租指各种音像制品的出租活动。

数字产品维修包括计算机和辅助设备修理与通信设备修理，指各类计算机和辅助设备的修理活动与电话机、传真机和手机等通信设备的修理活动。

其他数字产品服务业是指其他未列明的数字产品服务业。

4.1.3 数字技术应用业

数字技术应用业主要包括软件开发业、电信与广播电视和卫星传输服务、互联网相关服务业、信息技术服务业及其他数字技术应用业。

软件开发业包括基础软件开发、支撑软件开发、应用软件开发与其他软件开发。基础软件开发是指能够对硬件资源进行调度和管理、为应用软件提供运行支撑的软件的开发活动，包括操作系统、数据库、中间件、各类固件等。支撑软件开发是指软件开发过程中使用到的支撑软件开发的工具和集成环境、测试工具软件等的开发活动。应用软件开发是指独立销售的面向应用需求和解决方案等软件的开发活动，包括通用软件、工业软件、行业软件、嵌入式应用软件等。其他软件开发是指其他未列明软件的开发活动，如平台软件、信息安全软件等。

电信与广播电视和卫星传输服务包括电信、广播电视传输服务与卫星传输服务。电信是指利用有线、无线的电磁系统或者光电系统传送、发射或者接收语音、文字、数据、图像、视频以及其他任何形式信息的活动。广播电视传输服务是指利用有线广播电视网络及其信息传输分发交换接入服务和信号，以及利用无线广播电视传输覆盖网及其信息传输分发交换服务信号的传输服务。卫星传输服务是指利用卫星提供通信传输和广播电视传输服务，以及导航、定位、测绘、气象、地质勘查、空间信息等应用服务的活动。

互联网相关服务业包括互联网接入及相关服务、互联网搜索服务、互联网游戏服务、互联网资讯服务、互联网安全服务、互联网数据服务与其他互联网相关服务。互联网接入及相关服务是指除基础电信运营商外，基于基础传输网络，为存储数据、数据处理及相关活动提供接入互联网的有关应用设施的服务活动。互联网搜索服务是指利用互联网查找、检索存储在其他站点上的信息的服务活动。互联网游戏服务是指各种互联网游戏服务活动，包括在线网络游戏、互联网电子竞技服务等。互联网资讯服务是指除基础电信运营商外，通过互联网提供网上新闻、网上新媒体、网上信息发布等信息服务的活动。互联网安全服务是指各种互联网安全服务活动，包括网络安全集成服务、网络安全运维服务、网络安全灾备服务、网络安全监测和应急服务、网络安全认证检测服务、网络安全风险评估服务、网络安全咨询服务、网络安全培训服务等。互联网数据服务是指以互联网技术为基础的大数据处理、云存储、云计算、云加工、区块链等服务活动。其他互联网相关服务是指除基础电信运营商外，通过互联网提供网上音乐、网上视频、网上表演（直播）、网络动漫、网络艺术品等信息服务的活动，以及物联网服务、互联网资源写作服务、基于 IPv6 技术提供的网络平台服务等未列明的互联网服务活动，但不包括互联网支付、互联网基金销售、互联网保险、互联网信托和互联网消费金融等互联网信息服务。

信息技术服务业包括集成电路设计、信息系统集成服务、物联网技术服务、运行维护服务、信息处理和存储支持服务、信息技术咨询服务、地理遥感信息及测绘地理信息服务、动漫游戏及其他数字内容服务与其他信息技术服务业、其他数字技术应用业。集成电路设计是指企业开展的集成电路功能研发、设计等服务活动。信息系统集成服务是指基于需求方业务需求进行的信息系统需求分析和系统设计，并通过结构化的综合布缆系统、计算机网络技术和软件技术，将各个分离的设备、功能和信息等集成到相互关联的、统一和协调的系统之中，以及为信息系统的正常运行提供支持的服务活动。物联网技术服务是指提供各种物联网技术支持的服务活动，包括物联网信息感知技术服务、物联网信息传感技术服务、物联网数据通信技术服务、物联网信息处理技术服务、物联网信息安全技术服务等。运行维护服务是指各种信息运行维护服务活动，包括基础环境运行维护、网络运行维护、软件运行维护、硬件运行维护、局域网安装调试服务、局域网维护服务以及其他运行维护服务、网络技术支持服务等。信息处理和存储支持服务是指供方为需方提供的信息和数据的分析、整理、计算、编辑、存储等加工处理服务，以及应用软件、信息系统基础设施等租用服务，包括在线企业资源规划（ERP）、在线杀毒、服务器托管、虚拟主机等。信息技术咨询服务是指在信息资源开发利用、工程建设、人员培训、管理体系建设、技术支撑等方面为需方提供的管理或技术咨询评估服务活动，包括信息化规划、信息技术管理咨询、信息系统工程监理、测试评估、信息技术培训等。地理遥感信息及测绘地理信息服务是指各类地理遥感信息服务活动和遥感测绘服务活动，包括互联网地图服务软件、地理信息系统软件、测绘软件、遥感软件、导航与位置服务软件、地图制图软件等地理遥感信息服务，以及卫星定位测量、导航定位服务等遥感测绘服务。动漫游戏及其他数字内容服务是指将动漫和游戏中的图片、文字、视频、音频等信息内容运用数字化技术进行加工、处理、制作并整合应用的服务活动，以及数字文化、数字体育等其他数字内容服务。其他信息技术服务业是指其他上述未列明的信息技术服务业，包括电信呼叫服务、电话信息服务、计算机使用服务等。其他数字技术应用业包括三维（3D）打印技术推广服务与其他未列明的数字技术应用业。三维（3D）打印技术推广服务是指各类三维（3D）打印技术推广服务活动，包括 3D 打印服务、3D 打印技术推广等。

4.1.4 数字要素驱动业

数字要素驱动业主要包括互联网平台、互联网批发零售业、互联网金融业、数字内容与媒体、信息基础设施建设、数据资源与产权交易及其他数字要素驱动业。

互联网平台包括互联网生产服务平台、互联网生活服务平台、互联网科技创新平台、互联网公共服务平台及其他互联网平台。互联网生产服务平台是指专门为生产服务提供第三方服务平台的互联网活动，包括工业互联网平台、互联网大宗商品交易平台、互联网货物运输平台等。互联网生活服务平台是指专门为居民生活服务提供第三方服务平台的互联网活动，包括互联网销售平台、互联网约车服务平台、在线旅游经营服务平台、互联网体育平台、互联网教育平台、互联网社交平台等。互联网科技创新平台是指专门为科技创新、创业等提供第三方服务平台的互联网活动，包括网络众创平台、网络众包平台、网络众扶平台、技术创新网络平台、科技成果网络推广平台、知识产权交易平台、开源社区平台等。互联网公共服务平台是指专门为公共服务提供第三方服务平台的互联网活动，包括互联网政务平台、互联网公共安全服务平台、互联网环境保护平台、互联网数据平台等。其他互联网平台是指其他未列明的互联网平台。

互联网批发零售业包括互联网批发与互联网零售。互联网批发是指批发商主要通过互联网电子商务平台开展的商品批发活动，互联网零售是指零售商通过电子商务平台开展的零售活动，不包括仅提供网络支付的活动，以及仅建立或提供网络交易平台和接入的活动。

互联网金融业包括网络借贷服务、非金融机构支付服务与金融信息服务。网络借贷服务是指依法成立，专门从事网络借贷信息中介业务活动的金融信息中介公司通过互联网平台实现的直接借贷活动。非金融机构支付服务是指非金融机构在收付款人之间作为中介机构提供的货币资金转移服务，包括第三方支付机构从事的互联网支付、预付卡的发行与受理、银行卡收单以及中国人民银行确定的其他支付等服务。金融信息服务是指向从事金融分析、金融交易、金融决策或者其他金融活动的用户提供可能影响金融市场的信息（或者金融数据）的服务，包括征信机构服务。

数字内容与媒体包括广播业、电视业、影视节目制作业、广播电视集成播控、电影和广播电视节目发行、电影放映、录音制作、数字内容出版及数字广告。广播业是指广播节目的现场制作、播放及其他相关活动，包括互联网广播。电视业指有线和无线电视节目的现场制作、播放及其他相关活动，包括互联网电视。影视节目制作业是指电影、电视、录像（含以磁带、光盘为载体）和网络节目的制作活动，以及影视节目的后期制作，不包括电视台制作节目的活动。广播电视集成播控是指交互式网络电视（IPTV）、手机电视、互联网电视（OTT）等专网及定向传播视听节目服务的集成播控活动。电影和广播电视节目发行是指电影和影视节目的发行活动，不包括录像制品（以磁带、光盘为载体）的发行。电影放映是指专业电影院以及设在娱乐场所独立（或相对独立）的电影放映等活动。录音制作是指可以在广播电台播放，或者制作成出版、销售的原版录音带（磁带或光盘），或者在其他宣传场合播放的录音节目的制作活动，不包括广播电台制作节目的活动。数字内容出版是指各类录音制品、电子出版物，以及利用数字技术进行内容编辑加工、并通过网络传播数字内容产品的出版服务。数字广告是指在互联网平台投放，以广告横幅、文本链接、多媒体等形式，为外部客户提供宣传推广服务的活动。

信息基础设施建设包括网络基础设施建设、新技术基础设施建设、算力基础设施建设与其他信息基础设施建设。网络基础设施建设是指光缆、微波、卫星、移动通信、工业互联网、物联网、5G等网络基础设施的建设活动。新技术基础设施建设是指人工智能、云计算、区块链等新技术基础设施的建设活动。算力基础设施建设是指以数据服务器、运算中心、数据存储阵列等为核心，实现数据信息的计算、存储、传递、加速、展示等功能的数据中心、智能计算中心等算力基础设施的建设活动。其他信息基础设施建设是指上述未列明的其他信息基础设施的建设活动。

数据资源与产权交易是指对数据资源与数字产权的交易活动。数据资源与产权交易主要有直接交易与第三方交易这两种模式。直接交易模式是指数据交易双方直接寻找交易对象，进行数字资源与产权合规化的直接交易；第三方交易模式是指数据交易双方通过数据交易中心或数据交易平台完成数据资源与产权的交易活动。贵阳大数据交易所与上海数据交易中心都是国内运营比较成功的数据资源与产权交易平台。

其他数字要素驱动业包括供应链管理服务、安全系统监控服务与数字技术研究和试验发展。供应链管理服务是指基于现代信息技术对供应链中的物流、商流、信息流和资金流进行设计、规划、控制和优化，将单一、分散的订单管理、采购执行、报关退税、物流管理、资金融通、数据管理、贸易商务、结算等一体化整合的服务。安全系统监控服务是指各类安全系统监控服务活动，包括消防报警系统监控服务、治安报警系统监控服务、交通安全系统监控服务和其他安全系统监控服务，但不包括公安部门的活动和消防部门的活动。数字技术研究和试验发展是指大数据、互联网、物联网、人工智能、VR/AR、边缘计算、异构计算、工业视觉算法等新兴计算关键技术，SDN（软件定义网络）、网络切片等关键技术研究应用，以及量子通信和其他数字技术的研发与试验活动。

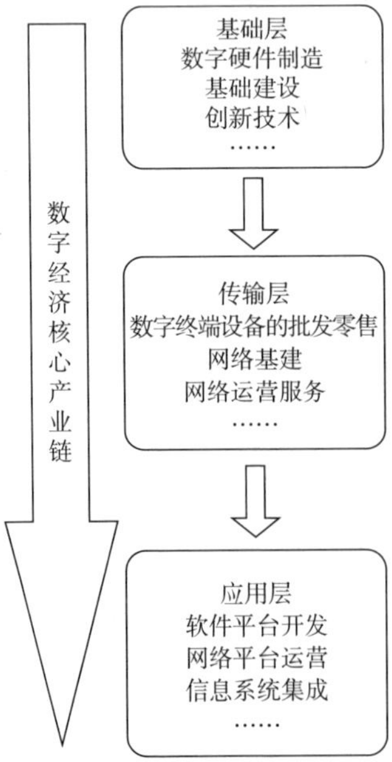

图 4-1　数字经济核心产业链架构

4.1.5　数字经济核心产业链概况

数字经济核心产业处于数字经济整个产业链的上游，是数字经济发展的基础底座，在数字经济核心产业链中，产业链上游由基础硬件与核心的创新技术组成，产业链中游由信息传输平台与运营构成，而数字经济核心产业链下游，多数是提供系统集成、软件开发、平台应用服务的数字技术应用服务与数字要素驱动服务。

整个数字经济核心产业链架构可以分为基础层、传输层与应用层。基础层包括数字硬件制造、创新技术，传输层包括通信网络基建运营与终端制造，应用层包括应用平台系统集成与软件平台开发（如图 4-1 所示）。

数字经济核心产业链基础层由数字产品制造业、数字技术应用业与数字要素驱动业相关产业组成。整个数字产品制造业是基础层的主体，如计算机与服务器制造、集成电路与芯片制造、智能设备制造等。数字要素驱动业中的信息基础设施建设也是基础层的关键要素，如网络基础设施建设、算力基础设施建设、新技术基础设施建设等。数字经济核心产业链基础层除设备制造与基础设施建设外，还包括数字技术应用业中相关技术创新产业，如大数据、云计算、人工智能等创新技术，对数字经济核心产业的发展方向起导向作用。

数字经济核心产业链传输层主要由数字产品服务业与数字技术应用业相关产业组成，如计算机软硬件设备的批发与零售、通信设备终端的批发零售、互联网的运营服务、广播电视的运营服务、卫星信号传输服务等。

数字经济核心产业链应用层主要由数字技术应用业中基础软件平台开发、信息系统集成服务等信息技术应用服务与数字要素驱动业中互联网平台构成。

4.2　数字经济核心产业规模

数字经济核心产业已成为国民经济重要组成部分，越来越受到关注。对于如何把握数字经济核心产业的发展主动权，加快数字经济核心产业链协同创新，扩大数字经济核心产业在国民经济中所占比重，“十四五”规划明确了“加快数字化发展，建设数字中国”的发展要求，首次提出数字经济核心产业增加值占国内生产总值（GDP）比重这一新经济指标，要求我国数字经济核心产业增加值占GDP比重由2020年的7.8%提升至2025年的10%[①]。

4.2.1　我国数字经济核心产业测算

关于数字经济规模的测算，全世界还没有统一的方法与指标可供利用，各国与不同地区的数字经济测算方法存在差异。本教材所利用的算法与数据，主要引用国家统计局高级统计师鲜祖德2022年1月发表在《统计研究》期刊上《中国数字经济核心产业规模测算与预测》文章中的模型数据与观点[②]。

数字经济规模的测算方法与GDP的测算方法类似，主要有生产测算法、支出测算法、回归模型测算法与增长核算框架法这四大类方法。

生产测算法是指产业增加值等于总产出值减去中间投入，总产出指产业内所

① 中国信息通信研究院：《全球数字经济白皮书（2022）》社会科学文献出版社，2002，第56页。
② 鲜祖德、王天其：《中国数字经济核心产业规模测算与预测》，《统计研究》2022年第2期。

有行业在一定时期内生产的所有货物和服务的价值，既包括新增价值，也包括转移价值，中间投入指产业内所有行业在一定时期内生产过程中消耗和使用的非固定资产货物和服务的价值。增加值即总产出减去中间投入后的差额，反映一定时期内各产业部门生产经营活动的最终成果。美国经济分析局 2021 年《最新数字经济估计》对美国 2019 年数字经济规模统计和在 GDP 中所占比重，就是用的生产测算法统计。

支出测算法是指产业生产总值是从最终使用的角度反映一个国家（或地区）一定时期内产业生产活动最终成果的一种方法，最终使用包括最终消费、资本形成总额和净出口三部分，产业生产总值等于最终消费、资本形成总额与净出口的总和。

回归模型测算法是计量经济学的一种测算方法，由于比较复杂，这里不做过多的解释。

增长核算框架法目前使用比较广泛，2023 年发布的《中国数字经济发展研究报告（2023 年）》就是运用增长核算框架法进行数据统计。

我国数字经济核心产业规模的测算范围，是根据国家统计局发布的《数字经济及其核心产业统计分类（2021）》中对数字经济核心产业即数字产品制造业、数字产品服务业、数字技术应用业、数字要素驱动业的产业规模进行测算，对应《国民经济行业分类》中的 26 个大类、68 个中类、126 个小类，在上一节的内容中已经做了详细解释。测算数据来源是近年来国家统计局公布的国家经济普查数据，特别是 2018 年全国第四次经济普查数据，这次全面经济普查获得了我国第一、第二、第三产业发展数据与规模，客观反映了国民经济发展状况，获得的数据也是客观而宝贵的，为我国经济发展与“十四五”规划的开局提供了各产业总量、效益与结构等重要指标。行业增加值测算法采用增长核算框架与生产法相结合，根据数字经济分类各行业的产业总量采用生产法测算统计，各行业的增加值采用增长核算框架统计，计算分行业的统计数据①。

首先，计算 i 行业数字经济总产出。假设 i 行业数字经济总产出占 i 行业数字经济营业收入的比重等于 i 行业总产出占 i 行业总营业收入的比重，使用行业数字经济营业收入占总营业收入的比重，实现行业总产出向行业数字经济总产出的转化，见式（4-1）：

① 鲜祖德、王天琪：《中国数字经济核心产业规模测算与预测》，《统计研究》2022 年第 2 期。

$$GO_{it}^{d} = GO_{it} \cdot \frac{S_{it}^{d}}{S_{it}} \tag{4-1}$$

式（4-1）中 S_{it}^{d} 是 t 年 i 行业数字经济营业收入，S_{it} 是 t 年 i 行业总营业收入，GO_{it} 是 t 年 i 行业总产出，GO_{it}^{d} 是 t 年 i 行业数字经济总产出，$\frac{S_{it}^{d}}{S_{it}}$ 是行业数字经济贡献率。

其次，计算 i 行业数字经济增加值率。参考美国等国家的做法，假设行业数字经济中间消耗率等于行业中间消耗率，即 i 行业数字经济增加值率等于 i 行业增加值率，见式（4-2）：

$$VAR_{it}^{d} = VAR_{it} \tag{4-2}$$

式（4-2）中，VAR_{it}^{d} 是 t 年 i 行业数字经济增加值率，VAR_{it} 是 t 年 i 行业增加值率。

再次，计算 i 行业数字经济增加值。使用 i 行业数字经济总产出和 i 行业数字经济增加值率相乘计算行业数字经济增加值，见式（4-3）：

$$VA_{it}^{d} = GO_{it}^{d} \cdot VAR_{it}^{d} \tag{4-3}$$

式（4-3）中，VA_{it}^{d} 是 t 年 i 行业数字经济增加值。

最后，计算数字经济核心产业总增加值。加总各行业数字经济增加值得到各年数字经济核心产业总增加值，见式（4-4）：

$$VA_{t}^{d} = \sum_{i} VA_{it}^{d} \tag{4-4}$$

其中，VA_{t}^{d} 是 t 年数字经济核心产业增加值，t 为 2012—2018 年。

关于数据测算依据，一是根据 2013 年和 2018 年《中国经济普查年鉴》数据计算各行业数字经济营业收入占各行业总营业收入的比重，即各行业数字经济贡献率。二是以经济普查数据计算的各行业数字经济贡献率为基准，估算未公布年份的各行业数字经济贡献率，并递推得到 2012 年各行业数字经济贡献率。三是根据 2012 年、2017 年和 2018 年投入产出表获得各行业对应产品部门增加值数据。四是以上述增加值为基础，使用 2012—2018 年的年均增长率估算未公布年份的增加值数据。五是使用各行业数字经济贡献率数据和增加值数据估算各行业数字经济增加值。六是加总各行业数字经济增加值以得到数字经济核心产业增加值。

2019 年和 2020 年数字经济核心产业规模可利用已公布数据推算得到。使用国家统计局统计数据发布库中的 2019 年和 2020 年批发和零售业增加值数据，

《中国统计年鉴》发布的2019年信息传输、软件和信息技术服务业增加值数据，计算机、通信和其他电子设备制造业年均增长率数据，及以上产业与数字经济核心产业大类的比例关系，推算2019年和2020年数字经济核心产业及其产业大类增加值的规模。2012—2020年中国数字经济核心产业增加值及其占GDP比重如表4-1所示①。

表4-1 2012—2020年中国数字经济核心产业增加值及占GDP比重

（单位：亿元）

年份	数字经济核心产业			各产业大类增加值规模			
	增加值规模	增长率（%）	占GDP比重（%）	数字产品制造业	数字产品服务业	数字技术应用业	数字要素驱动业
2012	35 825.4		6.65	15 638.3	1 843.4	11 805.4	6 538.3
2013	39 479.1	10.20	6.66	16 503.6	2 079.6	13 584.9	7 311.0
2014	43 538.9	10.28	6.77	17 511.9	2 310.7	15 599.7	8 116.6
2015	47 296.8	8.63	6.87	18 576.1	2 491.5	17 155.4	9 073.8
2016	52 351.0	10.69	7.01	19 705.2	2 718.9	19 503.7	10 423.2
2017	58 796.4	12.31	7.07	20 932.8	2 990.2	23 056.3	11 817.1
2018	66 809.8	13.63	7.27	21 532.0	3 220.4	27 659.6	14 397.8
2019	73 429.6	9.91	7.44	22 758.4	3 464.8	31 623.6	15 582.8
2020	79 637.9	8.45	7.84	23 774.0	3 466.1	34 658.2	17 739.6

统计结果显示，数字经济核心产业规模自2012年以来逐年增长，年均增长率达10.5%，特别是2016年至2018年更是迎来了高速增长，数字经济核心产业在国民经济中的地位越来越重要，在GDP中所占比重也在不断攀升，数字经济核心产业正在驱动产业数字化成为国民经济高速稳定发展的关键动能。从数据上观察，不难发现数字经济核心产业的内部结构也在发生变化，四大产业规模每年虽然都在逐年增加，各产业的增量却各有不同。如表4-2所示，四大产业在数字经济核心产业的中的占比情况也在发生变化。数字技术应用业在2017年后迎来爆发式增长，并超过数字产品制造业成为数字经济核心产业中第一大产业，我国数字经济发展侧重由数字产品制造向数字技术应用与服务倾斜，像软件开发、互

① 鲜祖德、王天琪：《中国数字经济核心产业规模测算与预测》，《统计研究》2022年第2期。

联网服务、电信服务等数字应用行业逐渐超越传统的数字硬件制造行业，这也是世界数字经济发展趋势。另外，数字要素驱动业规模的增速也在加快，数字技术应用业和数字要素驱动业年均增长率分别为 14.41%和 13.29%，分别高于核心产业年均增长率 3.91 和 2.79 个百分点。数字经济核心产业变化特征也客观反映了我国经济发展结构正在加速转型并优化①。

表 4-2　数字经济核心产业各产业规模增速及占核心产业增加值比重变化（%）

年份	数字产品制造业		数字产品服务业		数字技术应用业		数字要素驱动业	
	占比	增速	占比	增速	占比	增速	占比	增速
2012	43.65		5.15		32.95		18.25	
2013	41.80	5.53	5.27	12.81	34.41	15.07	18.52	11.82
2014	40.22	6.11	5.31	11.11	35.83	14.83	18.64	11.02
2015	39.28	6.08	5.27	7.83	36.27	9.97	19.18	11.79
2016	37.64	6.08	5.19	9.13	37.26	13.69	19.91	14.87
2017	35.60	6.23	5.09	9.98	39.21	18.21	20.10	13.37
2018	32.23	2.86	4.82	7.70	41.40	19.97	21.55	21.84
2019	30.99	5.70	4.72	7.59	43.07	14.33	21.22	8.23
2020	29.85	4.46	4.35	0.04	43.52	9.60	22.28	13.84

根据中国人民银行调查统计司测算“十四五”期间 GDP 增长情况的预测，我们对照过去几年数据，对我国数字经济核心产业“十四五”期间的规模也能做出预测，如表 4-3 所示预测数据所示，到 2025 年我国数字经济核心产业增加值将达到 13 万亿元。

表 4-3　2022—2025 年年均增长率预测的中国数字经济核心产业增加值

（单位：亿元）

年份	数字经济核心产业	年份	数字经济核心产业
2022	97 239.9	2024	118 732.3
2023	107 450.0	2025	131 199.2

① 鲜祖德、王天琪：《中国数字经济核心产业规模测算与预测》，《统计研究》2022 年第 2 期。

4.2.2 世界数字经济规模测算

2022年中国信息通信研究院发布了《全球数字经济白皮书（2022）》，详细介绍了世界各国数字经济的发展情况与发展规模。美国数字经济规模全球领先，美国数字企业无论是在竞争力和创新力上依然具有不可撼动的优势。我国数字经济规模居全球第二，处于飞速发展时期，拥有全球最大的市场。欧盟凭借对关键数字技术的掌握和数据治理的优势，其数字经济规模处于世界第三。《全球数字经济白皮书（2022）》公布数据，2021年美国数字经济规模15.3万亿美元，中国以7.1万亿美元位居全球第二，德国以2.9万亿美元处于第三，发达国家中英国、法国、日本的数字经济规模也都超过万亿美元。在GDP占比上，德国、英国、美国的数字经济占比均超过65%，中国占比处于世界第三梯队。从全球数字经济规模结构上看，产业数字化是全球数字经济发展的主要动力。2021年，全球47个主要经济体产业数字化规模达32.4万亿美元，所占数字经济比重85%，数字产业化规模5.7万亿美元，占数字经济比重为15%，数字经济核心产业虽然在全球数字经济规模中占比不高，但是在整个数字经济与全球经济发展中的核心地位越发突出。一个国家数字经济核心产业发展水平决定了其未来数字经济的规模与发展趋势，全球主要发达国家都在加速发展集成电路、人工智能、数字经济基础制造等数字经济核心产业，从而提升本国经济发展的原动力。

4.3 数字经济核心产业创新发展现状与趋势

无论是国家宏观经济供给侧改革还是传统产业迭代升级，都需要发展模式与关键技术的改革与创新。目前我国代表数字经济核心产业的创新技术与概念主要有集成电路、人工智能、大数据、云计算、物联网与5G等技术。集成电路制造属于数字产品制造业中电子元器件及设备制造大类，也是影响数字经济制造业的战略性产业。人工智能、大数据、云计算与区块链技术都是数字技术应用业的创新代表，目前在全世界热度很高，在我国的发展也很快。5G通信技术属于数字要素驱动业中信息基础设施建设大类，目前我国5G通信技术全球领先。以下为代表我国数字经济核心产业的关键创新技术与概念的现状与发展趋势。

4.3.1 数字产品制造业——集成电路

集成电路是指微型电子元器件采用特定工艺将电路中不同的元器件互联，制作在半导体晶片或介质基片上，然后进行封装处理，形成有电路功能的微型结构体。我们平时所说的芯片也是集成电路的载体。集成电路被广泛运用在计算机、通信设备、电力设备、武器装备等设备上，几乎涵盖所有政治、经济、军事、科技、医疗、基建等领域电子设备，是信息技术产业核心，是保障国家经济与军事安全的战略核心产业。

集成电路整个产业链包括集成电路设计、集成电路制造和集成电路测试封装，支撑集成电路产业的还有集成电路制造设备与集成电路关键材料制造。美国、欧洲、日本以及我国台湾地区是全球集成电路制造的领导者，尤其是美国、日本和部分欧洲国家作为全球集成电路产业链的头部，掌握着集成电路设计、生产与封装等核心技术。我国集成电路研发最早始于 1965 年，经过半个多世纪的发展，已形成设计、制造与封装的产业链，国家已建立了多个集成电路产业基地，但是我国集成电路制造水平与国际先进水平仍有两代以上的差距。特别是一些核心技术与设备受制于别国，近年来升级的芯片“卡脖子”事件，就是国外对我国集成电路产业的持续打压。

我国是全世界集成电路产业最大的需求市场，2021 年我国集成电路产业消费量同比 2020 年增长 25. 52%，其销售额首次突破万亿元，集成电路行业凭借庞大的市场拉动制造产业快速发展。2021 年我国集成电路产量达 3 594. 3 亿块，同比 2020 年增长 37. 5%，产值达 312 亿美元，长三角、珠三角地区已建成比较成熟的产业集群，其产业规模不断扩大。集成电路设计、制造、封装测试全面发展，我国市场上也出现了一些在国际市场上知名企业，比如以中芯国际、长江存储、华虹集团、华润微电子为代表的集成电路制造企业，还有以华为海思、清华紫光展锐、士微兰为代表的集成电路设计企业，还有以日月光和韦尔股份这样的规模领先集成电路封装测试企业。我国集成电路产业在结构上也有一定的优化，由原来的以代工、封装测试为主向集成电路芯片设计倾斜，这体现了我国集成电路产业的创新发展。

虽然我国集成电路产业处于高速发展期，但是有很多问题依然严峻，亟须解决突破。第一，集成电路产业制造设备与关键原材料被美国、日本及欧盟垄断，一系列“卡脖子”问题是未来短时间内必须解决的，像光刻机、单晶硅这些关键设备与材料的进口限制，已经成为欧美打压我国政治与经济的手段。第二，从数据上看，我国集成电路出口量只有进口量的一半，这说明产业自给率较低，核心技术领域没有掌握，还得依赖于海外市场。第三，我国没有形成创新体系，集成电路设计技术目前还是处于跟随模仿阶段，自主创新步伐较慢，产品创新力不够，能够根据工艺自行定义设计流程并采用 COT 设计方法的企业依然是凤毛麟角，与国际龙头企业相比差距还很大，欧美企业已经开始设计量产 3 纳米工艺芯片，而我国目前只能量产 14 纳米工艺的芯片。第四，产业结构优化缓慢，发展方向单一，我国有近半数企业都是依赖智能手机芯片产业，而一些国防装备、精密制造等关键设备的集成电路设计制造还需要依赖国外。第五，摩尔定律决定集成电路发展快速更新换代，而欧美企业始终处于头部垄断，对我国集成电路在知识产权方面处于“卡脖子”状态，限制我国集成电路企业的发展。第六，集成电路行业人才缺乏，由于该行业对从业人员技术素质要求高而行业薪资与欧美发达国家存在差距，导致行业对创新型人才吸引力不够。

经预测，到 2027 年我国集成电路行业规模将超过 1.6 万亿元，集成电路行业的快速发展与欧美对我国集成电路行业的打压形势，将倒逼我国集成电路产业结构转型优化与技术创新。国家层面上已经明确集成电路是关乎国民经济命脉的底座核心基础产业，国家各部委密集出台鼓励发展集成电路的行业政策，投入大量资金推进集成电路产业结构优化，引导产业市场良性竞争发展，精准扶持集成电路企业技术创新，加大对行业人才的培养与吸引。目前这些政策已初见成效，除长三角、珠三角以外，中西部地区开始出现有一定规模的产业集群。集成电路芯片产品也呈现多元化的发展，以武汉长江存储为例，其自主研发生产的存储芯片已经达到国际领先水平，完全可以替代同类进口产品，并取得了一定的国际市场份额。2020 年，国务院出台《新时期促进集成电路产业与软件产业高质量发展的若干政策》，进一步优化了集成电路行业发展环境，体现了我国大力发展集成电路产业、提升产业创新能力与发展质量、解决行业“卡脖子”问题的决心，我国集成电路行业已进入关键核心技术创新与行业结构优化的阶段。

4.3.2 数字技术应用业——人工智能、大数据、云计算、区块链技术

在数字经济核心产业中发展最快的是数字技术应用业，其产业规模已经超过数字产品制造业，成为数字经济核心产业中的第一产业，其所占比重每年还在不断扩大。而支撑数字技术应用业高速发展的是其产业内以软件程序开发为基础不断创新并广泛应用的新技术与新概念，人工智能、大数据、云计算、区块链技术，就是这几年数字技术应用产业创新发展的代表。

人工智能这一概念由美国科学家约翰·麦卡锡于 1955 年提出，是研究、开发用于模拟、延伸和扩展人的智能的理论、方法、技术及应用系统的一门新的技术科学，该领域的研究包括机器人、语言识别、图像识别、自然语言处理和专家系统等。美国是最早研究应用人工智能技术的国家，其相关领域研发创新也一直

处在世界领先地位。ChatGpt 就是美国 Open AI 研发的聊天机器人程序工具，ChatGpt 面世后在全世界引起了不小的轰动。人工智能技术产业正在逐渐成为世界创新技术革命的强大动力，对世界经济与国际政治格局产生极为深远的影响。世界各国也将发展人工智能技术作为推动国家经济发展、提升国家竞争力的战略性手段。

我国人工智能产业虽然起步较晚，但国家层面十分重视。2017 年国务院印发《新一代人工智能发展规划》（以下简称《规划》）全面系统地分析了我国人工智能智能现状，并拟定了几个阶段性目标：第一步是到 2020 年，核心产业规模达 1 500 亿元，带动相关产业规模超 1 万亿元，总体技术与应用与世界先进水平同步，人工智能产业成为经济重要增长点，技术应用成为改善民生新途径。第二步是到 2025 年，带动相关产业规模超 5 万亿元，核心产业规模超 4 000 亿元，实现基础理论的重大突破，部分技术应用世界领先，带动我国产业升级，智能社会建设取得积极进展。第三步是到 2030 年，核心产业规模超 1 万亿元，带动相关产业规模超 10 万亿元，理论与技术应用世界领先，成为世界主要人工智能中心。《规划》详细拟定了人工智能产业发展计划，即构建协同人工智能科技创新体系、培养高效的智能经济、建设安全便捷的智能社会、加强人工智能领域军民融合、构建泛在安全高效的智能化基础设施体系与前瞻布局新一代人工智能重大科技项目。《规划》还对我国人工智能的资源配置、保障措施与组织落地明确了办法与措施。2017 年，工业和信息化部为贯彻落实《中国制造 2025》与《新一代人工智能发展规划》，制定了《促进新一代人工智能产业发展三年行动计划（2018—2020 年）》，制定具体措施推进人工智能产业发展。

在政策驱动与市场需求拉动的双重作用下，我国人工智能产业迎来了井喷式发展，2022 年核心产业规模 5 080 亿元，同比增长 18%。人工智能与国家第一、第二、第三产业加速融合，产业技术应用进入制造业、农业、金融、交通、通信、汽车、安防、零售、医疗、文娱等众多行业。人工智能技术在社会治理、智慧城市等领域加速落地，在全球暴发疫情背景下，我国加速使用人工智能技术应用于民生改善、社会管控，并取得了显著的成果。人工智能相关企业超 4 000 家，百度、腾讯、阿里、华为、科大讯飞等公司的人工智能算法与技术应用达到世界领先水平。辅助驾驶、智慧安防、智能制造等领域人工智能关键核心技术创新取得突破，人工智能发明专利申请数量接近全球总数一半。人工智能产业生态已初步形成，算力基础设施建设成果显著，一体化大数据中体系构建完成，建成一批国家级算力平台。加快实施“东数西算”工程落地，国内接近 400 所高校开设人工智能相关专业，为产业发展提供人才支撑。长三角、珠三角与京津冀地区形成人工智能产业集群。

我国这几年人工智能产业发展成果十分显著，但是我们也要清醒地认识到，我国的产业创新发展主要集中在技术应用与算法上，在智能芯片制造、技术开发平台、研发软件等基础层的研发创新能力跟美国相比还存在不小的差距。我国人工智能企业与AIBrain、亚马逊、谷歌、苹果这些国际行业巨头的创新能力相比，技术创新能力明显不足，产业核心技术研发还是处于跟随状态。我国在“十四五”规划纲要中明确人工智能产业是“事关国家安全和发展全局的基础核心领域”。未来十年，我国人工智能产业要以庞大的应用市场为产业动力，依托国家政策引导驱动，力争完全掌握人工智能核心技术，优化产业结构，深度融合传统产业，完成《新一代人工智能发展规划》中的目标。

大数据与云计算技术都是数字技术应用业大类中互联网数据服务，在互联网数据产业链中，大数据与云计算都是处在产业链的上游，属于核心基础产业，大数据与云计算的发展和创新对整个数字技术应用业的发展起着至关重要的作用。这里把大数据与云计算放在一起讲，是因为这两个产业密不可分，互补明显。大数据又称巨量资料，是指所涉及的资料量规模巨大到无法通过主流软件工具在合理时间内达到撷取、管理、处理并整理成为帮助企业经营决策更积极的资讯。云计算指通过网络“云”将巨大的数据计算处理程序分解成无数个小程序，然后，通过多部服务器组成的系统进行处理和分析这些小程序，得到结果并返回给用户。从概念上可以看出，大数据为云计算提供了运行发展的环境，云计算则是大数据在网络上最优化的运行工具。

大数据产业多年来在我国保持高速稳步增长，2022年我国大数据产业规模达1.57万亿元。在应用技术上，我国已达世界领先水平，基础设施完备，数据中心规模超过500万标准机架。大数据产业向国民经济全产业链辐射，行业生态已经初步形成，逐步发展成为支撑经济社会发展的优势产业。我国大数据产业在高速发展的同时，也面临着许多问题：第一是核心技术的匮乏。我国规模较大的大数据企业虽然在局部应用领域上突破不小，但是在产业核心技术上大部分还是用的发达国家的技术，特别是在数据采集处理平台上，技术完全受制于人。第二是受数据安全性的制约。由于大部分的数据平台都是开源平台，很容易受到攻击。第三是数据壁垒导致产业市场体系不健全，在很大程度上限制了整个产业的发展。2021年工业和信息化部印发《“十四五”大数据产业发展规划》，明确了“十四五”期间大数据产业的发展的目标与路线，确立了通过数据要素价值体系建设完善数据市场、发挥数据特性优势、进一步夯实产业基础、健全大数据产业链、繁荣大数据产业生态链、升级产业安全等六项基本任务，以此完成我国大数据的产业升级，为我国由工业经济向数字经济转型打下良好基础。

由于云计算技术稳定性强且安全可靠，云计算已经成全球数字经济重要的基础，全球传统的软件企业都在向云计算转型，我国的云计算企业也在积极布局全球云计算市场，如百度云、阿里云、华为云等。目前云计算按部署方式划分，主要类型有私有云、公共云、社区云与混合云。私有云是指在一个企业或机构内部运行的云计算服务，公共云是指通过互联网面向社会服务的云计算服务，社区云是指有共同需求服务的两个以上私有云的云计算服务，混合云是指既有公共云服务又有对独立的私有云服务。按服务类型划分，可分为基础硬件服务、平台环境服务与软件服务，基础硬件服务是指提供虚拟机服务器、CPU 算力、存储、显存等硬件的云服务，平台环境服务是指提供应用或开发平台服务，软件服务是指提供软件应用服务。我国云计算产业市场规模位居全球第一，2021 年产业规模超过 2 000 亿元，其行业覆盖范围广，各种类型的行业云不断出现并稳步发展。制造云、电商云、政务云、金融云、教育云、医疗云等与计算服务，已经在国民经济与社会治理等领域发挥了极其重要的作用，并出现了一批在全球市场举足轻重的云服务商，阿里云的市场份额超过谷歌，全球排名第三。未来随着数字经济进程的不断推进，我国云计算服务产业的市场与规模将加速增长，新基建、互联网+、智慧城市等国家战略的推进，会加速云计算产业的迭代升级，云计算、大数据、人工智能等数字技术应用创新产业将深度融合，推动我国数字经济进程加速。

区块链是指通过去中心化分布式存储，基于加密算法、点对点传输、共识机制的数据库应用技术。区块链技术与云计算类型划分类似，可分为公有链、联盟链与私有链。公有链是区块链最早的出现形势，允许世界所有节点入链。联盟链简单说就是有多个组织共同维护的区块链。私有链是指由某一个组织或实体控制或管理的区块链。区块链技术最早应用于比特币，是比特币的底层技术，后来慢慢应用于金融业，许多加密货币、支付系统都应用了区块链技术。其他行业也正在慢慢探索引入区块链应用来提高行业效率与透明度①。

近年来，全球区块链产业以数字资产应用为核心快速发展，市场规模不断扩张，在美国及亚太地区尤为迅速，全球多国正在加速布局区块链产业。我国的区

① 中国信息通信研究院：《区块链白皮书（2022）》，第 12 页。

块链产业起步较晚，但发展迅速。“十三五”期间在信息化规划中，首次提出将区块链技术作为创新技术发展，随着我国数字经济进程的推进，我国的区块链产业初步形成。“十四五”规划中，对如何将区块链产业融入各行业领域、促进经济社会高质量发展做出了规划。2021 年，国家科技部、中央网信办等部门相继出台指导意见，推动区块链产业在制造、能源、政务、法治、税务等十六个行业一百六十四个特色领域试点推广，地方政府也在积极布局区块链与金融行业的融合。在政策驱动下，我国区块链产业技术不断创新提升，国内自研的联盟链也打破垄断，创新出现开放联盟区块链运营理念，既有公有链合作共享创新的优势，又兼顾了联盟链的安全性，像火星链开放网络、BSN 开放联盟链、众享链网等多条成熟开放联盟链不断应用于市场。区块链龙头企业与中小企业共同打造产业生态。2022 年，在全球区块链排名前 50 的企业中，我国有 7 家企业占据榜单。以腾讯、华为、京东、阿里及百度为代表的互联网龙头企业正在区块链不同细分领域，构建区块链产业生态，中小企业参与区块链产业生态建设的热度高，已经出现不少有较强技术能力与高资本投入的中小企业。

“十四五”期间，我国区块链产业将以数据治理为驱动夯实数字经济基础，持续加速推进数字经济快速发展。产业基础设施与布局将逐步优化，结构设计更优化、信任度更高的区块链产品将服务于数字经济全领域与过程，通过降低成本、优化结构，激发产业新动能。伴随数字经济的推进，区块链必将激发数据价值市场，推动传统经济产业数字化进程，为数字中国建设打下坚实基础。

4.3.3 数字要素驱动业——5G 技术

5G 技术是我国数字经济信息基础设施的核心，是实现数字中国新基建工程的底座产业。5G 英文全称 5th-generation，即第五代通信标准与技术，由关键的指标与技术来定义。关键指标指用户使用通信速率与用户数据传输体验速率，单位是 Gbps（数据传输带宽单位）。关键技术包括大规模天线阵列、超密集组网、新型多址、全频谱接入和新型网络架构。自 20 世纪 80 年代移动通信出现后，通信网络技术由 1G 发展至 5G，数据传输的速率、带宽与应用也在不断升级，从 1G 网络的音频通话到 3G 网络的互联网接入，再到如今的 5G 技术的万物互联物联网，每次通信技术的升级都会带来数字经济的产业变革，推动我国经济数字化进程。

全球 5G 产业已经进入高速发展期，预计到 2035 年，5G 产业为全球 GDP 带来的年度增长值将达 2.1 万亿美元。目前 5G 技术及产业全球领先的国家主要有美国、中国、日本、韩国、德国、英国、法国七个国家，从产业规模与技术水平上看，美国与中国位居全球领先，其他国家在不同的技术频谱段都有各自的优势，都已将 5G 普及商用，并开始打造本国的 5G 生态①。

我国 5G 技术与产业已经全球领先，在产业数字化方面，5G 应用与工业制造、医疗卫生、军事安全、交通运输、教育文化、农业、金融等多个领域深度融合，不断创造新的应用领域，激发产业数字化的内在动能，推动工业化社会向数字化社会转变。2022 年 5G 技术直接带动我国经济总产出 1.45 万亿元，间接带动产业总产出 3.49 万亿元，为我国数字经济发展提供了底层数据传输交换的坚实保障。

“十四五”阶段是我国 5G 技术自主创新与产业规模化发展的关键五年。我国 5G 技术飞速发展，基站性能已在全球形成跨代的优势且价格优势大，以华为、中兴、大唐等为代表的中国企业，在全球 5G 建设领域所占市场份额非常大，帮助全球多个国家建设本国 5G 网络。以美国为首的西方国家为限制我国 5G 技术发展，以政治霸权为手段，制造政治与经济壁垒，不但限制我国企业参与全球 5G 建设，还限制产业链上游 5G 芯片对我国的出口，在多方面限制我国企业参与全球 5G 产业建设。面对这样的国际环境，我国政府与企业在技术创新的同时，也在加大投入，以解决产业链上游集成电路 5G 芯片制造的“卡脖子”难题。目前中国企业在全球 5G 技术专利数量上排名第一，华为是全球拥有 5G 技术专利数量最多的企业，并拥有行业领先的 5G 芯片设计能力，在一定程度上反制了国外壁垒。

在严峻的国际环境形势下，我国还积极建设国内 5G 市场与生态，不断扩大 5G 产业规模，规范引导产业生态良性循环。政策引导方面，2021 年以来，全面贯彻习近平总书记与党中央关于大力发展 5G 产业部署，各部委出台多个行动计划与试点指南，加速 5G 产业与各行各业融合，目标是在“十四五”完成多个重点领域与 5G 产业的创新融合发展。基础设施建设方面，在 5G 网络基本覆盖城乡室外的基础上，计划完成室内场所的深度覆盖，通过推广使用扩展小基站，对高校、商场、交通枢纽、医院、写字楼等大型公共室内场所进行网络覆盖，并通过创新标准、构建虚拟专网等方式满足各行业用户需求，推动产业基础设施建设向全域、全场所、全行业覆盖。在个人终端用户市场上，我国 5G 用户数量在全球占比超六成，四大运营商持续提升终端用户体验，在活跃的应用市场的激发

---

① 中国信息通信研究院：《中国 5G 发展和经济社会影响白皮书（2022）》。

下，带动流量消费市场，推动基础电信产业稳步增长。未来，随着我国社会与经济数字化进程的推进，5G 产业作为数字经济核心产业的关键驱动要素，必将释放出更强大的产业潜能，支撑产业数字化产业的创新与发展。

案　例

促进数字技术与实体经济深度融合①

经过千年培育的石阡苔茶，是贵州三大名茶之一。以前，由于物流配套不完善，影响了茶叶外销。如今，石阡苔茶借助数字货运平台，实现了线上找车，成功走出大山。这并非孤例，放眼神州，数字技术与实体经济深度融合，已为千行百业注入新动力、拓展新空间。

当前，互联网、大数据、云计算、人工智能、区块链等新技术深刻演变，产业数字化、智能化、绿色化转型不断加速，极大改变了全球要素资源配置方式、产业发展模式和人民生活方式。2023 年 9 月 4 日，习近平主席向 2023 中国国际智能产业博览会致贺信时指出："中国高度重视数字经济发展，持续促进数字技术和实体经济深度融合，协同推进数字产业化和产业数字化，加快建设网络强国、数字中国。我国具有超大规模市场、海量数据资源、丰富应用场景等多重优势，数字经济发展具有广阔空间，要统筹发展和安全，发挥优势、乘势而上，协同推进数字产业化和产业数字化，推动数字经济发展不断取得新突破。"

写好数实融合文章，核心技术是根基，基础设施是支撑。近年来，从计算机科学论文被引次数位列世界第一，到 5G 技术、产业、网络、应用全面领先，都见证着我国数字技术创新能力和新基建水平的持续提升。但关键领域创新能力不足，核心元器件、操作系统研发制造落后国际先进水平等问题，仍制约着数字经济的发展。扭转数字经济大而不强、快而不优的局面，要强化基础研究攻关，加强前沿技术研发，在软件、材料、芯片等方面持续发力，打好关键核心技术攻坚战，同时适度超前推进数字基础设施建设，实现"建""用"并重，为数字经济发展夯基固本。

写好数实融合文章，要找好传统产业与数字技术的结合点。实体经济是数字应用的蓝海，但数字化转型不能为数字化而数字化。工厂利用工业互联网，可实现设计协同化、供应敏捷化、制造柔性化、产品个性化；农业用上智慧平台，可

---

① 人民财评：《促进数字技术与实体经济深度融合》。

实时监控土壤水分温度，实现精准种植。立足不同产业特点和差异化需求，要利用数字技术进行全方位、全链条改造，体量庞大的传统产业才能实现转型升级、破茧成蝶。也要看到，对数字化转型一些企业不愿转、不敢转，不会转，这就需要降低转型的技术资金门槛，让企业切实从数字化转型中降成本、提效率、得好处。

数字经济发展离不开良好的环境。近年来，我国坚持发展与规范并重，推动网络安全法、数据安全法等法律法规陆续出台，不断探索新技术、新应用、新业态的治理路径。进一步优化数字技术发展环境，需要加强跨部门协同合作和上下联动，汇聚各方合力，提高常态化监管水平特别是增强监管的可预期性，健全法律法规制度，不断完善数字经济治理体系。

我国不断发挥超大规模市场、海量数据资源、丰富应用场景优势，拓展数字经济发展空间，未来定能牢牢掌握数字经济发展主动权，抢占未来发展制高点。

案例讨论题

1. 我国国民经济中哪些行业的产业数字化进程快、发展质量好？
2. 数字经济核心产业如何推动传统行业的产业数字化进程？

小　　结

数字经济核心产业包括数字产业化和产业数字化两大类，处于数字经济整个产业链的上游，是数字经济发展的基础底座。目前，数字经济核心产业已成为国民经济的重要组成部分，越来越受到人们的关注。“十四五”时期，必须积极把握数字经济核心产业发展主动权，加快数字经济核心产业链协同创新，扩大数字经济核心产业在国民经济中所占比重。

关键术语

数字经济核心产业　数字经济核心产业规模　数字经济核心产业技术与创新

习　　题

1. 简述数字经济核心产业的分类。
2. 简述数字经济规模的测算方法。
3. 简述我国人工智能产业发展的现状。

第5章
数字经济融合应用

本章所讨论的智慧农业、智能制造、智慧文旅都属于数字经济中传统产业数字化的范畴。产业数字化并非数字技术与传统产业的简单叠加，而是利用数字技术及互联网平台，让数字市场与传统产业进行深度融合，以数字化思维引领人类产业的创新发展。产业数字化能够对传统产业进行赋能增效，改造升级，从而产生巨大的叠加效应、乘数效应。习近平总书记强调："要把握数字化、网络化、智能化方向，推动制造业、服务业、农业等产业数字化，利用互联网新技术对传统产业进行全方位、全链条的改造，提高全要素生产率，发挥数字技术对经济发展的放大、叠加、倍增作用。"①

学习目标

- 掌握智慧农业、智能制造、智慧文旅的基本概念、内涵及特征
- 了解智慧农业、智能制造、智慧文旅的核心技术等
- 了解国内外数字经济融合应用上的发展趋势及我国发展数字经济融合应用的优劣势

5.1 智慧农业

智慧农业是智慧经济的重要组成部分，大力发展以智能设备、物联网、云计算与大数据等先进技术为核心的智慧农业是我国实现农业赶超战略的重要途径。

5.1.1 智慧农业的概念及作用

智慧农业的基本特征是高效、集约，其核心是信息、知识和技术在农业各个

① 习近平：《习近平谈治国理政》第四卷，外文出版社，2022，第207页。

环节中的广泛应用。

1. 智慧农业的概念

狭义的智慧农业是指充分应用信息技术成果，集成应用计算机与网络技术、物联网技术、音视频技术、无线通信技术及专家智慧与知识，实现农业可视化远程诊断、远程控制、灾变预警等智能管理的农业生产新模式①。

广义的智慧农业是指将云计算、传感网、5S② 等多种信息技术在农业中综合、全面地应用。广义的智慧农业实现了更完备的信息化基础支撑、更透彻的农业信息感知、更集中的数据资源、更广泛的互联互通、更深入的智能控制、更贴心的公共服务③。

广义的智慧农业除了智慧农业生产外，还包括了农业电子商务、农业信息服务、农业休闲旅游、食品溯源防伪等方面，如图 5-1 所示。它是将现代信息技术应用于农业生产、农业销售、农业管理等各个环节的一种全智能管理的高级农业形式。同时，它也是一种新型农业业态，能够有效提高生产效率、改善生态环境，甚至可改变农业生产中的生产力和生产要素。

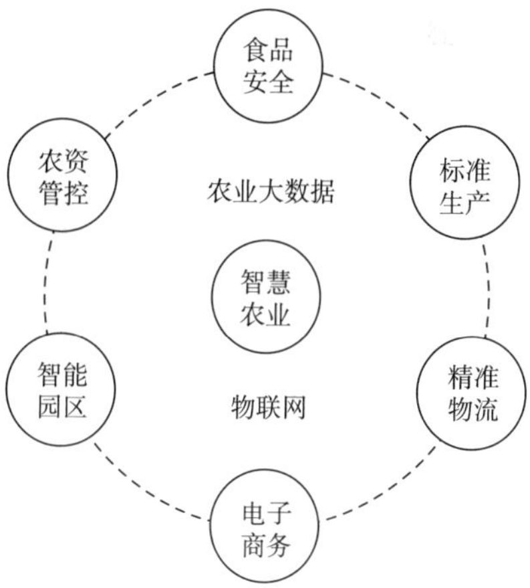

图 5-1　广义的智慧农业

2. 智慧农业的作用

智慧农业的应用很大程度上解决了传统农业“靠天吃饭”的难题，可以有效缓解农业资源匮乏、劳动力资源紧缺的现实问题。智慧农业会改变过去粗放式的农业经营管理模式，提高生产管理科学化水平，确保食品安全，引领现代农业发展。

第一，科学管理农业生产，显著提高农业生产经营效率。农业生产者通过智能设备合理规划用地用工，降低土地及劳动力成本，提高生产效率。通过智能机械代替人的农业劳作，解决农业劳动力日益紧缺的问题。同时，也提升了农业生

① 杨丹:《智慧农业实践》，人民邮电出版社，2019，第 6 页。

② “5S” 技术含义：遥感技术（Remote Sensing，RS）、地理信息技术（Geographic Information System，GIS）、全球定位系统（Global Positioning System，GPS）、数字摄影测量系统（Digital Photogrammetry System，DPS）、专家系统（Expert System，ES）。

③ 杨丹:《智慧农业实践》，人民邮电出版社，2019，第 7 页。

产的规模化、集约化和工厂化，提高了农业生产对自然环境风险的应对能力，将“靠天吃饭”的传统农业转化为高效的现代农业。

第二，有效改善农业生态环境，推动农业可持续发展。传统的农业生产，农作物产量的提升很多是以破坏环境为代价来换取的。智慧农业是通过精细化生产、测土配方施肥、农业节水灌溉等方式推动农业废弃物利用，达到保护农业生态环境的目的；利用卫星搭载高精度感知设备，构建农业生态环境监测网络，获取环境资源信息，匹配农业资源调度专家系统，实现农业环境综合治理、农业生态保护和修复，进而推动农业的可持续发展。

第三，掌握市场变化与消费者需求，解决信息不对称问题。智慧农业可以通过打造农业电子商务平台，使需求侧和供给侧有效沟通，解决农业供应链的信息不对称问题。生产者可以根据平台的大数据和反馈机制，了解市场行情，消费者也可以通过个人定制的方式提出需求。这样，供给端了解需求端个性化的诉求，更好地制定生产和销售计划，定制化生产客户所需的农产品，减少农业的盲目生产，降低农产品损耗，实现农产品优质优价。

第四，发展新模式新业态，提升农业全产业链价值。5G 技术、大数据、云计算、物联网等信息技术为智慧农业拓展了应用场景。在种植（养殖）生产作业、食品安全、生产管理等环节，为智慧产业链提供信息化技术支撑；农业电子商务、农业休闲旅游、农产品新零售等发展模式的创新，形成了基于互联网平台、云平台的现代农业新业态，重塑农产品产业链和价值链。

5.1.2 智慧农业的核心技术

智慧农业的核心技术包括农业物联网技术、农业机器人技术、农业大数据技术、农业云计算技术等。

1. 农业物联网技术

物联网是指以感知、识别、传递、分析、测控等技术手段实现智能化活动的新一代信息化技术。它通过传感器等方式获取物理世界的各种信息，结合互联网、移动通信等网络进行信息的传送与交互，从而提高对物质世界的感知能力，实现智能化的决策和控制。因此，物联网在农业领域的广泛应用，既是智慧农业发展的重要内容，也是现代农业发展的强大技术支撑。同时，智慧农业的发展也将为物联网技术在农业领域提供无限广阔的市场。

农业物联网借助温度传感器、湿度传感器、pH 值传感器、光传感器、CO_2 传感器等设备，检测环境中的温度、相对湿度、pH 值、光照强度、土壤养分、

CO_2 浓度等物理量的参数，通过各种仪器仪表实施显示这些参数，并将这些参数作为自动控制的参变量参与到自动控制中，保证农作物有一个良好的、适宜的生长环境。技术人员在办公室就能检测并控制农作物的生长环境，也可以采用无线网络测量获得作物生长的最佳条件，为精准调控提供科学依据，达到增产、改善品质、调节生长周期、提高经济效益的目的。发展农业物联网的优势如图 5-2 所示。

科学栽培

通过分析传感器数据，生产者可判断土壤适合栽培的作物种类，气候传感器可实时收集作物生长环境数据

精准操控

系统能迅速依照作物生长的请求改变栽培基地的温湿度、二氧化碳浓度、光照强度等

培养方法精准

与传统农业栽培方式相比，物联网栽培方法更加主动化、智能化、长期化，精准高效

绿色农业

物联网农业生产系统可保存监测数据，便于农产品追根溯源，保证农产品绿色无公害

图 5-2　发展农业物联网的优势

典型的农业物联网架构由物联网感知层、物联网传输层和物联网应用层三个层次组成。物联网感知层由各种传感器组成，主要任务是将农业生产中的各种物理量实时自动转化为可处理的数字化信息或数据。农业物联网采集的信息主要有四大类，如图 5-3 所示。物联网传输层由互联网、广电网与计算平台等各种网络组成。物联网应用层是物联网和用户的接口，它与行业需求结合，从而实现物联网的智能应用。

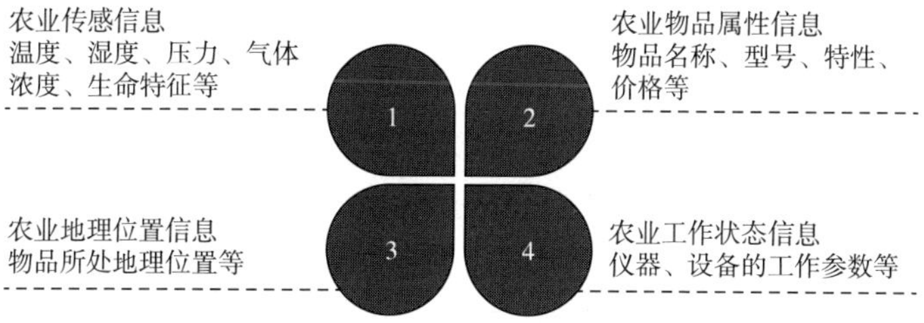

图 5-3　农业物联网采集的信息

物联网技术在现代农业的应用领域很多，如农业生产环境信息的监测与调控，农产品质量的安全溯源，动物、植物的远程诊断，农业信息化，农业大棚标准化生产监控，农业自动化节水灌溉等。

2. 农业机器人技术

我国农业综合机械化率已超过70%，农业机械化解放了劳动力的同时也提高了生产效率，基本解决了大田收割等作业条件较好、适宜大规模生产中的自动化问题。然而，农业生产仍然广泛存在现有农机装备难以胜任高、精、尖、难的作业任务。面对这些艰难的作业任务时，就需要具有感知决策、眼手协同控制等智能化自主作业能力的农业机器人发挥作用。

农业机器人是在复杂环境下，主要以生物活体为作业对象，服务于农业生产的单机、多机自主作业的装备或系统。它是智能农业装备的高端形态，具有作业环境、操作对象、装备状态、人员行为等信息的全域感知能力，融合机器学习、知识推理、人机交互、作业规划等的自主决策能力，以及具备灵巧作业、动态伺服、运动协同、多机协作等精准执行能力，能在繁重、恶劣、有危害的作业场景下实现精准、高效的生产目标。

农业机器人按照作业对象不同可以分为种植机器人和养殖机器人。种植机器人包括田间种植、果园种植、设施种植机器人，养殖机器人包括畜禽养殖、水产养殖机器人。

农业机器人能够承担农业从业人员“干不了”“干不好”“干不快”“不愿干”“危害大”等的工作。“干不了”指不间断劳作和苛刻的自然条件使得人力难以企及的生产场景，如畜禽舍24小时不间断巡检、水下养殖海产品捕捞等；“干不好”指批量高效率精细作业难题，例如高速嫁接等；“干不快”指对高效精细操作有要求的生产环节，农业机器人能够显著提升生产效率和产品质量，如精密定植、高效屠宰；“不愿干”指高劳动强度或长时间枯燥机械作业岗位，如饲养、挤奶、采摘等；“危害大”指对农业从业人员健康安全威胁较大的生产环节，如植保喷药、高枝作业等。

随着机器人行业设计、感知、决策、控制等共性技术发展，机器视觉、轨迹规划、定位导航等单元技术性能趋于成熟，为农业机器人场景落地提供了技术支撑。

3. 农业大数据技术

传统农业生产存在生产粗放、经营分散、信息不对称等共性问题，导致这些问题的根源在于农业生产者与政府、上游农资企业、下游消费者等多个主体之间的信息缺失。大数据是解决这些问题的根本手段。

农业大数据是指运用大数据理念、技术和方法，解决农业或涉农领域数据的采集、存储、计算与应用等一系列问题，是大数据理论和技术在农业上的应用和实践。

农业大数据由结构化和非结构化数据组成。由于农业的复杂性和特殊性，非结构化数据数量会逐渐增长，在数量上大大超过结构化数据。相对于结构化数据这种二维表格逻辑表达的关系型数据，农业领域应用更多的是文字、图片、语言、视频等形式的超媒体要素及专家经验、知识和农业模型等。

农业大数据涉及方面较多，应用较为广泛的是在农业数据监测方面。高分观测卫星、地面物联网传感器等在农业信息监测和数据获取中发挥了重要作用。“天空地”数字农业技术逐步形成，综合采用航天遥感、航空遥感、地面物联网建立的一体化观测系统，实现了农业信息的高精度、立体化、时空连续获取。农业大数据采集体系充分利用物联网、智能设备、移动互联网等信息化技术采集农业数据，提高了数据采集效率和质量。

随着 5G 技术为代表的“新基建”在农村进一步生根发芽，农业大数据也将对智慧农业产生巨大的影响。展望未来，类脑计算、生物特征识别、数字孪生、仿真模拟等关键核心技术及产品将取得突破并大量应用。信息终端将在服务农民进行生产、经营、管理等方面发挥显著作用。未来“天空地海”一体化数字农业系统建成，农业全要素、全领域、全过程的数字化管理基本实现，农业农村治理体系和治理能力现代化基本实现。大数据与现代农业生产、流通、市场、加工等全产业链各环节深度融合，农业大数据应用会不断深化和创新，农业产业发展新路径、新业态、新模式丰富多样。

4. 农业云计算

云计算是指数据中心资源的虚拟化和中心管理，其具有的虚拟化、超大规模、灵活性高、低成本、安全可靠等特点，极大地提高了当今社会公众的生活工作效率。在农业信息化发展过程中，云计算技术通过为农业经营主体提供信息推送平台、供求信息平台、专家交互平台等，从而帮助农业经营主体收集最有价值的农业信息。农业经营主体利用云计算技术可对农场中病虫草害生长、土壤变化、天气情况进行实时监测，利用云计算中心分析的数据信息及时准确判断农作物生长状态，掌握农作物生长规律，有利于提高农作物产量。同时，通过智能设施可合理安排农业的用工用时用地，降低劳动用工成本和土地使用成本，有利于农业生产组织化、规模化，提高农业生产效率。另外，随着农业云计算的深入应用，还可以促进农产品电子商务、智慧农业物联网等新型商业的可持续发展，大大降低信息沟通成本，促进土地、劳动、资本及技术等各要素资源的合理有效配置，在推动农业信息化发展过程中，使第二、第三产业与农业融合发展。

5.1.3 智慧农业的应用

目前，美国、英国、日本、欧盟等国家和地区的智慧农业取得了较快发展，在相关政策支持、新技术研发应用等方面走在了世界的前列，形成了具有鲜明特征的智慧农业发展模式，对我国的智慧农业发展有一定借鉴意义。

1. 发达国家智慧农业的应用

美国：信息化支撑农业发展。美国从 20 世纪 90 年代开始建设农业信息网络，进行技术推广和在线应用，农村高速上网日益普及。建立了以政府为主体的，有较大规模和影响力的涉农信息数据中心，负责农业数据资源采集、储存和发布。农业信息化体系日益完善，大量涉农信息化企业应运而生。这些企业利用农业大数据进行分析、预测，并将结果提供给农业生产者用于农场生产管理及精细化耕作，提高生产效率。智能机器人、温度和湿度传感器、航拍和 GPS 等技术，大幅度提升了美国农场的运营效率。美国已应用“5S 技术”、智能化农机技术等形成了农业精细化、规模化发展的智慧农业生产线系统。美国近七成的农场采用传感器采集数据，农业机器人已应用到播种、喷药、收割等农业生产中。

法国：打造大农业数据体系。法国是欧盟内部最大的农业生产国，也是世界第二大农业食品出口国。经过多年发展，法国农业信息数据库已十分完备，涵盖种植、渔业、畜牧、农产品加工等领域。一个集高新技术研发、商业市场咨询、法律政策保障以及互联网应用等为一体的“大农业”数据体系正在打造中。

德国：高科技与数字农业。德国是率先实施工业 4.0 的国家，而智慧农业的理念与工业 4.0 基本相似。二者都需要通过物联网、大数据、云技术的应用，将数据由传感器从种植对象或养殖对象处收集，上传至数字技术综合应用平台，经处理后再分发到对应农机上，进一步提高农业效率。

德国农业科技含量较高，农业信息技术、生物技术、环保技术等在德国应用广泛。例如把地理信息系统、全球定位系统、遥感技术等应用到大型农业机械上，在计算机系统的控制下，农机可实施耕地、播种、施肥、打农药等田间作业；在饲养的牲畜身上安装电子识别牌，通过电子识别牌获得动物饮食状况、产奶量等信息，从而让农民有针对性地进行改良和改进；由大型企业牵头研发数字农业技术，为农业生产者提供一系列的技术解决方案。

英国：大数据整合精准农业。为了应对气候变化和全球农业竞争加剧等问题，英国政府启动了“农业技术战略”，利用大数据和信息技术提升农业生产效率，建立了英国国家精准农业研究中心，实施未来农场智慧农业项目，研发除草机器人替代化学农药进行除草作业，实现从播种到收获全过程的机器人化；建立了“农业信息技术和可持续发展指标中心”，搭建和完善数据科学和建模平台，搜集并处理产业链上行业数据。

英国的农业技术体系较为全面，涵盖全球定位系统、地理信息系统、空间技术与数据库、遥感系统、作物生产管理专家决策系统等，是各种信息技术和系统的集成应用。

日本：互联网振兴农业。日本政府十分重视农业信息化体系建设，注重对农村信息化市场规划和发展政策制定，以及农业基础设施建设，建立了完善的农业市场信息服务系统，不断完善农业科技生产信息支持系统，并将信息技术作为载体在农业科技中推广应用。

日本政府高度重视农业物联网发展，2004 年将农业物联网建设列入政府计划，2014 年启动实施“战略性创新/创造”计划，并于 2015 年启动了基于“智能机械+现代信息技术”的“下一代农林水产业创造技术”。他们还用数字技术、传感技术和远程控制等技术建立个性化“网上农场”，使消费者可实时自主远程精准控制自有农产品生产，并获得理想的农产品。

从国外的经验来看，智慧农业发展并不只是解决技术问题。政府要从宏观角度进行调控和管理，并在政策、法律等方面给予支持和保障，从而起到引导和推动作用。

2. 我国发展智慧农业的重点任务

自 20 世纪 80 年代初，我国将信息技术运用于农业。经过 40 年的探索和实践，智慧农业的发展取得显著进展，已在农业专家系统、农业智能装备、北斗农机自动导航驾驶等智慧农业科技上取得突破。但总体来说，由于起步相对较晚、基础薄弱，相比发达国家还有较大差距。新的历史时期，提高农业质量效益和竞争力，建设智慧农业，是国家发展的必然要求。

第一，部署农业领域“新基建”，打牢智慧农业基础。推进农业农村领域“新基建”工作，建设泛在、先进、开放、共享的新型农业信息基础设施体系。加快 5G 网络、数据中心、仓储保鲜冷链物流等新型基础设施建设，升级国家农业农村大数据中心，形成农业大数据标准化技术和数据交换机制。开展农业大数据的深度应用，建立农业大数据智能关键技术体系。构建全新的农业知识图谱，促进数据信息转化为实际价值，实现农业信息服务精准化、智能化。

第二，推进生产数字化转型，批量建设智慧农场。发展“天空地”多尺度农业资源环境信息获取网络、农业资源环境信息感知技术系统，构建多时相、多维度、高精度的农业资源环境信息获取系统与智能服务平台，支持农业资源环境监测与信息服务能力提升。

第三，建设透明供应链，构筑质量安全防线。构建农产品供应链智能化生态，研发农产品采后处理加工与冷链智能设备，革新农产品供应链运行模式以显著提升效率。在农产品供应链管理中应用区块链、大数据、AI 技术，对农资、生产、加工、储藏、运输等农产品全产业链的诸多环节信息进行全面监管，构建农产品供应链的数字孪生能力，提升农产品质量安全的溯源水平，支持农产品供应链朝着绿色、智能、高效、开放的方向发展。

第四，加快技术产业化进程，壮大智慧农业产业。紧跟世界智慧农业科技发展趋势，以推动重大产业项目培育为依托，平衡潜在技术需求、产业增长潜力、产品竞争力、技术带动引领性。聚焦农业智能装备制造、农业传感器与测控终端设计及制造、农业软件与新兴信息服务业三类重点创新领域，实施智慧农业相关技术产业培育工程。提高 AI、5G、云计算、新型人机交互等信息技术在智慧农机、农业传感器、农业软件开发中的应用成熟度，提升智慧农业软硬件产品的支撑能力。

5.2 智能制造

智能制造是新一代人工智能与先进制造业深度融合的产物，也正在成为新一轮工业革命的核心驱动力。为抢占国际竞争的制高点，在全球产业链和价值链中占据有利位置，各国都将智能制造的发展上升为国家战略，全球新一轮工业升级和竞争就此拉开序幕。

5.2.1 智能制造的定义及演进

1. 智能制造的定义

关于智能制造的定义有很多。

美国纽约大学的怀特（P. K. Wright）教授和卡内基梅隆大学的布恩

（D. A. Bourne）教授首先提出“智能制造”的概念，在其《智能制造》（1988）中将智能制造定义为“通过集成知识工程、制造软件系统、机器人视觉和机器人控制来对制造技工们的技能与专家知识进行建模，以使智能机器能够在没有人工干预的情况下进行小批量生产”。显然这样的定义放在今天还是有很大局限性的。

学者路甬祥对智能制造给出定义，“一种由智能机器和人类专家共同组成的人机一体化智能系统，它在制造过程中能进行智能活动，诸如分析、推理、判断、构思和决策等。通过人与智能机器的合作共事，去扩大、延伸和部分取代人类专家在制造过程中的脑力劳动。它把制造自动化的概念更新、扩展到柔性化、智能化和高度集成化。”

工业和信息化部在 2016 年发布的《智能制造发展规划（2016—2020）》中，对智能制造做出明确定义：“智能制造是基于新一代通信技术与先进制造技术深度融合，贯穿于设计、生产、管理、服务等制造活动的各个环节，具有自感知、自学习、自决策、自执行、自适应等功能的新型生产方式。”

李培根院士在 2021 年出版的专著《智能制造概论》中认为，智能制造还在发展中，简单的定义可能包罗更广的功能和技术要素，不管是已有的，还是未来的，可能具有更深的含义，无论是表象的，还是内在的。因此，他将智能制造定义为：“把机器智能融合于制造的各种活动中，以满足企业相应的目标。”①

以上定义，虽侧重点不同，有的侧重于功能表象，有的更能揭示智能制造内涵，但有一点是共同的，就是在智能制造过程中人与机器之间是有着紧密关系的。

机器智能作为人为开发的系统，应用于计算智能、自主感知和自动控制、大数据分析等方面，有助于提高设计与生产效率。但在智能认知方面，机器与人还有较大差距，让机器学会推理和决策异常困难。机器智能是人类智慧的凝结、延伸和扩展，总体上并未超越人类的智慧，但在某些单元智能强度远超人的能力。因此将机器智能与人相融合便构成了智慧制造系统，即把机器智能融入包括人和资源形成的系统中，使制造活动能动态地适应需求和制造环境的变化，从而满足系统的优化目标。值得注意的是，智能制造系统并非要求机器智能完全取代人，即使是未来高度智能化的制造系统也需要人机共生。

2. 智能制造的演进

作为传统制造技术与先进信息技术深度融合的产物，智能制造在迭代演进的

① 李培根、高亮：《智能制造概论》，清华大学出版社，2021，第 10 页。

道路上形成了三种基本范式，分别为数字化制造、数字化网络化制造和数字化网络化智能化制造。每一种范式的演进都带来了不同的挑战。

第一，数字化制造。数字化制造是智能制造的第一代基本范式，是基于数字化技术在制造业中的广泛应用而形成的，重点解决了优化生产流程、降低制造成本、缩短研发周期、强化品控、提高单位时间生产效率等问题。发达国家起步较早，而我国自 20 世纪 80 年代起，逐步采用数字化制造装备，同时将数字化技术应用到产品设计、生产管理等环节中，取得一定成效。“机器换人”“数字化改造”等项目应用范围广，效果好。从数字化生产线到数字化车间以及数字化工厂的演进，标志着我国在数字化制造领域已经迈入新的发展阶段。

第二，数字化网络化制造。数字化网络化制造是智能制造的第二代基本范式，是基于网络技术在制造业中的广泛应用而形成的，其本质是“互联网+数字化制造”。近年来，我国制造业企业抓住互联网技术发展带来机遇，推进数字化网络化制造快速发展，实现了转型升级。一大批数字化基础好的企业大力引进网络化技术，布局建设基于全球互联的供应物联网平台，进而形成了产业链维度上工业互联网平台方案；将互联网技术应用于消费者终端定制，实现贯穿客户需求、设计研发、订单管理、销售配送、售后服务的全产业链数据驱动管理，显著提升了市场快速响应能力，大规模定制产品的交付时间与成本大大降低。

第三，数字化网络化智能化制造。数字化网络化智能化制造是智能制造第三代基本范式，是制造业与新一代 AI 技术深度融合的产物，其本质是“智能+互联网+数字化制造”。数字化网络化智能化制造是目前智能制造的最新方向，代表了目前智能制造的最高水平。它将机器学习、复杂系统建模仿真与优化能力应用于制造业，令制造业实现了真正意义上的智能制造。目前，我国应对新一轮科技革命与产业变革，聚焦理论研究、技术突破、产品研发等环节，积极布局新一代智能制造，相关成果应用于生产调度优化、产品质量控制、装备远程运维等方面。随着技术的不断发展，智能制造未来将会有更加多样、更为广阔的应用场景和发展空间。

5.2.2 智能制造的核心技术

大数据、工业机器人以及工业互联网等新兴技术是推动现代制造业智能化升级的核心动力。这些技术使得生产过程清晰化、生产调控精确化、生产模式智能化，满足了现代制造业的生产需要和发展需求。

1. 数据获取与处理技术

数据是制造业提高核心能力、整合产业链的核心手段。数据所带来的核心价值在于它可以真实地反映和描述生产制造过程，这为制造过程的分析和优化提供了全新的手段与方法。传统的分析和优化过程基于模型，而数据分析可以弥补模型精度的不足。

数据的采集是获得有效数据的重要途径，同时也是工业大数据分析和应用的基础。数据采集与治理的目标是从企业内部和外部等数据源获取各种类型的数据，并围绕数据的使用，建立数据标准规范和管理机制，保证数据质量，提高数据管控水平。在智能制造中，数据分析往往需要更精细化的数据，因此对数据采集能力有着较高的要求。例如，对高速旋转设备的故障诊断需要分析高达每秒千次采样的数据，要求无损全时采集数据。同时还需要在采集数据的过程中自动进行数据实时处理，例如校验数据类型和格式，异常数据分类隔离、提取和告警等。数据采集的过程中通过故障容错和高可用架构，即使在部分网络、机器故障的情况下，仍能保证数据的完整性，防止数据丢失。

常用的数据获取技术以传感器为主，结合 RFID（射频识别技术）、条码扫描器、生产和检测设备、PDA（个人数字助手）、人机交互、智能终端等手段，实现生产过程中的信息获取，并通过互联网或现场总线等技术实现原始数据的实时准确传输。

数据处理是为了更好地利用数据，其目的是从大量的、无序的、难以理解的数据中抽取并推导出有价值、有意义的数据。常见的数据处理流程主要包括数据清洗、数据融合、数据分析和数据存储，如图 5-4 所示。

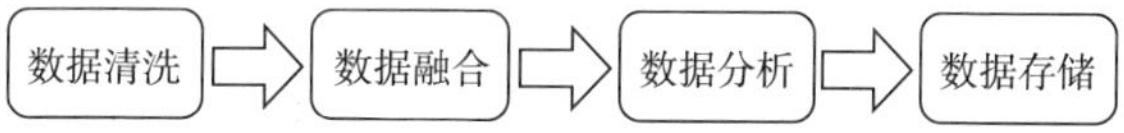

图 5-4　数据处理流程

数据清洗也称数据预处理，是指对所收集的数据进行分析前审核、筛选等必要处理，从而将原始的低质量数据转化为方便分析的高质量数据，以确保数据的完整性、一致性、唯一性和合理性。

数据融合是指各种传感器在空间和时间上的互补与冗余信息依据某种优化准则或算法组合，从而产生对观测对象的一致性解释和描述。制造业数据存在多源特性，同一观测对象在不同传感器、不同系统下，存在多种观测数据。通过数据融合可以形成各个维度之间互补，从而获得更有价值的信息。

数据分析是指用适当的统计方法对收集来的大量数据进行分析，将它们加以汇总和理解消化，以求最大化地开发数据的功能，发挥数据的作用。在此过程中，除了常用数据分析方法，以深度学习为代表的神经网络与以支持向量机为代表的统计学习逐渐受到关注。

数据存储是指数据以某种格式记录在存储介质上，数据存储对象包括数据流在加工过程中产生的临时文件或加工过程中需要查找的信息。

2. 数字孪生技术

数字孪生是以数字化方式创建物理实体的虚拟模型，借助数据模拟物理实体在现实环境中的行为，并通过虚实交互反馈、数据融合分析、决策迭代优化等手段，为物理实体增加或扩展新能力的技术。作为一种充分利用模型、数据、智能并集成多学科的技术，数字孪生面向产品全生命周期，发挥连接物理世界和数字世界的桥梁作用，提供更加实时、高效、智能的服务。

一个典型的数字孪生系统包括用户域、数字孪生体、测量与控制实体、现实物理域和跨域功能实体共5个层次，如图5-5所示。

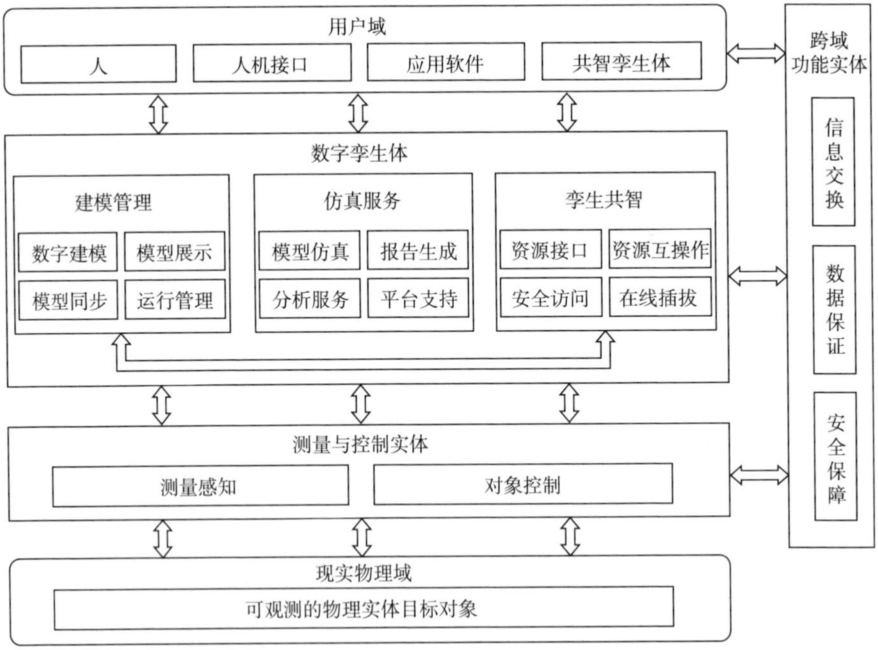

图5-5 数字孪生系统的通用参考架构

数字孪生系统第1层是使用数字孪生体的用户域，包括人、人机接口、应用软件，以及其他相关数字孪生体。数字孪生系统第2层是与物理实体目标对象对应的数字孪生体，是反映物理对象某一视角特征的数字模型，并提供建模管理、仿真服务、孪生共智 3 类功能。数字孪生系统第 3 层是处于测量控制域、连接数字孪生体和物理实体的测量与控制实体，实现物理对象的状态感知和控制功能。数字孪生系统第 4 层是与数字孪生对应的物理目标对象所处的现实物理域，在测量与控制实体和现实物理域之间有测量数据流和控制信息流的传递。数字孪生系统第 5 层是跨域功能实体，是测量与控制实体、数字孪生体以及用户域之间的数据流和信息流动传递，需要信息交换、数据保证、安全保障等跨域功能实体的支持。

在制造业的研发设计领域，数字化已经取得了长足进展，从产生的价值来看，在研发设计领域使用数字孪生技术，能够提高产品性能，缩短研发周期，为企业带来丰厚利润。

3. 工业机器人

工业机器人是面向工业领域的多关节机械手或多自由度的机器装置，具有柔性好、自动化程度高、可编程性好、通用性能等特点。在工业领域中，工业机器人的应用能够代替人进行单调重复的生产作业，或是在危险恶劣环境中的加工操作。

在智能制造领域，工业机器人作为一种集多种先进技术于一体的自动化装备，体现了现代工业技术的高效益、软硬件结合等特点，成为柔性制造系统、自动化工厂、智能工厂等现代化制造系统的重要组成部分。机器人技术的应用转变了传统的机械制造模式，提高了制造生产效率，为机械制造业的智能化发展提供了技术保障；优化了制造工艺流程，能够构建全自动智能生产线，为制造模块化作业生产提供了良好的环境条件，满足了现代制造业的生产需要和发展需要。

工业机器人一般由 3 个部分、6 个子系统组成，如图 5-6 所示，工业机器人 3 个部分分别是控制部分、机械部分和传感部分；6 个子系统是人-机交互系统、控制系统、驱动系统、机械结构系统、感受系统、机器人-环境交互系统。

以机器人为主体的制造业体现了智能化、数字化和网络化的发展要求，现代工业生产中大规模应用工业机器人正在成为企业重要的发展策略。现代工业机器人已从功能单一、仅可执行某些固定动作的机械臂，发展成为多功能、多任务的可编程、高柔性智能机器人。未来工业机器人还会发展出一体化、智能化、人机/多机协作、大规模作业等新的超级技能。

4. 工业互联网平台

工业互联网是全球工业系统与高级计算、分析、感应技术以及互联网连接融

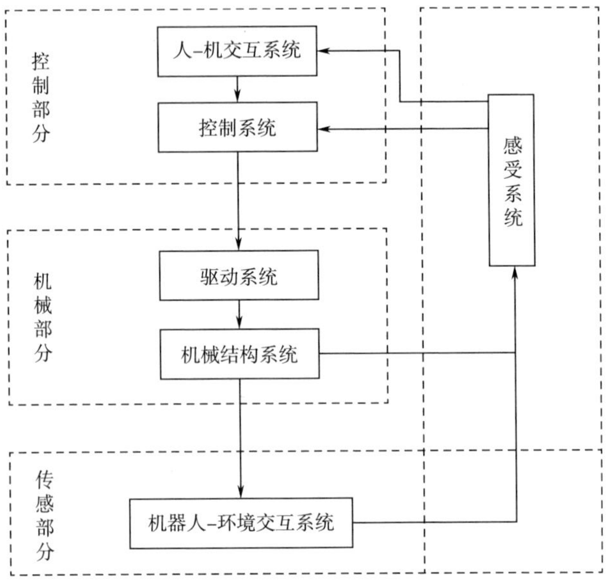

图 5-6　工业机器人结构

合的一种结果。工业互联网的本质是通过开放的、全球化的工业级网络平台，把设备、生产线、工厂、供应商、产品和客户紧密地连接和融合起来，高效共享工业经济中的各种要素资源，从而通过自动化、智能化的生产方式降低成本、提高效率，帮助制造业延长产业链，推动制造业的转型发展。

随着制造业数字化水平逐步提高，智能制造得到了快速发展，使得工业互联网平台在全世界范围内迅速兴起。目前，全球制造业龙头企业、互联网主导企业基于各自优势，从不同层面与角度搭建了工业互联网平台。工业互联网平台虽发展时间不长，但已表现出迅速扩张的趋势。各大企业正积极探索技术、管理、商业模式等方面规律，并取得了一些进展。

工业互联网平台是一个能全面感知工业系统所有生产要素信息，对信息进行融合、传输、存储，基于海量工业数据进行分析，获得最优决策并推送给用户和智能设备的计算平台。工业互联网平台通常采用云计算技术构建。与常用的云计算平台类似，工业互联网平台构造使用的主要技术包括虚拟化技术、分布式数据存储技术、编程模式、大规模数据管理、分布式资源管理、信息安全、平台管理等。

具备自感知能力的生产要素和信息传输网络构成了工业互联网平台的硬件基础。工业互联网需要摆脱传统的离散式、人工录入数据的形式，让设备具备智能，全面地自我感知自身状态，并通过互联网实现各生产要素的互联互通，由“点”到“面”地全面认识工业系统。

5.2.3　智能制造的发展及应用

1. 发达国家智能制造的发展及应用

智能制造的概念最早在 20 世纪 90 年代被提出，21 世纪以来，世界上各工业大国都非常重视智能制造业的发展。2012 年美国提出“先进制造业国家战略计划”，提出中小企业、劳动力、伙伴关系、联邦投资以及研发投资等 5 项发展目标和具体实施建议。美国通用电气公司（GE）于 2012 年提出“工业互联网”计划，其基本思想是“打破智慧与机器的边界”，旨在通过提高机器设备的利用率并降低成本，引发新的革命。其后，GE 又联合了 IBM、思科、英特尔、AT&T 等，成立了推广工业互联网的最大组织——工业互联网联盟（IIC），目前该组织成员超过 200 个。

2013 年 4 月，德国政府在汉诺威工业博览会上提出“工业 4.0”计划，意图在新的一轮工业革命中占得先机，巩固德国制造业强国的地位。“工业 4.0”利用信息物理系统（CPS）的理念，把企业各种信息和各种自动化设备整合，打造智能工厂。智能工厂中，通过数据驱动实现设备与设备、设备与人、设备与工厂以及各工厂之间的连接，可实时监测分散各地的工厂生产系统，从而实行分布自治的控制。

2012 年，日本发布制造业白皮书，提出重点发展机器人、下一代清洁能源汽车、再生医疗、3D 打印等技术。2018 年版日本制造业白皮书中在生产一线的数字化方面，提出要充分利用人工智能发展成果，提高效率，节省劳动力。

2. 我国智能制造的发展任务

为了实现制造强国的战略目标，我国于 2015 年发布《中国制造 2025》战略规划，把智能制造作为发展主要方向，提出创新驱动、绿色发展、结构优化、人才为本的发展战略。近年来，大批企业开展了智能制造技术创新，取得很好效果。不同行业的企业创新方向各有侧重，如以数字化工厂、智能工厂为代表的智能生产；以个性化定制、电子商务为代表的智能制造新业态新模式；以物流管理、能源管理为主要方向的智能化管理；以远程运维、在线监测为代表的智能服务等。

经过近年来的工业快速发展，我国在智能制造积累了经验，取得了一些成果，但总体来看，仍然处于初级阶段，与发达国家相比仍有较大差距。主要体现在我国理论及技术体系建设滞后；控制系统、工业软件、数据采集等关键技术薄弱；高端传感器、智能仪表等核心部件受制于人等方面。加快发展智能制造应从以下几个主要方面着手。

一是建立完善智能制造标准体系。工业生产中做到上下工序之间、设备与设备之间的有效衔接，就需要建立全方位的标准。如果智能制造系统缺乏这样的机制，就会造成很大的损失，但由于工业设备之间存在不同的工业协议和数据格式，标准不统一就难以兼容，难以有效转化为有用资源。智能装备制造、工业自动化、工业软件开发等方向企业、科研院所应共同参与相关标准制定，依据《国家智能制造标准体系建设指南》，建立标准动态更新机制，完善适应发展需求、先进高效的智能制造标准体系。

二是加强核心技术攻关。积极布局新兴领域，抢占技术高地，在人工智能、认知科学、神经计算、仿生制造等智能科学基础领域深化研究，推动信息技术在制造业中深度融合。聚焦关键核心技术，加强底层操作系统、国产芯片、国产光刻机、工业传感器等核心技术攻关，解决长期困扰我国的“卡脖子”问题。

三是以先进理念引领制造全流程。智能制造的理念与传统制造有很大不同，更加强调以客户为中心、可持续发展、精益生产等。在制造过程中，要注重产品设计以客户为中心、大规模个性化定制、降低能耗、使用生物材料、减少浪费等方面问题。

四是建立数据安全保障体系。工业数据对安全的需求较高，其范围涵盖设备、产品、运营、用户等方面，在采集、存储、应用的过程中一旦泄露，会给企业和用户带来极大威胁，甚至危及国家安全。随着数字经济的发展，企业对社会数据的需求呈上升趋势，这就对智能制造数据的开放程度和共享水平提出更高的要求。建立数据安全保障体系的目的，是让数据既能实现共享，又能保证信息安全。

5.3 智慧文旅

智慧城市的建设和旅游信息化的进步，推动了旅游行业从传统型向智慧型的转变。智慧文旅通过新一代信息通信技术与文化旅游相融合，促进旅游资源优化配置、改善游客的旅游体验，为旅游行业发展提供了新的思路。

5.3.1 智慧文旅的概念及内涵

智慧文旅是基于“互联网+”产生的一种新型旅游方式，以“文化”为主要旅游资源，借助 5G、云计算、物联网等新技术实现智慧化旅游，将景区管理者、经营者和使用者进行有效连接，提升景区运营能力和品牌影响力，提升游客体验感，促进文化旅游的蓬勃发展。

1. 智慧文旅的概念

随着旅游业的快速发展，旅游信息化建设得到空前的重视，实现智慧文旅是旅游信息化发展的重要目标之一。智慧文旅与其他类型的旅游信息化有较大不同，其建设核心在于文化，是将文化旅游资源和相关基础设施、技术更新和产品创新进行融合，为管理者、经营者和游客提供包括交通、餐饮、酒店等环节的服务，并实现信息共享和整合，从而为食、住、行、游、购、娱提供便捷化的服务。

作为“旅游”“文化”“智慧”相融合的产物，定义智慧文旅之前，要先明确“文化旅游”和“智慧旅游”的概念。

第一，文化旅游。文化旅游是一种以探寻旅游景点历史文化、风俗习惯为主要内容的旅游方式。与自然风光旅游不同，文化旅游中的游客关注的重点是旅游地在历史发展过程中沉淀下来的“文化”，主要包括建筑、历史人物、历史事件、当地风俗习惯、美食小吃等。

20 世纪 70 年代美国学者麦金托什和格波特首次提出“旅游文化”的概念，自那时起，学界就开始思考文化与旅游的关系。随着我国旅游业的兴起和发展，国内对文化与旅游关系的认识不断深入。1986 年，著名经济学家于光远指出“旅游业是带有很强文化性的经济事业，也是带有很强经济性的文化事业”①。这样的观点并未得到公认，此后一段时间内，关于文化和旅游的关系是互促还是互斥的争论从未停歇。直到 2018 年在文化和旅游机构重组背景下确立文化和旅游融合发展战略，文化和旅游融合发展的命题被正式提出，并成为被广泛讨论的议题。

第二，智慧旅游。随着信息技术的不断发展，旅游业开始寻求以信息技术为纽带的旅游产业体系与服务管理模式。在此过程中，受“智慧城市”理念及在我国发展建设实践的启发，“智慧旅游”概念应运而生。综合来看，智慧旅游是基于新一代信息技术（也称信息通信技术，ICT），为满足游客个性化需求，提供高品质、高满意度服务，从而实现旅游资源及社会资源的共享与有效利用的系统化、集约化的管理变革。智慧旅游运用互联网和云计算，借助移动终端设备，

① 于光远：《旅游与文化》，《瞭望周刊》1986 年第 14 期。

主动感知旅游相关信息，实时更新信息发布。

第三，智慧文旅。文化与旅游密不可分，也相辅相成，文化旅游可体现深厚的历史文化与独特的地方特色。文化是旅游的灵魂，旅游又是展示与传承文化的一种重要形式。在以互联网技术为代表的新技术加持下，文化旅游插上了智慧的翅膀。AI、5G、云计算、大数据等技术正在通过主动感知并发布旅游信息、创建旅游数字孪生模型等技术手段改变人们旅游的方式，使其更具智能化特点。与此同时，智慧文旅以文化为核心，旨在为旅游行业开发出更丰富的人文内涵、更友好的智慧应用，帮助景区解决痛点并开拓发展思路，从而提升产业价值。

综上所述，智慧文旅的概念可以概括为：智慧文旅是以当地特色文化元素核心为内在驱动，以现代科技为主要手段，从而达到旅游景区的全面智慧升级。

2. 智慧文旅的内涵

通过对智慧文旅的概念了解，在分析智慧文旅与文化旅游、智慧旅游关系的基础上，智慧文旅的内涵主要体现在以下四个方面。

一是以文化旅游为核心。文化是旅游业发展的灵魂，而旅游活动本身就是一种文化现象。文化与旅游具有很强的融合性，文旅发展具有相互依存、相互促进的作用。旅游作为文化最大的消费市场，有利于提升文化的吸引力、竞争力以及影响力。同时，文化为旅游赋予了更加丰富的内容，为旅游的产品化升级赋予了内涵。从产业融合的视角来看，文化和旅游产业的融合，要求从过去各自提供文化艺术产品、观光游览产品到将文化内核以体验的形式展示给旅游者，更大程度地实现旅游价值。旅游为文化的传播提供了载体，为文化的产业化提供了手段和渠道。文化和旅游融合助推了消费升级。

二是面向游客的服务泛在化。智慧文旅通过感知体系主动感知游客需求，为游客提供娱乐餐饮消费引导、远程资源预定、自导航、自导游、电子门票、电子支付、社交网络等多种服务；整合目的地的资讯网站、目的地移动门户、旅游热线服务、旅游咨询中心等多种渠道，为游客提供任何时间、任何地点、任何人的泛在化服务；提升游客在食、住、行、游、购、娱等每个旅游消费环节中的附加值，满足游客个性化、多样化需求，为游客带来超出预期的旅游体验。

三是面向管理部门的旅游业务管理智能化。智慧文旅为政府和其他用户提供实时、精确的旅游行业相关数据，通过数据统计和智能分析，实现对旅游行业的智能化、精细化管理；通过对游客信用的评估，对服务企业的评价或评级，加强行业监管水平；通过旅游信息共享和应用协同，有效配置资源，提高快速响应与应急管理能力；通过专家系统和数据挖掘，对旅游资源保护、产品定价或旅游行业政策模拟测试，实现对旅游管理的科学决策。

四是面向旅游行业的产业价值链优化升级和商业模式创新。对于旅游行业来说，智慧旅游借助信息技术对传统旅游行业进行改进和创新，全面整合旅游资源和产业链，改善旅游企业间的信息共享和业务协同，提高旅游产业链的效率，促进旅游产业结构向资源节约型、环境友好型的方向转变，创造了产业发展的新模式和新形态。对于旅游企业来说，新一代互联网等新技术的应用，推动了传统旅游营销向现代旅游营销模式转变，实现了精准有效的网络营销，提升了旅游品牌与文化价值；为旅游企业及其他旅游服务业提供完整的电子商务服务，创新第三方金融或准金融服务，完善网上支付、移动支付以及信用体系，解决电子商务发展的关键“瓶颈”问题。

5.3.2　智慧文旅的典型应用

目前很多城市都推广了智慧文旅，就应用情况而言，智慧文旅主要体现在：智慧旅游城市、智慧景区、沉浸式数字文旅系统、智慧旅游公共服务体系。

1. 智慧旅游城市

智慧旅游城市的概念在 2012 年被提出，是旨在推动主要旅游城市智慧化建设的新概念。智慧旅游城市可以理解为是基于智慧城市理念的外延——将旅游内容加入智慧城市建设中，围绕旅游产业，综合利用物联网、云计算等信息技术手段，结合城市现有信息化基础，融合先进的城市运营服务理念，建立广泛覆盖和深度互联的城市信息网络，对城市的旅游要素进行全面感知，并整合构建协同共享的城市信息平台，对信息进行智能处理利用，为游客提供智能化旅游体验，为旅游管理和公共服务提供智能决策依据及手段，为企业和个人提供智能信息资源，从而实现综合性区域信息化发展。

目前，旅游业已经成为我国战略性支柱产业，建设智慧旅游城市有利于打造国际化旅游城市品牌，提升旅游城市国际形象，还具有带动城市本地经济发展、促进本地民生、减少城市环境污染等功能。智慧旅游城市建设主要包括旅游大数据系统、游客采样分析系统、智慧景区系统、智慧酒店系统、智慧旅游信息服务系统等。

2. 智慧景区

景区是旅游城市的核心内容，是旅游业的核心要素，是旅游产业链中的中心环节，是旅游业发展的基础，对景区所在地的旅游相关产业有很强的辐射、带动作用。景区的智慧化建设是智慧文旅建设的重要内容。

智慧景区就是通过传感网、物联网、互联网、空间信息技术的集成，实现对景区的资源环境、基础设施、游客活动、灾害风险等进行全面、系统、及时的感知与精细化管理，提高景区信息采集、传输、处理与分析的自动化程度，实现综合、实时、交互、可持续的信息化景区管理与服务目标。广义的“智慧景区”是指将科学管理理论同现代信息技术高度集成，实现人与自然和谐发展的低碳智能运营景区。这样的景区能够更有效地保护生态环境，为游客提供更优质的服务，为社会创造更大的价值。狭义的“智慧景区”是“数字景区”的完善和升级，指能够实现可视化管理和智能化运营，能对环境、社会、经济三大方面进行更透彻地感知、更广泛地互联互通和更深入的智能化的景区。狭义的“智慧景区”仅强调技术因素，广义的“智慧景区”不仅强调技术因素，还强调管理因素。

智慧景区的内涵主要包括：

一是通过物联网对景区进行全面、透彻、及时地感知；

二是对景区实现可视化管理；

三是利用科学管理理论和现代化信息技术完善景区的组织机构，优化景区业务流程；

四是发展低碳旅游，实现景区环境、社会、经济的全面、协调、可持续发展。

旅游景区建设是实现智慧文旅的第一动力，是推动信息技术与文旅行业高效融合的契合点，对推进文化旅游业发展具有重大意义。

3. 沉浸式数字文旅系统

近年来，以 AR、VR 等前沿技术为载体，融合数字技术、光影技术、文化创意、IP 等元素的沉浸式文化旅游娱乐服务快速兴起。通过“科技+文旅”，打破了表现形式和游客之间的界限，使游客可以走进演出场景和娱乐场景中，并与演员或场景进行互动，有着故事性、体验性、参与性和互动性等特征。

沉浸式旅游演艺是通过科技手段和演出元素，让游客通过“视、听、嗅、味、触”来欣赏的演艺活动。较之传统旅游演艺，游客不仅能“看”演出，甚至还能调动触觉、味觉参与其中，获得全新的观演体验。多媒体、虚拟现实、全息投影、三维实景等数字技术在舞台上的应用，使得传统旅游演艺的观演关系发生较大变化，打破了传统演艺台上台下的形式，使游客近距离感受故事情境、舞台等表演艺术的核心要素。

沉浸式数字文化体验依托虚拟现实、增强现实、全息投影、多点触控等现代化数字技术，对文物藏品内容进行三维建模，复原相关历史场景，开发基于博物馆馆藏资源的文化体验项目。游客可在沉浸式投影巨幕、虚拟现实头盔、体感动作捕捉设备、可触摸屏等智能化装备的辅助下，进入三维动态的沉浸式交互体验空间，在虚拟环境中进行如同真实世界中的各种活动，置身于设计师营造的艺术氛围之中，完成交互式体验。游客与文物的虚拟互动，可提升体验感和参与感，让游客全方位感受博物馆文化。

4. 智慧文旅公共服务体系

以智慧文旅为背景的智慧旅游公共服务体系是指面对散客对于旅游信息资源的巨大需求，将智慧的思想和手段植入城市旅游公共服务的运营与管理过程中，以实现旅游城市整体运营方式转变的一种新型的旅游宣传营销与接待服务体系。智慧文旅公共服务体系具有全面物联、充分整合、协同运作和激励创新的特点，为游客、旅游供应商提供个性化一站式的旅游服务。智慧文旅公共服务体系主要包括以下四个方面的内容。

第一，智慧文旅公共信息服务体系。发展智慧文旅公共信息服务体系，建设智慧文旅公共数据服务中心，一方面需要整合城市旅游资源数据、规范旅游信息数据库；另一方面需要将游客信息与旅游资源信息无缝衔接，实现为游客提供准确、及时旅游信息服务的功能。发展智慧文旅公共服务体系，可与现有的服务体系相结合，增强游客服务中心和游客集散中心在智慧旅游服务中的作用，利用移动终端提供视频、音频、图片，甚至虚拟旅游服务，增强旅游信息的针对性和真实感。

第二，智慧文旅公共交通服务体系。智慧文旅公共交通服务体系包括两大类服务：面向自驾游客和团队游客的交通服务体系、面向其他散客的交通服务体系。

面向自驾游客和团队游客的交通服务体系，要重点关注目的地的交通标识、导航与停车条件。软件方面，需要将旅游交通信息融合在地理坐标中，建设旅游交通三维地理信息系统；硬件方面，需要建设交通标识与导航系统、智慧停车系统，实现自驾车无障碍旅游。

面向其他散客的交通服务体系，一般都需要借助景区内部交通工具，对于旅游换乘体系和旅游交通标识服务体系需求强烈。建设完善的智慧旅游交通换乘体系，有利于为散客提供“零换乘”的旅游线路交通服务。

第三，智慧文旅安全公共服务体系。智慧文旅安全公共服务体系主要包括安全监测体系和应急救援体系。安全监测体系对旅游公共安全信息监测、搜集、分析和发布，对涉及旅游公共安全的信息及时进行发布。应急救援服务体系主要承担当旅游事故发生时，以地理信息系统（GIS）平台为基础，利用现代通信系统，实现对旅游事故的及时处理；根据相关处理预案，协调和调度相关部门进行执法和处置并予以督办，确保旅游安全救援的时效性。

第四，智慧文旅公共环境服务体系。自然环境方面，打造绿色旅游发展模式，实现旅游经济与低碳经济的双赢。利用信息技术，在泛在信息全面感知和互联的基础上，实现人与自然之间的智能自感知、自适应、自优化，为旅游者提供绿色旅游环境。

在社会环境方面，针对游客对于旅游文化的需求越来越多的趋势，智慧文旅公共环境服务体系从科教、城市管理等多种需求做出智能响应，形成具备可持续内生动力的安全、便捷、高效、绿色的城市文旅公共服务机制。

旅游业是我国战略性支柱产业，也为信息科技提供了应用场景。智慧文旅依托旅游禀赋，围绕文化资源，实现文旅产业的数字化重构。近年来，文化产业和旅游产业不断融合发展的同时，5G 通信、人工智能、大数据、VR/AR、区块链、物联网等智能技术的变革，已成为带动文旅产业转型升级的重要引擎。未来随着信息科技与文旅行业的不断融合，将构建起以互联网技术为代表的数字旅游经济体系，推动我国旅游业进入高质量发展阶段。

5.4 融合应用案例

5.4.1 智慧农业案例：海南石山互联网农业小镇

石山互联网农业小镇位于海南省，是海南省首个互联网农业小镇。石山互联网农业小镇以镇为中心，以镇带村、村镇联动，引导农民火速触网，倒逼农业产业结构转型升级。

互联网农业小镇作为新型城镇化的基本载体，为城镇、乡村、社区、街道、开发园区等广泛采用“互联网+”解决方案，实现了基础设施、政务、民生、产业等与互联网的连接和融合，为全面提升社会治理水平、政务服务能力、经济发展活力、居民生活品质提供了有力支撑。

1. 建好综合平台

石山镇率先探索式提出了“1+2+N”的互联网农业小镇发展新模式。“1”是指搭建一个互联网农业综合运行平台，它构成了整个互联网农业小镇的智慧运行体系；“2”是指运营管控中心和大数据中心这两个中心，它们管控整个互联网小镇运营并提供相应服务；“N”是指参与互联网农业小镇建设的企业、机构、组织以及具有生产运营能力的农户等若干个单元，它们构成了石山互联网农业小镇最具活力的生产要素。

同时，石山镇按照“以镇带村、镇村融合发展”的思路，建设了集综合管理和大数据于一体的镇级运营中心，加大了对全镇的产业管理服务辐射；在各村（居）委会建设村级服务中心，将互联网向农村、农民延伸，并为农产品的销售推广等提供全方位的服务。

2. 夯实产业支撑

石山镇积极引入社会企业并鼓励农户大力发展石斛、金银花、诺丽果、黑豆等特优农产品的种植和黑山羊、小黄牛、山鸡等健康养殖业；大力发展智慧农业，推进 10 个物联网生产示范基地建设；与企业合作开发了农副产品防伪标识系统、溯源管理系统，确保食品安全。

此外，石山镇推进火山风情旅游，实现了农业与旅游业的融合发展，形成了火山风情旅游带；结合美丽乡村建设，推进“企业+村民”的管理模式，打造了一批火山风情民宿。

3. 搭建互联网运营平台

石山镇与中国电信、中国移动、中海网农等单位及当地村委会合作建立了镇级运营中心和 10 个村级服务中心，投入 4 329 万元用于互联网基础设施建设，建设了 115 个基站，覆盖全部 12 个村（居）委会，光纤入户 3 990 户，“镇级运营+村级服务”的运营模式初步形成。

4. 建设创业创新示范基地

石山镇营造了浓厚的创业创新氛围，组织开展农民培训 30 多场，选派 120 名青年农民到省农业学校进行专门的互联网知识培训；搭建石山互联网农业小镇青创中心、火山口众创咖啡厅等创业交流平台，助力农民创业者实现创业梦想。目前，石山镇的返乡大学生已有 100 多名。

5.4.2　智能制造案例：F5G 全光工业网助力比亚迪绿色汽车智造

伴随着新能源汽车行业的爆发，电动化、智能化、网联化、共享化已成为全球汽车行业未来的发展方向。2022 年 4 月 3 日，比亚迪宣布：自 2023 年 3 月起已全面停止燃油车的整车生产，旗下产品将专注于纯电与插电混动两条产品线。

作为我国新能源汽车的领头羊，比亚迪专注新能源汽车的底气与其对技术创新的持续投入是分不开的。智能生产线是实现高效高品质生产的基础。机器视觉+AI 质检、制造执行系统（MES）等，都是智能制造的必要辅助手段。为了保证高效高品质的生产，比亚迪打造了工业云平台，建构以数据中心为算力中心，末端设备智能化控制的新架构，这对网络基础设施提出来更高的要求。首先，汽车工厂产线较长，随着产能不断攀升，要求网络够简单，能够应对支撑快速上线；其次，车间生产流水线工序环环相扣，单一环节的网络故障会导致整条生产线停产，因此需要网络够可靠，并以生产稳定为先；另外，前期无法完全明确机台信息点位置和数量，车间机台附近存在增加临时信息点的需求，需要网络够灵活才能适应业务的快速变化。

经过多方验证和对比，比亚迪最终选择了华为的 F5G 全光工业网方案，并将该方案率先引入到常州新工厂。F5G 即第五代固定网络，其代表为千兆光纤网络，与 5G 为代表的第五代移动网络共同构成“双千兆”网络。作为基于光纤连接的新一代网络技术，F5G 具有架构绿色极简、稳定可靠、灵活易调整等诸多优势。

2021 年，比亚迪常州工厂作为比亚迪的示范工厂将生产系列化畅销车型，覆盖从微型车到大型车的制造全流程，该厂目前已建成并稳定投产。F5G 全光工业网项目作为工厂网络方案，展现出光纤网络布署的优势，相比以太网方案，光纤布线更加节省空间，光纤布线节省空间超 80%，在提升带宽和扩展的可能性的同时，也减少了网络设备消防隐患。

华为绿色智简全光网与比亚迪“科技、绿色、明天”的绿色低碳战略不谋而合。比亚迪与华为正在以 F5G 全光工业网项目为起点，打造新能源汽车智造数字化运营的新模式。在汽车产业数字化升级的关键节点上，F5G 全光工业网将成为一个坚实的底座，为机器视觉等众多智能制造场景提供落地的可能性，从而驱动“新四化”的加速实现。

5.4.3 智慧文旅案例：5G 智慧泰山

泰山是全球首例“世界文化与自然双遗产”、首批国家级风景名胜区。泰山现有古建筑群 26 处、寺庙 58 座、古遗址 128 处、百年以上的古树名木 18 000 余株，它将历史文化、自然风光、地质奇观和谐融为一体，是中国历史文化的缩影、中华民族的精神象征。

自 2019 年起，泰山管委会与山东联通合作，共同探索 5G 技术在景区管理、应急处置、公共服务、游客服务等领域的应用路径，逐步构建基于景区运行大数据的线上线下一体化管理与服务模式，提高管理效率，提升游客体验，建成了 5G 智慧景区泰山样板。

5G 智慧泰山项目遵循“顶层设计，分层细化”的指导思想，借助 5G、物联网、云计算、大数据、AI 等前沿技术，打造了“1 个平台+7 个应用”的“终端+5G+应用”综合解决方案，形成了安全、管理、服务、体验为一体的智慧文旅产品体系。

1. 智慧管理

5G 智慧泰山数字化管理平台建立了数据仓库，实现一张图、一个网、一个管理平台的“三个一”建设和展示，满足了数据融合交互及综合调度管理的需求，涵盖了景区保护、景区管理、游客服务等各个层面。

景区管理人员通过 5G+AI 移动工具，在景区巡逻过程中，可以简单快捷地操作 AI 眼镜进行数据采集、现场视频回传、接收后台人员提示信息等功能，从而让后台指挥中心的管理者远程进行应急事件的在线指挥。同时，空中无人机也是加强景区管理的重要手段。5G 无人机根据预设的起飞时间及飞行轨迹对岱庙进行安防巡检，通过对扫描的图像与数据库危险模型进行比对，如有异常，可进行实时报警。

2. 智慧服务

泰山景区在山顶架设了多个全景相机，通过 5G 网络把泰山之巅的美景送到游客面前，让游客可以通过身边的手机、电脑及 VR 眼镜来沉浸式体验泰山最美好的一面。当你还没有下定决心来泰山的时候，5G+VR 全景直播会让你忍不住前往泰山一探究竟；当你真正站在泰山之巅时，可将 5G+VR 全景直播中的泰山日出、日落和最美星空等美景分享给远方的亲友，可以让他们和你一起享受成功登顶的喜悦。

3. 智慧创新

泰山景区提供安全可控、自助服务的 5G+无人机自动航拍服务，游客在岱庙等景点，可以通过手机一键呼叫无人机为自己开启航拍服务，游客在航拍的过程中，可以在手机端实时预览拍摄画面，在拍摄结束后付费下载完整的航拍作品。

在游览泰山的过程中，游客往往无法完全领会石刻、碑刻以及各种文物为代表的文化展品的丰富底蕴。这时候通过 AR 技术的引入，就可以结合数字内容将实物叠加动态效果展示给观众，让古迹活起来，生动地讲述古迹背后的故事。

案　例

数字经济平台化发展：从消费互联网到产业互联网①

过去十年，消费互联网得到了空前的发展，出现了阿里巴巴、腾讯、百度、京东等一批国际知名的互联网企业，培育了超过 10 亿的网民，为我国数字经济发展奠定了坚实的基础。但在消费互联网的蓬勃发展中，也产生了一些不容忽视的问题。消费互联网的核心是利用网络广覆盖的传播特性，在每个群体所关注的领域获取流量，再用各种方法将流量变现。这种以流量为核心的商业模式，无法为社会提供足够可信的交易环境，并给互联网经济带来了“劣币驱逐良币”等很多问题。

随着增量红利的逐渐消退，消费互联网的天花板早晚会到来。与此相对，数字化平台与生产场景相结合会成为数字经济真正的蓝海。根据测算，仅在航空、电力、医疗保健、铁路、油气这五个领域引入数字化支持，建设产业互联网，假设只提高 1%的效益，平均每年就能产生 200 亿美元的效益，这是一片巨大的蓝海。中国传统产业规模巨大，因此发展产业互联网的价值空间也非常巨大。通过数字技术和智能创新，对大量的传统产业赋能，将会使我国传统产业全面进入产业互联网时代。如果说中国的消费互联网只能容纳几家万亿级的企业，那么在产业互联网领域有可能容纳几十家、上百家同等规模的企业。

对比中美互联网企业，美国的产业互联网公司占据美股科技前 20 强的半壁江山，相比之下，中国的 GDP 约为美国的 70%，但美国产业互联网科技股市值为中国的 30 倍，中国尚无领先的产业互联网巨头企业，可以说，产业互联网具备更加广阔的发展空间。

然而，我们也应认识到，建立产业互联网并非一蹴而就，仅仅靠一两家企业推进是很难实现的，必须有政府协调或龙头企业带头，这也是实现产业互联网的难点。2021 年 10 月 18 日，习近平总书记在十九届中央政治局第三十四次集体学习时强调：“要推动数字经济和实体经济融合发展，把握数字化、网络化、智能化方向，推动制造业、服务业、农业等产业数字化，利用互联网新技术对传统产

① 资料来源：依据公开信息自行编写。

业进行全方位、全链条的改造，提高全要素生产率，发挥数字技术对经济发展的放大、叠加、倍增作用。”

推动产业互联网的发展，从根本上是要发挥市场机制的作用，调动包括互联网企业、实体经济企业等各类市场微观主体的活力；同时政府也需要在推动信息网络等新型基础设施建设、产业共性技术研发、实体企业的数字化改造、行业信息化标准建设、数据开放和数据保护等方面发挥积极作用，为产业互联网的发展创造良好的条件。

案例讨论题

1. 消费互联网存在哪些值得深思的问题？
2. 发展产业互联网需要哪些因素的支撑？

小　结

本章介绍的智慧农业、智能制造、智慧文旅都涉及人工智能的相关概念。5G 的出现使得作为整个社会神经网络的互联网和物联网更加快速便捷，使得宛如社会血液的数据更富生命力，也同样会使得人工智能在未来某些领域发挥超级脑力的作用。但我们应该清醒地认识到，未来经济的“数字”发展并不意味着传统产业成为“夕阳”。在产业数字化发展过程中，要转变思路，激活数据要素潜能，紧紧抓住历史机遇，以技术变革推动产的数字化、智能化。

关键术语

产业数字化　人工智能　产业互联网

习　题

1. 智慧农业与传统农业的区别是什么？
2. 智能制造的本质内涵是什么？
3. 如何发展好智慧文旅？

第 6 章 数据要素市场

数据作为社会经济系统的一种新型生产要素，是 21 世纪最具有时代性的生产要素，是数字经济发展的新原料。习近平总书记强调，数据作为新型生产要素，是数字化、网络化、智能化的基础，已快速融入生产、分配、流通、消费和社会服务管理等各个环节，深刻改变着生产方式、生活方式和社会治理方式①。我国是世界上第一个从国家层面把数据列为生产要素的国家，目前我国正在不断推动数据要素的市场化培育和配置。

学习目标

- 熟悉数据要素的价值、特征和数据要素市场的概念、种类
- 掌握数据要素的价值评估指标、评价办法和数据要素市场化的路径
- 了解数据要素产权的内容及我国数据要素产权制度体系
- 理解数据要素的价值实现路径及数据要素市场培育原则

6.1 数据要素的价值

数据是对客观事物的数字化记录或描述，是无序的、未经加工处理的原始素材。数据要素是指参与到社会生产经营活动、为使用者或所有者带来经济效益、以电子方式记录的数据资源。数据作为新型生产要素，具有劳动工具和劳动对象的双重属性，一方面，数据作为劳动工具，通过融合应用能够提升生产效能，促进生产力发展，即产生经济效益；另一方面，数据作为劳动对象，通过采集、加工、存储、流通、分析环节，具备了价值和使用价值。

① 习近平：《习近平谈治国理政》第四卷，外文出版社，2022，第 12 页。

6.1.1 数据要素的意义

我国数字经济的规模已连续多年位居世界第二。数字经济成为我国经济发展重要推动力。随着数字经济的蓬勃发展，数据也从单纯的生产要素，向“资产”乃至“资本”转变，成为市场资源配置中不可替代的生产要素。

1. 数据要素是建立数字经济的基础和重要组成部分

在数字经济建设过程中，信息基础设施建设是整个建设过程的基础，而数据是信息基础设施建设的重要组成部分。数据的采集、传输、存储和处理等方面完善与否，直接关系到数字经济建设的能力和发展速度。因此，数据要素在数字经济建设中具有不可替代的重要性。

2. 数据要素在数字经济中具有不可或缺的作用

在数字经济中，数据被称为“新石油”，具有极为重要的价值和利用潜力。数据的采集、传输、存储和处理等过程中，涉及大量的技术和产业链条，如大数据、人工智能等领域。因此，数据要素也是在数字经济中实现创新、推动产业升级的重要内容。

同时，数据要素市场并非孤立、割裂的单一要素市场，而是贯穿经济发展的全领域、全流程，同时对土地、劳动力、资本和技术等其他要素市场具有驱动和引领作用，对其他生产要素的生效存在效率倍增作用，有助于提升全要素生产率。数据参与生产过程，会对其他要素资源的利用发挥乘数作用，可以成倍地放大、叠加提高经济生产效率，推动新型产品和服务的创造。

华为公司和牛津经济研究院的测算结果显示，过去 30 年中数字投资对 GDP 增长的边际贡献率达到 20 倍，而非数字投资的边际贡献率仅为 3 倍。数据要素作为数字经济发展的新原料，正成为改变国际竞争格局的新变量。

3. 数据要素是数字化转型的关键因素

数字经济建设需要大量的数据来支撑政府部门、企业、社会组织等各方的数字化转型。在各组织数字化转型中，数据能够帮助决策者更加准确地进行分析和判断，从而提高决策的效率和准确性。在数字治理中，数据也能够帮助政府更好地了解民意和社会反馈，为政策制定和实施提供参考依据。

6.1.2 数据要素的特征

数据要素的特征可以分为经济特征、技术特征两类。

1. 经济特征

数据要素的经济特征体现在以下四方面：

第一，非竞争性，即数据要素能够被不同主体在多个场景下同时使用。传统要素大多是竞争性的，在同一时点不能被多个主体同时使用，其价值在使用后容易发生消失或转移。但是，数据要素可以被多个主体同时使用，并且在使用后其价值不被削弱。

第二，非排他性，即数据的生成使用过程中并不能排除被其他主体同时使用。数据生成过程中涉及产品服务的供需双方、第三方平台、网络电信运营商等多个主体，使得数据信息自生成之时起就同时栖息于多个不同主体，加之数据资源易于扩散的特点，形成了数据要素使用过程中的非排他性，任何主体对数据的使用都不会影响其他使用者的利益。

第三，规模经济性，即数据的规模越大，其蕴含的价值越多。随着数据要素规模的扩大、数据种类的丰富，数据使用者越多，人们从数据中挖掘的价值越大，数据的价值也会呈指数级增加，使用者可以从中挖掘出更多的有价值信息。

第四，强外部性，即数据的使用会对其他经济主体产生影响。一方面，数据的收集和使用能够进一步推动数据积累，形成正反馈效应和滚雪球式的自我强化，具有正外部性；另一方面，由于数据信息外溢带来其他经济主体的经济利益，可能不会使数据产权主体得到合理回报，会存在数据有偿使用与“搭便车”的行为。

2. 技术特征

数据要素的技术特征体现在以下四方面：

第一，虚拟性，即数据主要以非实体的形式存在。虚拟性是数据要素区别于传统要素的主要差异，相比土地、劳动力等传统“有形”的要素，以电子形式存在的数据要素没有有形的存在物。

第二，非消耗性，即数据在使用过程中不存在损耗。相比传统要素在使用过程中会自然衰减或损耗，数据作为新型生产要素，通常情况下可以源源不断地产生，且不会随着使用而减少，可以多次重复使用，数字化形式的数据可以永久存储，其使用过程并不存在衰减或损耗。

第三，依赖性，即数据要素的价值创造需要依赖其他要素或资源。一方面，数据要素需要依赖其他传统要素才能发挥价值，脱离了其他生产要素的数据就脱离了价值创造的过程；另一方面，数据要素的价值发挥也必须依靠网络、算法等技术。

第四，即时性，即数据的价值随着时间的转移而发生变化。数据要素的价值存在信息折旧的情况，时间变化的频率越高，数据价值衰变越快，贬值的速度主要取决于数据的类型和用途。

6.1.3　数据要素的价值

1. 数据要素具有提高经济运行效率的经济价值

从国民经济运行到自然资源利用，从宏观经济运行到微观企业管理，一切信息皆通过数字化技术，以数据形式进行实时传输与处理，从而大大提升经济运行效率。数据要素使得工业企业业务增长平均增加 41.18%，生产效率平均提高 42.8%，产品研发周期平均缩短 15.33%，能源利用率平均提高 10.19%。

在数字技术不断革新的基础上，通过数字技术与传统产业的深度融合，促进企业在精准营销、个性定制、智能制造等方面的创新能力不断被激发，实现了数字赋能下信息的实时传输与处理，提高经济运行效率，由此不断延伸产业链和价值链，大大促进了产业结构的转型升级。

数据要素提供的消费精准信息，能有效缓解供给侧厂商与需求侧消费者的信息不对称，有助于消费者更容易购买到符合自身偏好的商品，更好地降低消费者搜寻成本，促进居民消费倾向提升。

2. 数据要素具有提升政府治理效能的政治价值

以新一代信息技术为支撑，重塑政府信息化技术框架，构建大数据驱动的政府服务平台，政府部门通过数据平台履行公共服务、共享信息、舆情管理等职责。公共事件的事前预警、事中反应和事后处置等环节，均由数据和数据智能来提供高效服务，从而不断提升政府治理效能。

3. 数据要素具有促进社会公共资源均等化的社会价值

政府数据与社会数据的融合可以更高效、更精确地满足社会公众日益增长的数字生活需求。公共信息资源的开放将促进社会公共服务能力的提升，例如，对教育、医疗、就业、社保、住房、交通等政务数据库的开放，将大力推动“互联网+教育”“互联网+医疗”等社会公共服务的创新发展，从而有效提升社会公共资源的均等化、普惠化与便捷化水平。

6.1.4　数据要素价值的评估指标

为了更好地利用和管理数据要素，需要建立一套完整的数据要素价值评估指标体系，这套体系主要包括以下指标，如图 6-1 所示。

1. 数据完整性

数据完整性是评估数据要素质量的一个关键指标，主要考察数据要素是否完

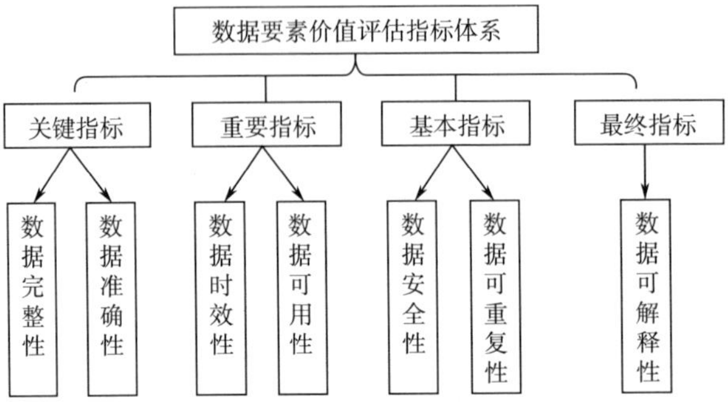

图 6-1　数据要素价值评估指标

整，是否缺失关键信息。完整的数据可以提供可靠的信息，而不完整的数据会导致有偏差的分析和决策。

2. 数据准确性

数据准确性是评估数据要素质量的另一个关键指标，主要考察数据要素的数据源是否准确、是否有误差、是否进行过清洗和整理等。准确的数据可以提供可靠的信息，而不准确的数据会导致错误的信息分析和决策。

3. 数据时效性

数据时效性是评估数据要素价值的一个重要指标，主要考察数据要素的更新频率，是否已及时更新、是否已过时。及时更新的数据可以帮助企业迅速响应市场变化和机会。

4. 数据可用性

数据可用性是评估数据要素价值的另一个重要指标。数据的可用性是数据管理的一个重要方面，它确保数据可被正确地获取和使用，被及时正确地访问和利用。可用的数据可以帮助企业更好地了解客户需求和市场趋势，以及支持业务决策。

5. 数据安全性

数据安全性是评估数据要素价值的一个基本指标。数据安全性是指数据库中为保护数据而具备的防御能力，企业需要确保数据不被黑客攻击或其他未经授权的访问者获取。

6. 数据可重复性

数据可重复性是评估数据要素价值的另一个基本指标。数据分析结果需要能够被重复验证，以保证分析的准确性和可信度。

7. 数据可解释性

数据可解释性是评估数据要素价值的最终指标。企业要能够解释数据分析结果，以便业务决策者能够充分理解数据分析结果并做出正确的决策。

6.1.5　数据要素价值的评价方法

对数据要素价值的评价方法主要有市场法、收益法、成本法和比较法等。

1. 市场法

市场法是根据市场供求关系来确定数据要素价值的方法，即衡量数据资产的市场交易价格或数据密集型企业的市场溢价。这种方法适用于市场上已经存在的数据要素。

2. 收益法

收益法是根据数据要素所能带来的收益来确定其价值的方法，即计算数据价值链上因数据资产而产生的增量现金流。这种方法适用于数据要素在使用中产生的收益较为明显的情况。

3. 成本法

成本法是根据数据要素的生产成本或获取成本来确定其价值的方法，即将提取数据价值的成本视为数据资产的价值。这种方法适用于无法通过市场供求关系来确定价格的数据要素。

4. 比较法

比较法是根据与其他类似数据要素的价格进行比较来确定其价值的方法。这种方法适用于市场上存在类似数据要素的情况。

数据要素的价值评价是一个综合性的过程，需要考虑市场需求、数据质量、数据来源、数据类型、数据应用场景、数据安全、数据竞争性和数据创新性等多方面因素。在评价过程中，需要根据实际情况选择合适的评价方法和标准，从而对数据进行全面、客观和准确的评价。

6.1.6　数据要素价值实现的路径

数据要素主要通过三条路径实现其价值（见图 6-2），分别为数据维持业务系统运转实现业务贯通的一次价值，数据推动智慧化、智能化分析决策的二次价值，以及数据流通对外赋能的三次价值。

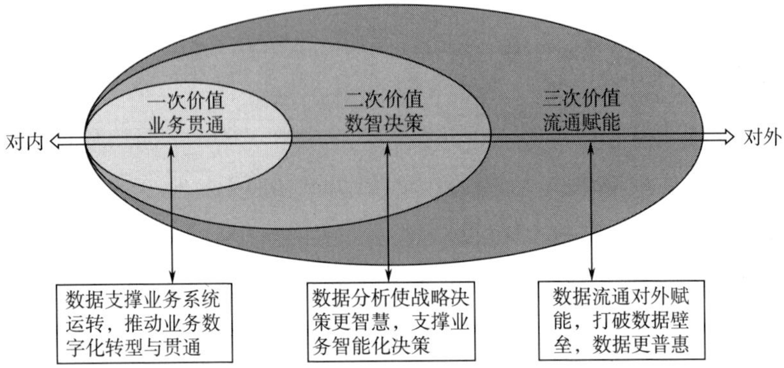

图 6-2　数据要素的三次价值实现

1. 一次价值

一次价值是指业务贯通，通过数据支撑业务系统运转，可实现线下与线上、业务与业务之间的贯通。数据投入生产的一次价值体现在支撑政府、企业等组织的业务系统运转，实现业务间的贯通。首先，数据经由各个业务系统的设计而产生，经过业务系统的规范，在特定范围内使标准化的数据得以不断积累，逐渐汇聚成可利用的资源。其次，这些数据也支撑着业务系统的正常运转，通过计算机对数据的读写，实现推动业务初步的标准化、自动化管理和运营。最后，一定程度标准化的数据具备了通用性，数据可以贯通线下与线上的界限，贯通流程间的界限，甚至有贯通组织内部业务领域间的界限的能力。

2. 二次价值

二次价值是指数智决策，通过数据的加工、分析、建模来挖掘信息和规律，从而辅助企业经营和业务执行的自动化、智能化决策。数据要素投入生产的二次价值释放体现在通过数据的加工、分析、建模，可以揭示出更深层次的关系和规律，使生产、经营、服务、治理等环节的决策更智慧、更智能、更精准。一方面，通过对大量数据的管理和分析，组织内部的决策者可以实现“用数据说话、用数据决策”，运用数据呈现出的关键指标与信息评估发展态势，及时有效地防范化解风险，创新行动方略；另一方面，数据分析也直接嵌入到系统中，与业务紧密融合，通过即时的数据挖掘、分类、预测、聚类等，向业务赋予智能化的价值。

3. 三次价值

三次价值是指流通赋能，打破数据壁垒，使优质数据在跨机构、跨行业的新业务、新场景中汇聚融合，让高价值的数据惠及各行各业。

数据要素投入生产的三次价值释放让数据流通到更需要的地方，让不同来源的优质数据在新的业务需求和场景中汇聚融合，实现双赢、多赢的价值利用。流通赋能是数据要素价值飞跃的一个关键。一方面，数据具有规模报酬递增效应，越大规模、越多维度的数据融合汇聚创造的价值倍增，金融、物流、通信、汽车等经济活动中的各类事项均可被多方来源的数据赋能，企业自有数据与外部数据的充分融合可以实现数据应用价值的最大化。因此，随着各组织对数据一次价值、二次价值的释放，各组织对于数据的需求已经超越了自身的数据生产能力。另一方面，数据具有的低成本复制性可以改变要素投入生产的结构，更大规模、更广范围的数据要素利用不会增加过多额外成本，但可以产生超额利润，带来社会福利的增加。

6.2 数据要素产权

6.2.1 数据产权的概念和意义

产权是生产要素所有制关系的法律表现形式，它表示谁拥有或控制该资源，并能凭借该权利对资源进行处置和获得利益。

数据要素产权是附着在数据上的一系列排他性权利的集合，是调整人与人之间关于数据使用的利益关系的制度。拥有产权的多少决定了数据主体参与市场分配利益的多少。

数据要素产权的清晰界定是数据要素市场化配置实现的前提条件。数据要素要能顺畅地进行流通和交易，最重要的是对数据进行确权，完善数据权属界定。

数据确权意为确定数据的权利属性，其包含两个层面：第一是确定数据的权利主体；第二是确定权利的内容。

6.2.2 数据要素权利的主体

数据要素根据其权利主体不同可分为公共数据、企业数据和个人数据三类。

1. 公共数据

公共数据是指由政府、社会组织或其他组织收集、整理、管理并向公众提供的数据资源，通常包括各类统计数据、地理空间数据、文化历史数据等。公共数据的存在，是为了满足公众获取、利用信息，以及促进社会经济发展和公共服务的需要。

政府所拥有的数据包括人口库、法人库、交通数据库、地理信息库、宏观经济库等。这些数据涉及面广、信息密度高，来源和获取方式合法，是全社会数据要素集合中的高价值子集（如图 6-3 所示）。从人口库中，可以查到公民的户籍、学历、工作，包括所获奖项、购买的房产、汽车等整套信息，可以了解每个人的人生曲线。在交通数据库中，可以查到全国所有的车辆信息、路况信息、驾驶信息、停车信息等等，可以了解每条路的路况以及每辆车及其乘客的行为轨迹。相比起单一化程度较高的商业公司所收集到的数据，这些政府数据的权威性更高，种类更繁多，关联性更强，价值也更大。

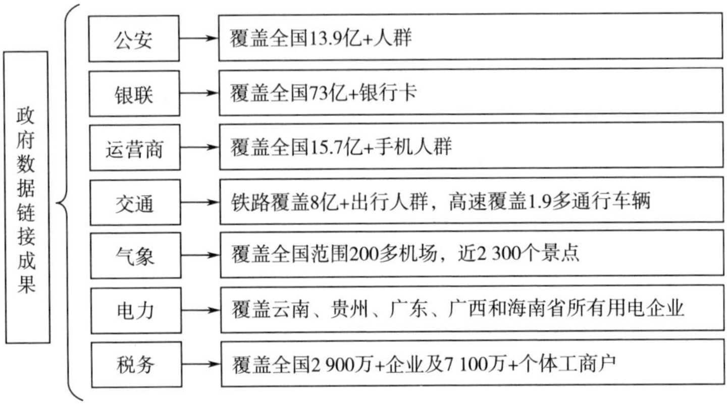

图 6-3　2022 年年底我国政府数据资源及成果

2. 企业数据

企业数据是企业收集、组织、存储和管理的数据，包括企业内部信息、外部信息、交易信息等。企业数据包括了企业运营和管理过程中重要的原始数据，如公司业务活动记录、客户交易记录、员工任务记录、财务凭证和总账信息、物资管理把控等，以及公司与外部的合作伙伴的交互数据等。这是企业最核心的数据类型。

这些企业原始数据可以通过统计分析、技术预测、计算机模拟等多种形式经过数据处理和组织后，形成为企业管理及决策所需的信息标准和应用支持，为企业从财务监管、审计监督到风险控制、管控决策、业务优化赋能提供辅助指导，从而提高企业的经营效率和盈利能力。

3. 个人数据

个人数据是某一个个体的信息，指的是每一个个体特有的数据。它可以是包含该个体身份、位置、社会联系、支付信息、账户信息、地理位置、日常运动情况等各种信息和数据的集合。这些信息非常私密，具有很强的个人信息保护性。

个人数据按照它的细分类型又可以分为两部分：可被观测的个人数据和非可被观测的个人数据。可被观测的个人数据是指常规的可被观测的信息，主要包括但不限于：年龄、性别、婚姻状况、教育程度、收入水平、工作单位信息、住址、联系方式等，这些信息均可直接被观测到，是可被测量的个人数据。而非可被观测的个人数据是指一些抽象的、个体化的、非明文的信息，它可以是个体的任何信息，比如行为习惯、看待事物的角度、社会化程度等，是不可被测量的个人数据。

6.2.3 数据要素权利的内容

当前数据要素的所有权、使用权、管辖权和交易权尚未被法律明确规定，国际社会也没有形成共识和通则。

1. 所有权

所有权是使用、拥有和处置财产的专有权利。数据的所有权包含对数据的某些权利，例如享用、使用、编辑、修改、出售、出租、赠送、共享、限制访问甚至销毁数据。也就是说，数据所有权是拥有合法权利并完全控制单个或一组数据元素的行为。数据所有者本质上管理其权限范围内的数据。

公共数据所有权属于国家，企业数据所有权属于生产者，个人数据所有权属于自然人。

2. 使用权

使用权是从物权派生的一项权能。财产权主要通过使用权产生收益。数据采集者采集信息后，通过使用信息获得竞争优势，从而达到其经济目的。使用和收益是促使企业进行信息采集、数据搜集整理的经济激励因素。

数据的使用涉及对使用的途径和方式要进行相对的规制，使用的前提是不损害数据生产者的权益。这种限制包括法定的限制和约定的限制。例如不可假借使用信息为名，侵犯信息生产者的隐私，或者损害信息生产者的权益等。当前，业内专家学者的主流观点是，鼓励从数据权利中选取数据的使用权进行交易，并且尽量不触及数据所有权的交易。

3. 管辖权

数据的管辖权由国家所有。数据是一个国家的新型基础性资源，具有极高的价值，对经济发展、社会治理、人民生活都产生了重大而深刻的影响，这意味着任何主体对数据的非法收集、传输、使用都可能构成对国家核心利益的侵害。数据安全已经成为事关国家安全与经济社会发展的重大问题，与切实维护国家主权、安全和发展的利益密切相关。

因此，各类数据活动的管辖权都应当归属国家，内部的任何数据活动都应该遵循国家数据安全法规。

4. 交易权

数据交易权是数据在市场上流通的一种权利，由数据所有人将数据交易权授予数据商品运行平台（或交易平台）法人。数据所有人将数据交易权授予数据商品运行平台就完成了从数据产品到数据商品的转换，是实现数据流通的基础。

数据交易与通常的物品交易、股票交易有本质上的不同。首先，数据所有权的转移显然不是数据交易的重点，但是数据使用权又不能多次转移或转授，因此数据交易更多的是数据使用权的授予行为；其次，数据使用权授予和数据使用通常是线上的行为，因此需要有一个大的运行平台（也可以称为交易平台）来支撑数据的使用和使用权授权行为。

5. 收益权

数据收益权也是数据财产权的重要内容，是取得行使数据处理权、数据处分权所产生的收益的权利。数据最终产生的收益，应当由数据所有者共享。数据的原始贡献者与二次加工者都应当享有数据的财产分配权。

具体来说，数据收益权包括两类：一类是基于对数据处理权的行使而取得财产性利益的权利；另一类是基于数据处分权的行使而取得对方支付对价的权利。经济生活中，收益的取得是市场主体进行各类市场行为的驱动力，数据要素市场自然也是如此，因此数据收益权是数据要素市场运行和发展的基础。

未经数据权利主体授权，其他人不能处理其数据或通过其数据获取利益。同时，数据处理和收益权的确认应遵循内容决定原则。对于承载个人信息的数据，应按个人信息保护法界定其数据处理和收益行为；对于承载商业秘密的数据，应依照反不正当竞争法等规定来行使，不得违反商业秘密权利人有关保守商业秘密的要求；对于承载知识产权的数据，要按照知识产权保护的规定行使。

6.2.4 数据要素产权的国际探索

1. 美国在数据确权上选择走实用主义道路

美国在数据确权上选择走实用主义道路，数据市场政策较为宽松，鼓励数据产业蓬勃发展。谷歌、Meta 等美国的数字巨头们在全球繁荣发展，为美国带来巨大的经济效益。为持续支持相关产业发展，美国选择了更为实用主义的道路，采取立法与行业自律并行的机制。出于个人信息被视为个人财产的理念指导，美国采取了以财产权为导向的分散式立法方式。目前虽没有联邦层面的数据治理立法，但各州已经陆续出台相关法律，如美国加利福尼亚州通过《消费者隐私保护法》保障个人数据在控制、使用以及交易方面的权利，对企业收集、存储、处理以及应用数据的行为做出规范。同时，美国在各个细分行业上对数据权利进行立法保护，如发布了电信领域的《电子通信隐私法》、金融领域的《金融消费者保护法》、医疗卫生领域的《COVID-19 消费者数据保护法》等。

2. 欧洲注重保护个人数据权利

欧洲注重保护个人数据权利，数据交易成本和难度较高。与美国相比，欧盟更加注重个人数据权利的保护，将数据保护视为一项基本的人格权利。欧盟将数据分为个人数据与非个人数据，分别进行立法。2018 年，被称为欧盟“史上最严”数据保护条例的《通用数据保护条例》即 GDPR 正式实施，该法律极大地保护了公民数据隐私，强化数据主体的被遗忘权、数据可携权等。之后，欧盟又推出了《非个人数据自由流动条例》，补充其对非个人数据的处理和流动规则。欧洲在进行数据确权时将保护个人信息安全放在首要地位，虽然在保护个人隐私上取得了更好的成果，但严格法规导致的数据获取难度提高和成本增加，在一定程度上阻碍了数据产业的发展。

3. 亚洲国家根据数据类别进行保护

2021 年日本提出官商数据共享，支持政府行政机构作为全国最大的数据平台对数据实施全面数据共享措施。

韩国国务院也在 2021 年通过了《数据基本法》，成立了国家数据政策委员会，对各产业部门和个人数据信息进行保护，把对数据的应用落实到各产业主管部门，更加注重数据经济的产业属性。

印度的数据治理措施按照不同的数据类别进行，为个人数据、非个人数据、政府数据分别制定不同的框架。在个人数据方面，2022 年 8 月制定新的《个人数据保护法（草案）》。在非个人数据方面，2020 年 12 月，专家委员会发布了《非个人数据治理框架专家委员会的报告》以供公众咨询。在政府数据方面，印度政府于 2012 年 3 月发布了《国家数据共享和可访问性政策》，旨在为公共利益共享其持有的非个人和非敏感数据。

6.2.5 我国数据要素产权制度体系

2022年12月，《关于构建数据基础制度更好发挥数据要素作用的意见》正式对外公布，它创造性地提出数据要素“三权分置”的制度。根据国家对数据要素市场的政策设计，可以构建出有中国特色的数据要素产权制度框架（如图6-4所示）。

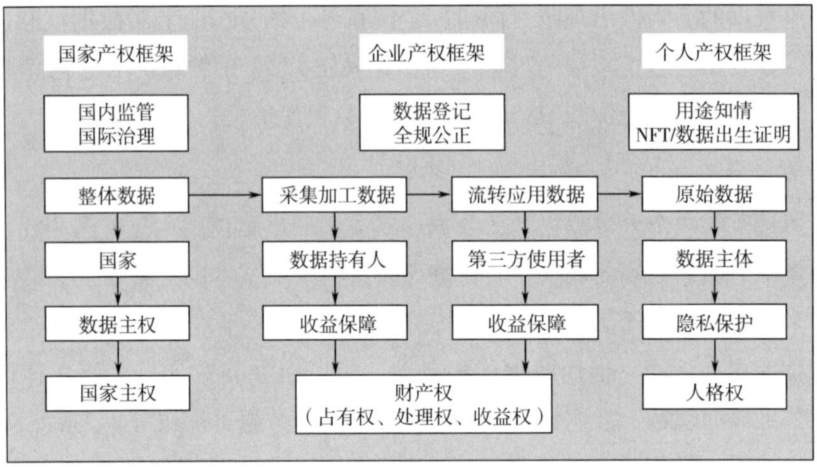

图6-4 “三权分置”的数据要素产权体系

“三权分置”是将数据要素的权利分为数据资源持有权、数据加工使用权、数据产品经营权三个部分，在此基础上建立数据“三权分置”的产权运行机制。

1. 数据资源持有权

数据资源持有权是指数据处理者对数据的所有权和控制权。数据处理者应当对数据进行保护和管理，确保数据的安全性和完整性。数据资源持有权是数据要素产权的基础，为数据流转、数据处理和其他数据权利的构建奠定了基础。

2. 数据加工使用权

数据加工使用权是指用户或组织对数据的访问和使用权。在符合法律法规的前提下，用户或组织可以通过授权或交易等方式获取数据的访问和使用权，从而进行数据的处理和使用。数据加工使用权的建立能够促进数据的流通和共享，提高数据的利用效率。

3. 数据产品经营权

数据产品经营权是指数据处理者对数据产品进行经营和管理的权利。数据处理者可以通过对数据的加工和处理，形成具有价值的数据产品，并对这些产品进行经营和管理。数据产品经营权的建立能够促进数据的增值和创新，提高数据的经济效益。

通过“三权分置”的制度设计，可以平衡不同主体之间的利益关系，促进数据要素市场的良性发展。可以结合不同的产权主体，如图6-4所示框架，构建有中国特色的数据要素产权体系。

“三权分置”主要是从打破僵局的角度出发，尝试通过强化数据加工使用权，放活数据产品经营权，增强数据的流通性和共享性，为实现审慎对待原始数据流转、鼓励数据开发利用、引导数据产品交易、释放数据要素价值奠定制度基础，也为数字经济的发展提供有力支撑。

6.3　数据要素市场培育

随着数据技术的不断进步和数据资源的不断丰富，数据要素市场的发展不断加快。目前我国数据要素市场的发展尚处于初步阶段。

6.3.1　数据要素市场的概念和种类

1. 数据要素市场的概念

数据要素市场就是以数据产品或服务为流通对象，以数据供需方为核心主体，通过流通实现参与方各自诉求的场所。

2. 数据要素市场的种类

第一，全国性市场与区域性市场。根据数据要素流通覆盖的范围，数据市场可以分为全国性市场和区域性市场。全国性数据要素市场是指在全国范围内，各类交易机构在数据要素资源确权与登记、数据产品流通交易和使用等环节中，按照统一的秩序和规则，将数据要素流通管理、交易服务提供等相关的组织与技术系统有机地融合为一个整体，形成全国多层次要素市场的协同效力和整体效能，以实现数据要素作用和价值的最大化。区域性市场只在部分区域内流通和发挥作用。

第二，一级市场与二级市场。按照数据要素进入市场的顺序，数据市场可以分为一级市场和二级市场。数据一级市场是针对政府、企业、个人的数据直接存储和使用的市场，在数据一级市场上，围绕着5G、物联网、工业互联网等新基建领域，在未来几年将会产生巨大的数据市场空间；当数据一级市场逐步完善，基于此会产生大量的融合应用，并形成二级交易市场，也就是数据交易所。

第三，场内市场与场外市场。按照数据要素市场的设立者，数据市场可以分为场内市场和场外市场。数据要素场内市场是指由政府或行业组织主导设立的数据交易市场，例如数据交易所或数据交易中心。在这个市场中，数据需求方可以通过公开渠道购买数据，同时需要遵守相应的交易规则和安全保障措施。场内市场通常具有较高的数据规范化程度和流通效率，但相对来说交易成本也较高。数据要素场外市场是指由企业或个人自主建立的数据交易市场，例如数据交易平台、数据交易点等。场外市场通常具有较低的交易成本和更灵活的交易方式，但同时也存在数据规范化程度较低、流通效率较慢等问题。

第四，综合市场与专业市场。根据数据要素涵盖的领域，数据市场可以分为综合性市场和专业性市场。综合性数据要素市场是指涵盖多个领域、横跨各领域专业的所有数据要素市场，而专业性数据要素市场是指在特定领域专业的数据要素市场。

第五，跨境市场与国内市场。根据数据要素流动和交易的范围大小，数据市场可分为跨境市场和国内市场。数据要素跨境市场是指数据在不同国家和地区之间的流动和交易。数据国内市场是指数据在本国内部进行的流动和交易。

6.3.2 数据要素市场的流通形式

数据要素市场存在开放、共享、交易三种流通形式。

数据开放是指提供方无偿提供数据，需求方免费获取数据，没有货币媒介参与的数据单向流通形式。这是政府基于公平的原则，面向公众及企事业对公共性数据进行信息共享的主要方式。

数据共享是指互为供需双方，相互提供数据，没有货币媒介参与的数据双向流通形式。根据共享主体的不同，可分为政府间共享、政企之间共享、企业之间共享等形式。

数据交易是指供给方有偿提供数据，需求方支付数据获取费用，主要以货币作为交换媒介的数据单向流通形式。

当前，数据交易正在成为数据要素市场最主要的流通形式，2021年我国要素市场规模815亿元，同比增长49.5%。其中，数据存储、数据分析、数据加工、数据交易等环节市场规模已超过百亿元。预计到 2025 年数据交易整体市场规模将超 2 200 亿元（如图 6-5 所示）。

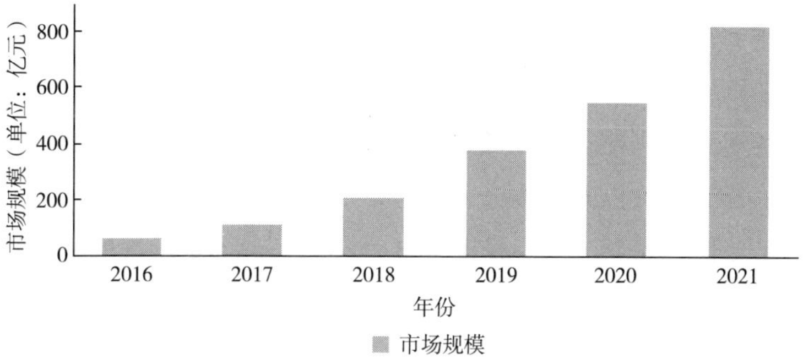

图 6-5　2016—2021 年我国数据要素市场规模

6.3.3　数据要素市场培育的意义

培育数据要素市场具有极其重要的战略意义。

1. 提升社会数据资源价值

通过培育数据要素市场，可以搭建开放数据平台，研究制定公共数据开放条例和探索非公共数据多维度开放机制，有效整合政府公共数据、企业以及个人等数据资源，让数据发挥更大价值，提升社会数据资源价值。

2. 推动数字经济高质量发展

数据要素市场的培育将改变现有数字经济的形态，通过进一步提高数据要素的流通效率、激发市场活力，发挥数据这一新型要素对其他要素的效率倍增作用，促使数据要素为经济高质量发展提供新动能，从而推动数字经济高质量发展。

3. 释放数字化转型潜力

以数据为黏合剂，推动我国各类产业加速数字化、网络化、智能化发展，运用大数据提升政府治理现代化水平，既是时代发展的新要求，也是以数字化带动制造业全面升级、实现国家治理现代化的现实需要。通过培育数据要素市场，可以进一步推动数字化转型，释放数字化转型潜力。

4. 重塑国际竞争新优势

我国要积极抢抓数据要素市场培育的关键期，破除数据价值释放的机制障碍，协同各方共同挖掘数据价值，加快占领全球数据要素市场培育的制高点，重塑国际竞争新优势。

6.3.4 数据要素市场培育原则

1. “两线”原则

一是牢牢抓住数字经济发展这条主线，通过数据的有效供给，促进数字经济的发展。发展才是硬道理，通过努力发展数字经济来充分释放数据红利，同时在数据价值充分释放的过程中来解决发展中存在的新问题。

二是牢牢守住数据安全与隐私保护这条底线。安全是发展的前提，发展是安全的保障。数据治理以释放数据价值为目标，安全则是数据治理的底线。通过建立安全的负面清单，明确哪些是不可触碰的“红线”，同时做好隐私信息保护，让组织和个人合法权益得到可靠保障，只有统筹好发展与安全之间的关系，才能做到“发展”为先，“安全”保障。

2. “两手”原则

一是加强有为政府的建设，发挥好“看得见的手”的作用。政府部门应该在政策上、制度上、机制上和环境上做好政府在数据治理方面该做的事情，充分发挥政府的表率作用，建立并完善数据治理的框架体系和规则秩序，界定好数据管理的体制机制、数据开放共享的策略机制、数据治理的准则标准、数据安全及隐私保护的法律法规等，打造好数据治理的有为政府。

二是创造一个有效的市场，发挥好“看不见的手”的作用。数字经济发展的关键一环是推动数据要素的高效配置，通过建立统一开放、竞争有序的数据要素市场体系，加强顶层设计实现数据市场化的有效配置，积极创新数据要素治理模式，完善数据流通交易规则，平衡数据有序流动与数据安全之间的关系，实现数据要素资源价值的深度开发利用。

3. “两轮”原则

数据要素市场培育的一个重要基本驱动方式是“两轮驱动”，就是从需求侧和供给侧来进行“双轮驱动”。

“一个轮”是从供给侧提高数据加工的核心工具供给能力。数据资源开发利用需要生产工具，但现状是生产工具供给能力不足，这就需要产业部门来统筹考虑，不但要解决好核心生产加工工具上自给自足的问题，还要解决好加工工具的平台化、模块化、集成化和便捷化等问题。

“另一个轮”是从需求侧推动融合应用、场景牵引，通过融合应用场景深化数据加工工具功能需求，带动数据加工工具改进完善，促进业务结构化改革和产业结构化调整，形成以需求发展带动技术创新的不断迭代升级，实现一个真正意义上的“双轮驱动”模式，进而推动数据产业的健康发展，加快培育和繁荣数据要素市场。

6.3.5 数据要素市场的生态体系培育

数据要素市场的培育需要一系列制度体系、基础设施等作为支撑，从而通过市场充分发挥数据价值，促进数据自主、有序流动，提高数据要素配置效率，助推数字经济发展。

1. 市场主体培育

第一，数据交易中心。按照交易市场的级别来划分，可以将交易场所划分为全国性的数据交易所和省市性的数据交易中心；按照行业来划分，则可以分为金融类数据交易市场、医疗类数据交易市场等，各个行业已形成自己特色的数据交易中心。截至2022年8月，全国已有46家数据交易中心（如图6-6所示）。

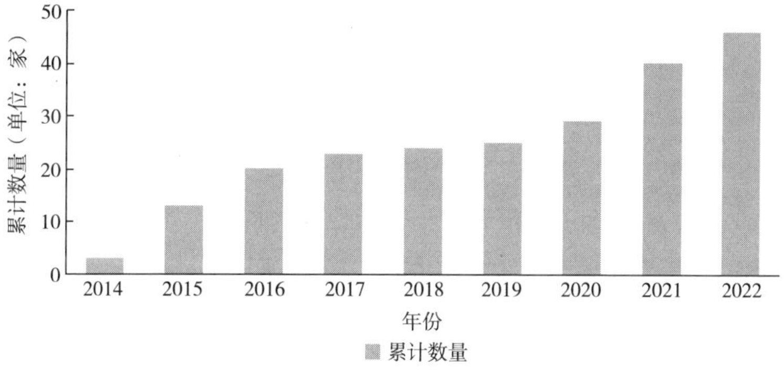

图6-6 2014—2022年我国数据交易所数量统计

第二，数据商和第三方服务机构。通过数据商，为数据交易双方提供数据产品开发、发布、承销和数据资产的合规化、标准化、增值化服务，促进提高数据交易效率。《全国数商产业发展报告（2022）》显示，从2000年至2021年年底，中国数商企业复合年均增长率为21.7%，到2022年11月，我国数商行业企业数量达到192万家。

数据要素的服务的需求主要集中在数据集成、数据经纪、合规认证、安全审计、数据公证、数据保险、数据托管、资产评估、争议仲裁、风险评估、人才培训等环节。在这些有需求的环节中存在大量第三方专业服务机构，通过他们的专业化服务提升了数据流通和交易全流程服务能力。

第三，数据经纪人。数据经纪人可以整合很多个人或企业的数据，帮助他们在数据市场上进行经营，并给予数据拥有者一定的利益返还。当然，数据经纪人制度也存在一定的风险，即数据经纪人有可能泄露个人或企业隐私乃至攫取数据，因此需要新技术的融合来对数据经纪人加以规范。

第四，数据审计机构。数据审计机构是随着数据资产化的展开而出现的新组织。这里同样要运用新型技术使得既能达到审计目的，又能防范审计机构攫取数据。

第五，数据监管机构。数据监管机构借助数据沙箱技术实现对数据交易的监督与管理，保障了数据交易体系和数据市场的良性运作。

数据市场体系的高效运转离不开各个市场主体的积极参与，数据价值的挖掘需要集合社会力量，这些市场主体的参与极大地丰富了数据交易体系和数据市场。

2. 技术培育

第一，实现交易的可追溯，完整地记录数据交易全过程。参考知识产权保护的规则，申请人在知识产权局申请并获批专利后，他人对专利未经许可的商用就会被追究法律责任。数据权属的保护也是如此，一旦数据的每一笔交易都有记录可循，数据供需双方就可以在产生争议时诉诸技术手段提供仲裁证据，数据拥有者也可以据此通过法律途径制裁滥用、转卖数据的行为，从而防止黑市交易的盛行。数据的保护还要遵循“保护义务衍生”的重要原则，即 A 在将数据卖给 B 的同时，需要在买卖合同上明确规定数据的使用范围、场景等。数据的卖方、买方都有保护数据主体的权利不被侵犯的义务。

第二，在可追溯的基础上，由于交易平台可以很容易地攫取数据产品，因而需要研发数据加密技术，实现平台对数据的不可见。

第三，实现数据交易“一手交钱、一手交货”，即通过新一代技术的应用来提供仲裁证据，辅助解决数据交易产生的各类争议。

3. 环境培育

第一，经济环境。目前我国数字经济规模占 GDP 比重超四成，贡献率近七成，预计“十四五”期间年均增速将达 11.3%，是经济发展的重要引擎。我国目前已形成数据源服务、数据基础服务、数据产品服务、数据流通服务、数据应运服务等门类较为齐全的数据服务产业链。

第二，政策、法律环境。我国高度重视大数据在推进经济社会发展中的地位和作用。2014 年，大数据首次写入政府工作报告，逐渐成为各级政府关注的热点，政府数据开放共享、数据流通与交易、利用大数据保障和改善民生等概念深入人心。此后，国家相关部门出台了一系列政策（如表 6-1 所示），鼓励大数据产业的发展。

表 6-1　2017—2022 年我国数据要素相关政策汇总

日期	政策名称	内　　容
2017 年 5 月	《政务信息系统整合共享实施方案》	推动分散隔离的政务信息系统，加快进行整合。整合后按要求分别接入国家电子政务内网或国家电子政务外网的数据共享交换平台。加快建设国家电子政务内网数据共享交换平台，完善国家电子政务外网数据共享交换平台，开展政务信息共享试点示范，研究构建多极互联的数据共享交换平台体系，促进重点领域信息向各级政府部门共享
2018 年 4 月	《科学数据管理办法》	规范法人单位及科学数据生产者的数据采集、汇总与保存、共享与利用、保密与安全相关行为
2019 年 7 月	《电信和互联网行业提升网络数据安全保护能力专项行动方案》	通过集中开展数据安全合规性评估、专项治理和监督检查，督促基础电信企业和重点互联网企业强化网络数据安全的全流程管理，及时整改消除重大数据泄露、滥用等安全隐患
2020 年 2 月	《工业数据分类分组指南（试行）》	阐述了工业数据的基本概念，介绍数据分类、数据分级、数据分级管理情况
2020 年 12 月	《关于加快构建全国一体化大数据中心协同创新体系的指导意见》	提出到 2025 年，全国范围内数据中心形成布局合理、绿色集约的基础设施一体化格局：数据中心集约化、规模化、绿色化水平显著提高，使用率明显上升；公共云服务体系初步形成，全社会算力获取成本显著降低；政府部门间、政企间数据壁垒进一步打破，数据资源流通活力明显增强
2021 年 6 月	《中华人民共和国数据安全法》	该法案内容共 7 章 51 条，提出国家将对数据实施分级分类保护，开展数据活动必须履行数据安全保护义务、承担社会责任等
2021 年 7 月	《新型数据中心发展三年行动计划（2021—2023）》	提出到 2023 年年底，全国数据中心机架规模年均增速保持在 20%左右，平均利用率力争提升到 60%以上，高性能算力占比达到 10%

续表

日期	政策名称	内　　容
2022 年 1 月	《“十四五”数字经济发展规划》	建设高速泛在、天地一体、云网融合、智能敏捷、绿色低碳、安全可控的智能化综合性数字信息基础设施。有序推进骨干网扩容，协同推进千兆光纤网络和 5G 网络基础设施建设，推动 5G 商用部署和规模应用，前瞻布局第六代移动通信（6G）网络技术储备，加大 6G 技术研发支持力度，积极参与推动 6G 国际标准化工作
2022 年 12 月	《关于构建数据基础制度更好发挥数据要素作用的意见》	又称“数据二十条”，提出构建数据产权、流通交易、收益分配、安全治理等制度，初步形成我国数据基础制度的“四梁八柱”，还首次提出了探索数据产权结构性分置制度，建立数据资源持有权、数据加工使用权、数据产品经营权“三权分置”的数据产权制度框架，构建了中国特色数据产权制度体系

我国数据要素政策的发展，大致可分为三个阶段：

第一阶段（2014—2019 年）：国家“大数据”战略正式提出，数据成为国家基础战略性资源，大数据基础设施建设稳步推进。

第二阶段（2020—2021 年）：数据资源正式被确立为第五大生产要素，其战略地位稳固，逐步开始探索数据确权、数据交易等环节。

第三阶段（2022 年至今）：数据要素相关政策高频出台，数据要素产权制度、流通和交易制度、收益分配制度等推进完善，数据要素市场加速规范化发展，数据生产、数据应用等环节的潜力得到进一步释放。

第三，科技环境。近年来，我国大数据行业稳步推进，科技赋能人工智能、云计算、VR、5G 等，市场应用逐步从一、二线城市过渡到三、四线城市，实现大数据行业科技体验的普及化。在技术支持下，大数据结合紧密的行业逐步向工业、政务、电信、交通、金融、医疗、教育等领域广泛渗透，行业应用逐渐向生产、物流、供应链等核心业务延伸。“脱虚向实”的趋势明显，大数据与实体经济深度融合不断加深，行业应用正在从消费端向生产端延伸，从感知型应用向预测型、决策型应用发展。

第四，市场环境。数据市场是数字要素流通交易、场景对接和价值实现的重要媒介和场所，数据只有进入市场领域，通过数据技术的赋能，形成可供投入生产的数据要素，才能真正被纳入社会生产过程，从而成为数字经济发展的核心生产要素。根据相关资料统计，2020 年全球数据市场交易规模达到 663 亿元，近几年增速逐年加快；预计 2030 年前，全球数据市场交易规模将超过 10 000 亿元（如图 6-7 所示）。

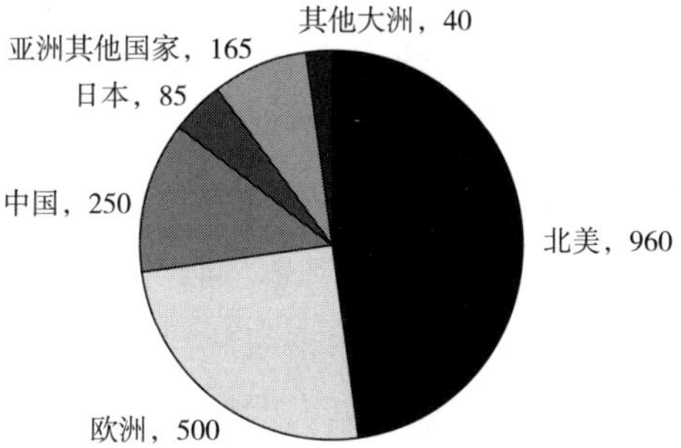

图 6-7　2021 年全球数据交易市场规模（单位：亿元）

近年来我国数字经济规模快速增长，成为拉动国内消费增长的重要动力之一。2020 年我国数据总量占全球数据总量的 21%，已成为名副其实的数据大国。

6.3.6　数据要素市场运营模式

1. 国际上对数据要素市场运营模式探索的成果

综合分析美国、法国、瑞士等国家的数据要素市场运营模式，可将商业模式主要分为第三方个人中介平台（C2C）、第三方商家中介平台（B2B）、综合平台（B2B）三种模式。

一是第三方个人中介平台（C2C）。第三方数据拥有者可以将原始数据挂到数据交易市场上公开出售，数据需求方按照约定价格（买断数据/按小时计费、平台会员费）购买后，可以在数据交易平台上获得离线的数据包或者实时 API，若最终成功交易，平台收取一定佣金后返还销售收入给第三方数据拥有者。这类型数据交易平台代表有 RapidAPI（美国）、Streamr（瑞士）。

二是第三方商家中介平台（B2B）。数据拥有者通过与数据交易平台合作，先将数据提供给平台，平台经过整合后再将数据通过离线数据包或者实时 API 的方式出售给数据需求方。与第一种模式不同，该模式下数据拥有者并不直接接触数据需求方进行交易，而是通过数据交易平台进行，因此数据交易平台掌握着更大的话语权。此类交易平台代表有 BDEX（美国）、DAWEX（法国）等。

三是综合平台（B2B）。该模式下数据拥有者和数据需求方依旧不会直接接触，而是通过数据交易平台进行最终撮合。不同的是，交易的产品不仅仅包括离线的数据包或者实时的API，还包括数据产品和数据综合解决方案的交易，可以直接应用到数据需求方的商业模型上，因此价值量更大。此类交易平台代表有Factual（美国）等。

2. 国内不同地区对数据要素市场运营模式的探索

北京市：数据共享+数据专区+数据交易所。2018年北京市实施了大数据行动计划，整合全市各部门数据资源，创新公共数据开放模式，构建有序、安全的数据资源共享基地；推行数据专区，委托公司进行各区域的数据专区运营，挖掘数据要素的社会价值，形成围绕数据的产品与服务；成立北京国际大数据交易所，设计数据流通新范式，释放数据汇聚枢纽效益。

上海市：数据共享+数据权益+数据资产凭证+“数商”新模式。2022年年初，上海市开始实施《上海市数据条例》，创新公共数据的共享应用与规范管理，提出数据资源跨区域开放共享机制，推进长江三角洲全域数据资源互联互通；明确数据主体和数据处理者的“数据权益”，依法严格权益保障；研究建立权威数据资产凭证审核办理流程，给予数据交易价值支撑；依托上海数据交易所培育“数商”新模式，支持数据交易服务机构提供咨询代理、数据交付等专业的交易配套服务。

广东省：数据共享开放+数据产业创新生态+大数据中心平台+数据交易流通+数据安全保护。2021年，广东省发布《广东省数据要素市场化配置改革行动方案》《广东省数字经济促进条例》等多项数据领域政策文件，明确提出：健全数据资源供需对接机制，打通数据要素高效共享通道，促进数据要素在不同部门、层级间的共享应用；培育数据资源服务型企业，大力发展数据产业，打造数据要素全价值链，构建数据产业创新生态；以深圳作为数据要素市场化配置改革重点试点示范区，发挥各地基础性优势特长，共同推进全省“一中心多节点”大数据中心建设；探索数据产权确立评估、首席数据官、数据经纪人认证管理等制度，以政府把关与市场配置双层结构，合理化数据要素市场发展导向，逐步形成数据交易流通生态网络；严格各主体、各领域关键数据保护清单，完善数据信息分类分级管理，建立云、网、数相融合的安全协作保障机制。

6.3.7 数据要素市场交易模式

1. 偏重数据控制权的交易模式

以不侵犯数据主体的人格权等为前提，推动数据控制权的交易。通俗地说，就是“数据可用不可见”的交易，数据控制者A意图将自己控制的数据交换给B使用，但不能涉及对数据主体的人格权等权利的侵犯。在技术上，可以采用各种隐私计算技术来实现，例如零知识证明、同态加密或者多方安全计算等。比如，用零知识证明技术，A让B看到了与数据有关的某种可意会的证据，B也就获得相关信息，但B没有实际交换数据；比如，用同态加密技术，A转移给B的是加密的数据，但在加密状态下做计算，其计算结果是与对不加密数据的计算是一致的；比如，用多方安全计算技术，A并没有给B数据，A和B把各自要交换的数据，都给了他们都信任的第三方C，C也能被数据主体所认可，因此数据的主体权益没有被侵犯，而A和B都获得了各自需要的数据计算结果。

这种模式是当前数据控制者普遍能接受的数据交易模式，它确认了数据控制者的权利，也没有侵犯数据主体的权利，但事实上，数据主体的权益没有相应被计算。同时，这种交易的成熟要依赖于隐私计算的成熟。

2. 偏重数据主体人格权等的交易模式

以不侵犯数据控制权为前提，推动数据主体人格权等的交易。这种模式旨在加强对数据主体的法律保障，在不侵犯数据控制者的数据控制权的前提下，通过数据人格权等给予数据主体更多权利主张和收益分配。一是政府通过数据立法，用法律保障数据主体的权益，例如欧盟的《通用数据保护条例》（GDPR）对数据主体给予了广泛的权利，如数据知情权、访问权、拒绝权、纠正权、可携带权、被遗忘权/删除权、限制处理权、免受数据画像影响等权利。二是数据主体在同一数据控制者的平台上进行数据的交易，既要保障数据控制者对数据的控制，同时也能够让数据主体获得其权利收益，例如，数据图片提供者在百度上获得的图片使用收益权。三是数据主体与数据控制者达成协议，数据控制者同意在数据交易中分享部分数据收益给数据主体。

这种模式是让数据主体更为认可的数据交易模式，能最大程度保护数据主体的权益，但可能降低数据控制者的投资积极性。

3. 统一评价和计量数据主体人格权等和数据控制权模式

引入数据主体和数据控制者共同信任的第三方，采用科学的数据要素评价和计量工具，统一计算和评价数据控制者的数据控制权利贡献和数据主体的数据人格权等权利贡献，按照双方共同认可的分账模式，共同获得数据权属受益。

6.3.8　数据要素市场化的路径

数据要素市场化是指通过市场机制来实现数据要素的配置和价值最大化。这一过程可通过数据资源化、数据价值化、数据商品化三条路径来实现。

1. 数据资源化

数据资源化是指将分散、无序、静态的数据整合为具有有序结构、可以为我所用、能产生经济效益的数据资源的过程。具体来说，它包括以下步骤。

第一，数据采集。从各个来源和系统收集数据，包括但不限于业务数据、用户行为数据、网站数据、日志数据等。

第二，数据清洗。处理和过滤数据，去除重复和无效数据，保证数据的准确性和一致性。

第三，数据整合。将不同来源和格式的数据进行整合，形成一个统一的数据库，方便后续的数据分析和挖掘。

第四，数据存储。将整合后的数据存储在适当的数据库中，以便进行快速查询和数据分析。

第五，数据应用。将数据要素应用于各种场景，如商业决策、市场分析、用户画像、智能推荐等，以实现数据的价值。

通过数据资源化，可以将数据转化为具有经济效益和价值的资源，为企业和社会带来更多的利益和价值。

2. 数据价值化

数据价值化是指将数据转化为有用的信息或知识，以支持决策制定、数据分析、预测和优化等。数据价值化是以数据资源化为起点，通过在数据交易平台的交易流通配置，实现数据在流动中产生价值，包括以下步骤。

第一，数据收集和整合。即收集和整合来自不同来源的数据，包括内部数据和外部数据，例如业务数据、市场数据、消费者数据、社交媒体数据等。

第二，数据清洗和预处理。在整合数据后，需要进行数据清洗和预处理，以去除噪声、重复和错误数据，确保数据的准确性和一致性。

第三，数据分析和挖掘。通过使用统计分析、机器学习、人工智能等技术，对数据进行深入分析和挖掘，以提取有价值的信息或知识。

第四，数据可视化。将数据分析结果以图表、图像等形式呈现，以便更好地理解和传达数据的信息和价值。

第五，数据应用和决策支持。将数据应用于业务场景中，以支持决策制定和优化。例如，在市场营销中，可以使用数据来制定更精准的营销策略，提高转化率；在金融领域，可以使用数据来评估风险和信用，提高资产质量。

数据价值化的过程中需要注意保护数据的隐私和安全，遵守相关法律法规和道德规范。同时，也需要不断迭代和优化数据价值化的过程，以适应不断变化的数据环境和业务需求。

3. 数据商品化

数据商品化是指将数据转化为可交易的商品，使数据能够在市场上进行交换。当数据价值可以度量、可以交换，数据成为被经营的产品或商品，以实现数据要素价值和创造新价值。数据商品化可以通过以下方式实现：

第一，数据市场的建立。即建立一个数据市场，类似于商品市场，数据买家和卖家可以在这里进行数据交换。

第二，数据交易平台。开发一个数据交易平台，数据买家和卖家可以在这里进行数据交易。

第三，数据定价。确定数据的价值，并根据市场需求和竞争情况，为数据制定合理的价格。

第四，数据质量评估。为了保证数据的价值和可靠性，需要对数据进行质量评估，以确保数据真实、准确、完整。

第五，数据营销。为了推广数据产品，需要进行数据营销活动，包括宣传、广告、促销等。

数据商品化可以为数据的买家和卖家带来许多好处，例如提高数据的价值和可靠性，促进数据的流通和共享，提高数据的利用效率等。同时，数据商品化也需要遵循相关法律法规和道德规范，保护数据的隐私和安全。

案　例

案例一：政府数据为社会和企业“开天眼”①

商业查询平台是基于公开信息的第三方信息查询平台，与中国征信体系互补。商业查询平台通过结构化、体系化、可视化的数据收集与加工，减少商业交易中的“信息不对称”，降低社会运行中的“信用成本”，助力诚信社会建设，从而具备了意义更为重大的社会价值。无论是商家对商家的 B2B 交易，还是商家对消费者的 B2C 交易，买卖双方都有一个共同的需求，即希望寻找到一个可靠的交易对象，以保障交易安全、降低交易风险、避免交易纠纷。这也催生了一

① 资料来源：依据公开信息自行编写。

个巨大商机：在合法框架下，如何帮助市场交易的双方主体增进彼此了解、双向降低信息不对称，并实现对部分潜在风险的识别。

商业查询平台通过结构化、体系化、可视化的数据收集与加工，在实现商业价值与用户价值的基础上，进一步减少商业交易中的“信息不对称”，降低社会运行中的“信用成本”，助力诚信社会建设，从而具备了意义更为重大的社会价值。政府数据的大规模开放是我国商业与信息查询行业得以诞生的根本原因之一。以市场份额排名第一且知名度最高的天眼查为例，根据该平台的业务描述，该平台是通过非人工方式从全国企业信用信息公示系统、中国裁判文书网、中国执行信息公开网等政府数据开放平台以及国家知识产权局、商标局、版权局等行政部门的官方网站收集、聚合公开数据。例如，通过全国企业信用信息公示系统所提供的数据接口，天眼查平台获得了企业相关的工商基本信息、股东信息、工商变更信息、主要任职人员、企业分支机构、动产抵押、股权出质、行政处罚、企业年报等重要数据。

在政府数据要素进一步开放后，商业查询能为企业带来更大的价值。据《中国经济周刊》报道，2017 年 4 月天眼查个人端产品开始商业化后，一个月时间就实现了收支平衡，当年营收额达到 6 000 万元，不过后续再无公开营收数据。

这一案例也证明，将政府分散在各处开放的公共数据资源进行整合、梳理与分析，也能够创造出巨大的经济社会价值。

案例二：开放卫生安全信息以提高食品市场卫生质量

饮食是人们日常生活的基本需求之一，但餐饮领域存在的明显信息不对称也一直是困扰社会的一大难题。一个普通食客进入餐厅后，能看到的往往是一个封闭的厨房和一道道直接呈上来的菜品。这些菜品是不是在安全卫生的条件下生产出来，食客通常不得而知。因此，保障饮食生产与供应的卫生安全，减少餐饮领域卫生条件的信息不对称，不仅是社会大众的真实期盼，也是政府开展社会监管与公共服务活动的重中之重。通过卫生数据要素的开放，让市场、社会参与市场监管成为可能。通常来说，大部分国家会要求店铺通过张贴卫生评级贴纸到餐厅的醒目位置的模式去展示其卫生情况。但是大部分情况下，大部分消费者在进入店面之后，并不会因为看到餐饮卫生质量的贴牌而改变自己的选择，也无法起到反向的客户监督作用。2012 年，英国食品标准局将所有的食品卫生评级结果放到了网上，所有消费者都可以在登录“ratings. food. gov. uk”网站后，输入店铺的名称和地址信息，来查询一家店铺的评分情况。更重要的是，英国食品标准局向社会提供了应用程序API接口，方便各类社会用户通过接口调用食品卫生评级数据，并对这些数据进行开发利用。

这种数据要素的开放就给了互联网企业挖掘及调用食品卫生评级数据的机会。在英国境内占据市场份额较大的JustEat、UberEat和Deliveroo等生活服务平台（类似中国的美团、大众点评、饿了么），都调用了英国食品标准局所公开的食品性评数据以供消费者在选择餐厅的时候做出参考。有人开发了一个“Don't Eat At”的App，用户在允许App读取地理位置信息后，一旦进入有问题的餐厅，App就会跳出一个警示号，提醒用户这家餐厅存在潜在卫生问题。

通过数据要素的流通以及反馈，英国餐馆的卫生水平进一步地得到了提高。英国食品卫生评级的数据公开取得了非常显著的社会收益，根据英国食品标准局估算，每年大约有1.2亿次的API调用申请服务发生，大量的社会机构与个人获取了相关数据并加以利用。事实上从那些认真对待餐馆经营的老板角度来看，食品卫生评级数据的公开和被利用，对他们店铺的声誉与生意确实有好处。北爱尔兰地方政府还利用这一数据来调整受评估店铺的行政缴费率，以激励餐馆切实地改善他们的卫生条件。英国食品卫生评级的政府数据开放还在食品卫生领域之外发挥出更大的功能。例如，英国经济部（Department for Economy）通过将食品标准局开放的食品卫生认可计划数据（Food Hygiene Rating Scheme，FHRS）与其他数据集的“并库”分析，来检查房产的商用情况。英国地方政府则利用FHRS数据来判断哪一片城区的下水道非常容易被食品垃圾中的脂肪堆积所阻塞，从而显著提升了城市管理的效率。

案例讨论题

1. 政府对公共数据的搜集主要集中在哪些领域？政府数据的逐步放开，会给社会带来哪些价值？

2. 企业和消费者如何发挥数据要素的价值？

小　结

数据要素作为新型的生产要素，在国民经济发展中发挥的作用越来越重要。数据要素产权的清晰界定是要素市场化配置实现的前提条件。我国数据可以建立“三权分置”的产权运行机制。数据要素市场存在开放、共享、交易三种流通形式。我国要素市场目前已经在市场主体、技术、环境、交易、运营模式等方面有了很大的培育成果。数据要素可通过数据资源化、数据价值化、数据商品化三条路径实现要素市场化。

关键术语

数据要素　要素产权制度　要素市场化

习　题

1. 数据要素的特征有哪些？
2. 数据要素价值的实现路径有哪些？
3. 数据要素市场的流通方式有哪些？

第 7 章
数字经济时代的发展战略

面对数字经济的发展浪潮，世界主要发达国家高度重视数字经济发展，发达国家根据自身优势相继出台战略规划，如美国的工业互联网战略、德国的工业 4.0、日本的新机器人战略等。2022 年 1 月，国务院发布《“十四五”数字经济发展规划》，指出要以数字技术与实体经济深度融合为主线，协同推进数字产业化和产业数字化，赋能传统产业转型升级，培育新产业新业态新模式，不断做强做优做大我国数字经济。2023 年 2 月，国务院又印发《数字中国建设整体布局规划》，再次强调做强做优做大数字经济，推动数字技术和实体经济深度融合，在农业、工业、金融、教育、医疗、交通、能源等重点领域，加快数字技术创新应用。由此可见，数字经济已然成为新时代中国经济发展的新引擎，具有极其重要的战略意义。

学习目标

- 了解数字经济和实体经济融合发展的重要意义，掌握两者融合的内涵和内容
- 了解三大产业数字化发展的现状，理解发展面临的困难及进一步发展路径

7.1 数字经济和实体经济融合发展

进入新时代，党和政府始终高度重视数字经济与实体经济的融合发展。2017 年，习近平总书记在十九届中央政治局第二次集体学习时指出，要加快建设数字中国，构建以数据为关键要素的数字经济，推动实体经济和数字经济融合发展。党的二十大报告也明确指出，要“加快发展数字经济，促进数字经济和实

体经济深度融合，打造具有国际竞争力的数字产业集群①”。《“十四五”数字经济发展规划》与《数字中国建设整体布局规划》也都强调了要推动数字技术与实体经济深度融合发展，利用数字经济赋能实体经济，不断做强做优做大数字经济。可以说，数字经济和实体经济的融合发展是我国未来经济发展的必然选择。

7.1.1 数字经济和实体经济融合发展的意义

数字经济的快速发展已经成为经济发展的新趋势，而实体经济是一国经济的立身之本，是国民经济的命脉，因此，数字经济和实体经济融合发展成为新时代我国经济发展的必由之路。推动我国数字经济和实体经济融合发展意义重大，主要体现在以下三个方面：

1. 有利于做强做优做大实体经济

数字经济和实体经济深度融合，其目的是推进实体经济产业数字化，激发实体企业创新新能力，加速实体经济转型发展。需求减少、供给冲击和预期降低是我国目前实体经济面临的主要压力，对传统产业进行数字化赋能，是推动实体产业智能、绿色、高质量发展的重要途径，也是继续做强最优做大实体经济的战略选择。

第一，数字经济成为继工业经济之后的主要经济形态，数据资源成为新型生产要素，促使实体经济的生产工具从原来的工业技术转向为数字技术，数字技术人才、数字平台、数字基础设施与实体经济充分融合，点燃了实体企业创新活力。

第二，部分成熟的数字技术已经在社会中广泛应用，充分利用数字技术的企业在市场中取得了竞争优势，这让习惯开展线下业务的传统企业转变了发展思路，开拓了实体经济发展新空间。

第三，数字经济主要载体为现代信息网络，它打破了原来商业中的时空壁垒，使资源配置效率显著提升，企业生产、交换、分配、消费各环节加速融通，实体经济生产经营效率进一步提高。

2. 有利于推动经济高质量发展

高质量发展是全面建设社会主义现代化国家的首要任务。数字经济和实体经济融合发展，可以从三个方面引领高质量发展。

一是为实体经济提质增效。推进产业数字化转型升级，实质上是数字技术深入应用于传统产业，提高企业生产率，为企业提质增效。随着数字技术深度应

---

① 习近平：《习近平著作选读》第一卷，人民出版社，2023，第25页。

用、生产数据价值深入挖掘，数字经济协助实体经济提质增效，引领实体经济主体高质量发展。

二是推动居民消费升级。数字经济新模式、新业态将促进居民消费升级，消费者个性化、定制化需求得到企业重视，为满足客户需求，企业不得不提升产品和服务质量，从侧面拉动经济高质量发展。

三是支持加快构建新发展格局。产业数字化改造的过程，在改进自身产品与服务的同时，强化了产业链、供应链、物流链的韧性，完善了实体经济内外循环的格局，从发展格局上引领了我国经济高质量发展。

3. 有利于稳定宏观经济大盘

数字经济和实体经济融合发展对扩大国内内需、转化发展动能、稳定国家经济起到至关重要作用。从消费角度来看，数字经济和实体经济融合发展推动新的消费场景、新的消费方式层出不穷，消费者消费意愿显著增强，消费拉动经济增长效果显著。从投资角度看，数字经济和实体经济融合发展带动了数字领域的投资，也拉动了与数字领域相关的实体主体的投资，扩大了国内投资需求。从贸易角度讲，数字经济和实体经济融合发展降低了时间和空间上的贸易成本，促进新型贸易发展，推动国内外贸易加速增长。

7.1.2　数字经济和实体经济融合发展的内涵

数字经济和实体经济融合发展，是指推动实体经济由非数字化向数字化转型升级的发展过程，主要包括农业、工业和服务业三大产业的数字化转型。对于两者融合发展的内涵的理解，要基于数字经济和实体经济两者之间相辅相成、互为一体的关系。具体表现如表 7-1 所示。

表 7-1　数字经济和实体经济之间的关系

维度	实体经济	数字经济
从依存关系来看	实体经济依靠数字经济开拓市场、节约成本、提高产能	数字经济的发展建立在实体经济的物质载体和市场需求之上
从作用关系来看	实体经济为数字经济发展提供有力支撑，比如物流链、供应链等基础设施为数字经济提供发展平台	数字经济推动了现代商业变革，改变了生产方式、商业模式和消费习惯，促进了产业的转型升级
从发展趋势来看	面对百年未有之大变局和错综复杂的国际环境，实体经济发展面临结构优化和动能转换的挑战，通过数字经济赋能，实体经济转型发展已然成为战胜挑战的最优选项	

因此，数字经济与实体经济融合发展是建设现代化产业体系的内在要求，是新形势下经济发展的必然路径，是新一轮科技革命和产业变革的大势所趋。

7.1.3 数字经济和实体经济融合发展的内容

数字经济和实体经济深度融合发展，加速数字产业化和产业数字化进程，是引领我国实体经济高质量发展的新引擎，也是建设社会主义现代经济体系的重要支撑。数字经济与实体经济融合主要包括以下三方面内容。

1. 推动数字产业健康发展

根据国家统计局发布的《数字经济及其核心产业统计分类（2021）》，数字产业包括数字产品制造业、数字产品服务业、数字技术应用业和数字要素驱动业。数字产业以数字技术为核心，其特点为创新性高、渗透性强、覆盖性广，是促进数字经济发展的主要动力，也是数字经济与实体经济深度融合的支撑基础。从中国信息通信研究院发布的数据来看，2017 年至 2022 年，我国数字产业化规模与产业数字化规模稳步增长，如图 7-1 所示。2022 年，电子信息制造业实现营业收入 15.4 万亿元，同比增长 5.5%；软件业收入达 10.81 万亿元，同比增长 11.2%；工业互联网核心产业规模超 1.2 万亿元，同比增长 15.5%。随着 5G、人工智能、物联网、区块链、关键软件等技术的进一步发展壮大，数字产业将迎来广阔的发展空间（如图 7-1 所示）。

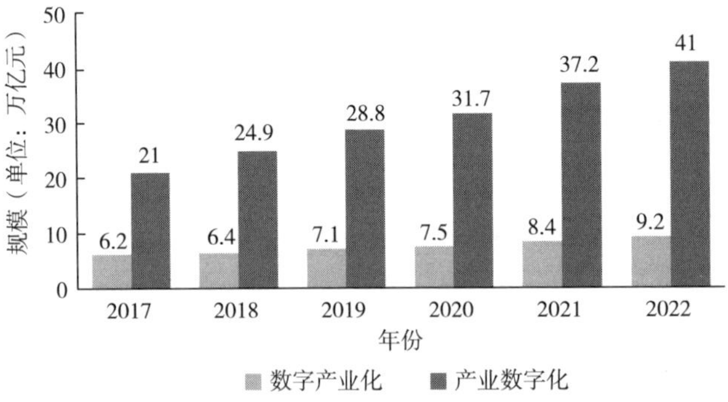

图 7-1　2017—2022 年我国数字产业化和产业数字化规模

数据来源：中国信息通信研究院。

2. 数字经济赋能实体经济

数字经济赋能实体经济的本质，是发挥数据要素和数字应用对实体经济发展的乘数效应，推动实体经济转型升级，引领实现高质量发展。

第一，数字技术应用于实体经济。数字技术正在引领实体经济创新发展，催生出各行各业的新业态、新模式。5G、物联网、大数据、云计算、人工智能等数字技术在传统企业中广泛应用，元宇宙、量子通信、混合计算、未来网络等新一代数字技术已开始从理论走向实践。数字技术通过精准匹配、高效处理、智能管理等方式降低企业生产经营成本，提高企业经济效益。这将引发实体经济产生多领域、多层次的变革，出现新的商业模式和新的发展空间，从而为实体经济发展注入新动能。

第二，数据要素融入实体经济。数据作为新型要素，与土地、资本、劳动力、技术并列构成五大生产要素，具有无形性、非消耗性等特点，是连接数字产业化和产业数字化的重要通道。数据已在我国实体经济各产业中融入流通，成为企业实现战略目标的宝贵资源。实体经济发展模式已转变为主要依托数据要素，协同其他生产要素全面发展的模式。

第三，数字平台为实体经济提供支撑载体。数字经济和实体经济融合发展过程中，数字平台充当了中介的角色，通过技术的研发、创新、应用、共享，推进产业融合和产业链延伸，加速了市场资源的整合。

3. 传统产业数字化改造

着力解决传统产业数字化改造中的突出问题，加快传统产业数字化转型，是数字经济和实体经济融合发展的重要内容。互联网企业在完成自身专业领域发展建设后，纷纷将目光转向传统企业所在市场，驱动传统企业通过数字化改造实现转型升级。

对传统企业的数字化改造，涉及企业组织结构、商业模式、产品服务形态等各方面变革。当前，各省市纷纷响应国家号召，推动本省市传统产业数字化改造。例如，近年来，南昌市全力推动产业数字化转型，通过“机器换人”“设备换芯”“生产换线”，让传统企业老树发新枝，推动产业转型升级；江门市以实体经济为本，坚持制造业当家，深入实施“工业振兴”工程，推动传统产业数字化改造，开辟硅能源、新能源电池、新型储能、盾构机、传感器、安全应急等特色产业新赛道。新一代数字技术应用通过实体经济创造价值，并在传统产业数字化改造中彰显作用。

7.1.4 数字经济和实体经济融合发展的路径

在新形势下，把握新发展阶段、贯彻新发展理念、构建新发展格局、推动高质量发展，对我国数字经济与实体经济融合发展提出了更高要求。广泛推动数字经济和实体经济的深度融合发展，可以参考以下路径。

1. 加快数字技术自主创新

推进数字技术特别是新一代核心技术自主创新，是引领数字经济和实体经济融合发展的关键举措。一是政府、企业加大对数字技术的研发投入，政策上给予企业在研发人工智能、量子通信、未来网络等前沿数字技术上的支持，引导更多的企业加入数字技术的自主创新。二是行业龙头企业与著名科研院所联合深入探究数字技术在实体经济各领域的场景应用，加快高端芯片、工业软件、控制系统等领域关键技术的自主可控，防止“卡脖子”局面的发生。三是加大 5G 等优势技术在各领域的应用力度，确保技术领先地位和应用的广度深度，保持在全球数字竞争中的领跑地位。

2. 加快数字化人才队伍建设

数字化人才是数字经济与实体经济融合发展的核心竞争力。一是通过自主培养、人才引进、合作培养等方式加快培育高水平的数字化专业人才，建设数字化专业人才队伍。二是鼓励高校制定数字化人才培养方案，增设数字化相关专业，主动对接未来社会就业需求。三是完善数字化人才职业技能鉴定、执业资格审查以及考核评价等制度，设立与之相适应的激励机制，为数字经济与实体经济融合发展提供人才保障。四是坚持对外开放，开展合作交流，紧盯国际数字化前沿领域，通过项目合作、联合攻关等方式与国外一流企业、科研院所探讨交流数字化新领域、新科技，大力培养具有国际视野的数字化专业人才。

3. 加快数字化基础设施建设

数字基础设施对产业数字化转型起着重要的支撑作用，加快数字化基础设施建设将为数字经济与实体经济发展提供有力支撑。一是投资 5G 、物联网、数据中心等为代表的新数字型基础设施建设，并改造和升级传统基础设施向数字化转变，构建智能计算中心、大数据网络中心和工业互联网平台，提升实体经济各行业数据的挖掘、存储、分析和处理能力。二是国家和地方政府积极出台相关政策，为数字基础设施建设合理规划区域，并在税收、用地、政务服务等方面为建设数字化基础设施提供便利，营造良好营商环境。三是培育一批具有专业化水平的可提供数字化转型解决方案的供应商，降低数字经济的参与成本和参与门槛，利用用户补贴、政府采购等手段帮助企业在数字平台上推广。

4. 加强产业政策导向作用

数字经济逐渐成为世界各国尤其是大国竞争的核心领域，各国都在大力发展数字技术，为国家在未来竞争中抢夺先机。为此，各国近些年来持续发布数字产业政策，主要包括数字产业化和产业数字化两大方向内容。我国从 2015 年以来实施了各种产业政策，推动企业实施数字化改造，需要根据这些年总结的实践经验，加强理论研究和政策评估，结合数字经济和实体经济深度融合发展的要求，进一步调整优化产业政策的范围和内容，促进数字化产业结构变得更加合理，深化各产业数字化、绿色化升级改造，加强产业政策的功能性和导向性。

7.2　工业数字化发展战略

工业是我国实体经济的重要组成部分，随着工业经济近些年的高速发展，我国已经成为世界制造大国。然而，和美国、德国等制造强国相比，我国在高端产品市场占有率和产品附加值等方面还有很大差距。加快推进工业数字化向前发展，对我国抢占新一轮科技革命与产业变革浪潮中的历史机遇具有重要意义，也是推动实体经济做强做优做大的关键抓手。我国作为制造大国，信息产业发达，要加快推进数字技术与工业深度融合，助力工业数字化发展，引领工业高质量发展，促进我国工业产业迈向国际产业链中高端。

7.2.1　工业数字化发展的现状

工业数字化发展是指利用信息技术和数字化技术改善和优化传统工业生产和管理过程。目前，工业数字化已经成为全球范围内的工业发展的重要方向，世界各国积极提出符合本国国情的工业数字化发展战略。我国政府近年来先后出台一系列政策制度，积极推进工业与数字经济融合发展。经过近几年的高速发展，目前工业数字化发展已取得一定成绩。

1. 制造业智能化升级

智能制造是工业数字化的核心目标之一，它通过集成先进的传感器、机器人、自动化系统和数据分析技术，实现生产过程的智能化和自动化。智能制造可以提高生产效率、降低能耗和减少错误率。中国政府通过实施“中国制造 2025”战略，推动制造业的数字化转型和智能化升级，应用物联网、云计算、人工智能等技术实现生产线的智能化和自动化，提高了生产效率和质量。2023 年上半年，全国制造业增加值同比增长 4.2%，比一季度加快了 1.3 个百分点，其中尤为突出的是高端制造业增长较快。航空航天器及设备制造业增加值同比增长 22.9%，重点领域的关键环节技术攻关不断取得突破，带动相关生产高速增长，半导体器件专用设备制造、电子元器件及机电组件设备制造同比增长都达到30%以上。

2. 工业互联网平台建设

工业互联网是工业数字化的重要组成部分，它将物理设备、传感器、计算机系统和互联网连接起来，实现了设备之间的数据交换和协同工作。通过工业互联网，企业可以实现智能制造、远程监控和预测性维护等功能。中国推动工业互联网发展，建设了一批工业互联网平台，为企业提供了数据共享、协同创新的环境。这些平台整合了传感器数据、生产线数据、供应链数据等，为企业提供了更好的管理和决策支持。2023 年 4 月，中国工业互联网研究院发布《中国工业互联网平台创新发展报告》，该报告显示，截至2022年年底，全国具有影响力的工业互联网平台超过240家，重点平台连接设备超8 100万台（套），连接设备数量最多的是电力设备、交通设备和仪器仪表，工业 App 数量已超过60万个。2022年“双跨（跨行业，跨领域）”平台增加至28家，新增72家特色型工业互联网平台，其中面向重点行业的平台 61 家，面向重点区域的平台 11 家。

3. 工业大数据应用

工业大数据正在成为工业发展的核心资源，通过收集、分析和利用大数据，企业可以更好地发现生产过程中的问题和机会，并基于数据驱动的决策来优化生产和管理。越来越多的企业开始重视工业大数据的应用，将数据挖掘、分析和利用作为重要战略，以实现业务优化和创新，通过对海量数据的分析，实现对设备运行状态的实时监测和预测维护，提高设备的可靠性和利用率。同时，利用工业大数据还可以对产品质量进行追溯和分析，可提高质量管理水平。各类主体都在加快布局工业大数据，形成了多元化的竞争格局。2022 年中国工业大数据市场规模为 1 469 亿元，在全球工业大数据市场规模中占比约为 32. 6%。预计到2023 年年底，中国工业大数据市场规模将达到 2 000 亿元，在全球工业大数据市场规模中占比将达到 43. 2%①。

4. 互联网企业跨界融合

随着互联网消费的繁荣，我国部分互联网企业发展迅速，具有全球领先水平。近年来，互联网企业结合自身优势，跨界与制造企业进行融合，为制造企业提供数字技术服务，助力制造业数字化发展。大型通信企业，发挥连接广泛、数

① 尚普咨询:《2023 年工业大数据行业国际竞争力提升策略》，尚普咨询集团报告 2023 年 6 月 12 日。

据丰富、储存和计算能力强的优势，为传统制造业企业提供数字基础服务，帮助传统制造企业进行数字化改造。软件企业和自动化企业正在推动软件企业信息技术（IT）和现场操作层（OT）融合。IT系统向下延伸至OT，而OT本身具备丰富的经验，向上延伸至IT，这两者互相融合，殊途同归，为传统制造企业提供了数字化改造解决方案，如图7-2所示。目前，这一做法在钢铁、汽车、电器等行业取得了实质性突破。

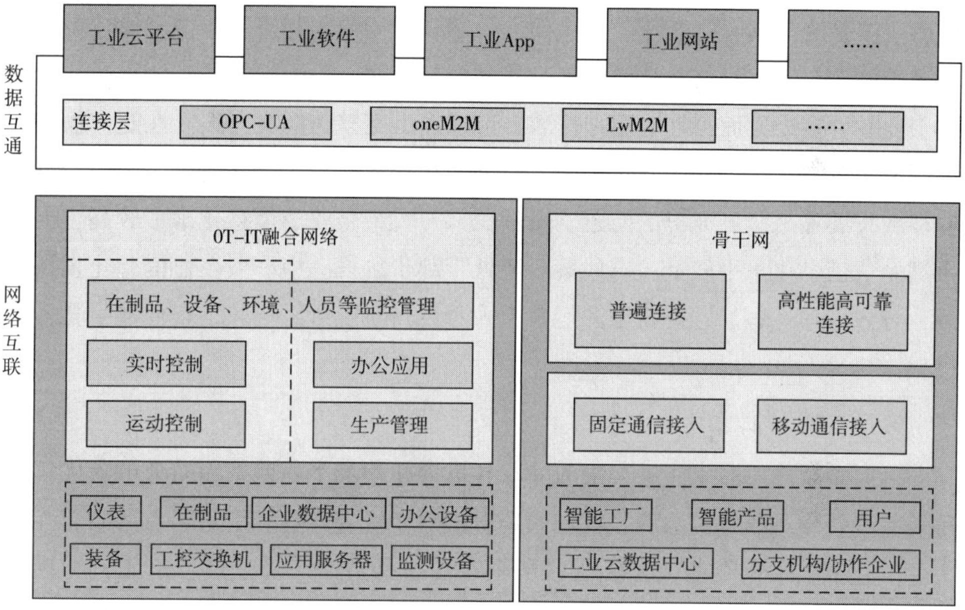

图7-2 工厂IT和OT融合示意图

7.2.2 工业数字化发展面临的问题

工业是国民经济命脉，工业数字化发展是产业数字化发展的主要方向。我国工业数字化的发展相对服务业较缓慢，还存在几方面问题亟待解决。

1. 缺少关键核心技术

一是高端智能装备生产制造能力受制约。以高档数控机床为典型代表的高端智能领域，由于核心零部件、数控系统受技术条件的制约，导致其生产能力不足。二是工业自动化核心产品及标准由他国掌控，例如霍尼韦尔、意法等跨国企业主导和掌控的工业传感器产品及标准。虽然我国在工业整机领域有一定的基础，但主要嵌入的是制造链条的低端环节。三是工业软件处在较低水平，我国工业基础与工业软件应用水平与西方发达国家还存在较大差距，多数领域技术的竞争力还有待提高。四是新一代工业数字化技术起步较晚，工业互联网平台在未来高端制造发展上起到至关重要的作用，许多国家很早规划布局，加快平台发展，我国起步较晚，处于跟进追赶的状态，这也制约着工业数字化的发展。

2. 缺乏产业支撑能力

一是基础研究重视程度不足。近年来，我国政府和企业不断加大对科研方面的投入，但在基础研究方面投入的资金、资源比例低，导致了技术创新缺乏原创能力。二是缺少国际化企业。整体而言，国外一流跨国制造企业在规模体量上领先我国制造企业，且具有全面的产品线和业务范围，包含智能装备、自动化生产和工业软件多个方面，针对用户需求，可以提供完整的解决方案。在这方面，我国制造企业缺乏代表性国际化企业。三是中小企业缺乏信息化基础。我国制造企业存在发展不平衡不充分的问题，虽然少部分大型企业的信息化水平较高，但中小型企业信息化水平较低，有些甚至还处于起步阶段。中小型企业信息化发展滞后，导致管理理念、管理机制和运营模式难以与时俱进，减缓了企业数字化转型进程。

3. 发展环境仍须优化

一是缺少支撑数字工业发展人才。在数字化浪潮下，传统制造业的人才需要随着企业转型升级提高自身技能与素质，同时企业要培育和引进工业数字化专业人才，建设数字化专业人才队伍任务艰巨。二是数字工业发展资金支持力度不够。发展数字工业需要对平台建设、系统开发、技术应用等方面进行投资，目前以政府为主导的资金扶持还无法满足工业数字化生态体系的建设。三是国际竞争日趋激烈，外部压力加剧。美、德、日、法等发达国家在工业数字化发展上起步较早，抢占了一定的先机。它们利用研发的新产品、新标准向我国输出，企图在我国市场上建立产品和标准主导地位。

4. 政策制定亟待完善

一是产业政策需要提升精准性。近年来，我国出台了一系列国家级、省市级产业政策，但政策存在精准性不足、传导不通畅的问题。在政策执行层面，一些省（自治区、直辖市）在某些重点领域一拥而上，重复性建设偏多，造成了高端产业低端化和产能过剩问题。二是数据保护政策体系构建不全。数据作为新的生产要素，在确权、交易、流通、保护方面存在问题。工业数据流动涉及国家安全，保护数据安全至关重要，一旦数据遭到泄露，将给国家和工业企业带来严重损失。三是兜底保障政策不健全。工业数字化发展必然造成企业雇用人数减少、技能要求提高的局面，这将无法满足企业转型过程中对人员的就业需求。数字化改造后对低技能人员、老龄劳动力的就业负面影响需要重视。

7.2.3　工业数字化发展的路径

我国工业数字化发展正赶上新工业革命的历史机遇，要以数字化、智能化、绿色化为契机，加速制造业发展更新迭代，推动新一代高新技术与先进制造业融合发展，引领制造业为代表的工业行业向高质量发展。

1. 推动关键技术产业改造升级，筑牢转型基础

推动信息领域核心技术创新突破，打造工业硬件和软件产业核心竞争力，着力构筑工业数字化的坚实基础。一是推动软件产业改造升级，完善软件产业体系建设，提升软件供给能力，大力发展建设软件平台。二是推动工业核心硬件发展，打破芯片、传感器、机器人、数控机床等工业关键技术封锁，积极推广规模化示范应用，形成产业竞争力。三是加快培育可提供工业数字化发展解决方案供应商，积极培育跨领域、跨行业、跨地区的综合型数字化解决方案供应商，真正解决制造业企业数字化发展难题，着力帮助和扶持中小制造企业渡过数字化转型难关。

2. 推进工业互联网深入发展，把握转型方向

以网络、平台、安全为三大核心要素，推进工业互联网深入发展，助力工业数字化转型。一是推动新型网络体系建设，工厂内部加快部署新型网络技术应用，工厂外部积极构建低时延、高可靠、广覆盖、可定制的工业互联网骨干网络。二是深入构建平台生态，按照业务与功能的差异方向，强化平台分类指导，指明发展策略路径，从供给和需求两侧发力，确保工业互联网平台的建设质量。三是继续健全管理体制，改进技术手段，构建多层次安全保障体系，确保设备安全、网络安全和数据安全。

3. 推动技术与行业深度融合，扩大转型空间

全面深化 5G、互联网、大数据、云计算、人工智能等数字技术和制造业的融合，构建以数据为驱动，以网络为基础，以智能化为创新的制造新模式、新业态。一是推动企业数字化改造升级。数字化赋能设备和生产线，实现自动化生产，在工业企业关键工序中继续提升数控化率和数字化设备联网率。推动企业信息化系统更新迭代，协助中小工业企业普及基础信息系统应用，鼓励大中型企业

升级新型信息系统，利用信息技术改善企业管理经营。二是加快互联网与制造业融合发展。支持鼓励有数字化条件的企业优先探索网络化协同、个性化定制、服务化延伸等新模式，推进组织结构和商业模式创新。三是推动制造业与云数据中心互联。在重要节点城市建立云数据中心，将制造业企业与云数据中心互联通信，通过云数据中心处理制造业企业集成数据，促进制造业企业设计、生产、运输全面集成。

4. 不断优化数字化发展环境，提供转型保障

深挖数据要素潜力，强化财税支持力度，释放制度改革红利，充分利用国内外数字资源，推动工业数字化发展。一是增加要素供给。加速数据立法进程，完善工业数据交易流通、开放共享和安全保护等法律规定，打造贯穿全流程、全产业链、全生命周期的工业数据链，重视数据的采集、流通、开发和利用，深挖工业数据要素价值。二是加强财税支持力度，吸引资金投入工业数字化发展进程，充分利用现有资金渠道，改善企业融资环境，支持工业数字化转型发展。延续升级信息传输、软件和信息技术服务税收优惠政策，对工业软件等关键领域发展实施免税政策。鼓励金融机构创新信用评价体系和产品服务，为中小型企业实施数字化发展提供融资保障。三是优化制度保障。进一步深化“放管服”改革，以市场准入负面清单为准绳，以信用监管为基础，营造规范有序、公平竞争、鼓励创新的发展环境。加强对数据信息和知识产权的保护力度，保护企业专利、数字版权、商业秘密。工业企业协同平台企业、金融机构，建立数据共享中心，打造以数据驱动的新型信用体系，推动业务协作。四是加强国际合作。开展以智能制造、工业互联网等领域为重点的双边或多边合作，在技术、产业、标准、人才培养等方面深入交流与合作，培育若干具有示范性的国际合作项目。

7.3 农业数字化发展战略

农业是国家的基础产业，直接关乎民心安定。我国农业目前总体上还处于机械化阶段，数字化进程任重道远。农业数字化发展就是要将信息技术、数字技术与农业生产经营深度融合，实现农业数字化改造，其根本目的在于提高劳动生产率和资源利用率，改善农民生活水平，让农民享受现代化成果。数字农业是农业现代化的必经之路，正推动我国从农业大国向农业强国迈进。近年来，农业数字化发展已经成为全面推进乡村振兴战略和建设数字中国的关键举措。

7.3.1 农业数字化发展的现状

1. 政策支撑体系基本成形

近几年，党中央、国务院将农业作为数字化发展的重要领域，出台了一系列农业数字化政策，积极推动农业数字化发展，具体政策如表 7–2 所示。

表 7–2 农业数字化相关政策要点

时间	政策名称	政策要点
2015 年 9 月	《推进农业电子商务发展行动计划》	提出了推进农业电子商务的指导思想和基本原则，要求在推进过程中以改革创新为动力，以加快转变农业发展方式、有效提升消费需求为主线，强化顶层设计和政策引导，着力解决农业电子商务发展中的困难和问题
2015 年 12 月	《农业部关于推进农业农村大数据发展的实施意见》	强调要加强数据整合共享和有序开放，充分发挥大数据的预测功能，深化大数据在农业生产、经营、管理和服务等方面的创新应用
2016 年 4 月	《“互联网 +”现代农业三年行动实施方案》	明确了农业生产、经营、服务和农业农村方面的主要任务，提出建立农业物联网试验示范工程、农业电子商务示范工程、信息进村入户工程、农机精准作业示范工程、测土配方施肥手机服务工程和农业信息经济综合示范区六项重大工程
2016 年 9 月	《“十三五”全国农业农村信息化发展规划》	提出围绕推进农业供给侧结构性改革，构建农业体系生产体系和经营体系，加快推进农业生产智能化、经营网络化、管理数字化和服务在线化
2019 年 5 月	《数字乡村发展战略纲要》	强调加快农村数字经济发展，强化农业农村的科技创新供给，繁荣乡村网络文化，激发内生动力，明确三个阶段关于网络覆盖率、弥合城乡“数字鸿沟”和农村数字化的目标
2019 年 12 月	《数字农业农村发展规划（2019—2025 年）》	明确数字乡村建设总目标，围绕数字产业化和产业数字化，提出构建基础数据资源体系、加快生产经营数字化改造、推进管理服务数字化转型、强化关键技术装备创新四方面任务
2023 年 4 月	《2023 年数字乡村发展工作要点》	指出以数字化赋能乡村产业发展、乡村建设和乡村治理，整体带动农业农村现代化发展、促进农村农民共同富裕，推动农业强国建设取得新进展、数字中国建设迈上新台阶

2. 农业数字化初见成效

第一，生产数字化。互联网推动农业从传统粗放式的种植养殖模式向精细化、智能化方式转变。智能农业设施和装备通过装配传感器，可以实现对周围环境信息的感知；农业设施、设备间通过物联网等技术高效联通，实现了对农业设施的自动调节控制；云计算、大数据等技术的应用，提升了对农业环境信息、生产数据等方面的分析处理能力，实现了对天气、气候、病虫等方面的精准预测。例如，农户足不出户，通过智能终端和互联网，就可以对土壤温度、湿度等环境信息进行远程查看与控制，或者实时远程监测禽畜一举一动，还可以远程调控养殖塘内温度、溶氧量等参数。

第二，经营数字化。农业经营的理念和模式因互联网发生了巨大改变，农业经营网络化成为目前主流趋势。农户之间、农户与市场、农户与客户之间的信息交流更加通畅，数据共享更加便利，提高了农业经营资源利用率，拓展了农业规模水平。农业大户、龙头企业、农民专业合作社等新型农业生产经营主体利用互联网科技，在生产监测、成本核算等方面都实现了信息化管理。农业电子商务的发展，让农户可以直接对接市场需求，减少了中间环节的成本，提升了农户生产经营的积极性。近年来，订单农业发展迅速，形成了一种具有鲜明“消费导向”功能的新型生产经营模式，通过互联网与意向购买者签订订单出售农产品，根据市场需要来组织生产经营，避免了盲目生产，实现了按需供给。

第三，管理数字化。农业管理因互联网手段应用而变得更加先进，创新了农业管理方式，提高了农业管理效率，促进了农业管理转型。随着 PC 互联网过渡到移动互联网，通过信息化手段，农业生产经营主体可以在手机上在线处理行政审批、公共服务等事项。农业管理部门利用农业大数据进行分析预测，提高了对自然灾害、突发事件、重大动物疫病防控等方面的预测和处理能力，有效提升了管理决策水平。此外，农业生产主体通过引入云计算，依靠强大的处理和存储能力，帮助农业生产实现精细化管理，通过数据分析和模型预测，为农业管理提供了精准又精细的数据支撑。

第四，服务数字化。随着信息技术手段的应用，农业服务渠道变得多样化，延展了农业信息服务领域。通过 PC、手机等终端载体，在微信、微博、抖音等应用平台上，农户能够及时获取与农业生产、经营、管理等方面的政策制度、市场信息，有助于农户信息获取效率，帮助农户及时调整生产经营策略。在各级政府大力推动之下，信息进村覆盖范围逐步扩大，功能不断拓展优化，还为农户提供了各类便民服务、公益服务、电子商务培训等服务。在涉农信息服务方面，基于新一代信息技术的农业信息服务平台已初步构建，这也为广大农户提供了良好的公共服务平台。

7.3.2　农业数字化发展面临的问题

互联网向农村渗透普及，为农业数字化发展提供了良好基础。近几年，在数字化技术推动之下，我国数字农业的发展在理论层面和实践层面均取得了一定成绩，各地也涌现出一些农业数字化转型的成功案例。然而，综合来看，我国数字农业仍处于发展初期。农业领域还存在物流建设、人才、技术等方面的问题，在很大程度上制约着农业数字化的全面发展。

1. 农村物流建设滞后

农村物流建设滞后会严重制约农产品电子商务，特别是生鲜产品电子商务的发展。尽管我国近些年在物流体系建设方面发展迅速，但是发展不平衡的问题凸显。相比城市而言，农村地区物流环节显得相当薄弱。首先，我国农村地区综合交通运输体系尚未形成，存在运输结构不合理的现象，特别是西部地区网络基础薄弱、物流节点不足、道路较为崎岖，无疑增加了农产品的运输成本。其次，农村物流服务体系不够健全。农村物流机构数量虽然在一直增加，但是由于地区限制，规模普遍较小，层次普遍较低，管理运营水平欠缺，导致服务效率和服务水平仍处在低位水平。最后，农产品冷链运输不完善。生鲜食品是农业电商产品中的重要部分，由于冷链运输成本高、建设复杂等原因，目前我国冷链运输未能在农村铺设开，导致运输过程中农产品损耗较高。

2. 数字农业人才不足

农业数字化发展是一项庞杂的系统工程，需要高素质的专业人才作为发展的关键支撑。但是我国多数农村地区经济较落后，商业科技水平落后，不仅无法吸引人才来工作，还造成了本地人才严重流失的局面。留守农村的老弱妇孺对数字化认识有限，信息技术应用能力不足，无法支持农村数字化的发展。数字农业的发展，是传统农业与数字技术的深度融合，其发展需要既了解农业生产经营，又熟练掌握物联网、大数据、云计算等数字技术的复合人才，但这样的人才很难招募到农村中去。针对农业数字化发展人才的学科设置及培养方案还处于起步阶段，对农业数字化人才的培养和培训都明显存在短板。

3. 农业数字化应用能力不足

推动农业数字化发展，需要充分利用以 5G、物联网、大数据、云计算等为代表的数字技术应用，向建设智慧、绿色、高效的农业方向前进。但对于农村地区而言，相关应用在农业上的研发和创新不足，数字基础设施薄弱，导致数字化成果转化率和产业化程度与工业、服务业相比较低。数字技术在农业领域的应用多数还停留在示范阶段，离转化为现实生产力还有差距。互联网企业、软件服务企业、电信运营商对参与农村发展信息化和数字化发展的热情、意愿都不强，在农村生产、销售、管理、物流各环节都缺少布局。农户对数字技术也缺乏敏感度，供需双方无法形成良性互动，进一步制约了农业数字化的推广与发展。

7.3.3 农业数字化发展的路径

1. 完善基础设施建设

我国农村电子商务发展目前处于初级阶段，各项基础设施还有待完善，因此要大力推动农业基础设施建设。一是重视农村物流体系建设，改善农村交通设施，提升道路质量，加大路网密度，促进农产品销售、流通，为农村电子商务提供物流交通方面的便利。此外，针对生鲜农产品，政府应协同社会各界，提供政策和资金支持，加大冷链物流建设力度。同时，加快商务、邮政、快递等农村物流基础设施的建设。二是加快农村网络基础建设，将光纤网、宽带网有效覆盖在全国农村各个角落，进一步提高农村网络普及率。完善电信服务补偿机制，加快网络基础设施建设，促进资费下调、网速提升。三是加强农业信息化装备建设，进一步提升农田水利基础设施、工厂化养殖、农机装备等基础设施的信息化水平。

2. 加强政策支持引导

建立健全农业数字化发展的政策体系、法律体系和制度体系，出台相关规划和实施意见，支持农产品的质量安全可追溯、分级包装、冷链物流等技术发展，加大对农业电子商务发展的支持力度。进一步完善数字农业政策调控和法律保障体系：流程上涵盖农业生产、经营、管理、服务各方面；技术上覆盖5G、物联网技术、大数据、云计算、移动互联网等，做到整体部署、分步执行，有序开展各项工作；推动政府、企业信息资源共享开放，加强信息一体化建设。同时，指导各省市因地制宜制定实施本地区农业数字化行动计划和实施方案，加强政策落地执行能力，确保农业数字化健康可持续发展。

加大对农业科技创新的财政扶持力度。鼓励高校、企业和社会各界参与农业科技创新，采取适度优惠和免税政策，助力各相关主体协同创新，合理分配利益，加大对农业科技中小企业的资助力度。鼓励高校、科研机构、企业展开合作，开展农业物联网、农业大数据、农业人工智能等核心技术的技术攻关及设备研发，推广传感器、智能控制等先进应用，对重点项目和重点领域优先提供资金支持。

3. 形成试点示范效应

深入实施农业数字化建设工程，支持各地区试点示范，由点到面辐射至周围行政村，再带动其他地区开展农业数字化建设工作。支持建设互联网特色村镇，指导各地区开展农业特色互联网小镇建设试点，探索农业特色互联网小镇建设可持续发展机制，将经验总结进行推广宣传。做好数字农业建设试点项目，重点支持数字农业试点县、数字农业创新中心等大型项目建设。扩大农业物联网区域试验范围，推动农业大数据试点建设，完善重要农产品品种全产业链大数据建设，利用云计算开展农业信息监测预警，推动农、林、牧、渔的种养一体，促进农村第一、第二、第三产业的融合发展。加快益农信息社建设，继续完善运营管理机制，调动社会各界力量积极参与，实现健康绿色发展。

4. 培养复合型人才

当前，我国农村人才的整体素质难以满足农业数字化发展要求。数字农业需要有文化、有技术、懂经营的复合型人才。各级政府应该将农民的培训经费作为专项经费纳入年度财政预算，持续完善财政资金投入和补贴机制。加强政策宣传和引导，鼓励人才返乡，投身农业数字化发展事业。帮扶各行政村开展数字农业培训，根据不同主体设计培训内容，开展不同类别、不同内容、有针对性的专题培训，提高农村基层干部运用数字技术应用开展工作的能力，进而提高新型农业生产经营主体、农户、农家乐业主等驾驭数字技术应用的能力。大规模开展农民手机应用培训，引导农村网民对电子商务、电子政务等方面的了解和掌握，帮助农民学习互联网技能，从思想上认识互联网的价值，培育了解农业信息化、数字化的新型职业农民，为全面建设现代化农村的储备人才。

7.4　服务业数字化发展战略

我国是服务业大国，在三大产业中，服务业对经济增长贡献最大，已经成为国民经济第一大产业。我国数字经济与服务业融合程度较高，服务业数字化发展具有比较优势，涌现出许多服务业数字化发展新业态、新模式，在带动消费、产业升级、创业就业方面发挥了重要作用。当前，服务业数字化发展仍在加速推进，我国要发挥新零售、移动支付、智慧物流等数字化优势领域的功能，进一步推进服务业与数字技术的全面深度融合，推动服务业数字化发展，为我国经济高质量发展提供持久动力。

7.4.1 服务业数字化发展的现状

数字经济与服务业的深度融合为我国居民提供了极大便利，也推动了服务业数字化转型发展。随着数字技术的发展与应用，金融、物流、交通、医疗等第三产业纷纷加入数字化发展浪潮，服务业数字化全面开花，发展势不可挡。

1. 数字金融

2020 年以来，我国受新冠疫情和国际形势双重影响，经济受到巨大的冲击，线下金融服务遭到重创，倒逼金融机构开展数字化转型。一是数字科技催生金融服务新业态、新模式。受新冠疫情影响，银行柜台、证券公司柜台等传统线下业务受到较大冲击。为此，金融机构通过数字技术应用，开发了适用于线上金融活动的应用场景，比如线上获客、数字营销、智能客服等。央行近几年也在不断创新，推出了试点远程开户等线上金融服务。二是科技企业与金融机构兼并合作。随着数字经济发展，各行各业正通过多种方式打造新场景，加速推动存量市场资源整合。科技企业纷纷与金融机构合作，通过线上用户数据分析、线上流量运营、实时风控监测等方式助力金融机构数字化改革。传统金融机构本身拥有牌照，加上科技赋能，很多新产品、新服务应运而生。

2. 数字物流

随着近些年物流业务量的激增，物流行业发展迅猛，客户对物流服务质量的要求也越来越高，这促使物流企业使用更加先进的物流设备与技术提升客户体验。数字技术的发展及应用，为物流数字化提供了有力保障。目前，很多技术已被广泛应用到了物流行业中，例如包装技术、装卸技术、线路优化技术、条码与自动识别技术、物流 EDI 技术等。这些都是数字技术与智能终端充分融合的产物，在很大程度上满足了用户时效快、动态监测、实时跟踪的需求，极大推动了我国物流行业数字化的发展。在物流领域，还发展起来一批为人熟知的配送平台，如饿了么、美团外卖、蜂鸟专送等，通过众包模式实现了高效配送，从行业中脱颖而出。

3. 数字交通

2019 年交通运输部发布的《数字交通发展规划纲要》指出，到 2025 年，

“交通运输基础设施和运载装备全要素、全周期的数字化升级迈出新步伐，数字化采集体系和网络化传输体系基本形成”。2021 年年底，交通运输部印发的《数字交通“十四五”发展规划》又强调，到 2025 年，“交通设施数字感知，信息网络广泛覆盖，运输服务便捷智能，行业治理在线协同，技术应用创新活跃，网络安全保障有力”的数字交通体系深入推进。这两个政策性文件都强调了交通运输数字化的发展规划，前者提出了基本发展方向，后者则给出了明确的发展目标。随着近些年人工智能、区块链、大数据、云计算等数字技术不断发展，车路协同、自动驾驶、智能出行逐渐成为数字交通的重点研发领域和实践应用方向，部分成果已经在现实中应用，使交通出行更智能。例如采用车路协同系统，为驾驶员提供碰撞预警、自适应巡航等辅助驾驶功能，可有效避免重大交通事故发生，如图 7-3 所示。

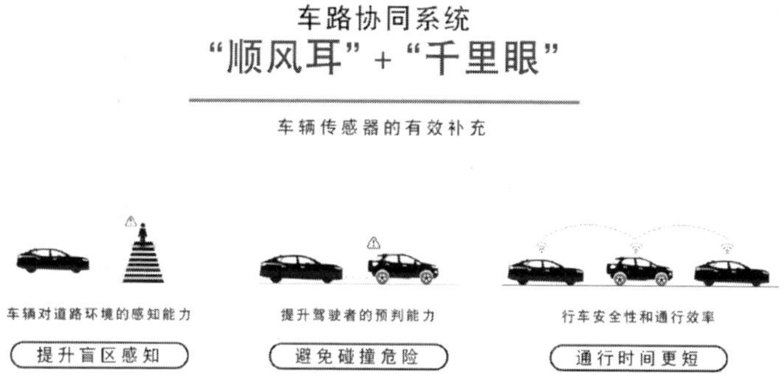

图 7-3　车路协同系统功能图

4. 数字医疗

“互联网+医疗”概念提出至今，已成为世界许多国家医疗发展的重要方向。在我国，线上看病、线上药房、远程医疗等数字化应用逐渐走进现实，且影响力越来越大。国内外众多医疗机构和医药企业都在持续加大对数字医疗的投资力度，力求将研究成果转化为现实应用。目前，数字医疗应用体现在诸多方面：一是医院信息服务，通过医院信息系统、医学影像存档与通信系统、实验室信息系统等各个信息系统的通信互联，使得医生、患者在预约挂号、就诊服务、诊断治疗环节中更智能、更便捷。二是医患沟通，线上问诊、远程治疗等数字医疗技术改变了传统线下的就医方式，减少了患者就诊等待时间，打破了跨地区看病的空间阻隔，还能够利用医生的业余时间为患者提供看病、治病服务。此外，优质的医疗资源也可以通过线上方式覆盖到医疗条件落后的地区。三是药物研发，数字技术的日趋成熟，无疑加快了药物研发的速度与效率。通过人工智能技术，研究开发准确、科学的算法与模型，可以让人工智能设施设备进行深度学习，有效提高药物的研发品质与效率。

服务业数字化的发展不止在上述行业发光发热，除了以上行业外，其他行业也在采用数字技术赋能自身发展，例如数字教育、数字娱乐、数字贸易等。总而言之，服务业数字化发展给中国经济增添了新活力。

7.4.2 服务业数字化发展面临的问题

近些年，我国服务业数字化发展迅速，部分领域在全球处于领先地位。然而，服务业数字化发展是一项长期任务，在过程中也面临着一些问题，需要政府机关和社会各界共同面对与解决。

1. 发展不平衡

与我国经济发展类似，目前我国服务业数字化发展仍然存在发展不平衡的问题，具体表现在：一是服务业内部发展的不平衡。尽管我国在电子商务、普惠金融、共享经济等方面处于世界领先地位，但是在商务、科技服务等领域的数字化发展仍处于发展的初级阶段，需要加快发展建设速度，赶超西方发达国家在这些领域的成就。二是服务业的大中小型企业间发展不平衡。当前服务业数字化发展成功案例均来自管理体制完善、资金实力雄厚的大型企业，广大中小型企业，特别是小微企业参与服务业数字化发展受资金、人才、管理体制制约，发展现状比较被动，推动服务业中小企业的数字化发展是值得关注的问题。三是服务业地区发展不平衡。主要体现在东部发展比西部好、大城市比小城市好、城市比农村好。经济落后地区服务业数字化发展滞后是由很多因素造成的，例如网络设施不完善、交通运输不发达、人力资源不充足等。

2. 引发冲击效应

依托数字技术赋能的新型服务企业竞争力日趋增长，对传统的服务企业造成了冲击效应，许多传统服务企业亏损严重甚至倒闭，比较有代表性的就是电商零售业发展对实体零售业的冲击，造成了传统服务企业利润骤降、员工失业等问题。近几年在新冠疫情的影响下，线下服务企业经营举步维艰，数字化推动直播带货、抖音商场、淘宝、京东、拼多多等线上零售快速发展，进一步夺取了线下实体门店的市场份额。线下门店个体户倒闭、生意转让等案例比比皆是。数字化的购物、广告、旅游、租车、教育等新型服务的兴起对这些行业领域的线下门店经营也带来极大挑战。在新业态战胜老业态、新模式替代老模式的过程中，一方面倒逼传统服务企业进行数字化改造，助力企业自身转型升级，适应新商业环境；另一方面，大规模的线下实体经济遭受冲击，门店倒闭、员工下岗的问题不容忽视，需要采取适当措施以对冲负面影响。

3. 对经济治理构成挑战

治理能力对平台的健康绿色发展起到至关重要的作用。近年来，以阿里巴巴、腾讯、百度、今日头条、美团为代表的企业主导互联网市场，它们以电商、社交、搜索、自媒体、本地生活为核心，凭借自身优势和雄厚资金，通过兼并收购、强强联合、战略投资等方式进行资源整合，在服务业市场上规模和影响力持续扩大。一方面，这些平台经济体拥有先进的数字技术应用，数据体系庞大，渗透领域颇广；另一方面，网络上虚假信息、不良信息、个人隐私信息正通过这些平台广泛传播。在数字经济时代，对于这些大型平台经济体，政府要在支持发展和监管治理之间找到平衡，防止大型平台形成垄断优势，突破监管红线。服务业数字化的健康可持续发展，必须以法律法规作为保障。数字化发展的过程中涌现出很多新技术、新模式、新业态，打破了旧商业的利益格局，开创了服务业数字化发展新局面。然而，新技术发展过快、行业治理不成熟、政府监管不充分、法律存在滞后性，这些治理方面的问题需要认真对待。

7.4.3　服务业数字化发展的路径

1. 加强传统服务业数字技术的应用

传统生活服务企业受到自身技术能力的限制，直接应用数字技术将耗费大量的资金、人力和物力投入，但随着数字技术发展越来越普及，创造了生活服务领域数字技术应用的更多可能性。生活服务在数字技术应用的支持下，一方面可以提升服务业标准化管理能力。以餐饮企业为例，利用智能机器人可以帮助人类解放生产力，从一些重复性、高风险的劳动中解放出来，让人类去从事更有价值、更有创造性、安全程度更高的工作。应用数字技术的智能清洁机器人，通过设定程序自动执行，明显减少了清洁的时间，也统一了清洁标准，提高了清洁的整体效率。另一方面，服务业数字化发展也正在改变整个行业的商业模式和管理模式，不断提高运营管理效率，满足消费者的个性化需求。以智慧餐饮结算支付为例，只用短短 1 秒时间扫一下餐盘，就可以完成对菜品的电子结算，还提供支持刷脸的支付方式，给顾客带来更好的用餐体验。数字技术在餐饮服务业的应用，既提升了收银的管理与效率，还可以分析菜品的销售数据，精准定位客户的用餐偏好，为客户定制个性化推荐，同时还能协助后厨精细化管理食材成本，增加餐饮企业整体的经营利润。

2. 抓住数字化契机实现服务业产业整合

实现从企业层面到平台层面的资源整合是推动服务业品质和效率提高的必然选择。一方面，数字化发展正推动服务企业做强做优做大。政府鼓励大型服务企业通过并购等方式整合多方资源，推动我国服务业的结构由原来小型、零散型向大型、集中统一型转变，使我国数字经济发展的红利惠及优质服务企业。另一方面，服务业线上与线下融合生态体系逐渐成熟。以零售业为例，在受到互联网冲击后，实体零售企业纷纷都在借助互联网应用，着力打造自身线上平台，并积极与互联网企业、高新科技企业、数字化企业开展战略合作。大型电商企业也在线上目标达成后，将目光转向传统零售业中的优质线下资源，建立与自身线上平台相呼应的线下业务。在大数据、云计算、智慧物流和人工智能技术的推动下，通过线上与线下结合，零售业再次迎来快速发展。当前，服务业的实体店功能正在转变，由原来的销售主战场，逐渐变为品牌展示、数据收集、客户体验的中转站，在服务供给和服务需求之间形成了新平衡。

3. 加速生产性服务业数字化发展进程

从具体领域来看，加速生产性服务业数字化发展要落实以下三点：一是加快智慧物流的发展。不断加快跨行业、跨地区的物流信息服务平台建设，加强物流供需双方的信息对接，提升使用效率；鼓励大数据、云计算、人工智能等数字技术在物流领域的应用，着力打造智能化仓储体系，努力优化物流运作全流程，最终提升物流仓储的自动化、智能化水平，提升物流的运转效率，降低物流的综合成本。二是继续加强电子商务发展。我国电子商务在国际上具有领先优势，应该着力推动农业农村电商和跨境电商向前发展，进一步拓展电子商务发展空间，巩固电子商务领先地位。三是加快发展普惠金融服务。在合法合规的前提下，推动互联网金融健康稳定发展，着力提升互联网金融服务能力和普惠水平，支持鼓励互联网与银行、证券、保险、基金等金融机构的融合创新，为广大民众提供多元化、安全、便捷的金融产品和服务，提升金融业服务数字化水平。

4. 加强数字化公共服务供给力度

进一步促进网络信息技术与政府公共服务体系的深度融合，推动公共数据资源开放共享，整合公共服务创新供给和服务资源，建设面向公众的一体化在线公共服务体系。一是促进基础设施与数字化的资源整合，促进共建共用共享，推动基础信息资源与业务信息交融、交互、共享，深挖大数据价值，创新发展公共服务。二是推进电子政务数字化研发与应用，重点放在推动我国电子政务大数据的研发与应用发展上，通过开放政府数据促进大数据深度应用，鼓励支持社会各界力量积极对政府数据资源的加工和利用，促进公共服务水平进一步提升。三是推动中小型业公共服务平台健康绿色发展。提升中小型企业公共服务平台的协同办公能力，聚集企业资源，提高服务带动能力。推动平台向产业上下游持续拓展服务内容，开展服务合作，建设以平台为核心的服务功能、服务人员、组织机制三者高效协同的公共服务生态。通过利用专项基金、政府购买服务等多种方式，开展面向未来创业创新、走向国际化等新型服务，拓展中小型企业公共服务进一步发展，提升公共服务的专业化、便利化水平。政府还可以引入第三方服务主体，扩大具有增值性的服务供给，鼓励平台与众包、众筹、众扶、众创等“双创”平台战略合作，开展平台关联与对接，共同开发基于数字技术的定制化、多元化、动态化、个性化服务。

5. 完善服务业数字化治理

在推动数字化发展过程中，服务业健康规范发展是稳定服务业市场秩序的重要举措。一是推动服务标准化进程。鼓励服务业行业协会出台统一的行业标准，为服务业服务标准化提供依据。引导企业完善自身管理机制，加强对服务质量和满意度的把控，促进我国服务业持续提升自身标准化程度和提供标准化服务的能力。二是规范数字化发展过程中服务业市场秩序。进一步建立完善相关法律法规和监管机制，规范企业数字化发展行为，引导企业向绿色化、专业化发展，远离不正当竞争与监管红线，确保服务业数字化发展公平有序。三是破除准入门槛高、个人征信缺失等制约瓶颈。全面梳理服务业数字化发展业务存在的准入门槛问题，对新进入企业的不公平、不合理因素坚决予以清除，打造开放包容、公平有序的营商环境。同时，利用大数据，协助企业完善个人征信体系建设，营造以信用体系为核心的服务环境。

案　例

“智赋千企”行动助推企业数字化转型①

加快发展先进制造业，是拓展工业增长空间、推动制造业高质量发展的一个重要举措，重点包括推进产业基础再造、提升产业科技创新能力、培育一批具有

① 资料来源新华网：《湖南湘潭：“智赋千企”行动助推企业数字化转型》。(使用时有删改)

核心竞争力的企业、推动制造业集群发展、统筹推进传统产业的改造提升和新兴产业的培育壮大等5个方面。2022年12月，习近平总书记在中央经济工作会议上指出：“传统制造业是现代化产业体系的基底，要加快数字化转型，推广先进适用技术，着力提升高端化、智能化、绿色化水平。”

“原先一人装一台电机，需要6~8个小时，现在40分钟就可以装一台电机。”在湘电集团电机事业部铁芯车间，10台改造后的智能化设备正在对电机冲片进行加工，车间内很少看到有工人来回走动。

2023年以来，湘潭深入推进“智赋千企”行动，以数字技术赋能企业“三改一扩”（技术改造、数字化改造、绿色化改造、扩产增效），从“制造”到“智造”，促进企业扩能升级、提质增效，制造业高端化、智能化、绿色化发展不断深入。

在华菱湘钢的生产车间里，操作人员坐在远程操控椅上实时操控炼钢区废钢跨天车，有条不紊逐一进行卸车、吊运装槽、配合检修等作业，这是湘潭制造业企业数字化转型的场景之一。5G+无人天车、5G+无人巡检等一系列创新应用，将湘钢从传统炼钢车间变成了“无人钢厂”，生产效率提高了25%，成本降低了20%。

在吉利汽车的物流拣配区，工作人员收到系统订单后，录入信息，AGV小车随即接到指令出发，在货架上拣选订单物品并送往相应的工作人员处，1分钟就完成了整个流程作业。这是湘潭帮助企业搭上“数字化”快车的一个缩影。吉利通过实施5G+工业应用场景开发与运用，实现了从物流配送到车辆生产、质量检测等环节的智能协同作业，成功入选工信部2022年新一代信息技术与制造业融合发展试点示范名单。

湘潭华进重装自主研制的1 500吨/18.3米钢管全长扩径机组打破了国外技术垄断。这是华进重装与湖南科技大学万步炎教授专家团队成立湖南省专家工作站，历时2年研发突破的“卡脖子”难题。华进重装党委书记李书华认为，这是加强产学研合作，深耕高端技术设备发展，提升企业核心竞争力的一次跨越式发展。

“这款固体绝缘开关设备我们运用了云智能电力控制系统，在电力控制柜中加装了一个智能终端，对运行情况进行实时监测，并将状态反馈到手机等后台。”在德意电气成套车间，技术中心主任周昌文说，新的智能终端可以大大节省人力成本，降低使用单位的电力风险。湖南德意电气专注于智能电网配网设备研发、生产、销售，2021年被评为“国家级专精特新小巨人”企业。

湘潭市以“智赋千企”行动加快推动企业高端化、智能化、绿色化发展，更好赋能高质量发展。积极开展智能制造试点示范和中小企业数字化改造，打造了一批示范场景，深入开展企业技术改造、节能诊断服务等活动，促进了企业优化升级、降耗增效。

案例讨论题

1. 以上制造业企业的数字化改造采取了哪些手段？
2. 数字化改造给以上这些企业带来了哪些好处？

小　结

当今时代，数字经济引领全球经济创新发展，世界主要国家纷纷出台数字经济战略规划，旨在把握新一轮科技革命和产业变革新机遇，重塑世界竞争新格局。党中央和国务院研判数字经济发展形势，出台了一系列政策支持我国数字经济发展。数字经济与实体经济融合发展是我国未来经济发展的战略选择，是高质量发展的重要抓手，有利于全面做强做优做大我国经济。然而，各产业在与数字经济融合发展的过程中并不都是一帆风顺的。我国第一、第二、第三产业的数字化发展进程快慢不一，部分产业领域数字化发展与主流发达国家相比还存在较大差距，三大产业的数字化发展均面临着现实问题与挑战，需要社会各界力量参与，协调资源，合作解决数字化发展中的难题。

关键术语

数字经济　融合发展　数字产业化　产业数字化

习　题

1. 简述实体经济与数字经济之间的关系。
2. 简述数字经济与实体经济融合发展的内容。
3. 我国三大产业在数字化进程中面临的问题有哪些？
4. 如何摆脱我国缺乏数字化人才的困境？

第8章 数字经济下的公共治理

在数字经济快速发展的今天，政府、社会组织和个人都需要思索和探讨如何搭建数字经济下的公共治理体系，以实现数字经济的健康发展和社会治理的有效实现。习近平总书记强调，不断做强做优做大我国数字经济，必须完善数字经济治理体系，“要健全法律法规和政策制度，完善体制机制，提高我国数字经济治理体系和治理能力现代化水平”①。未来，需要考虑中国实际情况，做到理论和实践相结合，将物联网、大数据、云计算、区块链、人工智能等信息技术广泛应用于公共治理，推进我国治理体系和治理能力现代化。

学习目标

- 掌握公共治理模式的基本概念、演进的驱动力
- 了解数字政府建设理念以及具体措施
- 理解数字经济对城市和乡村公共治理的推动作用

8.1 数字经济下的公共治理模式

公共治理起源于西方发达国家的治理理论，后被学术界引入中国，将 Public Governance 翻译成“公共治理”。公共治理以政府为主导，社会组织和个人共同参与公共事务管理，政府起着指导社会组织行为主体的大方向和规范行为准则的“元治理”作用，在依法依规的基础上，可以采用成本—收益市场化处理、民主协商解决或者政府强制执行等多种治理方式，具有主体多元性、交互性、网络化，治理方式多样性等基本特征。任何理论的产生都是为了满足实践的需要，公共治理理论也不例外，它是全球化和信息化冲击下社会变革和公共管理实践的产

① 习近平：《习近平谈治国理政》第四卷，外文出版社，2022，第208页。

物。数字经济的快速发展，给公共治理模式带来了新的机遇和挑战。

8.1.1　治理模式的历史演进

公共治理是指政治管理的过程，它包括政治权威的规范基础，处理政治事务的方式和对公共资源的管理，强调一种多元的、民主的、合作的公共管理。通常的公共治理模式研究认为：国家、社会组织以及个人三者之间的关系构成了公共治理模式的三个要素，它们之间的相互关系及其运行成了公共治理模式研究的基本范畴。但是，向更深的层次研究，是什么决定了这三个变量之间的关系与运行框架？答案就藏在马克思主义历史唯物主义思想当中：生产力决定生产关系，生产关系对生产力具有能动的反作用。当生产关系不能适应生产力发展的要求时，人们就要变革旧的生产关系，建立新的生产关系，以适应生产力的发展。

从历史上看，治理模式大体经过三个重要的演进阶段：农业经济的统治型、工业经济的公共管理型和数字经济的公共治理型。经济治理模式的每一次演进归根结底是社会生产力进步和技术发展推动的结果。

农业经济的生产资本是土地，基于土地的生产与生活方式，将人固定在土地上，社会结构是稳定的、固定的。社会生产方式主要表现为自给自足的小农经济，生产力水平低下，难以出现大规模的商品交换，催生了与之相符的治理形态——统治模式。统治模式的生成逻辑可以简要地表述为：落后而简单的农业社会生产力和封闭的生活空间为统治模式的产生提供社会基础。落后的生产技术在有限的土地上获得仅能维持生计的粮食作物，这种生活方式决定了人们一生的职业、阶级和理想。人们产生的信息内容具有高度相似性，信息传输渠道具有高度封闭性，从而形成一种金字塔式、自上而下的控制体系，具有森严的社会等级结构。君主处于这一体系的最高点，中间是地方的州县衙门，最底层是农民。统治者依据自身的需要来创建统治机构和进行政策活动，维护和保持政治权威，保障社会生活正常进行。

在工业经济中，随着工业技术的发展，大规模生产商品使市场交易成为可能。大规模的市场交易具有资源分配的功能，也就是亚当·斯密在《国富论》中说的市场是只“无形的手”，驱动着经济的发展。这时候的市场就不仅仅是简单的物品交换，还剥夺了统治者部分资源分配权力。同时市场化打破了自给自足的生产模式，使得生产力空前解放，逐渐发展出一种平等、自由交易的社会关系，催生了公共管理模式，为社会发展进步提供公平、公正和高效的管理。

公共管理模式比统治模式进步的地方有：公共管理作为一门专门的职业和知

识领域被提出来，把公共管理分为计划、组织、领导、协调和控制，强调理性分工。公共管理决策一般是在复杂多变的环境下尽可能收集更为详细的信息和知识，从多种政策方案中选择一种最佳方案。公共管理决策从直觉走向遵循科学与理性，从“人治”走向“法治”，科学知识、理性思维被广泛应用到公共管理活动中，但是公共管理模式依旧是线性的、单中心的和自上而下的，只是公共管理模式更加理性化和法治化。

数字经济的迅猛发展促进了生产方式的变革，网络技术的发展促使社会结构的变迁，社会结构从原来的“中心—边缘”结构转变成网状结构。在这种网状结构中，缩短了政府、社会组织和个人之间的相对距离。密切了主体和客体之间的沟通、反馈，从而加强了彼此之间的回应性和依赖性。政府、社会组织和个人都能建立起多元沟通，有效地拓展了信息获取渠道，信息的收集和传播更为便利。这样的非中心化的社会网络结构就打破了以前政府居于核心地位的管理结构。

其一，信息技术创造新的公共生活空间，有效地拓展了传统公共生活空间范围。传统的公共生活空间主要是图书馆、饭店、酒馆、学校等一些实体性场所，而信息技术的发展，出现了网络空间。相隔遥远的主体能实时地收到其他主体的反馈信息、视频对话、网络直播等，仿佛处于同一个空间内一样。网络空间内的公共生活最明显的特征便是交往主体的平等性和匿名性、交往媒介的多样性和便利性、交往过程的即时性和开放性。每个活动主体（政府、企业、团体和个人）都是数据的发生源和联系纽带，参与主体在网络中产生海量数据，记录他们的思想、情感、行为等。他们可以自由、平等地以数据化的方式表达自身利益、行为、思想、信仰和情感需求。换言之，信息技术创造的新的公共生活空间内的社会行为主体将更为平等，社会生活也将更为民主。

其二，信息技术使公共生活的主体普遍化。每个人都是网络空间的数据生产主体，每个人都可以在网络上发言讨论。这使得在传媒时代被排斥在民主对话之外的大量个人和团体获得权利，任何人都具备向其他人传播言论，参与、组织、发起公共行动的条件。也就是说，信息技术创造出了公共生活的新型权利。信息技术本身并不是一种实体化、建制化的权利，它只是把信息进行了数字化的转化。单独看信息就是一条数据，但在数字经济环境里数据却是最重要的资源。占有数据的一方意味着占有相对优势的资源，基于对这种资源的占有便拥有话语支配的权利。信息技术增强了个人和社会组织对信息的占有量，从而削弱了公共管理模式中政府的优势地位，对于传统垂直型单向度的公共权利运作方式提出了挑战。

其三，数据泄露或滥用。近年来，伴随着云计算、物联网、大数据、人工智能、区块链、虚拟现实等新一代信息技术的迅猛发展，数据资源、数据价值在世界范围内呈现几何级爆发式增长，以数据为核心的数字经济时代的到来也滋生一些问题。如人们在社交网络、线上交易留下的“痕迹”被过度追踪，使公众信息在数据采集、分析、处理、应用等环节中泄露或滥用。有些涉及国计民生的数据，甚至关系国家安全，一旦泄露被不法分子使用会产生严重的后果。数据安全保护问题俨然已成为数字经济下不得不面对的现实问题。

其四，数字经济产生了新的市场主体、市场客体、市场载体和市场交易规则。网络交易的“虚拟性”，使传统的现场查验账册、凭证等“实体化”管理难以落到实处；跨地域交易的“全球性”，使工商、税务等部门“属地化”分块管理难以奏效；跨境电子商务全天候交易的“高效性”，使通关、结算、退税、口岸管理等外贸管理部门管理难以跟上节奏。原有的公共管理模式已经难以适应数字经济发展的新要求，严重抑制了数字经济的创新活力、发展动力，迫切需要一种新的治理模式来破解数字经济发展面临的体制性障碍。

数字经济不仅给传统的公共管理带来了挑战，也带来了现代化的公共治理模式。尤其是大数据、云计算、物联网、人工智能、区块链等信息技术的发展，改变了政府治理的社会环境，改变了社会生产和生活方式，促使政府从公共管理模式转变为公共治理模式，以适应数字经济的快速发展。

8.1.2　数字经济下的公共治理模式

数字经济下治理模式的转变是社会形态转变的结果，更是以信息技术迅猛发展所引起的生产方式变革的必然结果。

1. 官僚结构走向扁平化

官僚制最引以为傲的便是它将横向分工和纵向命令结合起来，组建成一套森严的科层体系。在数字经济下，这种金字塔式科层组织结构在资源配置方面缺乏民主和效率。更为重要的是，现代公共事务的复杂性是无法通过精细分工来实现良好治理的。信息在各部门间共享和开放，可以破除了部门间的行政壁垒，打破信息孤岛，从而改变以往碎片化的管理方式，实现了更深层意义上的数据开放和共享，促进组织结构走向扁平化。一个最典型的例子是河道治理，传统的管理组织涉及工商、住建、水利、林业、农业等多个部门，被戏称为“九龙治水”，但在河道治理中频频失灵。随着利用信息技术的公共治理模式的不断完善，建立起数据共享的“河长制”信息系统，打破原来的体系，令河道治理成效显著。

2. 管理结构走向开放型

传统的公共管理模式中政府与社会的关系是前者统摄后者，或者政府将参与政治的少数个体吸纳进现有秩序内，允许他们提供建议，但由于官僚系统自身的封闭性，无法将个人意见的采用情况及时向社会告知。信息技术突飞猛进为个人参与公共治理打开新的渠道，比如，网上民意调查、网络政策论坛、微博问政等。在这个开放的网络空间中，个人成为公共治理结构中的一员，实现了政府、社会组织、公民一起参与治理。

3. 公共服务转向服务和数据主导原则

信息技术将会进一步促进当前政府治理流程以“产品主导”为原则向“服务和数据主导”为原则转变，推动政府形成“用数据说话，用数据决策，用数据管理，用数据创新”的公共治理模式。这是公共治理领域一场深刻的变革。习近平总书记在十九届中央政治局第二次集体学习时强调：“大数据发展日新月异，我们应该审时度势、精心谋划、超前布局、力争主动，深入了解大数据发展现状和趋势及其对经济社会发展的影响，分析我国大数据发展取得的成绩和存在的问题，推动实施国家大数据战略，加快完善数字基础设施，推进数据资源整合和开放共享，保障数据安全，加快建设数字中国，更好服务我国经济社会发展和人民生活改善。①”

4. 个人参与公共服务价值共创

信息技术为个人对政府提供“服务”的生产过程的参与和了解提供可能。贵阳市创新的“河长制”治理模式就是，不仅政府部门在巡河过程发现问题及时通过河长信息系统向河长报告，个人也可以随时拍照向河长报告，河长将以此展开行动。在这个过程中，个人既是良好环境质量的消费者，也是改善环境品质的生产者。

5. 公共服务的生产走向个性化和精准化

信息技术可以将来自供需双方的海量数据实现精准匹配，使公共服务朝着个性化、精细化和便利化的方向发展。大数据能对个人的需求偏好信息进行多维度、多层次的细分，通过人口细分和政策制定增强公共服务的针对性。

---

① 习近平：《习近平在中共中央政治局第二次集体学习时强调：审时度势精心谋划超前布局力争主动 实施国家大数据战略加快建设数字中国》，《人民日报》2017 年 12 月 10 日。

6. 公共治理决策更加优化

管理大师赫伯特·西蒙认为，管理就是决策，决策是管理和政策活动的永恒话题。查尔斯·林德布罗姆认为，在知识信息有限的前提下应该采取社会互动和调适来决策，政策应该采取不断地尝试、调整、再尝试、再调整的渐进模式。所以，影响决策质量的关键在于决策问题的信息完全程度。大数据将为政策问题带来完全不同以往的信息量，进而改进决策质量。大数据对大量数据进行重新筛选、过滤、整理、对比和分析，提高决策信息质量，拓宽决策分析的视野，为决策问题的科学性和准确性提供保证。

8.2　数字政府建设

数字经济的蓬勃发展，促使数据成为一种新资源、新要素。一个国家拥有数据的多寡、对数据利用水平决定着国家的创造力和竞争力。在这种形势下，各个国家纷纷将信息技术广泛应用于政府管理服务，并制定实施推动政府数字化转型的战略和规划，从而加速了数字政府建设。

8.2.1　数字政府概念及建设意义

数字政府是指政府运用智能终端、移动网络通信、人工智能、大数据、云计算等信息技术，对政务服务、经济发展、社会治理、生态保护等各个领域广泛获取信息、科学处理信息、充分利用信息，推动政府形成“用数据说话、用数据决策、用数据管理、用数据创新”的公共治理模式。这是行政领域一场广泛而深刻的变革，是推进政府治理现代化的必经之路①。

党的十八大以来，以习近平同志为核心的党中央高度重视数字政府建设。2016 年 4 月，习近平总书记在网络安全和信息化工作座谈会上明确指出，信息是国家治理的重要依据，要以信息化推进国家治理体系和治理能力现代化。在习近平总书记关于信息化建设和数字治理重要论述指引下，党中央、国务院及相关部门出台了一系列政策文件。2017 年 5 月，国务院办公厅印发《政务信息系统整合共享实施方案》；2017 年 12 月，中央网信办、国家发展和改革委员会联合印发《关于开展国家电子政务综合试点的通知》；2018 年 6 月，国务院办公厅印发《进一步深化“互联网+政务服务”推进政务服务“一网、一门、一次”改

① 中国行政体制改革研究会：《数字政府建设》，人民出版社，2021，第 5 页。

革实施方案》；2018 年 7 月，国务院印发《关于加快推进全国一体化在线政务服务平台建设的指导意见》，都对推进数字政府的建设提出了具体要求。党的十九届四中全会提出："建立健全运用互联网、大数据、人工智能等技术手段进行行政管理的制度规则，推进数字政府建设"。党的十九届五中全会也提出要"加强数字社会、数字政府建设，提升公共服务、社会治理等数字化、智能化水平"。这些都清楚表明，党和国家对数字政府建设在认识上不断深化，在决策部署上不断提出新要求。

建设数字政府具有多方面意义：一是将信息技术广泛应用于政府管理和服务，有利于政府数据汇集、共享和利用，实现办公自动化、政务公开化、运行程序规范化、决策科学化，大幅提升政府管理服务的效率和水平，使公众足不出户就可以完成到政府部门的办事过程。二是有利于推动营商环境优化，引导制造业数字化转型，改进和加强市场监管，这是推动经济高质量发展的重要抓手和引擎。三是有利于提升社会治理效能，可以快速发现和处置各种突发事件，做到社会治理精细化、现代化。此外，建设数字政府还有利于推进国家的各方面建设，如数字化有利于全面准确掌握生态环境建设状况和发展趋势，推动"绿水青山就是金山银山"理念的落实。总之，建设数字政府是数字经济公共治理的重中之重，在推进国家治理体系和治理能力现代化方面具有十分重要的作用。

8.2.2 我国数字政府建设现状和问题

近些年来，我国数字政府的建设取得积极进展，各级政府都十分重视对数据的获取和统筹管理，努力发挥数据的作用。不少地方提出了数字政府建设指导文件和规划，在推进数字政府建设方面采取了有力举措，积极推进政务云、政务大数据、城市大脑等数字政府类项目建设。有些地方政府实现了从业务上网到服务上网的转变，不仅把政府的权力清单、事项实施清单、负面清单晒到网上，而且扎实推动数字政务服务。不论是"最多跑一次"的审批提速，还是"一网通办"的服务增效，都显示数字政府建设取得明显成效。

但是，与世界发达国家相比，我国数字政府建设起步较晚，数字政府知识普及不够，数字政府建设人才不足，数据还没有充分发挥在提升政府治理中应有的作用。一些地方数字政务系统建成后的实际运行与设计初衷存在差距，功能不足，应用范围有限，仅局限在交通、社区管理等方面，对公共服务、产业发展、市场监管等领域涉及较少。

一个突出的问题是，受行政体制及政务服务专业化不同的影响，我国公共治理数据融合程度不高。不论是在横向部门之间，还是纵向层级之间，我国公共治理都缺乏打通数据的驱动力，存在“信息孤岛”问题。虽然近年来各级政府都积极推进数据开放和信息系统整合，但是“信息孤岛”仍是限制数字政府发展的症结所在。究其原因，一是组织架构条块分割，缺少统一的组织行动，导致政府各部门内部合作不够紧密，数据信息存在碎片化问题。二是平台与数据库的建设标准不统一、平台接口统计标准等要素不兼容的问题，导致数据无法互联互通。三是各地区数字政府发展水平差距较大，受财力、技术等影响，各地区数字政府建设水平不一，东部地区发展水平普遍高于西部。

与之同时，保障数据安全是数据开放的底线，然而随着大量政务信息、个人信息的电子化，数字政府建设中的数据安全正面临严峻挑战。一是我国数据安全核心技术存在隐患。我国超过90%的芯片、元器件，操作系统、专业软件以及在其他高端技术服务等方面仍然依赖国外进口或专利，因此，我国建设数字政府的关键信息基础设施和国计民生的重要信息系统存在潜在风险和隐患。二是个人、企业的相关信息存在泄露风险。数据安全保障的规则体系不完善、隐私保护和安全保密需要加强，亟待形成安全可控的数据保障体系，保证数字政府建设的有序推进。

8.2.3　数字政府建设的理念和原则

建设数字政府是推进国家治理体系和治理能力现代化的重要举措，党的十九届四中全会通过的《中共中央关于坚持和完善中国特色社会主义制度、推进国家治理体系和治理能力现代化若干重大问题的决定》提出，建立健全运用互联网、大数据、人工智能等技术手段进行行政管理的制度规则，加强数据有序共享，依法保护个人信息，推进数字政府建设。

1. 数字政府建设理念

数字政府以数据作为公共政策分析、决策的重要来源，以及解决问题和实现目标的工具，其建设框架分为数字政府的核心、数字政府的基础、数字政府的价值、数字政府的关键和数字政府的实现这五个模块。

数字政府的核心是数据开放与参与，体现政府的开放、透明和包容性。开放政府数据意味着任何人都可以利用这些数据创造价值，还能让更多人在获取数据后，就公共政策提出建议，并参与政策的制定。公民的参与使政府由“独白式”转化为“对话式”，有助于提高信息资源的使用效率，改善服务质量。

数字政府的基础是治理与协同，就是通过数字化转型、数据化治理、创造性投资以及创新性战略实现跨层级、跨地域的一体化协同，达到更加灵活和有弹性的政府治理活动，创造可持续的公共价值。通过跨部门合作，政府信息和数据在不同部门之间共享，以此支持协同治理框架，实现数据驱动的治理。

数字政府的价值是服务与创新。数字政府的价值体现在公共服务是从用户需求开始，而不是政府根据政策需要设计服务。政府根据用户需求创新公共服务模式，为公民定制服务。以用户为中心来设计提供服务的界面和业务流程，使政府工作人员能更有效地履行职责，公众也能够更快、更好地获得服务。

数字政府的关键是决策与支持。数字政府的关键之处在于通过业务处理的自动化和自主性，以及以数据、算法和人工智能为中心，追求科学、精准的决策支撑。通过日益增加的数据来源和数据分析工具帮助政府做出更优化的决策，形成“用数据说话，靠数据决策，依数据行动”，这已成为数字政府提供服务及进行决策的共识。

数字政府的实现是能力与评价。数字政府的实现集中体现在重视培养与现代信息技术相关的各种技能，提高全民的数字素养，增强公共机构的数字能力。按照“以公众为中心”，从公众体验和信息化支撑的角度，建立科学有效的评估体系，对数字政府建设进行评价，促进政府不断提升政务服务的质量。

2. 数字政府建设原则

数字政府建设的关键不在于“数字”，而在于回归政府的“公共治理”本位。为此，应着力推进平台化发展、支撑协同治理，强化公众参与、创新公共服务，深化数据应用、完善数据服务，重视安全保障，落实安全服务。

第一，统筹整体发展，打造横纵贯通的平台建设原则。大平台共享、大数据治理、大系统共治是推动“互联网+政务服务”一体化的重要抓手，落脚点要集中在政府部门横纵贯通，跨部门、跨层级、跨系统高效协同，数据资源流转通畅，网上服务供给快捷，决策支撑精准高效，基础保障安全可控。以服务平台为例，持续推进一体化平台建设，线上线下融合，汇集各级网上服务窗口，形成全国“一网通办”，实现“用户通、系统通、数据通、业务通”，以数据共享和协同治理重塑一体化服务。

第二，强化公众参与，创新公共服务原则。在数字政府建设过程中要广泛听取公众意见和建议，使公众参与到政策决策和服务的设计与供给中，形成具有参与性、包容性和商议性的参与流程。对公众数据和业务数据进行深度学习和智能挖掘，准确掌握公众的行为特征和规律，深入了解公众的服务需求，优化配置服务资源，为不同群体提供个性化、定制化服务，特别是对弱势群体，要有语音讲解、图文说明等。通过创新公共服务，不断提升人民群众对公共治理的体验感和满意度。

第三，重视安全保障，建立安全服务原则。在数字政府建设过程中，网络安全和信息安全问题愈发重要。数字政府建设要为整体的国家安全、社会安全和公众信息安全提供安全可靠的网络平台和数据保护。要建立健全网络安全和防范信息安全的规章制度体系，形成安全可管可控的安全保障体系，包括数字安全的防范、监管、通报、响应和处置机制，保障政务业务安全、数据安全、运营安全。要加快自主可控的关键技术研发，前置安全审查许可制度，实现从预防到控制、从监督到惩治的全过程、全方位的提升安全保障。

3. 数字政府建设措施

数字政府作为数字经济时代涌现的新型政府模式，要通过建立多个政府机构间的无障碍协作机制，借助信息技术来实现数据间共享，从而破除政府内外部“行政壁垒”，促进政府治理向整合化、透明化、现代化转变。

第一，强化顶层设计。数字政府顶层设计借助系统论的思想，从整体视角对数字政府的多个方面、多个层级、多个要素进行科学布局、系统谋划，从而实现数字政府结构上的优化、功能上的协调和资源上的整合等目标。

一是更加注重系统性，如果将数字政府的各个构成要素比喻成一个个拼图模块，那么数字政府就是所有拼图模块构成的一幅美丽蓝图。在数字时代，数字政府与外部环境随时会产生资金流、物资流、人才流和数据流的互动，且对公众的生产生活方式产生巨大的影响。数字政府建设是一项复杂的系统性工程，需要对其在体制机制、建设规划、制度保障等多个层面，加以统筹协调、协同推进。在体制机制方面，要从数字政府规划、投资、建设、运营等领域开展全方位变革，彻底改变“九龙治水”的模式，理顺“一盘棋”统筹推进机制，为数字政府建设持续性提供有力的体制保障。在规划设计方面，要在数字政府网络、数据、应用、平台等层面，以共享为原则，打造“一网通达、一云承载、一事通办”的数字政府发展格局，确保数字政府“一体化”协同运行。

二是更加注重技术支撑的整体性。数字政府的建设不是单一技术的实现，而是人工智能、大数据、云计算、区块链、物联网等新一代信息技术在数字领域的综合集成，要以“算力”为核心提高数字政府信息基础设施的集约化水平，以统一技术架构体系为各级政府部门提供身份认证、电子证照等公共应用支撑，以综合安全防御增强数字政府的安全可控能力，形成健全的数字政府技术架构体系。

三是更加注重贯彻落实以人民为中心的发展思想，坚持公众至上，以公众需求为导向，从公众视角优化政务服务的内容、流程、渠道和模式，不断改善政务服务体验和服务满意度。服务渠道要一体化，依托全国一体化在线服务平台，提升“一站式”服务能力。服务内容要多样化、个性化、精准化，面向老年人、残疾人、学生等不同群体，加大信息技术适老化、信息无障碍、服务通达便利，弥补数字鸿沟，消除数字困境，让更多人可以享受数字政府的发展红利。

第二，开展考核评估。数字政府建设的考核评估是加快数字政府建设的有力抓手，是引导数字政府建设在正确轨道上推进的有效手段。数字政府考核评估一般是根据数字政府的发展状况，按照一定的规章制度，遵守统一的指标体系，比较分析数字政府建设投入、产出及效益，做出客观、公正、准确的评价。

为充分发挥考核评估对数字政府建设的推动作用，可以从颁布绩效评估制度规范、完善绩效评估指标体系、充分利用绩效评估结果入手，进一步引导数字政府考核评估健康发展，促使我国对数字政府的考核评估更加规范、科学、有序。

一是颁布绩效评估制度规范。中央政府要加强对数字政府制度规范建设，强化对绩效评估的规范管理，以示对绩效评估的重视和引导。各级地方政府应积极探索符合地方实际发展情况的具有地方特色的绩效评估制度体系，严格按照中央政府印发的通知、指令，适当参考国内外优秀数字政府建设案例，吸收经验，统一认识，保证数字政府绩效评估有章可循。

二是完善绩效评估指标体系。在进行数字政府绩效评估时，要根据社会公众对数字政府治理的实际需求和潜在需求，关注数字化、智能化和场景化，在设计时考虑增加反映公众需求的评估指标，例如公众对数字政府项目的满意度等。在考虑设计绩效评估经济指标的同时，也要关注社会和公正指标，否则就会陷入只追求效率而不考虑后果的窘境。

三是充分利用绩效评估结果。建立数字政府绩效评估结果与官员奖惩关联协同治理机制，有效减少行政损失，防止职能错位，提高行政资源配置决策的审慎性、合理性和科学性。绩效评估结果要重点关注过程目标与结果目标，实现政府短期目标与长期目标的统一，以减少急功近利现象的发生，保障绩效评估真实有效地可持续发展。

第三，建立制度保障体系。数字政府建设涉及政府决策、民生服务、社会治理等方方面面，涵盖主体众多，统筹难度大，必须建立强有力的政策制度作为保障和依托。面向未来，数字政府建设各项工作的顺利实施，要从统筹协调、立法保障、标准规范、人才配套及财政支持这五个方面着手，建立数字政府制度保障体系。

其一，完善的统筹协调机制是数字政府建设的“中控室”。推进数字政府建设，必须打破原有的碎片化、分散化管理模式，解决数字治理体系构建的条块分割问题，实现一体化统筹协调机制建设。从组织管理体系层面建立统筹工作机制，加强纵向工作指导和横向工作协调力度，整合资源，建立健全跨部门、跨业务、跨地区协同联动工作机制。可以成立专门机构统筹管理全域数字政府建设，在政府部门间建立密切的数据协作机制，各职能部门以固化的人员架构全职或兼职地服务于数字政府协同工作，代替各机构进行内部行政协调，便于跨部门的综合性工作开展。

其二，立法保障是推动数字政府建设的“压舱石”。立法是推行数字政府改革及执行决策的重要依托，推动数字政府规范体系建设，离不开法律的硬约束。完备的法律制度有助于增强数字政府建设的权威性，提高制度约束的长效性。建构完善的数字政府治理法律体系，不仅是信息革命下完善我国数字政府治理体系的内在需求，也是提升我国数字政府治理水平的根本保障。

其三，标准规范是数字政府建设的“定星盘”。缺乏统一的标准规范是目前制约数字共享开放的瓶颈性问题，建立健全数字政府领域相关标准规范体系，有助于推动数据开发利用走上规范化发展轨道。数字政府的标准规范体系主要包括两个层面。一是平台对接类标准，联通跨部门的“系统孤岛”。构建政府之间、政府与社会之间信息系统接口规范、平台对接规范，促进不同系统实现连接互通，为数据共享及业务协同提供有效载体。二是数据共享开放类标准，打破跨领域的数据壁垒。制定和完善数据采集、存储、传输、共享、开放、应用的标准规范，建立跨部门、跨行业数据对接融合机制，推动政府部门间、政府和社会间的数据共享开放。

其四，完备的人才体系是数字政府建设的“驱动器”。推动数字政府建设，需要大量懂技术会管理的数据治理人才提供全方位保障。随着大数据技术的广泛开展，政府大数据平台将更加智能化，对工作人员的要求也将提高。数字人才培养，既包括提升政府机构领导及工作人员的数字素养，也包括对企业管理者及技术人员的专业培训，逐步形成多层次、复合型人才梯队，为数字政府建设提供全方位人才保障。

其五，充足的财政经费支持是数字政府建设的“助推剂”。加强数字政府建设，需要财政政策的支持和资金保障，从财力保障、政策支持等方面推动“数字政府”建设。政府可以创新资金投入方式，通过重大工程、以奖代补、贴息、股权投资等方式，支持数字治理领域的重大项目建设。政府也可以引导性投入为牵引，探索设立数字财政专项基金，鼓励社会资金及金融资本跟进，推广专项基金，促进政务数据的共享、加工、开放、交易、流通、应用。

第四，保障数据安全。数字政府建设，必须要把数据安全放在首位。政府作为维护数据开放秩序和保障数据安全的“守护者”，应积极制定数据安全保障的规则体系，推动数据在制度框架下开放利用，不断提升网络信息安全治理能力，加强隐私脱敏保护和安全保密防护，做好数据安全的依法监管和风险防范，最大限度地为数据经济保驾护航。

虽然我国在数据开放领域开展了卓有成效的实践探索，取得一定成果。但在此过程中，数据开放的安全隐患问题也日益严重，数据泄露、恶意攻击等层出不穷。要统筹处理好数据安全与数据开放，在切实保障数据安全的同时，积极开发利用数据资源、充分释放数据效能，做到在安全中开放数据，在开放中确保数据安全。2019 年 5 月，国家互联网信息办公室发布《数据安全管理办法（征求意见稿）》，对数据收集、存储、传输、处理、使用等活动以及数据安全的保护和监督管理做出规定。2021 年 6 月发布的《数据安全法》，进一步落实数据安全保护责任，完善数据安全监管体系和数据安全监测预警、应急处置机制，实现对数据安全风险的全天候实时、动态监测，明确数据安全法律责任。

为加快推动数字政府建设、促进数字经济发展，我国多个地方率先行动，积极探索符合本地发展特点的数据开放法规，为公共数据安全利用保驾护航。2016 年 3 月，贵州省施行了全国第一部专门的大数据地方性法规——《贵州省大数据发展应用促进条例》（以下简称《条例》）。《条例》明确提出，数据共享开放，应当维护国家安全和社会公共安全，保守国家秘密、商业秘密，保护个人隐私，保护数据权益人的合法权益。2017 年 5 月，浙江施行《浙江省公共数据和电子政务管理办法》（以下简称《办法》）。《办法》指出，公共数据是指各级行政机关以及具有公共管理和服务职能的事业单位，在依法履行职责过程中获得的各类数据资源。2019 年 10 月，《上海市公共数据开放暂行办法》正式施行。《办法》规定，公共数据是指本市各级行政机关以及履行公共管理和服务职能的事业单位在依法履职过程中采集和产生的各类数据资源。这些规定都强调了公共数据来源依法获得、依法使用、依法保护。

8.3　智慧城市建设

信息技术革命必然会引发城市治理的变革。智慧城市作为一种城市治理的理念和方案，已逐步在各个城市落地生根。智慧城市是推进城市治理体系和治理能力现代化、推动城市高质量发展的重要举措。

8.3.1　智慧城市概念及建设意义

智慧城市是指通过广泛采用人工智能、物联网、云计算、区块链、大数据等新一代信息技术，提高城市规划、建设、管理、服务、生产、生活的自动化、智能化水平，使城市运转更高效、更敏捷、更低碳。

智慧城市建设，是推进城市治理体系和治理能力现代化的重要举措。党中央、国务院高度重视智慧城市工作。《国家新型城镇化规划（2014—2020 年）》提出“推进智慧城市建设”；国家发展和改革委员会、工信部、科技部、公安部、财政部、自然资源部、住建部、交通运输部等八部委 2014 年出台了《关于促进智慧城市健康发展的指导意见》，提出科学制定智慧城市建设顶层设计，切实加大信息资源开发共享力度，积极运用新技术新业态，着力加强网络信息安全管理和能力建设；2016 年政府工作报告中提出了“打造智慧城市”；2018 年 10 月，习近平总书记在主持十九届中央政治局第九次集体学习时指出，推进智慧城市建设，促进人工智能在公共安全领域的深度应用，加强生态领域人工智能运用，运用人工智能提高公共治理和服务水平；2019 年 10 月，习近平总书记在主持十九届中央政治局第十八次集体学习时又指出，要推动区块链底层技术服务和新型智慧城市建设相结合，探索在信息基础设施、智慧交通、能源电力等领域的推广应用，提升城市管理的智能化、精准化水平；党的二十大报告强调，要“加强城市基础设施建设，打造宜居、韧性、智慧城市”。通过数字化提升城市运行效能，不断解决城市治理中的实际问题，是提升城市治理水平的重要路径。

8.3.2　智慧城市建设现状和问题

作为城市发展的新方向，智慧城市越来越受到重视。近年来，全国许多城市都在建设智慧城市。例如，河北省政府办公厅印发了《关于加快推进新型智慧城市建设的指导意见》；北京市提出精心打造智慧城市，为构建有效的超大城市治理体系提供有力支撑；天津市提出全面推进智慧城市建设；上海市政府印发了《关于进一步加快智慧城市建设的若干意见》。

从目前情况来看，我国智慧城市建设过程中还存在一些问题。

1. 理论研究滞后于实践

智慧城市是一个新生事物，相关理论研究明显滞后于实践。智慧城市建设是一个复杂的系统工程，智慧城市涉及的学科包括计算机科学、信息工程、地理信息系统、公共管理学、区域经济学、城市社会学等，是典型的交叉学科。我国大学学科之间往往相互分割，难以培养出跨学科的复合型人才，且对智慧城市理论方法的研究还比较零散，不成体系。虽然许多大学成立了公共管理学院，但公共管理专业教师往往是文科背景，不懂物联网、云计算、大数据、人工智能、5G、区块链等新一代信息技术，无法深入开展智慧城市研究。而大学的信息科学技术学院教师虽然懂新一代信息技术，但对城市规划、城市建设、城市管理等缺乏了解，也难以开展智慧城市研究。

2. 关键技术和产品储备不足

与智慧城市密切相关的关键技术包括物联网、云计算、人工智能、区块链、大数据等新一代信息技术，以及遥感、地理信息系统等空间信息技术，与欧美发达国家相比，我国在技术上落后。国产 CPU、国产操作系统、国产数据库管理系统离大规模商用还有很长一段时间。与智慧城市相关的新一代信息技术产业尚处于起步阶段，建设智慧城市所需的高端核心产品还掌握在国外厂商手里，这使我国智慧城市建设存在一定的安全隐患。国内虽然有一批从事智慧城市建设的 IT 公司，但产品往往比较单一，难以提供智慧城市整体解决方案。

3. 建设管理体制没有理顺

改革开放以来，我国信息化建设管理体制不断变化，但还没有完全理顺，尤其缺乏各部门之间的横向协调机制。在国家层面，中央网信办、国家发展和改革委员会、工业和信息化部、住房和城乡建设部、科技部等部委都在开展智慧城市相关工作，然而却没有一个明确的、统一的智慧城市建设主管部门。

智慧城市建设要实现区域层面的信息化，需要有一套切实可行的横向协调机制。从全国情况来看，智慧城市主管部门机构设置情况五花八门，单位名称、单位性质、行政级别、隶属关系等都不一样。有的成立了专门的智慧城市领导小组和办公室，有的在大数据管理部门，有的在工信部门，有的在住建部门，有的在科技部门，有的在市政府，有的在数字办。许多城市的相关政府部门在建设智慧城市方面缺乏协调、联动机制。

8.3.3　智慧城市建设内容

与智慧城市密切相关的关键技术是物联网、云计算、大数据、人工智能、区块链等新一代信息技术。这些新一代信息技术不是孤立的，而是相互关联的。物联网是采集数据，5G 是传输数据，云计算是处理数据，大数据是存储分析数据，人工智能是利用数据进行深度学习，区块链是保证数据的真实性，虚拟现实是展示数据。

一般而言，城市治理内容包括政治、经济、社会三个主要方面。相应地，智慧政府、智慧经济、智慧社会是智慧城市建设的三大领域。建设智慧政府应由政府主导，建设智慧经济则应发挥企业的主体作用，建设智慧社会需要社会各界力量的参与。

智慧城市的组成包括新型基础设施、智慧政府、智慧经济、智慧社会四大部分，如图 8-1 所示。

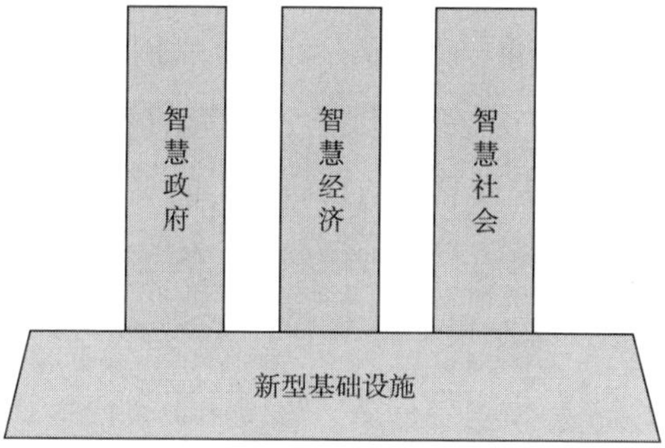

图 8-1　智慧城市的四大组成部分

1. 新型基础设施建设

新型基础设施建设包括新型信息基础设施、新型交通基础设施、新型物流基础设施、新型能源基础设施、新型水利基础设施等。

新型信息基础设施也被称为“数字基础设施”或“数字基建”，是新型基础设施的重要组成部分。新型信息基础设施分为网络基础设施、计算基础设施、数据基础设施、智能基础设施等类型。其中网络基础设施包括 5G 网络、物联网、工业互联网等，计算基础设施包括云计算平台、超算中心等，数据基础设施包括各类数据中心、基础信息库和专题数据库等，智能基础设施包括人脸识别系统、城市大脑等。新型交通基础设施包括城际高速铁路和城市轨道交通、新能源汽车充电桩、智能高速公路、车联网等。新型物流基础设施包括自动分拣系统、立体仓库等。新型能源基础设施包括特高压、智能电网、能源互联网等。新型水利基础设施包括智慧大坝、智能水闸等。

智慧城市的新型基础设施建设有两层含义：一是城市道路以及给排水管网、燃气管网、路灯等市政基础设施要智能化。例如，道路能够根据干燥度自动启动洒水装置；燃气管道能够探测压力等参数，出现异常时自动关闭并通知维修，以防爆裂；路灯根据周围明暗程度自动开启或关闭。二是新型信息基础设施建设包括网络基础设施、计算基础设施、数据基础设施、安全基础设施等城市信息基础设施要智能化。在计算基础设施方面，建设城市云计算中心，让用户使用计算资源像用水、用电一样方便。在数据基础设施方面，建设城市大数据中心，建立和完善城市人口基础信息库、法人单位基础信息库、自然资源和地理空间基础信息库、宏观经济信息库、电子证照库和社会信用数据库等。城市信息基础设施应该作为城市基础设施的一部分，纳入城市规划建设范畴。

2. 智慧政府

智慧政府是指利用物联网、云计算、移动互联网、大数据、人工智能、知识管理等技术，提高政府办公、监管、服务、决策的智能化水平，建成高效、敏捷、便民的新型数字政府，是提高党的执政能力的重要手段。

与传统政府相比，智慧政府具有透彻感知、快速反应、主动服务、科学决策等特征。在智慧政府中，政府信息化建设模式将从"以政府部门为中心"向"以企业和居民为中心"转变，整合有关部门的信息资源，开展面向企业和居民的全生命周期管理和服务。

政府的四大职能是经济调节、市场监管、社会管理和公共服务。智慧政府就是要实现上述职能的数字化、网络化、智能化和精细化。从政府工作内容来看，智慧政府内容包括智能办公、智能监管、智能服务、智能决策 4 个方面。

一是智能办公。在智能办公方面，采用人工智能、知识管理等手段，将传统办公自动化系统改造成为智能办公系统。智能办公系统对公务员的办公行为有记忆功能，能够根据公务员的职责、偏好、使用频率等，对用户界面、系统功能等进行自动优化。智能办公系统有自动提醒功能，如待办件提醒、会议通知提醒等，公务员不需要去查询就知道需要处理的事情。智能办公系统具有移动办公功能，公务员随时随地通过网络登录就可以办公。智能办公系统集成了政府知识库，使公务员方便查询政策法规、办事流程等，分享工作经验。

二是智能监管。在智能监管方面，智能化的监管系统可以实现对监管对象的自动感知、自动识别和自动跟踪。例如，在主要路口安装具有人脸识别功能的监视器，就能够自动识别在逃犯等。智能化的监管系统可以对突发性事件进行自动报警、自动处置等。例如，利用物联网、大数据等信息技术对山体形变进行监测，可以对滑坡进行预警；又如，当探测到火情后，建筑内智能监管立即自动切断电源。智能监管系统可以自动比对企业数据，发现企业偷税、逃税等行为。智能化的移动执法系统可以根据执法人员的需求自动调取有关材料，生成罚单，方便执法。

三是智能服务。在智能服务方面，能够自动感知、预测个人所需的服务，为个人提供个性化的服务。例如，如果某个市民想去某地，智能交通系统可以根据交通情况选择一条最优线路，并给市民实时导航。在斑马线安装传感器，当老人、残疾人或小孩过马路时，智能交通系统就能感知，适当延长红灯时间，保证这些人顺利通过。政府网站为个人提供场景式服务，引导个人办理有关事项。

四是智能决策。在智能决策方面，采用数据仓库、数据挖掘、知识库系统等技术手段建立智能决策系统。该系统能够根据需要自动生成统计报表，开发用于辅助政府领导决策的系统，把经济运行情况、社会管理情况等形象地呈现在政府领导干部面前，使他们可以轻松履行本地区、本部门职责。

3. 智慧经济

智慧经济是数字经济的重要内容，包括智慧产业化和产业智慧化。智慧产业化是指发展智力密集型产业，如物联网产业、云计算产业、大数据产业、人工智能产业、5G 产业、区块链产业和数字创意产业等。产业智慧化是指提高传统工业和服务业智能化水平。智慧经济建设主要包括四个方面。

第一，大力推进数字产业化。大力发展电子信息制造业、软件和信息服务业，积极培育物联网、云计算、移动互联网、大数据、人工智能、3D 打印、区块链、虚拟现实等新一代信息技术产业，加快发展数字内容和数字创意产业，积极发展平台经济和共享经济。

第二，大力推进产业数字化。围绕当地主导产业和特色优势产业，实施“互联网+”行动计划。大力发展智能制造、网络化协同制造、大规模定制、服务型制造、云制造、共享制造等先进制造业，推动工业数字化转型。大力发展电子商务、“互联网+物流”、智慧旅游、智慧医疗、智慧养老等，推动服务业数字化转型。大力发展工业物联网，推进互联网与制造业深度融合。将物联网技术应用到物流管理、生产过程控制、生产设备监控、产品质量溯源、节能减排和安全生产等领域，建设互联工厂、数字化工厂。实施“企业上云”计划，降低中小企业实施信息化门槛。推动大数据在研发设计、生产制造、经营管理、市场营销、售后服务等关键环节的应用，发展工业大数据。着力发展智能装备和智能产品，推进生产过程智能化，全面提升企业研发、生产、管理和服务的智能化水平。鼓励企业使用工业机器人，在东南沿海地区推行“机器换人”，解决人口老龄化和产业转移带来的招工难、招工贵问题。引导企业采用物联网、云计算、区块链、大数据、人工智能等新一代信息技术构建智慧企业。

第三，优化数字经济发展环境。成立数字经济发展领导小组及其办公室，从财税、金融、科技、土地、人才、用电等方面加大对数字经济的政策扶持力度。完善适应数字经济发展的投融资体系。结合人才计划，引进一批数字经济领域的领军人才和紧缺人才。建立数字经济重大项目库，形成“谋划一批、开工一批、在建一批、投产一批”项目滚动发展机制。把数字经济发展列入重点督查和督导内容，对发现的问题及时督促整改。加大对数字经济的宣传力度，提高社会各界对数字经济的共识。

第四，共享经济。共享经济快速发展，随之出现了许多闲置资源网络交易平台。有用私家车运送乘客或提供租车服务的“滴滴出行”、天天用车、PP 租车等，提供度假公寓在线预订服务的途家网、小猪短租，提供文案设计、软件开发、专利代理等服务在线交易的猪八戒网等。发展共享经济有许多好处。对政府来说，发展共享经济可以促进社会就业和节能减排，改善交通，培育新的经济增长点。例如：共享经济领域的互联网企业提供了许多就业岗位，人们可以依托互联网平台成为自由职业者；专车、拼车服务可以减轻道路拥堵，减少汽车尾气排放。对一些企业来说，可以通过“互联网众包”方式招聘短期雇用人员，减少长期聘用工作人员数量，降低劳动力成本。对个人来说，闲置资源提供者可以提高资源利用率，增加收入；资源需求者可以用比以往更低廉的价格获得更好服务，从而提升经济效率。

4. 智慧社会

智慧社会是指高度智能化的社会。智慧社会主要包括两个方面的内容：一是社会事业的智能化，如智慧教育、智慧医疗等；二是市民生活的智能化，如智慧社区、智慧家庭。建设智慧社会，是智慧城市保障和改善民生的重要内容。

在建设智慧社会方面，要深化新一代信息技术在教育、卫生健康、文化旅游、人力资源和社会保障等领域的应用，促进社会事业发展。在教育方面，重点办好网络教育，促进优质教育资源共享。在卫生健康方面，推行电子病历，建立远程问诊系统，把大数据应用到城市居民健康状况分析、医疗资源优化配置、疫情监测预警等领域。在文化旅游方面，建设智慧图书馆、智慧博物馆等，推动“互联网+文化”发展，发展智慧旅游，为游客提供“人在景中游”虚拟现实体验服务。在人力资源和社会保障方面，通过跨部门数据比对杜绝冒领养老金等违法违规行为，运用大数据分析就业形势、人才结构等。把大数据应用到社会救助核对、婚姻状况分析、社会养老服务、民政资金监管等领域，杜绝重婚等违法违规行为。此外，还要建设智能社区、智能住宅和智能家居系统。

（1）智慧教育。智慧教育是指通过应用新一代信息技术，促进优质教育信息资源共享，提高教育质量和教育水平。简单地说，智慧教育就是指教育行业的智能化。

随着虚拟现实技术和裸眼 3D 技术的发展，可用计算机生成一个虚拟现实的学习环境，让学生更直观地理解教学内容。学生可以利用网络随时随地学习，学习场所不再局限于课堂，学习内容不再受老师讲授内容的限制。例如，当讲授到北京故宫时，可以让学生通过北京故宫虚拟旅游软件进行一次虚拟的旅行，增加学生对北京故宫的直观感受；当讲授到某物理或化学定理时，可以让学生做模拟试验，既可以避免有些试验的危险性，又可以减少试验成本；当讲授天文知识时，可以让学生进行一次虚拟的星空旅行，观察一些宇宙现象。

（2）智慧医疗。智慧医疗是指通过应用物联网、云计算、虚拟现实、大数据等新一代信息技术来提高医疗卫生管理和服务的智能化水平。

与传统医疗卫生行业的信息化相比，智慧医疗以患者为中心。在以前，医疗卫生行业信息化建设是以部门为中心的，即以各级卫生主管部门、各类医院为中心。患者的医疗信息分散在不同的医院，没有进行有效的整合，医院无法提供个性化的医疗卫生服务。而在智慧医疗中，医疗卫生行业信息化建设以患者为中心，通过电子病历建立患者医疗健康档案，不同医院之间可以共享患者信息。

同时，在传统条件下，化验、诊断等许多工作都需要医生来完成，而在智慧医疗时代，随着医疗分析仪器设备的发展，化验、诊断等工作可以自动完成，医疗分析仪器设备会自动生成并打印出化验报告、诊断报告。

在以前，无论是何种疾病类型、症状轻重程度，患者都必须亲自到医院就诊。而在智慧医疗时代，有些患者不必到医院就诊，利用异地化验结果、电子设备探测血压、心率等，再由专业医生远程进行分析，把诊断结果和治疗方案反馈给患者；患者付费后由物流企业把药品配送给患者。对于医疗卫生条件落后的偏远地区，患者通过远程医疗系统，可以享受大城市的一流医疗服务。

（3）智慧社区。智慧社区是指通过利用物联网、大数据、人工智能等信息技术，整合社区现有的各类服务资源，为社区群众提供政务、教育、医疗及生活互助等便捷服务的社区模式。智慧社区与传统社区相比，在管理和服务上智能化水平较高。发展智慧社区，有利于提高智慧城市管理水平，创新社会管理方式；有利于提高社区服务的水平，使社区更宜居；有利于丰富社区居民的生活，创建和谐社区。

在智慧社区中，各类设施的自动化程度较高。例如，采用人脸识别技术的社区门禁，在居民进出小区、单元门时，能够自动刷脸开门；楼道灯具有红外感应功能，在居民通过时自动开启。在智慧社区中，相关设施之间可以相互通信，进行联动。例如，当传感器感知有陌生人翻墙时，立即启动报警系统。与此同时，调转视频监控探头，视频监控探头具有人脸识别功能，自动将捕获的人脸图像发送到公安部门。在社区居民服务方面，智慧社区可以根据某个居民的个人情况推送社会信息，提醒居民办理特定事情。

8.4 数字乡村建设

随着云计算、区块链、物联网、大数据、人工智能、虚拟现实等信息技术向农业农村的下沉与应用，不仅深刻改变了乡村生产生活方式，还引发乡村经济格局和治理模式的深刻变革。当前，我国正处在向第二个百年奋进目标迈进的历史关口。因此，巩固和拓展脱贫攻坚的成果，全面推进乡村振兴，加快农业农村现代化，是关系到大局的重大问题。数字乡村是乡村振兴战略的明确方向，为乡村全面振兴赋能提速，也是实现农业农村现代化的重要途径。

8.4.1 数字乡村概念及建设意义

数字乡村是一个较新的概念，在我国最早出现于《乡村振兴战略规划（2018—2022年）》中。有代表性的观点认为，数字乡村是建立在数字经济、现代网络等数字技术的基础上的，最终要提高乡村传统产业数字化与智能化水平，形成新型经济形态。

数字乡村不仅是数字技术在农业农村领域的简单叠加与应用，而且是利用数字经济理念对乡村社会关系、社会结构的重塑，以物联网、大数据、人工智能、区块链、云计算、虚拟现实等新一代数字技术为驱动力，赋能农业农村发展，实现乡村整体发展质量变革、动力提升、效率加快，打通乡村信息壁垒，以信息流带动技术流、人才流、资金流等，激发乡村发展动力，从而推动乡村朝着数字化、智能化、便捷化、绿色化的方向发展，促进农业全面升级、农民全面发展、农村全面进步。

改革开放以来，党和国家高度重视“三农”问题，也多次在相关文件中提及有关数字乡村的概念。2018 年中央一号文件首次提出要实施数字乡村战略，大力发展数字农业。2019 年中央一号文件明确提出“实施数字乡村战略”，要求深入推进“互联网+农业”，扩大农业物联网示范应用。2022 年中央一号文件强调要大力推进数字乡村建设。中共中央、国务院印发的《乡村振兴战略规划（2018—2022 年）》提出实施数字乡村战略，加快现代信息技术与农业生产生活全面深度融合。

特别是 2019 年 5 月中共中央办公厅、国务院办公厅印发的《数字乡村发展战略纲要》，明确要“着力发挥信息技术创新的扩散效应、信息和知识的溢出效应、数字技术释放的普惠效应，加快推进农业农村现代化”，到 21 世纪中叶，我国将全面建成数字乡村，助力乡村全面振兴，全面实现农业强、农村美、农民富的目标。中央网信办等十部门联合印发的《数字乡村发展行动计划（2022—2025 年）》，进一步提出要加快现代信息技术与农业农村的深度融合，大力推进数字乡村建设。

8.4.2 数字乡村建设现状和问题

随着党和国家推动数字乡村建设，各乡村居民和电商平台紧密互动，乡村电子商务发展迅猛。乡村居民开始学习网络经营，在网上销售农产品。一些村镇建立了远程教育终端站点，为群众提供农业技术教学、政策宣传、法律知识普及等。有部分乡村党组织对远程教育进一步开发，把党员远程教育工作引向深入，构建党建信息化工程，将远程教育平台、手机党建云等网络平台有机融合，让党员通过党建信息化工程能在家里直接听党课、接受技能培训等。

物联网以及人工智能的应用提高了农业生产力，促进了乡村的产业融合发展。在一些乡村中，无人机、智能化的农业设备已经成为农民也熟练使用的生产工具。例如，山东省广饶县的部分农民使用无人机进行农药的喷洒以及肥料的施用，并通过无人机完成对农田的巡视。无人机的使用减少了人力的投入，避免了大型机械对农田的损坏，可在短时间内完成植保工作，减少了浪费和环境污染，增加了农产品的质量。部分果农用上了智能苹果分拣机，通过 AI 技术，该机器能根据苹果的大小、颜色、品相来自动分拣，省时省工。

虽然大数据、云计算、物联网、人工智能、区块链等信息技术在乡村的应用有了一定收获，数字乡村建设也取得了一定进展，但是，我国幅员辽阔，乡村所处的环境不同，乡村建设的基础不同，特别是不同地区乡村的信息化程度以及农民对信息技术的理解有着较大差距。有些乡村在数字乡村建设上已经先行一步取得一些成果，有些乡村还在原地踏步，整体发展水平还不高，数字乡村建设尚处在探索阶段。信息基础设施薄弱、乡村数字人才匮乏、乡村信息应用水平滞后、数字乡村建设缺乏动力等诸多问题，影响了数字乡村建设的步伐。

数字乡村建设离不开完善的公路网、水电系统、物流系统等基础设施，更需要的是完善的信息基础设施。近些年，虽然国家大力建设公用移动通信基站，使乡村以及偏远地区的通信更加通畅，能够通过移动设备使用互联网，但是，互联网的普及率较低，存在通信质量不佳、网络连接不稳定、网络速度与城市相比偏慢等问题，对网络化的生产系统、数字化的生产模式在乡村的推广造成了较大影响。

虽然国家一直在推进乡村信息化的建设，在乡村普及互联网，但是，大部分乡村并没有启动物联网基础设施和物联网系统的建设。因此，与完善的物联网系统配套的数据采集、传输、储存、共享的手段和方式较为落后。建设数字乡村不仅需要互联网作为通信、连接、协作的手段，更需要物联网在生产生活中发挥作用。

还要看到，产业的融合发展是建设数字乡村以及实施乡村振兴战略的重要内容。数字乡村建设不仅依靠农业的信息化和数字化，更需要乡村中存在多种产业并通过数字技术融合发展，进一步丰富乡村产品的种类，进而增加乡村居民的收入，提升乡村总体竞争力。但是，在目前的数字乡村建设中，乡村产业数字化融合程度较低，产业之间关联较少，基本处于独立运作的阶段。

8.4.3 数字乡村建设路径

针对当前数字乡村建设中存在的数字人才匮乏、基础设施薄弱、数字化应用水平滞后等问题，结合我国乡村的实际情况和数字乡村建设的经验，需要在建设过程中加强乡村数字人才引进与培养、完善乡村信息基础设施、丰富数字乡村应用场景，推动数字技术与乡村振兴全面融合，全面实现农民生活便捷化、农村治理现代化。

1. 加强乡村人才引进与培养

对于数字乡村建设而言，人才是关键。数字乡村建设，仅依靠乡村的村民和基层干部是无法完成的，更需要省、市的政府向乡村派遣或乡村自主引进相关技术与管理人才的指导和帮助。同时，也需要乡村利用资源在当地培养优秀的人才，促进乡村人才队伍的整体提升。

一方面，要扩大向乡村派遣人才和乡村自主引进人才的规模。多数的乡村并没有足够的经济实力能自主引进相关人才。因此，数字乡村建设，需要各省、市政府针对当地乡村的现实条件和未来的发展方向，有计划向乡村派遣人才，以对乡村的信息化建设进行指导帮助。有关部门要与当地或其他地区的高校加强合作，同高校制定相关人才培养计划，合理吸纳相关人才，根据当地乡村的不同需求和数字乡村建设的规划，有针对性地向乡村派遣人才或组成人才队伍协调工作小组，针对不同乡村的不同需求以及乡村在发展中需求的变更，统筹乡村人才的安排，使人才队伍的构成能够与乡村的人才需求相契合。在满足乡村人才需求的同时，实现人才队伍轮换派遣，既能减少人才的工作负担，又能加快推进数字乡村建设效率。

另一方面，乡村基层组织和乡镇政府可以与相关的企业合作，由企业提供技术设备和教员，在乡村中开展数字设备的展示和教学活动。这样，才能使乡村工作队伍和乡村居民更加充分了解数字技术和设备。乡村工作队伍也要在相关的知识和技能的学习中加深对数字乡村的认识，从而改变旧有的、甚至是保守的关于乡村发展的思路，制定信息化、数字化的乡村建设规划。乡村居民也能够从多方面的宣传和引导中改变传统的生产方式和生活习惯，转而积极投入到数字乡村建设中来。

2. 完善乡村信息基础设施

完善的乡村信息基础设施是建设数字乡村的重要基础，针对数字乡村建设，完善乡村信息基础设施的主要内容在于以下两方面。

一是完善支撑乡村电子商务发展的公路网、水电供应系统以及物流系统的分等分级、包装仓储、冷链运输等基础设施。乡村产业的网络化发展是数字乡村建设的重要内容，通过互联网连接乡村与全国各地，利用电商平台销售乡村产品，既方便又快捷。乡村电子商务的发展则依靠优质的公路网、包装仓储、冷链物流等基础设施。优化乡村的公路网络需要将公路系统进一步延伸到乡村，特别是要将公路延伸到乡村产品出产的区域，如农产品生产区、农产品加工区等。要加强乡村的电力保障，为乡村中的智能化设备、网络系统以及其他相关行业提供优质的供电服务。对于完善乡村的分等分级、包装仓储、冷链物流等基础设施，需要在乡村附近的乡镇中设立大型的物流服务中心，在乡村中设立物流服务站，为乡村提供快捷的物流服务。要优化乡村的物流系统，通过数字设备收集、整理、分析产品数据，实现快速精准的分等分级。同时完善乡村产品的包装设施，在乡村中就实现产品的包装和仓储工作，或将产品运输到乡镇中的加工中心对产品进行包装和储存。对于新鲜水果、蔬菜、肉类等农产品的运输，要求乡村的物流系统拥有多种低温、冷冻运输设备，并通过网络实时监测运输过程和产品温度，降低农产品的运输损耗，保证农产品在销售时的品质。

二是完善乡村信息化硬件和软件设施。完善乡村信息化硬件设施需要打通信息传递的“最后一公里”，通过架设、优化乡村移动通信基站，实现乡村移动网络全覆盖，并提高网络质量。乡村网络服务站可以提供多种的网络技术指导服务、软件使用培训，帮助村民采购、安装、调试相关的设备，并结合农民生产生活特点和物质文化需求，有针对性地加快乡村信息平台或程序的建设。要及时清除网络中的虚假信息和不良内容，从宣传入手，定期开展网络安全问题讲堂，向乡村居民讲解互联网安全问题，提醒乡村居民警惕互联网中的虚假信息和不良内容，遇到诈骗信息后要向乡村基层组织或警方求助，并鼓励乡村居民开展互帮互助活动，使乡村居民能够互相帮助解决遇到的网络问题，并起到一定的监督作用，净化乡村网络环境，促进数字乡村建设。

3. 丰富数字乡村应用场景

以新一代信息技术优化乡村产业融合发展，是数字乡村建设的重要内容，也是扩展乡村居民收入渠道、提升乡村居民收入的重要手段。因此，丰富和强化乡村产业，促进乡村产业融合是建设数字乡村的重要任务。

(1) 将新一代信息技术和数字化的农业生产信息作为新的农业生产要素。通过多种数字设备收集、整理农业生产对象、环境和生产过程的数据，而后进行可视化表达、信息化管理、数字化决策。在乡村中推广并进行物联网的基础建设，从而可实时收集丰富的农业数据。加强大数据与人工智能的硬件设备的建设和软件的发展，在农业生产中逐步实现经营决策的数字化。对于无法通过市场机制实现宽带网络覆盖的乡村，需要在当地持续进行电信普遍服务补偿工作，支持偏远乡村的宽带网络发展。上级政府部门、相关企业和科研院所等部门需要加快推广大数据、云计算、物联网和人工智能等新一代信息技术的应用，促进新一代信息技术与农业生产的深度融合。

（2）充分利用乡村的优势资源，因地制宜创新发展乡村第二、第三产业，以新一代信息技术武装乡村产业，建设乡村产业体系。我国乡村环境多样，丰富乡村产业的途径也不同，例如，部分乡村的农产品品质上乘，但是其销售利润并不高，而本地的劳动力比较充足，既可以通过互联网销售农产品，形成品牌，又可以在当地建立农产品加工厂，对基础农产品进行深加工，再通过互联网进行销售。部分乡村的农产品原本的需求量和利润比较高，在此基础上通过建立农产品加工厂，对优质农产品进一步深加工，使得农产品升级成为更加优质的加工品，从而增加农民的收入。随着乡村基础设施的完善，很多乡村具有了因地制宜地发展乡村旅游、乡村特产、农家乐等产业的有利条件，发展以上乡村产业则需要培育创意农业、体验农业、共享农业等新兴的乡村产业。丰富乡村产业的过程，不仅需要乡村基层干部和村民的协同努力，更需要上级政府部门的积极规划运作。省、市政府需要针对当地乡村的发展现状和环境自然条件，制定出乡村产业的发展规划，并为乡村产业的发展提供人才指导和资金。

（3）以信息技术联结乡村中的各产业，增强产业间的信息收集、整理、传输速度，加深产业间的协调运作。发展乡村产业融合的具体方式是灵活多样的，例如，通过组建涉农产业的联合组织或深化地区的分工协作等方式来实现农业产业链的延伸和农业循环经济的发展；利用互联网推广一村一品、一乡一业等内容，提升乡村农产品和加工品的品质和知名度，形成品牌效应；通过信息技术组建完善的产业网络，实现“公司+基地+农户”等线上线下有机结合的农业；通过拓展和提升农业的多种功能，将农业的科技、文化和环境价值充分体现出来，从而实现农业的生态休闲、文化传承、科技教育、旅游观光等功能；发展创意农业，或打造富含历史、地域和民族特色的特色景观或特色旅游村镇，将本地的食品企业与本地休闲观光农业或乡村旅游相结合，加强本地食品生产企业与餐饮企业的联系。

案　例

广东省创新数字政府管理运营模式[①]

在致 2021 年世界互联网大会乌镇峰会的贺信中，习近平总书记强调要“增

① 资料来源：依据公开信息自行编写。

强数字政府效能”。“十四五”规划和2035年远景目标纲要提出，要“提高数字政府建设水平”，将数字技术广泛应用于政府管理服务，推动政府治理流程再造和模式优化，不断提高决策科学性和服务效率。近年来，随着大数据、云计算、人工智能等新一代数字技术融入数字政府建设，“掌上办”“指尖办”成为政务服务的标配。以数字政府建设为引领，公共服务领域正发生深刻变革。

从广东省数字政府建设的规划和实践来看，管理角色由广东省政务服务数据管理局担任，运营工作交给了数字广东网络建设有限公司（以下简称“数字广东公司”）。数字广东公司的角色被定位为数字政府改革的技术能力支撑者，由广东省政务服务数据管理局监督考核数字广东公司的建设运营工作（如图8-2所示）。

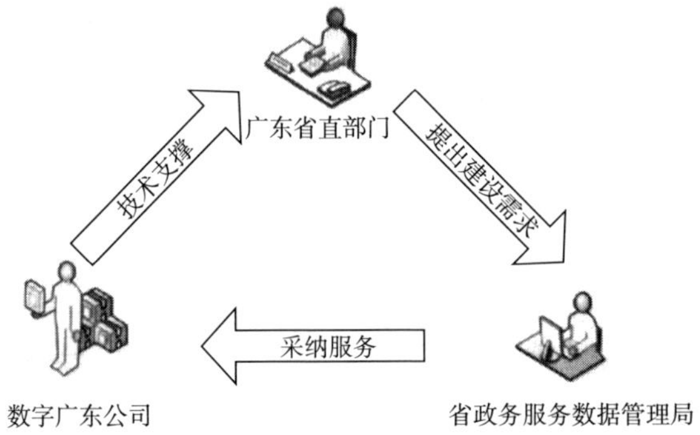

图8-2　广东省创新数字政府管理运营

在该模式下，工作链条变为广东省直部门向省政务服务数据管理局提出建设需求，省政务服务数据管理局经过整合需求后对接数字广东公司，数字广东公司开发出可支撑省直部门需求的技术工具或平台后，由省政务服务数据管理局以购买服务的形式向数字广东公司采购。和过往的旧模式相比，采用这种“政企合作、管运分离”创新模式的优势在于速度快，从想法到落地时间更短；更新快，避免自建运营系统的维护、老化等问题；效果好，能利用企业的产品触达能力。

数字广东公司首席执行官王新辉认为，通过“政企合作、管运分离”模式，在管理端，把政府的职能回归到行政单位，从事信息化的顶层设计管理；在建设端，把社会的优势资源集中在一起，按照市场化的方式来进行运作，有效解决了人才不足、建设机制相对僵化、系统建好就落后等问题。

与广东省的规划框架相对应，数字广东公司提出了数字政府的“3+3+3”建设模式，为广东省数字政府改革提供政务云平台、政务大数据中心、公共支撑平台三大基础资源平台，同时根据民生、营商、政务等相关业务场景，提供“粤省事”移动政务服务平台、“粤商通”涉企移动政务服务平台、“粤政易”协同办公平台三大移动应用，分别针对民众、企业、政府公务人员三大群体提供相应服务，从便利民生事项办理、优化营商环境、提升政府行政效率等多方面助力数字政府建设。

数字广东公司将互联网思维与政务业务相结合，通过工具化、集约化、服务化核心理念，利用平台和技术优势做好政府与公众、政府与企业、政府与公务人员之间的“连接器”，助力政务服务实现数字化转型升级；通过数字政府工具箱的能力供给，以及集约化、规范化的统一建设管理，极大地降低了数字政府相关开发成本，避免重复建设问题。

从实际应用层面来看，“政企合作、管运分离”的模式，已经陆续在其他多个省市落地。比如，在长沙建设政务民生管理体系，从政府、企业与百姓三个层面打通“数据孤岛”，提升内部协作，优化营商环境和提升民生服务水平；在贵阳，以打造“数智贵阳”为核心，政府积极打造微政务服务体系，实现群众、企业在贵阳市办事“一门进、一网办、一次办”，进一步提升政务服务质量，提高了人民群众的服务获得感和满意度；在乌兰察布，以“互联网+政务服务”为核心，共同推进“数字乌兰察布”建设，全面优化提升全市政务服务水平，营造便民、规范、高效的政务服务环境，不断提升群众获得感、幸福感和安全感。

案例讨论题

1. 广东省创新数字政府管理运营模式的“创新”点指的是什么？

2. “政企合作、管运分离”的模式是否可以在所有省市普遍开展？说说你的理由。

小　结

从国际经济与客观实际来看，以政府为主导的公共治理模式，是符合我国目前数字经济发展现状的。同时，我们要坚持理论和实践相结合，将物联网、大数据、云计算、区块链、人工智能等信息技术广泛应用于数字政府建设、智慧城市建设和数字乡村建设，促进我国实现治理体系和治理能力的现代化。

关键术语

公共治理　数字政府　智慧城市　数字乡村

习　题

1. 如何理解公共治理模式是数字经济的必然选择？
2. 数字政府如何监管“垄断型”平台经济？
3. 在智慧城市建设中，如何有效协调政府的各个部门关系？
4. 针对我国数字乡村发展不平衡问题，说说你的解决办法。

第9章

数字经济与企业数字化转型

习近平总书记指出："当前，数字经济规模扩大，全球数字化转型加速，成为影响世界经济格局的重要因素。"① 在数字经济的时代大潮下，未来的企业，要么是数字化原生企业，要么成为数字化转型企业。目前，企业数字化转型已广泛应用于金融、医疗、制造、安防、物流等多个行业和场景。因此，本章将对企业数字化的基本内涵及与之相关的产品创新数字化、生产运营智能化、用户服务敏捷化、产业体系生态化做深入介绍。

学习目标

- 理解企业数字化的内涵，掌握企业数字化转型的特点
- 了解企业数字化转型对产品创新数字化、生产运营智能化、用户服务敏捷化、产业体系生态化的要求

9.1 企业数字化的本质

数字化，是从信息经济向数字经济转变的过程，凸显了数据在生产中的特殊地位。受此影响，有无实施数字化战略，在很大程度上决定着企业的兴衰成败。展望未来，在数字技术快速发展的大趋势下，企业的数字化转型将势不可挡。

9.1.1 企业数字化转型的兴起

当今世界，数字技术加速发展，引发颠覆性重大突破，不断实现着与制造、能源、材料、生物、空间等的技术交叉融合，并对基础设施、机械装备、服务业、能源环保等予以赋能。在信息基础设施的支撑下，我国数字经济活力迸发，

① 《习近平继续出席二十国集团领导人第十七次峰会》，《人民日报》2022年11月17日。

新模式新业态不断涌现。

特别是在应对新冠疫情中，以 5G、大数据为代表的数字技术发挥了重要作用。依托疫情防控大数据平台，开展流行病学和溯源调查，对密切接触者进行“追踪”，大幅提高了防控精准度和筛查效率；通过“5G+医疗”，多学科、多专家远程为重症患者协作诊疗，提升抗疫一线的医疗救治水平。在经济恢复发展方面，数字经济成为关键增长引擎。大量企业利用远程会议、在线营销等数字化应用，快速实现复工复产。线上消费、在线教育等新业态不断涌现，增强了疫情期间的经济发展韧性。从某种程度上来说，新冠疫情的暴发“倒逼”了各行业加快数字化转型，使网上购物、在线教育、远程办公、智慧医疗等全面融入人们的日常工作和生活，为经济高质量发展注入了新的动力。

为以数字化、网络化、智能化赋能中小企业，2020 年 3 月，工业和信息化部办公厅印发《中小企业数字化赋能专项行动方案》（以下简称《专项行动方案》），强调要以新一代信息技术与应用为支撑，以提升中小企业应对危机能力、夯实可持续发展基础为目标，集聚一批面向中小企业的数字化服务商，培育推广一批符合中小企业需求的数字化平台、系统解决方案、产品和服务，助推中小企业增添发展后劲，提高发展质量。《专项行动方案》提出了 13 项重点任务，包括利用信息技术加强疫情防控，利用数字化工具尽快恢复生产运营，助推中小企业上云、用云，夯实数字化平台功能，创新数字化运营解决方案，提升智能制造水平，加强数据资源共享和开发利用，发展数字经济新模式新业态，强化供应链对接平台支撑，促进产业集群数字化发展，提高产融对接平台服务水平，强化网络、计算和安全等数字资源服务支撑，同时加强网络和数据安全保障。制定实施《专项行动方案》，就是要通过推动企业数字化改造，帮助中小企业提高经营水平，构建新的竞争优势，塑造长远竞争力。

2020 年 4 月，为深入实施数字经济战略，加快数字产业化和产业数字化，培育新经济发展，国家发展和改革委员会和中央网信办印发《关于推进“上云用数赋智”行动培育新经济发展实施方案》（以下简称《实施方案》）的通知，明确了我国数字经济的发展方向及企业数字化转型的大战略。《实施方案》提出的发展目标是：大力培育数字经济新业态，深入推进企业数字化转型，打造数据供应链，以数据流引领物资流、人才流、技术流、资金流，形成产业链上下游和跨行业融合的数字化生态体系，构建设备数字化—生产线数字化—车间数字化—工厂数字化—企业数字化—产业链数字化—数字化生态的典型范式。据此，《实施方案》确定了六个主要方向：一是筑基础，夯实数字化转型技术支撑；二是搭平台，构建多层联动的产业互联网平台；三是促转型，加快企业“上云用数赋智”；四是建生态，建立跨界融合的数字化生态；五是兴业态，拓展经济发展新空间；六是强服务，加大数字化转型支撑保障。

9.1.2　企业数字化转型的内涵及意义

国家发展和改革委员会对企业数字化转型给出的定义是：“传统企业通过将生产、管理、销售各环节都与云计算、互联网、大数据相结合，促进企业研发设计、生产加工、经营管理、销售服务等业务数字化转型。”从这一定义出发，企业数字化转型的内涵主要是指改变现有商业模式，实现技术与商业模式的深度融合，利用数字化技术和能力驱动运营模式创新和生态系统重构，实现商业模式的变革，促进企业业务的转型、创新和增长。这一转型过程，涉及产品、营销、渠道、组织、运营、管理等各个环节的数字化，会对企业的价值创造、价值传递、价值支持和价值获取四个环节都产生影响（如图 9-1 所示）。

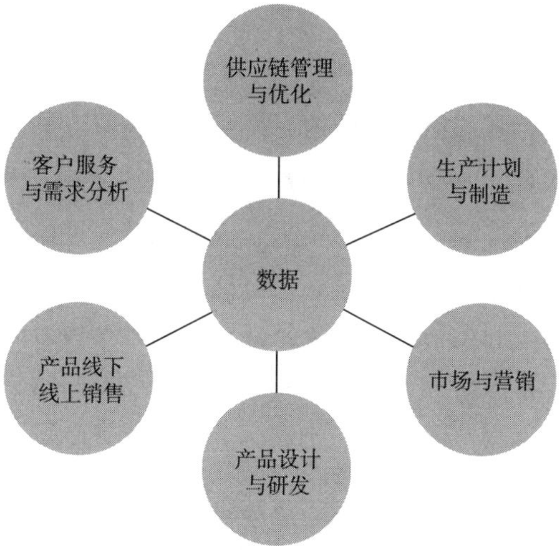

图 9-1　数据赋能企业数字化转型

对企业而言，实现数字化转型的意义在于：第一，极大地提高效率。如企业内部采购人员适应数字化采购管理应用，和供应商在线使用工具，可以简化采购流程，达到降本增效的结果。第二，高效的内外部协同。如数字化采购反馈信息的速度，不再是以天为单位计算，而是以秒为单位计算，这就实现了内外部高效的沟通与协同。在数字化时代，信息反馈的速度是衡量效率的一项重要标准。第三，推动管理自动化。“互联网+”技术的充分应用，可以大大减少人工介入，大量重复烦琐、效率低下的工作，都可以交由数字化管理系统来处理，这就将企业内部沟通、协调的时间成本降了下来。第四，提高行业竞争力。数字化时代，是一个业务数据化、流程自动化、决策智慧化的时代，只有做到这些，企业方能在激烈的市场竞争中保持比较优势，不至于被时代所淘汰。

9.1.3 企业数字化转型的特点

1. 非连续性

不同于传统发展路径，企业数字化转型的发展曲线会呈现出非连续性，有时会出现断点。这意味着企业必须具有长远的战略格局，企业发展要从连续的线性思维转向非连续的生态思维，以应对这种不连续的断点和突变。对大企业来说，推进数字化转型，要致力于构建平台、打造生态；对中小企业来说，要参与平台，推进数字化转型，还要融入生态，致力于做精、做专、做好、做久。同时，企业应摆脱经验束缚，形成数字化连接的端、网、云价值闭环思维，实现突破性战略新成长。

2. 跨界融合

跨界融合包括生产者与消费者的跨界融合、供需双方的跨界融合、企业组织与外部生态的跨界融合、产业与产业的跨界融合、软硬件技术的跨界融合、线上线下的跨界融合等多个方面。这同样要求企业必须转变思维方式，从传统的封闭式边界思维转向现代开放式跨界融合思维，从单一的为客户创造价值思维转向与客户共创价值、与员工共创价值的思维，从排他的竞争思维转向利他取势的竞合思维，企业从而拥有更开放的心态、更宽广的胸襟、更包容的文化性。

3. 突变和颠覆

数字化追求的是原创性创新而非简单的模仿创新，这就要求企业必须从基于大概率事件推测未来的平滑思维转向洞见和感知小概率突发事件的捕捉思维；从基于资源与能力的渐进式弯道超车思维转变为突破资源与能力的颠覆式创新超车思维；企业要敬畏变化，打破“组织傲慢”，以开拓和探索精神挑战权威和已有范式，在新能力和新模式基础上建立新学习曲线，在试验、探索、创新、迭代、优化中确立新的内在核心能力与外在生态优势。

4. 分布式和多中心

数字化无限连接、交互的网状结构体系具有分布式和多中心的特点，这就要求企业必须从传统的中心思维转变为分布式多中心思维，从非对称性单一聚焦压强思维转变为对称性多项动态选择思维；从组织管控转变为组织赋能；从专注核心人物转变为尊重个体力量。同时，还要求企业在战略选择上，变革创新组织模式，培育组织能力，打破以官本位为核心的科层制组织管理结构，代之以客户为中心的“平台化赋能型+分布式自主经营”组织管理结构。

9.1.4　数字化企业的特征

与传统企业相比，实现了数字化转型的企业通常具有以下七个方面的特征：

1. 以客户为中心

数字技术不仅加强了企业之间的连接，而且密切了企业与用户之间的互动，赋予用户对产品的自主选择权，以及用户深度参与产品设计和生产的可能。从一定意义上说，企业数字化转型的目标就是以客户为中心，打造多层次、多体系的以客户为中心的组织能力，提高客户对产品全生命周期的体验。在围绕客户设计组织结构方面，改变传统模式下企业自“我”中心、客户被视为被动接受者的习惯，通过统一平台进行数据分析并向客户推荐最优产品，并统一客户体验，提高企业资源利用效率。在基于客户场景进行创新方面，实现从流程驱动向场景驱动转变，挖掘客户在特定场景下的需求，优化资源配置，变革业务价值，进行业务创新，带给客户全新的感受。在设计满足客户需求的互动方式方面，实现对用户价值的洞察力和敏捷反应，从注重功能向注重体验转变，打造无缝衔接的客户体验，进而带给客户更多的便利性和舒适度。

2. 多元化能力

在运营管理环境方面，企业要能够在与客户互动时快速灵活响应，构建起以客户为中心，全渠道、全价值链的客户互动模式；在资源管理上，企业要做到精益求精，以流程为中心，围绕新一代企业资源系统计划，实现稳定、精准、高效；在智慧客户数据上，企业要形成以数据为中心，全域、全形式的智慧洞察；在柔性生产上，企业要形成以机器为中心，成本低、效率高、质量好、柔性强的物联网和生产制造系统。

3. 强大的决策中枢

以云计算、物联网、人工智能、5G、数字孪生等为代表的智能技术，能够帮助企业搭建全局数据平台、智能分析系统、智慧管控机制，为企业运营管理的所有环节提供分析和预测。在数据来源、数据分析能力、数据服务企业的方式等方面，它都与传统方式有明显差异，形成了强大的决策中枢。

4. 反应敏捷

基于数字转型，企业能够对内外部环境做出敏捷、有效的反应和决策。在对内方面，充分满足企业管理要求；在对外方面，准确把握客户和市场的迅速变化。比如，在产品开发方面，传统上需要系统化分析论证，形成产品定义后再上线布署开发，但在设计思维和敏捷迭代方式下，通过客户角色模拟、聚焦小组分析、最小原型产品设计，就能够在最短时间内上线产品、迭代优化。

5. 智能化升级

通过数字化转型，企业的人、财、物数据都将连接起来，所有流程都将通过线上完成，还能够让机器进行分析，帮管理者做出决策。企业的智能化升级对人才、技术、数据安全等有着很高的要求，既要招募人才，还要研发算法、投入算力，并且要拥有数据、场景等关键要素，这将是一种长期投入。

6. “云+5G”架构

未来，IT 基础设施及企业应用软件将加速云化，过去需要直面的各类硬件设备、软件系统隐藏了起来，展现在人们面前的是虚拟机、容器、微服务等，将企业的运营管理空间从依赖有线网络环境的空间，延伸到更广阔的物理区域。数据中台、业务中台、人工智能物联网中台建设步伐将加快，从而消除数据孤岛并促进企业数据业务化，推动企业内部资源和业务共享。这样的架构，将在农业、医疗、金融、教育、房产、服务等行业得到广泛应用。

7. 驱动型转化

数字化 IT 组织作为企业数字化转型的主要推动者之一，从支撑型向驱动型转化。与传统的 IT 部门以项目交付为主的方式完全不同，数字化 IT 组织在交付模式、人员技能、IT 治理及成本核算等方面都有较大的变化，形成了以数据驱动、算法驱动为核心的全面数字化转型。大型集团企业的 IT 力量分布在各层级单位，共同服务于企业数字化转型，并为对外服务、对外协同打下基础。

9.1.5 企业数字化转型的挑战与应对

近年来，越来越多的企业走上了数字化之路。但从传统企业数字化转型的现状看，整体效果并不理想。在推动数字化转型的过程中，很多企业面临各种固有难点。企业常见的困难包括：因为数字化转型是一项系统工程，企业资金投入大，持续时间长，涉及面广，转型效益不明确，故而“不敢转”；因为对数字技术了解不充分，缺乏明确的数字化战略和转型实施路线图，不知道如何选择技术平台、变革业务流程、培育商业模式，企业也缺乏足够的数据平台或数字业务运营经验，故而“不会转”；因为既懂业务又懂数据的复合型人才供给不足，企业能力短板突出，转型基础不坚实，故而“不能转”；因为企业转型思路不清，意志不坚定，缺乏对数字化战略的系统性思考，故而“不善转”；因为企业部门之间职责和权利不清晰，缺乏强有力的制度设计和组织重塑，组织模式不灵，故而“不愿转”；因为企业内部数据链尚未构建，与外部数据融合度不高，数据资产积累薄弱，故而“不好转”。

作为社会经济最基本的组成单位，全力推进企业数字化转型已然成为构建中国数字经济的关键部分。快速、高效地进行企业的数字化转型，形成数字化企业的产业集群，是未来我国以数字经济构建核心竞争力的重要保障。企业加快数字化转型，必须制定科学合理的数字化战略，从技术使用、价值变革、组织流程化改造、账务管理系统构建、平台建设和人才培育等方面加强设计和统筹；必须加强数字化管理，包括企业资源管理、企业行为管理和企业主体管理；必须形成数字化转型良好氛围，完善监管治理体系，加强数字技术的研发与创新。

9.2　产品创新数字化

通常我们所说的产品，指的是那些可以规模化生产、大规模复制的物品，包括有形产品和无形产品。其中，有形产品包括书籍、家电、手机等，无形产品包括知识产品和软件等。产品的功能在于，通过一个有形或者无形的物品来提供价值。企业在制定了数字化转型战略之后，首先要考虑的就是产品的数字化。

9.2.1　提升研发创新能力

企业在实际运营中，可以充分利用物联网、云计算、大数据等数字化技术，扩大数字化发展对创新发展的影响力。在研发环节，使用云计算可以支撑企业基于数据精准洞察消费者需求，同时还能快速验证产品的性能与功能，从而提升产品研发创新能力。

海尔集团生产烤箱的工厂发现，购买烤箱的主力人群是年轻女性，这个特定人群有一个使用偏好，即非常喜欢在互联网和社交软件上展示自己的作品。因此，他们设计了一台可以直播的嫩烤箱（如图 9-2 所示）。在海尔嫩烤箱的内部，内置有一个高温高清摄像头，像素高达 500 万，可以在烤箱烘焙食物的过程中，进行实时拍摄和直播。用户通过专属 App“烤圈”，即可实时对烘焙过程进行监控、拍摄图片和小视频，并且能够进行一键分享。除此之外，“烤圈”App 还能够让用户实现一键购买食材、一键多步骤烘焙，并能够根据用户的使用习惯，为用户提供常用参数设定功能，增加用户操作的便利性。同时，“烤圈”App 还具有定制式控制功能，可以满足用户的个人习惯，使得烤箱成了最了解用户的厨房好帮手。

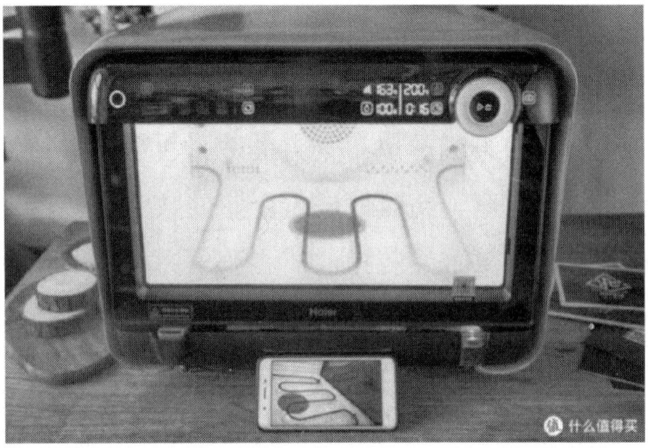

图 9–2　海尔嫩烤箱

索菲亚全屋定制是家具行业内第一家上市公司，品牌实力强劲，但索菲亚认为自己不是家具制造企业，而是一家大数据企业。索菲亚有强大的科技团队，团队中 3/4 以上的科技人员是在做数据加工。索菲亚利用大数据提升客户产品体验，提高交付效率，减少差错和库存，甚至可以做到零库存。依靠从前端到后端的数据共享、联通和流动，索菲亚打通了线上线下数据，基于用户交易数据、用户行为和特征数据，以及产品和渠道数据，搭建了一个大数据平台（如图 9–3 所示）。基于用户画像的数据化，他们实现了研发精准化。在研发精准化基础上，营销的精准化也通过线上线下数据的融合分析，获得了很高的利润。

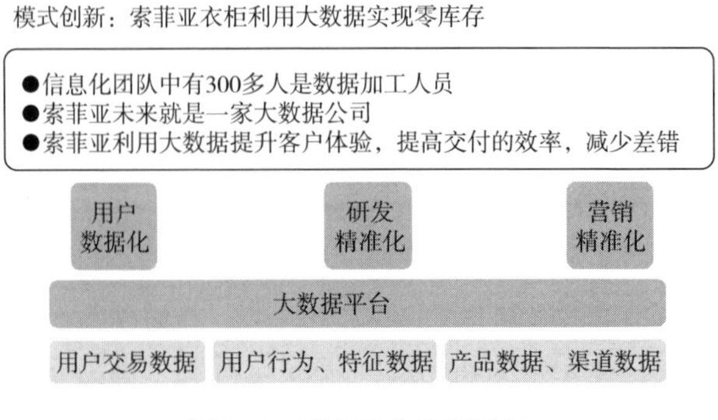

图 9–3　索菲亚大数据平台

再以一支羽毛球拍为例，如果厂家在羽毛球拍中加入传感器，就能够记录下运动员每次挥拍的力度、击球的位置等。成千上万的数据汇聚在云端，然后对这些数据进行深度分析，就可以帮助工厂改善它们的生产制造和开发新的产品。同时，厂家也可以针对这个运动员进行智能化的服务，帮助他在训练中纠正不好的挥拍习惯，从而提升球技。

9.2.2 让消费者参与产品的设计

在激烈的市场竞争环境下，生产出适销对路的产品，是企业获取市场竞争力的一个关键因素。以前企业做产品，往往由企业主导产品的设计和研发，即企业先做市场调研，或者是对市面上的畅销产品进行研究，再针对假定的目标消费群体去设计研发产品，然后把产品生产出来，最后做大规模的分销。在这个过程中，消费者的参与程度非常有限，对产品的设计研发的影响非常小。

随着互联网的普及和产业互联网的深化，一些传统行业的产品设计变得更加开放。企业通过应用大数据、新一代信息通信技术等新资源和新手段，主动发现、广泛采集并精准对接用户需求。这样，消费者对产品设计的参与程度越来越深，甚至产品的功能设计需求就是由消费者提出来的。而随着消费者的参与度的提高，特别是当消费者亲身参与了一个产品的设计，他们对这个产品的感情也会加深，对品牌的忠诚度也会更高。这样，就出现了一种消费者和生产者合流的趋势：由目标消费者定义产品的功能和特点，再由企业和他们共创产品，消费者既是产品的最终使用者，同时也成了品牌的传播者。

这种趋势的背后，隐含的是从 B2C（Business to Customer）到 C2B（Customer to Business），乃至 C2M（Customer to Manufacturer）的变化。B2C（商家对用户）典型的特征是标准化大生产、大众营销、大流通、大众消费、大金融，在这一形态下，企业把商品卖给消费者，二者之间形成简单的买卖关系。但现在，互联网加速发展，引发了商业领域两个显著变化：一是在需求端，消费者首先被信息高度“赋能”，导致价值链上各环节权力发生转移，消费者第一次处于经济活动的中心；二是在供应端，互联网大大提高了信息的流动性和穿透性，削减交易费用，极大地促进了大规模社会化分工、协作。企业可以根据市场需求，快速集聚资源，通过在线协作的方式完成项目任务。这样，就引发了产业的 C2B 模式（如图 9-4 所示）。

C2B（用户对商家），也可描述为 C&B，即产销合一模式，在这一模式下，先收集消费者的个性化需求，然后把信息反馈给生产商，并让消费者部分地参与

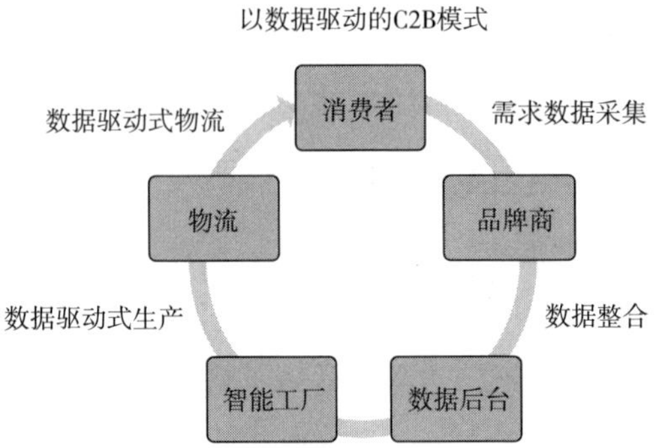

图 9-4　C2B 模式

产品的设计研发，最后实现大规模定制。这样，供需高度匹配、资源高效利用、产品和服务价值更高、各市场主体也更加平等和谐。这对中国传统产业的转型升级无疑具有重大的意义。例如，海尔家电八大互联工厂，充分应用用户大数据和制作大数据，让用户在网上参与创新交互和产品定制。针对母婴人群的需求，海尔提供儿童洗衣机、干衣机等全套母婴家电的定制方案。在这个过程中，首先要有用户需求，在网上交互创意以后，产生了满足用户需求的产品；然后让用户体验、反馈意见，再转入到生产制造的环节；生产结束以后，交到用户家里，并持续进行产品的迭代。

C2M（用户直连制造）模式则更进一步地让消费者直接和厂商对接。C2M是一种新型的电子商务互联网商业模式，它一头连着消费者，一头连着制造商，省去了库存、物流、分销、总销等中间环节，节省了中间成本。这一模式的优势主要有：解决企业的生产制造的库存问题；加强上游生产制造商和品牌商对需求端市场的感知力，直面市场的真实需求；下沉到三、四线城市，更加快速地开拓新市场；让消费者以超低价拿到高品质的产品，提升消费者的产品体验和交付体验（如图 9-5 所示）。

9.2.3　用“大中台、小前台”开发产品

中台系统是将企业进行数字化的一种工程，一般应用于大型企业，通常是指搭建一个灵活快速应对变化的架构，达到提高工作效率目的。当前，企业在市场上面临的竞争是很大的，面临的风险也是多种多样的，通过不同的体系和不同的终端，中台系统可以很快地得到市场的变化信息，帮助企业在竞争方面做出快速的反映，进行灵活的应用，以避免不必要的损失，并增加竞争的优势。搭建企业

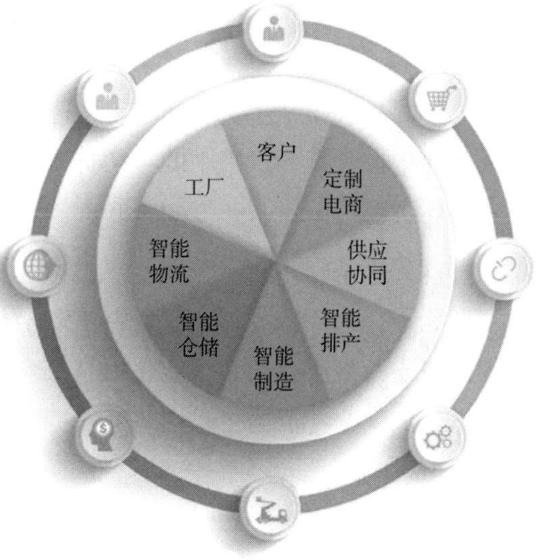

图 9-5　C2M 模式

数据中台，可以在生产、库存、销售、品控、物流、财务、成本、绩效等管理环节，实现数据的自动采集和智能分析，从而起到为企业核心业务赋能的作用。

2012 年字节跳动推出今日头条大获成功，此后它又相继推出了抖音短视频、火山视频、西瓜视频和 TikTok，这些产品也都相继获得了成功。产品的大获成功带来的就是字节跳动收入的快速增长。据统计，字节跳动各年的收入：2016 年是 60 亿元，2017 年是 150 亿元，2018 年是 500 亿元，2019 年是 1 200 亿元，2020 年是 2 360 亿元，2021 年是 4 390 亿元，2022 年收入超过了 5 400 亿元。

字节跳动之所以能够连续推出爆款产品，“大中台、小前台”是一个重要技术因素。相对于前台主要做成形的产品，中台主要是做各种各样的半成品或模块。在企业的中台内，存储有大量的资源和技术，当一种新的需求或者场景被发现或被创造出来的时候，中台能够将大量的资源和技术快速地注入前台，从而在很短的时间内，就能够形成爆款前台产品。

中台实质上是一个数据中心，它每天都在收集、挖掘各种各样的内外部数据，通过大数据为用户需求画像，勾画出越来越清晰的用户需求。中台把用户需求摸清楚以后，它又开始分析各种各样的技术解决方案，形成技术储备，为前台提供支持。所以，从表面上看，企业内部从事某款产品设计研发的人并不多，但实际上为他们提供支持的中台机构却非常多，并且早已开发出了这款产品的半成品。

9.3 生产运营智能化

生产运营，包含企业在生产和运营过程中的一切行为，例如购买原材料、进行生产、质量检测、物流管理等。生产运营运用互联网、物联网、人工智能、大数据等技术手段，可以深入挖掘数据，获取必要的知识和信息，帮助工业制造业加速产品创新、优化生产流程，为能效管理、设备整体效率提升、生产计划安排等提供实时在线分析和决策支持。生产运营智能化提高了仓储、配送、销售等完整产品供应链的效率，降低运营成本，指导企业管理者了解企业态势及经济运行。

9.3.1 工业生产的智能化与数字化

对我国来说，数字化转型也是我国制造业提高产品质量和生产管理效率的重要途径。虽然我国制造业发展取得了较大进步，但在现实中，大多数制造企业仍处于较低发展阶段。在此基础上，制造业数字化转型不仅包括企业数字化改造，还包括大数据、人工智能等技术的深度应用，使一些有基础、有实力的企业实现供应、制造、销售、服务等环节的数字化、网络化、智能化。

近年来，为促进制造业转型升级，我国不断完善制度环境，出台了一系列战略规划和政策措施，推动我国制造业数字化水平不断提升，处在产业发展前沿的工业互联网应用也在不断拓展。现阶段，我国数字工业已经形成了中央、地方、企业的三级发展体系。在中央层面，从国家战略方针、支持力度、具体部署上加大对地方和企业的引领，连续出台政策支持以制造业为代表的传统工业数字化转型升级（如图 9-6 所示）。

2015 年，国务院发布《中国制造 2025》的战略文件，提出“坚持把创新摆在制造业发展全局的核心位置，完善有利于创新的制度环境，推动跨领域跨行业协同创新，突破一批重点领域关键共性技术，促进制造业数字化网络化智能化，走创新驱动的发展道路”。在《中国制造 2025》中，对发展数字工作作出了多项部署，主要包括：一是加快推进新一代信息技术与制造技术融合发展，全面提升企业研发、生产、管理和服务的智能化水平；二是研究制定智能制造发展战略；三是加快发展智能制造装备和产品；四是推进制造过程智能化；五是深化互联网在制造领域的应用；六是加强互联网基础设施建设。

2020 年，党的十九届五中全会通过的《中共中央关于制定国民经济和社会

图 9–6　中国制造 2025 重点领域

发展第十四个五年规划和二〇三五年远景目标的建议》，进一步对“加快数字化发展”做出全面部署，在提升产业链供应链现代化水平方面，要求“推动传统产业高端化、智能化、绿色化，发展服务型制造”；在发展战略性新兴产业方面，要求“推动互联网、大数据、人工智能等同各产业深度融合，推动先进制造业集群发展，构建一批各具特色、优势互补、结构合理的战略性新兴产业增长引擎，培育新技术、新产品、新业态、新模式”；在加快发展现代服务业方面，要求“加快推进服务业数字化”。

在中央政策的指引下，地方政府普遍以发展智能制造作为数字工业的主攻方向，制定了当地的先进制造业数字化发展规划，着力推动工业企业实现数字化、网络化和智能化。例如，2021 年，吉林省工业和信息化厅制定了《吉林省制造业数字化发展“十四五”规划》，提出到 2025 年底，使本省新一代信息技术与制造业融合水平显著提高，工业互联网平台赋能效应凸显，融合应用的广度与深度不断扩展，多方参与、互利共赢的融合融通发展生态不断完善，重点产业数字化水平大幅跃升；培育 100 户以上制造业数字化转型试点示范企业，推动

1 000 户以上企业实施数字化转型改造，引导万户以上企业实现与云服务、大数据等新一代信息技术融合发展。

与之同时，国内领军制造企业也加快了工业数字化转型。2019 年，海尔集团利用数字技术创建了世界上第一个工业互联网平台——卡奥斯智能制造平台（COSMOPlat），坚持以用户为中心的全流程体验，实践大规模定制模式。该平台能够为数字化转型提供全流程、全周期、零距离解决方案，包括：用户交互定制解决方案、开放式创新平台解决方案、数字营销解决方案、全球模块商资源整合方案、智能制造解决方案、智慧物流 SCM（Supply Chain Management）一体化方案、用户零距离评价。2020 年，浪潮集团开展了“基于工业互联网打造 JDM 模式下的产业协同”信息化项目，以与用户产业链的融合为基础，面向用户具体业务，打通需求、研发、生产、交付环节，融合供需业务链，按需设计定制产品，有助于缩短交付周期、降低成本。

总体来看，我国信息化、工业化发展水平持续上升，但数字化转型仍需加力。国家工业信息安全发展研究中心发布的《中国两化融合发展数据地图（2021）》显示，在 2021 年，我国信息化、工业化（以下简称“两化”）融合发展指数达到 96.6%，同比增长 5.9%，增速持续上扬，“两化”深度融合正步入深化应用、加速创新、引领变革的快速发展轨道。在数字化基础建设方面，企业数字化研发设计工具普及率、关键工序数控化率、经营管理数字普及率分别达到 73.7%、53.7%和 69.0%，关键业务环节数字化基础持续夯实。在产业链供应链优化升级方面，全国实现产销集成和产业链协同的企业比例分别为 28.9%和 12.3%，产业链供应链协同运营水平进一步提升。在新模式新业态培育方面，全国开展服务型制造的企业比例达到 28.6%，实现个性化定制的企业比例为 10.0%，新模式新业态的蓬勃发展为企业“两化”的深度融合不断注入新动能。在新型数字化能力建设方面，全国基于数字化手段实现全生命周期绿色发展的企业比例为 13.0%，实现安全生产监测数据自动采集的企业比例为 48.1%，“两化”融合助力企业实现绿色节能、安全生产等关键能力不断提升。

特别是工业互联网在我国的应用规模正在迅速扩大。作为制造业数字化转型的先进技术应用，工业互联网受到各工业大国的高度重视，发展工业互联网已成为各工业大国抢占制造业竞争领先地位的共同选择。工业互联网技术主要应用于产品开发、生产管理、产品服务等环节，主要应用模式和场景可分为四类：智能产品开发和大规模定制；生产经营智能化；智能客户服务；产业链协调。调查显示，我国在产品和服务领域应用工业互联网技术的公司，远远多于在生产管理中应用工业互联网技术的公司。

9.3.2 农业生产的智能化与数字化

我国是农业大国，长期以来，党和国家一直高度重视“三农”问题及农业发展。1990 年，科技部启动“863 计划”，支持“农业智能应用系统”研究，先后研发出包括“鱼病防治、苹果生产管理专家系统”在内的 200 多个实用专家系统。2003 年，“现代数字农业技术应用研究与开发”被列为“863 计划”重大科技项目。2013 年，农业部率先在天津、上海、安徽等省市开展区域物联网试点，探索农业实时数据采集和物联网应用。2015 年年底，《农业部关于推进农业农村大数据发展的实施意见》发布，为“农业+大数据”发展应用指明了方向、重点和难点。2017 年，为进一步加快中国农业现代化和数字化发展，农业部设立“数字农业”专项。

2018 年，中共中央、国务院发布《乡村振兴战略规划（2018—2022 年）》，指出要提升农业装备和信息化水平。主要任务包括：推进我国农机装备和农业机械化转型升级，加快高端农机装备和丘陵山区、果菜茶生产、畜禽水产养殖等农机装备的生产研发、推广应用，提升渔业船舶装备水平。促进农机农艺融合，积极推进农作物品种、栽培技术和机械装备集成配套，加快主要农作物生产全程机械化，提高农机装备智能化水平。加强农业信息化建设，积极推进信息进村入户，鼓励互联网企业建立产销衔接的农业服务平台，加强农业信息监测预警和发布，提高农业综合信息服务水平。大力发展数字农业，实施智慧农业工程和“互联网+”现代农业行动，鼓励对农业生产进行数字化改造，加强农业遥感、物联网应用，提高农业精准化水平。发展智慧气象，提升气象助农服务能力。

2019 年，中共中央办公厅、国务院办公厅发布的《数字乡村发展战略纲要》提出要推进农业数字化转型。主要任务包括：加快推广云计算、大数据、物联网、人工智能在农业生产管理中的运用，促进新一代信息技术与种植业、种业、畜牧业、渔业、农产品加工业全面深度融合应用，打造科技农业、智慧农业、品牌农业，建设智慧农（牧）场，推广精准化农（牧）业作业。

2019 年底，农业农村部、中央网络安全和信息化委员会办公室印发《数字农业农村发展规划（2019—2025 年）》，提出要加快农业生产经营数字化改造，推进种植业信息化、畜牧业智能化、渔业智慧化、种业数字化、新业态多元化、质量安全管控全程化，提升农业数字化生产力（如表 9-1 所示）。

表 9-1 "十四五"时期山西省数字农业农村建设主要指标（%）

指标	2020 年	2025 年	年均增长	属性
农业生产信息化水平	24.56	35	7.3	预期性
农产品网络零售额占农产品总交易额比重	6.5	13	14.8	预期性
农村互联网普及率	72.3	85	3.2	预期性

由于政府对数字农业的支持和引导，我国农业信息采集技术、动植物数字虚拟设计技术、农业问题远程诊断、嵌入式手持农业信息技术产品、温室环境智能控制系统、数字化农业宏观监测系统等方面的研究和应用获得阶段性成果。目前，我国数字农业技术框架体系、应用系统和农场管理系统已初步建成，极大促进了我国农业现代化和数字农业的发展。

现阶段，我国数字农业发展呈现以下特点：一是智能机械助推规模生产。农业机械在我国农村已普遍使用，极大地节省了劳动力。但农业机械设计发展缓慢，存在信息资源利用率低、重复设计多、缺乏核心技术、规模化程度低等问题。二是智能系统满足多样化需求。当前，我国数字农业智能控制系统可以实现对作物生长过程的全面智能控制，为作物生长提供最优生长环境。三是数字平台扩大了销售市场。互联网平台使农产品销售不受时间和地区的限制，既提供了广阔市场，又降低了销售成本。四是农业大数据为数字农业提供了支撑。当前，农业大数据尽管存在数据标准化不足、数据不全等问题，但已在农业育种、生产经营、加工和销售中被广泛应用。

山东省潍坊市寒亭区国家现代农业产业园是农业农村部、财政部批复创建的首批国家级农业产业园区之一。为加快园区智慧化农业建设步伐，让更多种植户共享智慧化发展成果，园区建成智慧农业物联网平台，集中解决园区企业的物联网设施需求。同时，产业园通过物联网云平台，全程监控温室内的温度、湿度、二氧化碳浓度及太阳光照强度等各项数据，通过数据分析，精准指导生产实践。同时，一体化物联网平台不仅解决了园区农业企业智慧化需求，也让数据精准服务于农业生产、销售、服务等各个环节。消费者在购买产品后，可通过关注园区公众号，实时观察园区大棚内管理情况以及种植情况，从而做到买得放心、吃得安心。

但与发达国家相比，我国数字农业起步相对较晚，还存在一些短板：一是数字农业政策法规建设滞后。针对数字农业发展给农业产销模式带来的巨大影响，相关法律法规还有待完善。未来需要进一步完善数字农业法律制度建设，例如出台数字农业设备相关管理政策、智能设施应用监督制度、网络安全制度体系、相关数据保护措施等，确保数字农业发展有法可依、监管到位、发展有序。二是数字化基础设施薄弱。在智能操控、植物生长环境模拟和大数据分析应用等方面，我国还未能完全掌握核心技术。未来需要加大研发投入，从而为农业数字化转型提供良好基础。三是专业人才不足。当前，我国大量的农业管理人员文化程度较低，未来需要建立健全专业人才培养体系，提高农业经营者的信息化素养。四是农业大数据平台基础差。当前，在一些欠发达地区，农业基础数据设施建设不够完善，数据整合不系统、不全面，数据管理不到位，数据收集、数据利用不充分，数据精度低，还无法满足发展精准农业的需求。未来需要加快完善农业大数据平台建设，形成产学研一体化运行机制，建成农产品全产业链数据控制中心。

9.3.3　服务业的智能化与数字化

服务业是当前我国国民经济结构中占比最大的产业，已成为推动我国经济增长的重要动力之一。与传统服务业不同，数字服务业是以数据为关键生产要素，通过数据技术与服务业的深度融合，推动服务业结构优化和效率提升，培育新产品、新模式、新业态，不断提升服务品质以及个性化和多样化的服务能力，为客户提供便利、舒适、高效和健康等各种形式的附加值。

数字服务业具有以下特征：一是以数据作为新的生产要素。数字服务业突破了以人力、财力、物力等要素投资为主的传统服务业，将数据和数字技术融入生产服务和企业管理全过程，加快服务创新，提高运营效率。二是结构优化和效率提升。通过数字技术与垂直场景的结合，数字服务业正在创造新模式，衍生新业态，重新设计产业生态，实现服务业的高质量发展。三是提升服务品质和个性化、多样化服务能力。发展数字服务业，实现服务业数字化的主要目的在于拓展服务方式，提高服务的品质及质量，提升满足个性化、多样化消费需求的服务能力。

从20世纪90年代初开始，伴随着我国互联网的诞生及发展，我国包括旅游、餐饮在内的部分服务业实现了免费分类信息服务线上化。企业和个人能够通过互联网获取海量的服务信息，这为新世纪我国数字服务业的发展奠定了基础。进入21世纪，伴随着个人计算机终端与宽带的普及，网络支付在中国悄然兴起。包括淘宝、当当、京东在内的网购平台及一大批游戏企业借助互联网普及与网络支付，推动了网购零售模式、团购网站模式、网络游戏模式等新模式、新业态快速发展，极大地促进了我国数字服务业的技术进步与模式业态革新。从 2014 年起，随着智能终端及移动网络的成熟，以支付宝、微信支付为代表的移动支付逐渐普及，以美团、滴滴、微信小程序、支付宝小程序为代表的数字化服务蓬勃发展，推动着我国数字服务业向全服务场景、全服务类型移动化、信息化、智能化转型发展。

2019 年，国家发展和改革委员会、市场监管总局联合印发《关于新时代服务业高质量发展的指导意见》，从服务业数字技术应用、传统服务业企业转型以及服务业业态模式创新等角度，提出要“加强技术创新和应用，打造一批面向服务领域的关键共性技术平台，推动人工智能、云计算、大数据等新一代信息技术在服务领域的深度应用，提升服务业数字化、智能化发展水平，引导传统服务业企业改造升级，增强个性化、多样化、柔性化服务能力。鼓励服务业态和模式创新，推动智慧物流、服务外包、医养结合、远程医疗、远程教育等新业态加快发展，引导平台经济、共享经济、体验经济等新模式有序发展，鼓励更多社会主体围绕高质量服务业开展创新创业创造”。

目前，我国已经进入服务经济时代，数字服务业的基础设施全面升级，资源配置效率显著提升，实现了从规模扩张向规范发展的转变。例如，菜鸟网络智慧物流模式（如图 9-7 所示），通过挖掘物流大数据，整合物流的全流程信息系统，构建标准化流程，从改造电子订单到数字化升级包裹、智能供应链为商家提供普惠服务、全球供应链“秒级通关”、菜鸟裹裹快递全链路数字化，再到菜鸟驿站“最后 100 米”数字化解决方案，大大提高了整个物流过程的库存效率、商品处理效率和送达的准确率。

图 9-7　菜鸟网络积极搭建智能物流骨干网

可以说，我国服务业领域数字经济成就斐然，对经济增长和就业的贡献明显增加。但与此同时，我国数字服务业也面临着一些突出问题，比如，数字化发展程序不充分，总体渗透率仍然偏低，作为服务业市场主体的中小企业和个体工商户，其总体数字化转型发展进程较慢；数字化在行业和地域方面发展不均衡，服务业产业链上游的原材料供应、物流运输环节的数字化程度有待提升；要素支撑能力较弱，资金、技术、人才都难以满足服务业"短平快"的数字化转型需求。未来，要充分发挥生活服务电子商务平台的作用，促进服务消费；加快生活服务新基建，加大对服务电商平台的支持力度；强化要素支撑，夯实服务业数字化发展基础。

9.4　用户服务敏捷化

数据处理和分析技术的不断进步，使得数据资源成为可供开采的"富矿"。随着信息技术和网络社会的快速发展，数据不仅在总量上呈几何级数增长，而且在丰裕程度上也大幅提高。社交关系、语音、商品等数据资源持续产生，依托数据驱动的强大算法，透过在线化、移动化的产品界面，向用户提供智慧服务，根据动态数据自动地优化算法，更有效率、以更低的成本满足用户的需求。

在生产方面，数字化生产可以实现生产过程智能互联，实现与消费链、供应链的智能互联，实现消费者与服务者的平台智能互联，更好地实现资源智能匹配。数字化网链后，一个行业中的客户、生产厂家、零部件供应商、原材料供应商、研发等相关方面信息都会通过网络实现链接。智能化链接可以形成新的供求关系，依据供求关系快速组织生产能力，快速生产出产品。在消费方面，随着数字经济的快速发展和数字金融的广泛普及，诸多新的消费场景不断涌现，如电商直播、"云购物"、在线教育、在线医疗、智慧旅游等，并且伴随着消费模式的转变，数字经济也推动了人们消费习惯的优化。数字技术的普及和发展，为广大消费者提供了各种丰富的信息资源，提高了信息对称性，方便了人们的工作和生活，满足了个体全面、健康发展的需要，推动消费结构由以往传统的以物质性消费为主逐步向物质性与非物质性消费并重转变。

内容营销是数字化营销创新的重点。随着数字经济的蓬勃发展，消费者的自我意识逐渐觉醒，企业对于以消费者为中心的数字化营销的需求快速增长，它可以帮助企业推进消费者全渠道触达，实现销售的精准互动和交易。

以IBM的Waston为例，Waston是一个通过自然语言处理和机器学习，从非结构化数据中揭示洞察的技术平台。从2011年亮相以来，已经发展成为一个商业化、基于云的认知系统，被应用到各行各业中。比如，在智能医疗领域，通过与Waston的使用，美国一诊所将患者与临床试验相匹配，为患者提供前沿的治疗方案选择，同时探索全新的医疗护理模式。在金融科技领域，在瑞士再保险公司，通过Waston阅读数百万页的保险数据，包括讨论记录、合同或票据等非结构性数据，帮助瑞士再保险公司评估风险因素，为准确定价确定更周全的决策，帮助节省成本，并提高服务质量。在时尚产业，时尚品牌Marchesa与Waston携手，创造出全球首款认知礼服，Waston分析了成千上万篇文章，扫描了数百张图像，并实时从社交评论中洞察情绪，使礼服随之变换颜色。在制造业领域，韩国的大韩航空每年要处理17万次维修，利用Waston研究历史维修记录，发现了维修数据中的趋势模型，更高效地处理问题，可以减少90%的工作时间。在文化产业领域，格莱美获奖制作人Alex Da Kid与Waston合作，由Waston分析了近5年每周排行榜的前100首歌曲、成千上万的推文和博客，以及数百万条结构化和非结构化数据，帮助Alex Da Kid重新构想自己的音乐创作过程。在零售营销领域，美国一礼品花卉电子商务公司通过将Waston整合到其电子商务平台，能在几秒内为客户提供完美的定制礼物清单，为客户营造更为个性化的体验。在教育领域，美国一知名教育机构携手Waston，根据不同孩子的学习习惯、能力及需求，为孩子定制个性化学习方案，充分挖掘孩子的学习潜能，让孩子们告别填鸭式教育。

2016年12月，亚马逊展示了使用人工智能技术的线下零售商店Amazon Go。这家特别的商店主要售卖即食食品和生鲜，在店内使用传感器进行实时监测，可以让消费者不用排队、不用结账，直接拿东西走人，从而大大节省了购物时间（如图9-8所示）。消费者走进店里，打开Amazon Go的App，在闸门登录后就可以去货架选购了。在选购过程中，通过感应器追踪，消费者拿取的所有物品会自动添加到虚拟购物车里，而如果消费者不满意，将物品放回后，虚拟购物车会自动更新。为了防止因顾客多而产生识别错误，货架上的相机系统甚至能识别顾客皮肤的颜色，并通过图像分析精确找到顾客的手。选购完成后，消费者无需亲自结算，就可以拿着商品直接出门了，因为App已经绑定了信用卡等支付方式，可以自动完成结算。在整个过程当中，Amazon Go运用的技术涵盖了Computer Vision（计算机视觉）、Sensor Fusion（传感器整合）和Deep Learning（深度学习）。正是在这三项关键技术的支持下，才实现了亚马逊所宣传的“No Lines. No Checkout.（无须排队，无须结账）”。这一技术特色，既让消费者感觉便利，也极大地释放了消费者的购物欲望。

图 9-8　Amazon Go 无人超市

从营销创新模式看，我国 70%以上的企业都开展了以直播、社交媒体“种草”、网红推荐为代表的内容创新营销。但目前我国数字化营销的水平仍然偏低，仅有不到两成企业在线上营销、新零售营销等数字化营销方面的投入费用占比超过一半，传统的线下营销仍是当前企业的主要营销方式。线上线下融合是数字化转型的重要方向。新零售引爆了线上线下一体化的商业革命，引领线上电商和线下实体由对抗转向融合，深刻改变了传统商业模式，为消费者带来了全新的价值。可以预见，线上线下融合发展将是大势所趋，是企业加快推进数字化转型的重要方向。

9.5　产业体系生态化

近年来，全球产业创新进入到生态竞争的新阶段，已升级到更高的价值创造层次。国内外众多产业创新实践研究表明，数字赋能推动了产业体系的生态跃迁。

9.5.1　新技术催生产业体系生态化

实现产业体系生态化的条件包括数据共享、业务协同、互利共赢、供需互补、机制建设等方面，其中，数据自由流动是产业体系生态化的重要保障。伴随着互联网、物联网在经济社会生活中的广泛应用，大量实时、在线数据的产生，计算、存储和网络技术的飞速发展以及价格的下降产生的以云网端为基础设施的各种技术集合，对新技术的应用进行了大量实践。

与传统技术相比，新技术拥有以下主要特征：一是人工智能广泛存在。在数字经济中，人工智能将无所不在，成为很多产业形态的核心技术基础。二是技术成本和门槛降低，普惠化成为趋势。以云计算技术为代表的按需服务业务形态使得个人及各类企业可以用很低的成本就获得所需要的计算、存储和网络资源，不需要购买昂贵的软硬件产品及设备，大大降低了技术门槛。三是开放、开源技术生态成为主流。传统的技术往往为某家大型企业所垄断，以封闭技术为主，生态也是围绕着企业专有的技术而建立的。新技术则是以开放、开源技术为主导的，能够调动社会的力量共同完善技术，促进技术的迭代升级。四是多种技术同步爆发，跨界技术融合成为主流。传统技术的变革主要以某一种技术的出现和发展为代表，新技术则是多项技术同步爆发、技术之间的融合会带动多个产业的化学反应，共同飞速发展。五是随时随地无缝连接。新技术不仅仅带动人与人之间随时随地的连接，也会带动人与物、物与物之间的无缝连接。六是新技术迭代创新速度更快。新技术安装和扩展的速度很快，用户规模和个性化需求可能急剧增加，倒逼新技术快速迭代以满足和适应用户规模和需求的变化。

网络通信技术的进步是新技术体系中最核心的技术之一，5G 网络不仅能提升用户的网络体验，同时还能满足万物互联的应用需求，满足消费者对虚拟现实、超高清视频等更高的网络体验需求。同时，物联网智能终端的多样性，也为万物互联奠定了“物”的基础。互联网创造了虚拟世界，物联网则为我们开辟了一个由虚拟转回现实的新领域；互联网在虚拟世界实现了人与人的联系，而物联网在回归到实物的现实世界中实现了物与物的联系；互联网服务的目标是数字信息，而物联网服务的目标是包括信息和物理设施在内的行业应用。万物互联时代的兴起，象征着一种普遍连接的万物重构新技术时代的到来。通过物联网技术，互联网能够连接扩展到标准设备（如台式电脑 、笔记本电脑、平板电脑和智能手机）之外，即延伸到任何传统意义上不支持互联网的物理设备和日常物品上，这些设备植入了技术便可以通过互联网进行通信和交互，能够连接、收集和交换数据，并可进行远程监控。

由于新技术的出现，作为新能源的数据随时随地产生，并且能实现流动、共享、融合和开放，成为替代劳动力和资本之外的又一个生产要素。在传统的数据应用生态中，由于生态的封闭性，数据的流动性往往局限在企业内部，而在使用新技术以后，数据这一新的生产要素可以在云计算平台之上走出企业，与外部数据进行融合，激发出更大的生产力。这不仅能驱动企业业务和决策效率大幅提升，还能够成为企业业务创新的新核心。新技术与新资源的融合创新，会产生无限的想象空间。

相比其他行业，工业制造领域的数字化转型相对缓慢，原因之一就是采购链条不够通畅，工业品长尾商品多、非标品种类多。在传统采购模式下，一家大型企业的供应链管理动辄牵涉数十万级 SKU，需要对接的供应商多达几千家。这不仅让企业供应链管理“负担过重”，而且带来了价格不透明、质量参差不齐等问题，并且流程环节过多也让企业在供应链品质管理存在较大风险。2019 年 3 月，京东集团首次对外公开了京东工业品的战略布局：通过搭建数字化平台并集合商品、金融、物流、技术、服务等行业伙伴和能力模块，实现从寻源系统到商品采购管理、履约交付、对账支付及售后服务于一体，覆盖供应链管理上游、中游、下游的管理行为数字化及资源服务一体化的平台，优化供应链流程，提升管理效能（如图 9-9 所示）。这一战略布局的本质，是以数字化、平台化、生态化作为核心举措，实现产业链上下游数字化、平台化、生态化的无缝连接，构建开放和合作的服务生态，推动工业制造业的数字化转型。

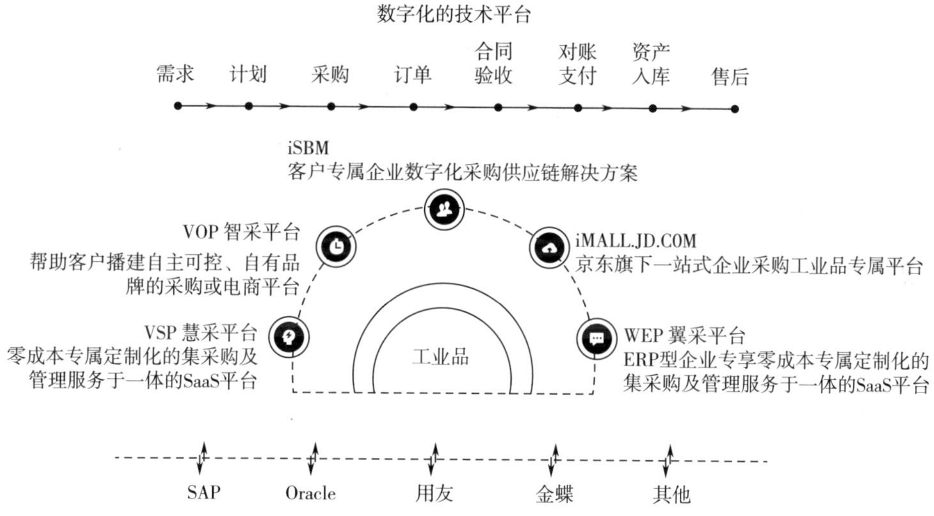

图 9-9　京东数字化的技术平台

具体而言，京东工业品的这套解决方案是基于 iSRM 平台，打造工业制造业企业数字化的横向资源整合能力，为企业各个环节提供商品、管理和运营管理技术支持，同时帮助企业整合金融、物流、供应链、服务等上下游资源，将企业对外管理数据的数字化，和内部的数字化系统进行无缝连接，然后通过技术实现资源的精准匹配。这样，就能紧密连接上游、中游、下游，实现全链路资源的高效协同，达到管理效能的成倍提升。据此，京东工业品在供应链管理数万个需求，都可以通过一个解决方案来高效完成。

数字经济的发展，也必然带来经济组织的变革。在数字经济环境下，最有活力的新组织系统就是平台化公司。平台的核心价值在于汇集信息、精确匹配供给和需求，并使市场这一资源配置的机制更好地发挥作用。依托“云、网、端”这些新基础设施，互联网平台创造了全新的商业环境。信息流不再被工业经济体系中的巨头所阻断，供应商和消费者的跨度大大减小，沟通成本大大降低，直接支撑了大规模协作的形成。信息的透明使得企业信用不需要与企业规模挂钩，各种类型、各种行业的中小企业通过接入平台就获得了直接服务消费者的机会。平台的发展，使得分工和专业化加速深化，使得经济活动的参与者能够不断地发现自身的比较优势，从而在一个很小的领域实现专业化，成为经济活动中重要的参与者。这些新兴的参与者，构成了平台上的整个生态系统。

阿里巴巴目前不仅是一个互联网产品的提供者，而且同时是承载着数以千万计的企业数量的一个大型生态体系（如图 9-10 所示）。阿里巴巴通过开放数以百计的各类互联网平台，如商品发布平台、商业交易平台、客户服务平台，以及技术和数据开放平台等，为更多的企业赋能，帮助他们实现发展。同时，阿里巴巴也在该商业生态的治理、规则的制定、环境的打造等方面不遗余力。在阿里巴巴生态中，很多企业抓住了平台赋予的机遇，实现了创业的成功。目前，服务市场已聚集数万家服务商及服务者，为千万淘宝及天猫卖家提供服务，提供了包括店铺装修、图片拍摄、流量推广、商品管理、订单管理、企业内部管理、人员外包等相关服务与工具达几十万个。

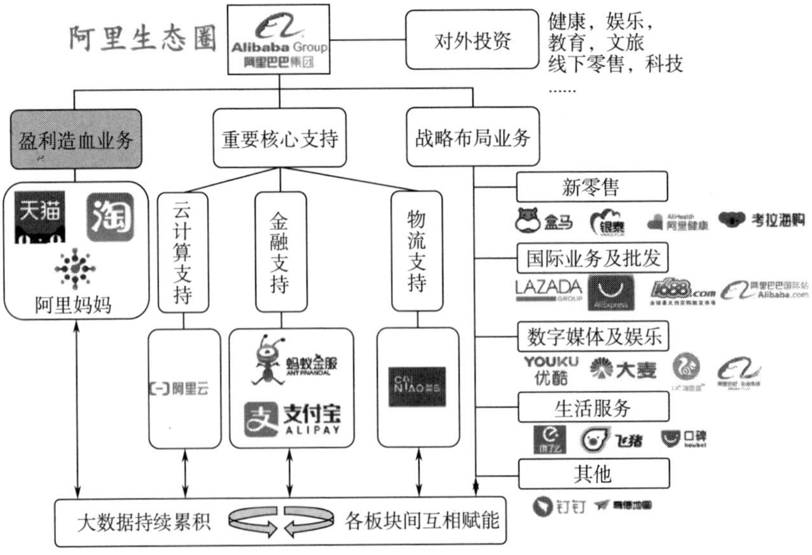

图 9-10　阿里生态圈

9.5.2　建立跨界融合的数字化生态

2020 年 4 月，国家发展和改革委员会、中央网信办印发《关于推进“上云用数赋智”行动 培育新经济发展实施方案》（以下简称《实施方案》），特别指出要“培育数字化生态。打破传统商业模式，通过产业与金融、物流、交易市场、社交网络等生产性服务业的跨界融合，着力推进农业、工业服务型创新，培育新业态。以数字化平台为依托，构建‘生产服务+商业模式+金融服务’数字化生态，形成数字经济新实体，充分发掘新内需”。在建立跨界融合的数字化生态方面，《实施方案》提出，一是要协同推进供应链要素数据化和数据要素供应链化，支持打造“研发+生产+供应链”的数字化产业链，支持产业以数字供应链打造生态圈。二是要鼓励传统企业与互联网平台企业、行业性平台企业、金融机构等开展联合创新，共享技术、通用性资产、数据、人才、市场、渠道、设施、中台等资源，探索培育传统行业服务型经济。三是要加快数字化转型与业务流程重塑、组织结构优化、商业模式变革有机结合，构建“生产服务+商业模式+金融服务”跨界融合的数字化生态。

随着云计算、大数据、人工智能等新一代技术的发展，越来越多的企业选择适合自身的云平台、云服务，以数字化和智能化改变自身发展方式，进而转变企业生产和管理方式，追求可持续发展。对于企业来说，数字化、生态化产业平台是数字化的重要运行方式。在大变局时代，要高度重视以数字技术创新推进运营体系变革、产业体系变革和治理体系变革，充分发挥数字技术对现代产业体系的催化作用，打造丰富多彩的数字经济生态系统。

案　例

中国银行提升数字金融服务能力①

伴随金融科技日新月异，线上化、数字化、智能化已经逐渐成为银行业高质量发展的方向。加快金融业改革创新，不断推出适应需求变化和科技创新的产品和服务的金融“活水”，可以为经济发展带来生机和活力。“十四五”规划纲要明确提出要“稳妥发展金融科技，加快金融机构数字化转型”。

近年来，中国银行积极落实国家建设“数字中国”战略部署，切实履行国有大行责任担当，不断提升数字金融服务能力，为服务经济社会高质量发展贡献

① 《中国银行：开启数字中行建设新篇章》，《光明日报》2023 年 3 月 13 日。

中行力量。

"万亩绿洲"接续建设谱新篇

中国银行自2020年便启动企业级架构建设，并将其命名为"绿洲工程"，旨在形成支撑数字化转型的关键动能，实现对业务发展、产品创新、市场变化的敏捷反应。作为集团"十四五"规划的重大工程，中国银行全面提速"绿洲工程"企业级架构建设工作，在企业级数据要素统一、共享中台能力建设、垂直领域金融产品重构等方面实现诸多突破。2023年2月19日，中国银行"绿洲工程"实现个人借记卡、信用卡业务首批次成功投产，两大基础性金融服务正式以全新架构和升级功能在试点分行提供对客服务，通过底层架构重塑和服务能力升级，为更广泛的客户群体提供了更丰富的金融产品、更便捷的互动服务、更安心的交易保障。

当前，银行业数字化转型已进入深水区，正在向精细化、高水平发展迈进。"绿洲工程"建设全面铺开，中国银行企业级能力将实现协同建设、持续释放。中国银行将继续以"绿洲工程"为数字化转型主线，向更多专业领域、更前沿技术课题、更广泛业务场景发力拓展，分批上线个人借记卡、信用卡、存款、票据、养老金等基础金融产品，重塑升级定价、核算、反洗钱、集约运营等企业级公共机制，推广应用生物识别、隐私计算、物联网等前沿技术，"双向赋能"科技创新与业务发展。

金融科技重塑便民生态

更便利、更有效地服务客户，助力经济社会发展，是金融科技发展和应用创新的落脚点，也是对践行金融工作人民性的有力诠释。中国银行以数字化转型为引领，以客户需求为导向，以生态场景为触点，以数字连接为本质，为客户打造"数字+金融"场景平台，延伸了银行服务渠道和服务内涵，为客户提供信息化智慧化解决方案，致力于打造便民金融服务新生态。

在山西，中国银行响应国家"数字乡村发展战略"，依托手机银行App，搭建乡村振兴数字化场景平台，打造"B2B2C"供应链闭环。中国银行平台以"智享美丽乡村"县域展示平台和"特色山西"农产品销售平台为核心，通过嵌入电子地图，展现山西省各县域特色文化、名胜古迹，聚焦山西各县域特色农业，展示山西农产品特色，并通过线上引流、资源投放、多渠道触达等方式，促进县域B端商户线上产品销售。目前，该平台已覆盖全省三分之一县域，为近百家企业提供了线上销售通道，吸引超50万客户，累计实现农产品销售3万余笔，农产品销售范围已覆盖全国各地。

在宁夏，中国银行通过打造生态场景，深入推动资源共享、信息互通、优势互补，助力宁夏"互联网+政府+金融"智慧型政府建设，真正做到"让数据多跑腿，让群众少跑路"，切实提升金融服务质效。截至2022年年底，宁夏中行搭建科技场景、农村政务场景、教育场景、医疗场景、住建场景、公益场景等 20 余个“数字+金融”场景平台，助力 7 个县、19 个乡镇、170 个行政村实现农村集体资产管理数字化、产权制度改革成果管理信息化、村级“三务公开”阳光化；助力 3 家区级、5 家市县级医院构建创新型医疗服务体系，有效解决了医院现存的“三长一短”问题，提高医院服务水平，提升患者就医体验；独家协助住建厅搭建区级“宁夏互联网+智慧房产服务平台”，为 9 个市县解决了住建领域数据规范化、标准化难题。

从加速推动技术转型和数据治理到整合成立场景生态与创新部，从大力发展手机银行到推进“绿洲工程”建设迈向纵深，走过 111 年历程的中国银行，正不断强化金融科技武装，在迈向建设全球一流现代银行集团的新征程上，为践行“融通世界、造福社会”的光荣使命写下新的篇章。

案例讨论题

1. 通过中国银行提升数字金融服务能力的案例，你认为数字金融与传统金融相比，有哪些转变？

2. 根据案例材料，分析数字金融在赋能实体发展、服务社会民生方面发挥的作用。

小　结

在数字化对社会经济的冲击中，数字化企业在国民经济中的地位不断提升。企业数字化转型是一场增量革命，需要深度挖掘数据的内在价值，建立从数据出发的管理体系，用数据贯穿整个企业经营和创新发展过程，通过数据整合业务链、管理链、供应链、产业链、生态链，使数据真正成为企业生产力。

关键术语

企业数字化　产品创新数字化　生产运营智能化　用户服务敏捷化　产业体系生态化

习　题

1. 阐述企业数字化转型的内涵和特点。

2. 在数字化转型中，企业如何做到产品创新数字化？

3. 举例说明，万物互联是如何支持产业体系生态化的。

第 10 章
数字经济与数字贸易

伴随着互联网技术的快速普及和发展，各国的贸易平台和方式发生了巨大的转变，相应地增加了对数字产品的需求，以互联网为交易平台的交易方式也开始应用到各种行业中。这种交易方式由国内普及走到国际普及，这便出现了数字贸易（Digital Trade）。近些年来，数字贸易作为一种新兴的贸易方式，在全球迅速崛起。习近平总书记强调，我国将强化创新驱动的发展路径，“加快培育服务贸易数字化新动能，推动数据基础制度先行先试改革，促进数字贸易改革创新发展”①。

学习目标

- 了解数字贸易的产生，掌握数字贸易的内涵
- 理解数字贸易的理论基础
- 理解数字贸易的发展条件
- 了解全球主要国家的数字贸易发展历程，理解我国数字贸易的发展策略

10.1 数字贸易的内涵

数字贸易是商贸活动发展的一个新阶段，其概念的产生并非一蹴而就，其内涵和定义也处在不断发展之中。

10.1.1 数字贸易的产生

从传统商务到电子商务，到跨境电子商务，再到现在的数字贸易，随着信息技术在商贸活动中应用的日渐深入，商务和贸易涌现出许多新的名词、新的概

① 习近平：《习近平向 2023 年中国国际服务贸易交易会全球服务贸易峰会发表视频致辞》，《人民日报》2023 年 9 月 3 日。

念，而其所描述事物的内涵特征也不断演进升级。

传统商务和贸易主要是指以货币为媒介的一切交换活动或行为，其活动范围，不仅包括商人所从事的商品交换活动，还包括商品生产者或他人所组织的商品买卖活动；不仅包括国内贸易，还包括国与国之间的国际贸易。

电子商务指商务活动的电子化、网络化，即借助信息技术开展商务贸易活动，如线上推广、网络零售、移动支付等。经济合作与发展组织（OECD）在《电子商务的经济与社会影响》中，将电子商务定义为“发生在开放网络上的包含企业之间、企业和消费者之间的商业交易”。欧洲经济委员会对电子商务的定义是参与方之间以电子方式而不是以物理交换或直接物理接触方式完成任何形式的业务交易。美国政府在《全球电子商务纲要》中将电子商务描述为通过互联网进行的各项商务活动，包括广告、交易、支付、服务等活动。我国政府在《电子商务发展“十一五”规划》中，将电子商务界定为“利用互联网、电信网络以及广播电视网等方式的生产、流通和消费等活动”。

跨境电子商务指跨越国境开展的电子商务活动，是由于电子商务活动范围扩大而衍生出的概念。中国电子商务研究中心认为，跨境电子商务是指分属于不同国家的交易主体，通过电子商务手段将传统进出口贸易中的展示、洽谈和交易环节电子化，并通过跨境物流及异地仓储送达商品、完成交易的一种国际商业活动。阿里研究院发布的中国跨境电子商务发展报告认为，广义的跨境电子商务是指分属不同关境的交易主体通过电子商务手段达成交易的跨境进出口贸易活动；狭义的跨境电子商务概念特指跨境网络零售，指分属不同关境的交易主体通过电子商务平台达成交易，进行跨境支付结算、通过跨境物流送达商品和完成交易的一种国际贸易新业态。

数字贸易是因信息技术对贸易影响的进一步深化所产生的概念（如图 10-1 所示）。相比以上概念，数字贸易更突出数字化的产品和服务贸易，但目前各国或国际组织对数字贸易的认识尚不统一。

10.1.2　数字贸易的内涵

数字贸易具有降低交易成本、提高生产效率、减少信息不对称等方面的特点，在各国经济发展中的作用越来越重要，逐渐成了国际贸易中的主流模式。但目前，国际和国内社会对数字贸易的内涵和定义仍未达成共识，主要争议内容在于交易形式、交易性质和交易标的。

国际上，对数字贸易概念的理解存在两种说法：

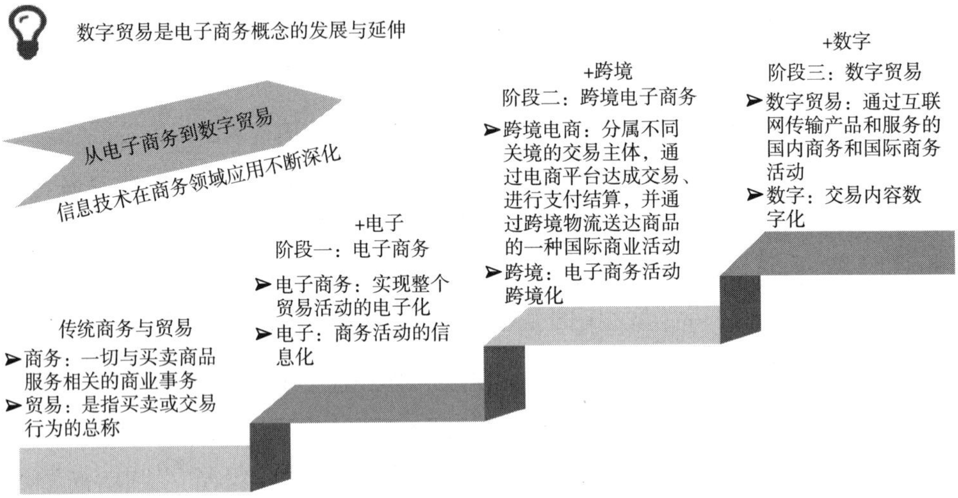

图 10-1　从传统商务到数字贸易

一是“宽口径”定义。经济合作与发展组织（OECD）、世界贸易组织（WTO）、国际货币基金组织（IMF）在其历年更新的《数字贸易测度手册》中指出，数字贸易的定义是“所有通过数字化形式订购和/或交付的贸易”，从交易形式划分，包括数字订购贸易、数字交付贸易、数字中介平台赋能贸易等三个部分。其中：数字订购贸易与电子商务概念互相可替代；数字交付贸易指的是服务贸易的数字化转型部分，主要指通过线上形式交付的贸易内容；数字中介平台赋能贸易指的是搜索引擎、社交媒体等互联网平台促成的贸易和平台本身提供的有偿和无偿中介服务。三者有互相重叠、交叉的部分。例如，跨境电商服务同时属于数字订购、数字交付和数字中介平台赋能服务类型。美国国际贸易委员会（USITC）在 2014 年的报告中对此概念亦有所提及。OECD 和 IMF 从性质、产品和行为主体的维度对数字贸易的维度进行了分析，列举了 16 种数字贸易类型。

二是“窄口径”定义。USITC 在 2013 年的报告中将数字贸易界定为“通过数字化交付的服务贸易”，其交易标的以无形的服务和信息为主，不包括在线订购的货物商品和有数字对应物的实体货物，如以实体光盘或其他硬件介质出售的书籍和软件、音乐和电影。最终 USITC 和美国国会研究服务中心（CRS）都采用了“窄口径”的数字贸易定义，为其制定数字贸易政策和参与全球规则谈判提供了理论依据。

“宽口径”和“窄口径”定义的区别在于前者涵盖了跨境电子商务，后者则认为数字贸易是服务贸易中的分支，不涵盖跨境电商类的货物贸易。

国内最早提出“数字贸易”概念的是熊励等人，他们将数字贸易概括为一种基于互联网的数字交换技术，供求双方提供交互所需的信息，实现以数字化信息为贸易对象的商业模式。2019 年中国信息通信研究院在其发表的《数字贸易发展与影响白皮书（2019）》中定义了数字贸易。该白皮书认为，数字贸易是指信息通信技术发挥重要作用的贸易形式，其内涵不仅包括基于信息通信技术开展的线上宣传、交易、结算等促成的实物商品贸易，还包括通过信息通信网络（语音和数据网络等）传输的数字服务贸易，如数据、数字产品、数字化服务等贸易。可见，白皮书倾向于采用的是“宽口径”对数字贸易的定义。

在数字贸易定义的界定上，世界各国至今尚未达成统一的标准，各国学者对数字贸易定义的界定都存在一定的分歧，但是对数字贸易主题的界定却异曲同工，因此可总结出数字贸易的两大特征：

第一，贸易方式的数字化，即由传统的贸易方式转变成与信息技术相结合的贸易方式。

第二，贸易对象的数字化，即贸易对象从传统的货物和服务转向信息流量。

10.2　数字贸易的理论基础

由于贸易初期都是以货物贸易为主，因此国际贸易理论都是以货物贸易为基础建立的，古典主义、新古典主义、新贸易理论及新古典贸易理论皆如此。但是随着全球网络和信息技术的发展，数字贸易异军突起，逐渐成为国际贸易的新形式。数字贸易和传统贸易在形式上虽有差别，但一些传统的贸易理论仍然适用于数字贸易，同时产生了新的贸易理论。

10.2.1　新要素禀赋理论

从国际贸易理论来讲，古典贸易理论一直占据着重要的地位，特别是以亚当·斯密的绝对优势理论和大卫·李嘉图的比较优势理论最为经典。随着时代进步，古典贸易理论发展迅速，在 20 世纪初逐渐形成了新古典贸易理论，由埃利·赫克歇尔提出、经由伯尔蒂尔·俄林证实的生产要素禀赋理论“孕育而生”。

要素禀赋论认为，国家间要素充裕度有差异，不同国家在生产不同产品时对要素的利用强度也不同，这也是国际贸易的基础。在各类商品生产中，劳动力、资本和土地等都是必要的，也需要根据生产商品进行要素配置。同时认为一国应该出口本国相对充裕要素所生产的产品，进口本国相对稀缺要素所生产的产品。

在现代社会看来，要素禀赋论似乎并没有那么完美，由于现代信息技术高速发展，若在生产生活中加入信息能力要素，特别是加入那些能够对生产和交易产生直接或间接影响的信息要素，所得到相关理论和结论有可能大不相同。

因此，新要素禀赋理论认为，在分析国际贸易时，除去传统的资本、劳动和自然资源要素外，其他要素（特别是信息要素）也非常重要。在互联网时代，信息技术的发展带来了一种非物质的、无形的信息要素，它能在无形之中进行资源的交换或辅助交易，进而创造巨大的经济价值和社会价值。因而信息技术的发展将不断革新贸易发展，并推动产生新的贸易形式。例如软件和数字化音视频的交易，它不受自然资源的限制，在产品和服务推向消费者的过程中，这类信息产品通常可以“零成本”复制，其贸易方式在时间和空间上所显现出的便利性优势巨大，还会使世界总福利大大提升。但新要素下的贸易也会产生诸多不同特点，在一般情况下，人们所拥有的仅仅是使用权而不是所有权，比如个体可以使用软件、播放音视频等，但并不代表个体具有所有权。从“数字贸易”视角上看，新要素对数字贸易发展的推动作用将是巨大的。

10.2.2 需求理论

在古典贸易理论中，由于大卫·李嘉图的比较优势理论并没有说明总的贸易利益如何在贸易双方进行分配，因此约翰·穆勒从相互需求角度出发，提出了相互需求理论，以解释两国的贸易利益如何分配。其理论实质在于商品价值是由供求关系决定的，并且在双边贸易中，双方对出口或进口商品的需求也会随着国家间需求强度的相对变化而变化。

从数字贸易视角来看，西方发达国家信息技术较为成熟，特别是计算机软件、硬件产业发达，产业链完善，对数字化产品和服务的出口需求意愿较为强烈，而我国巨大的数字化消费市场对数字化商品和服务的需求巨大，通过相互需求产生的国家间的数字贸易规模正不断扩大。

另外，由于不同国家间收入水平不同，对消费产品或服务的需求质和量都不同，从而国家的需求结构或偏好相似程度也不同，国家间的重叠需求度也会存在差异。因此斯戴芬·伯伦斯坦·林德的需求相似理论随着时代的发展也“孕育而生”，并从收入水平角度解释了国家间的贸易关系。林德认为，两国平均收入水平的同异程度对双边贸易有影响，平均个体的丰裕程度会影响其对消费的质量和需求，平均收入水平越相近的国家间贸易范围更广，国民需求偏好越相似。近年来，我国经济发展迅速，国民收入水平不断提高，数字化产业和服务在全球的竞争力也日益提升。部分具有中国特色的数字化产品和服务受到了全球很多国家的青睐，我国的数字化出口需求和对国外的进口需求日益增加（特别是部分具有国家文化特色的影音、数字艺术和数字文化服务等），由需求偏好差异所产生的数字贸易增量对国家经济增长的贡献将不可小觑。

10.2.3　交易成本理论

交易成本理论由英国经济学家罗纳德·哈里·科斯在 1937 年提出，他认为在一定的社会关系中，人们在交往、合作、进行交易的过程中也需要支付成本，而这就是交易成本，其中包括商品信息及交易对象信息的搜集成本、取得这些信息所需要的交换成本、签约和谈判过程中所产生的成本以及违约时所需要支付的成本等。

数字贸易营商环境较好的国家拥有更为完善的数字技术及信息通信技术的保障，这可以帮助企业极大地减少信息不对称所造成的交易成本，同时这些国家的相关法律制度也更加完善，有助于避免违约情况的出现，所以拥有良好数字贸易营商环境的国家可以帮助企业规避在经营过程中所产生的交易成本，更好地吸引对外直接投资。

10.2.4　产业集群理论

产业集群理论是由美国著名战略管理学家迈克尔·波特在 1998 年提出的。他认为具有上下游合作关系以及同行业竞争关系的企业会在特定区域相互聚集，并形成有效的市场竞争，区域内的企业可以共享区域公共设施、市场环境和外部经济，降低信息交流和物流成本，形成区域集聚效应、规模效应和外部效应。在此基础之上，波特又进一步将其与竞争优势理论进行结合形成了新竞争经济学，提出产业集聚对于一个国家的竞争优势起到了十分重要的作用，而产业集聚区的竞争力来自波特钻石模型中的四个基本要素和两个辅助要素。四个基本要素包括生产要素、需求条件、相关产业以及战略、结构和同业竞争，两个辅助要素包括机遇和政府，如图 10-2 所示。

伴随着数字贸易的不断发展，产业集聚也从地理集聚不断转向线上集聚，这有助于扩大生产要素的供给、改善需求环境、更好获得相关行业的支持。根据波特钻石模型，数字贸易营商环境更好的国家将获得更大的竞争优势，并吸引更多的对外直接投资。

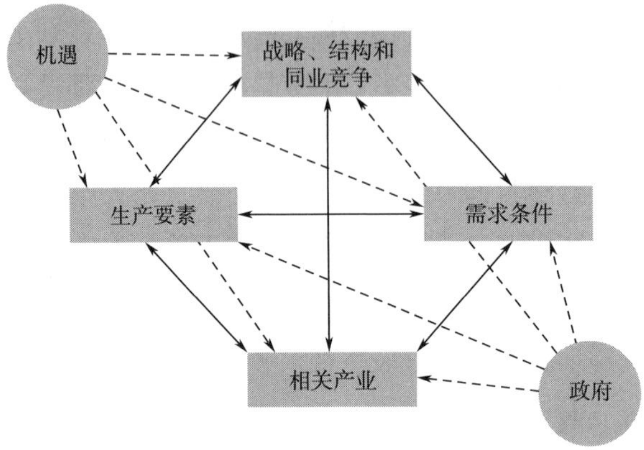

图 10-2 波特钻石模型

10.2.5 平台经济理论

平台经济是一种基于数字技术，由数据驱动、平台支撑、网络协同的经济活动单元所构成的新经济系统，是基于数字平台的各种经济关系的总称。平台是一种虚拟或真实的交易场所，平台本身不生产产品，但可以促成双方或多方供求之间的交易，收取适当的费用或赚取差价而获得收益。

平台经济是推动经济转型发展的重要引擎。平台通过对产业资源、市场资源的整合，可为企业提供广阔的发展空间，同时驱动企业进行持续创新，以获得和巩固竞争优势。平台一旦建立，就能够吸引各种资源加入，发挥平台的集聚效应，推动整个产业的资源向平台倾斜，创造出巨大价值。平台经济中所蕴含的新的交流、交易模式，正成为人们日常生活模式和社交结构变革的主要推动力。

10.3 数字贸易的发展条件

数字贸易发展以其对传统贸易形态和贸易格局的颠覆，对现有的发展理念和政策实践提出适应性要求。创造适宜数字贸易发展的环境，对于适应数字贸易发展规律、夯实数字贸易发展根基、激发数字贸易发展潜力具有重要意义。

10.3.1 数字贸易发展的整体环境

从整体来看，数字贸易的发展需要市场环境、制度环境、人文环境三大环境。

从市场环境来看，数字贸易是新一代信息通信技术革新背景下产生的新型贸易活动，其本质是产品和服务以数字化、智能化形式在各市场主体间的高效流动。因此，激励数字技术创新和共享，破除数据和信息流动障碍，加强各市场主体间的联系，能增强数字产业竞争力，提升数字贸易运行效率和经济效益。

从制度环境来看，数字贸易是传统贸易在网络空间的延伸和拓展，对网络空间治理能力和监管能力都提出了更高的要求。目前数据和信息的存储、流动、处理、应用等多个环节贸易争议性较大，而国内外相关法律法规的标准各异，保障数字贸易合规的难度和合规成本上升，成为数字贸易发展的主要障碍。因此，完善国内政策和制度建设，协调国际数字贸易规则，有助于营造良好有序的数字贸易发展环境。

从人文环境来看，数字贸易领域的不断延伸，正逐步影响公众生活方式和社会组织形式。提升公民的数字素养和数字技能，让更多人享受数字红利是发挥数字贸易普惠性、包容性作用的重要途径，有助于改变收入分配不均，促使地区协调发展。

10.3.2　数字贸易的发展条件

在把握三个大方向的前提下，数字贸易所需的条件可以概括为“一个基础，一个要素，两个保障”（如图 10-3 所示）。

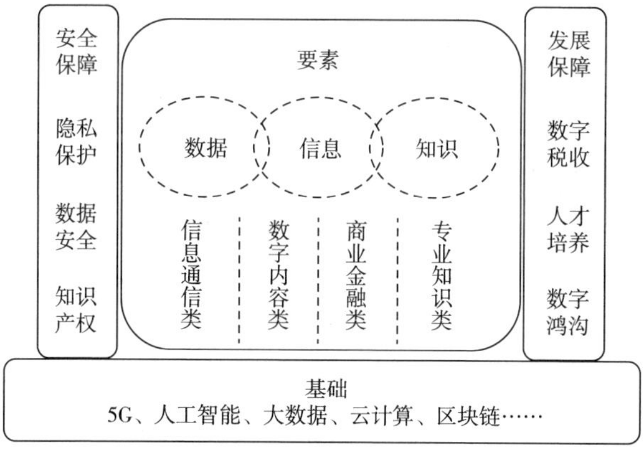

图 10-3　数字贸易发展框架

“一个基础”指的是信息通信技术应用的连接、联结和协同。数字技术的创新和应用是数字贸易发展的内在驱动力。5G、人工智能、大数据、云计算、区块链等新一代信息通信技术的发展不仅对贸易标的、贸易对象和贸易方式产生重大影响，而且推动了跨境贸易效率的提高、国际分工的深化变革以及产品和服务的价值跃迁。支持数字技术创新和应用是参与全球数字贸易竞争的核心手段。

“一个要素”指的是数据、信息、知识的跨境流动和共享。按照传统经济学理论，经济全球化是资本、劳动、技术三大生产要素在全球范围内自由流动与合理配置的过程。数字贸易的发展突破了这一理论框架，使数据作为新的关键生产要素，通过提高数字服务的交付效率，可降低企业间的贸易成本，刺激更多商业模式的创新，迸发出巨大的经济价值。美国布鲁金斯学会数据显示，自 2009 至 2018 年，数据跨境流动对全球经济增长贡献了约 10. 1%，预计 2025 年数据跨境流动对全球经济增长的价值贡献将超过 11 万亿美元。推动数据、信息、知识的有序跨境流动和共享，是融入全球数字价值链的重要前提。

“两个保障”指的是安全保障和发展保障。一是安全保障，即对个人隐私、数据安全、知识产权的保护。就个人隐私与数据安全而言，随着数字技术和数字平台的迅猛发展，数据采集的广度和深度不断加大，信息盗用滥用、数据泄露、知识产权侵权事件频发，严重阻碍了数字贸易的安全性和可持续性。个人隐私保护成为维护公众切身利益和促进数字贸易健康发展的迫切需要。数据安全保护是保障网络安全和国家安全，推动数字贸易有序发展的必要前提。就知识产权保护而言，由于网络传播的“超地域性”、网络环境的虚拟性以及数字产品的无形性等因素造成知识产权归属不清和保护不力，变相诱导了网络盗版与假冒行为，严重影响了原创产品的国际流通性与市场收益。知识产权保护是维护数字企业竞争力、激发贸易主体创新活力的重要基础。

二是发展保障，即对数字税收、人才培养、数字鸿沟的重视。数字贸易的发展要求传统的税费制度、教育制度、社会保障体系进行整体性、适应性的改革。就税收而言，在数字环境下互联网企业可以突破地缘限制，在不开设物理分支的情况下以数字形式跨境提供服务，传统税收征管制度的落后导致税基侵蚀、企业利润转移以及政府税收收入流失。推动数字税收制度改革，对于实现税务公平、推动数字企业公平竞争具有关键意义。就人才培养而言，党的二十大报告指出人才是第一资源，强调我国要全面提高人才自主培养质量，着力造就拔尖创新人才，汇聚天下英才而用之。我国实现数字贸易跨越式发展、提升国际贸易竞争力，关键在于数字贸易人才。数字贸易人才需掌握现代信息技术应用，并具备数字化能力与思维、高度综合的创新能力和商业实践技能。数字技术的快速迭代要求创新人才培育机制，培养和引进高新技术人才，加强数字技能培训，为数字贸易可持续发展提供强有力的智力支持。就数字鸿沟而言，地区间信息通信发展水平差异、公民受教育水平差异、数字技术使用能力差异等因素引发数字鸿沟，进而导致地区间发展不协调、企业间不公平竞争以及各群体间机会不均等，严重影响了社会稳定与和谐。弥合数字鸿沟对于释放数字红利，增进人类福祉具有深远意义。

10.4　数字贸易发展策略与趋势

数字贸易作为代表数字经济时代未来发展方向的现代贸易形式，已经成为当前贸易发展的新趋势，为全球经济发展注入了新动能、开辟了新空间，成为世界各国当前发展的焦点领域。

10.4.1　美日欧数字贸易的内涵演变

当前全球数字贸易已经展现出蓬勃的生命力以及巨大的发展潜力，“数字贸易”的内涵和外延在不断延伸。其中，美国、日本、欧盟等发达国家和地区对“数字贸易”进行了定义，并不断拓展，大体形成了数字贸易的当代内涵。具体而言，美日欧“数字贸易”内涵大致经历了三个阶段的演变。

1. 将数字贸易视为电子商务的阶段

在这一阶段（1998—2012 年），数字贸易的概念尚未被明确提出，美日欧等发达国家和地区乃至全球一般采用“电子商务”这一概念来表述。WTO 在 1998 年第二次部长级会议上设立了“电子商务工作计划”，首次提出了“电子商务”这一概念，并将其定义为利用电子方式生产、分销、营销或交付货物和服务的过程，但是该项议题在随后的近 20 年并未得到充分重视。

在这一期间电子商务的发展经历了两个阶段，1998—2003 年属于电子商务 1.0 阶段，这一阶段电子商务的主要模式是网上展示和线下交易的外贸信息服务模式，主要目的是给企业信息和产品提供网络展示平台，并不涉及网络交易；2004—2012 年属于电子商务 2.0 阶段，这一阶段电子商务开始脱离纯信息黄页的展示行为，逐步将线下交易、支付以及物流等环节实现电子化，在线交易平台开始形成。

2. 将数字贸易视为数字产品与服务贸易的阶段

在这一阶段（2013 年）乃至随后的下一阶段，美国主导了数字贸易内涵的演变。USITC 于 2013 年在《美国和全球经济中的数字贸易》第一次报告中首次提出了“数字贸易”这一概念，认为数字贸易是依托互联网为基础，以数字技术为手段，利用互联网传输产品以及服务的商业活动，包含国际、国内两大部分。USITC 把数字贸易细分成数字内容、社会媒介、搜索引擎、其他数字产品和服务等四类，但是把商业活动中的物理产品排除在外，具备数字特性的物理产品也不例外。这一阶段实质上是将数字贸易理解为通过数字化方式传输的贸易，实体货物的贸易被排除在外。由于这一阶段数字贸易标的范围相当狭隘，与经济现实脱节较为严重，因而很快被全新的数字贸易概念所替代。

3. 将数字贸易视为实体货物以及数字产品和服务贸易的阶段

在这一阶段（2014 年以后），实体货物被纳入数字贸易的交易标的，强调数字贸易是由数字技术实现的贸易。

USITC 于 2014 年在《美国和全球经济中的数字贸易》第二次报告中完善和扩充了 2013 年提出的“数字贸易”内涵，将数字贸易界定为“互联网以及基于互联网的技术在产品和服务的订购、生产或交付中扮演重要角色的国内和国际贸易”，不再仅仅包含数字化的产品和服务；2015 年欧盟在公布的《数字化单一市场》（Digital Single Market）中认为数字贸易是利用数字技术向个人和企业提供数字产品和服务。2017 年美国贸易代表办公室将“数字贸易”概念进一步扩展，不仅明确地指出互联网上销售的产品属于数字贸易，而且还将实现全球价值链的数据流、实现智能制造的服务以及无数其他相关的平台和应用都纳入数字贸易范围中。这主要是基于经济社会中数字技术与传统产业融合发展的现实，越来越多的商业活动采取了数字化的形式，企业普遍运用数字技术参与国际竞争与合作。2018 年日本在《通商白皮书》中提出数字贸易是基于互联网技术，向消费者提供商品、服务与信息的商务活动。

10.4.2 美日欧数字贸易的发展趋势

美日欧作为现阶段全球数字经济的领导者，在数字贸易的发展上也走在世界前列，目前已经成为数字经济和数字贸易强国，同时由于美日欧理念相一致，试图通过贸易磋商在数字贸易发展以及数字贸易规则上达成共识，以期掌控全球数字贸易发展的主动权。

1. 美日欧加快数字经济战略部署，聚焦数字贸易发展

随着数字经济时代的来临，世界经济整体处于动能转换的换挡期，各国不断加快数字经济战略部署，其中美日欧尤其重视数字经济发展，相继出台一系列数字经济发展战略，并将重点聚焦于数字贸易，推动了自身乃至全球数字贸易的发展。

美国在数字经济和数字贸易的发展上始终走在最前面，从 1998 年美国商务

部发布《浮现中的数字经济》报告以来，全球数字经济的发展大幕就正式被美国拉开。此后，美国连续发布了十余部有关数字经济的重磅报告，探讨了数字经济和数字贸易发展的前沿问题，引领了全球数字经济发展浪潮，成为全球数字经济的绝对领航者。自 2013 年以来，美国数字经济战略的重点开始聚焦于数字贸易，企图推动全球信息及数据自由流动，2013 年 USITC 发布的《美国和全球经济中的数字贸易》首次明确提出了"数字贸易"的概念，为美国数字贸易发展指明了方向；2014 年和 2018 年先后发布的《数字经济与跨境贸易：数字化交付服务的价值》《北美数字贸易》，更是有力推动了美国数字贸易的发展，使得美国成为全球数字贸易的引领者。

日本以科技创新为重点，在智能制造及数字化人才等领域推动数字经济和数字贸易发展。早在 2001 年和 2009 年，日本就先后出台了《e-Japan 战略》《i-Japan 战略》，提出要强化信息化知识的普及教育及加大信息教育和数字技术设施的投入，为数字经济发展培养高端数字技术人才；自 2013 年起每年定期制定《科学技术创新战略》，重点推动数字技术创新发展；2018 年经济产业省出台了《通商白皮书》，呼吁政府要应对"数字贸易时代"，并强调数字贸易是日本企业发展的良机。

欧盟为打破境内数字市场壁垒，在数字单一化市场、数据保护以及人工智能等重点领域推动数字经济和数字贸易发展。早在 2009 年，欧盟便相继发布了《数字红利战略》《未来物联网战略》，其目的在于释放"数字红利"频段、刺激无线业务和互联网的发展；2015 年欧盟委员会启动了《数字化单一市场》战略，该战略的重点开始向数字贸易聚焦，其目的主要是期望通过消除成员国之间的法律和监管障碍，实现数据资源自由流动，进而为个人和企业提供优良的数字产品和服务；2017 年欧洲议会国际贸易委员会通过了《数字贸易战略》，以期通过制定相关政策保障跨境数据自由流动来促进欧盟数字贸易发展。

2. 美日欧数字经济发展迅速，数字贸易领跑全球

美日欧是当前全球数字经济最发达的国家和地区，依赖于雄厚的数字经济发展基础，也使得它们在数字贸易发展上领跑全球。

美国目前以 11.5 万亿美元的市场规模独占全球数字经济第一梯队，是全球数字经济和数字贸易绝对领导者。数字经济和数字贸易在推动美国经济复苏、增加就业以及提升社会福利方面起着重要的作用。USITC 测算显示，数字贸易对美国实际 GDP 的贡献率达到 3.4%~4.8%，并增加了 240 万个就业岗位。美国数字

贸易也展现出巨大的发展潜力，2007—2017 年美国数字贸易出口年均增长率在 26%左右，其增长速度超过了传统的商品和服务贸易；2017 年美国数字贸易（不包括数字商品）出口达到 4 390 亿美元，占美国服务贸易出口的比重达到 57.63%；2017 年美国数字贸易（不包括数字商品）进口达到 2 600 亿美元，占美国服务贸易进口总额的 50.39%；美国数字服务贸易的顺差达到 1 790 亿美元，占美国服务贸易顺差总额的 72.85%。2019 年，美国数字贸易总额达到了 1.4 万亿美元，占美国 GDP 的 7.1%。同时，美国拥有全球最大的云计算服务市场规模，占据全球云计算行业规模的 60%左右，主导着全球云计算服务业。

日本是全球数字经济第三大国，2017 年数字经济规模达到 2.3 万亿美元，数字经济占 GDP 比重达到 40%以上。得益于数字经济的发展，日本数字贸易发展也较为迅速，目前是日本已经拥有全球最大的跨境电商出口市场和全球第三大电子商务市场，市场规模仅次于美国和中国。同时，日本数字贸易（不包括数字商品）进出口规模也较为庞大，2017 年 TCT 服务进出口总额达到 1 455 亿美元，成为日本国际贸易的重要组成部分。2019 年，日本数字贸易总额达到了 1.2 万亿日元，占日本 GDP 的 2.6%。

欧盟国家数字经济占 GDP 的比重在不断提升，德国、法国等欧盟主要国家的数字经济占 GDP 比重达到 61.4%和 40.3%，其中德国的数字经济 GDP 占比位居全球第一，数字经济已经成为欧盟国家经济的重要组成部分，由此也促进了欧盟的数字贸易的发展，并在全球处于领先位置。欧盟近年来数字贸易出口额显著增加，2017 年达到 8 000 亿美元，占欧盟出口总额的 30%左右。其中，ICT 服务出口总额达到 2 700 亿美元，占全球信息通信服务出口总额的 12%。同时，欧盟是全球第二大云计算服务市场，全球约 20%的云数据中心工作量发生在欧盟，占据全球 21%（189 亿美元）的云计算服务市场规模。2019 年，欧盟数字贸易总额达到了 2.8 万亿欧元，占欧盟 GDP 的 12.7%。

3. 美日欧携手促进数字贸易发展，主导制定国际规则

美日欧既是目前全球数字经济发展的第一梯队，也是全球数字贸易发展的领导者，且由于发展理念相一致，正企图将各自的势力范围相互对接以形成较大的“数字贸易利益圈”。2019 年 1 月，美日在华盛顿举行贸易部长会议，确认两国将携手促进数字贸易和数字经济的发展，并试图通过促进数据安全来共同改善数字环境。尤其是在数字贸易规则领域，美日欧纷纷依靠自身在数字贸易上的优势，向全球推广自身的数字规则和理念，力图在即将到来的数字贸易浪潮中占据

主导权。

美国作为数字经济的绝对领航者，拥有一批在全球占据主导地位的数字公司巨头，为美国从国外带来规模庞大的跨境数据流，使得美国在数字贸易中受益众多，进而使得美国在数字贸易规则的制定和推广上取得了领先优势。因此，美国在数字贸易上企图打造数字贸易规则的“美式模板”，并以美国与对方签署自由贸易协定的方式进行推广。

“美式模板”的重心是保持全球数字市场的开放，从而使得美国能够在数字贸易中获胜，美国在美韩自由贸易协定中提出了“美式模板 1.0”，首次明确了跨境数据自由流动的原则；美国在《跨太平洋伙伴关系协定》（TPP）谈判中提出了“美式模板 2.0”，强调要促进数字贸易、信息自由流动以及开放互联网；2018 年《美墨加协定》美国提出了“美式模板 3.0”，强调要取消跨境数据收费和数据本土化限制，开放政府公共数据但禁止要求企业披露源代码和算法。数字贸易规则的“美式模板”是美国以自身立场所构建的贸易规则新体系，彰显了美国意志，是美国企图主导数字贸易国际规则，为全球设定具有约束力标准的具体表现。

欧盟以构建数字化统一市场为目的，通过签署的数十个自由贸易协定（FTA），提出了一系列有关数字贸易的章节，如“电信章”“金融章”“投资章”以及“知识产权章”，最终形成了体现欧盟政治体制和文化价值观的数字贸易规则的“欧式模板”。“欧式模板”主要聚焦于三大领域，分别是推进跨境数据流动、完善知识产权保护以及促进视听合作，但欧盟在数字贸易规则谈判上坚守“隐私保护”及“视听例外”两大红线。相比“美式模板”，“欧式模板”尚未形成完整的体系，与美国相比存在一定的差距，但欧盟仍然在不断与数字贸易大国的博弈中完善贸易规则。

日本既缺乏美国的绝对实力，又缺乏欧盟的政治地位及市场筹码，因此其采用借势推广的策略和逐步引领的方针来向全球推广其数字贸易规则。一是借 TPP 之势谋取《全面与进步跨太平洋伙伴关系协定》（CPTPP）的数字贸易主导权。自美国退出 TPP 后，日本利用自身的经济优势与其余 11 国较为顺利地签署了 CPTPP，并保留了 TPP 中有关数字贸易的核心诉求。二是借欧盟“数据贸易圈”之势谋取数据保护的主导权。日本与欧盟签署的日欧《经济伙伴关系协定》（EPA）中，日欧双方在电子商务领域做出了相应承诺，日本从此加入了欧盟“数据贸易圈”，从而在与“圈外”国家谈判时日本取得数字贸易规则上的竞争优势。三是借多边会议之势推广数字贸易规则理念。2019 年 1 月在达沃斯世界经济论坛上时任日本首相的安倍晋三呼吁，要促进跨境数据的自由流通；日本作为2019年G20峰会的主办国，通过讨论全球数据治理来推广其构建的基于信任的数据自由流通体制。日本通过这三次借势，已逐步跻身全球数字贸易规则的引领者行列。

10.4.3 美日欧主导数字贸易发展格局下的中国策略选择

得益于国家的战略规划以及庞大的市场规模，中国已经成为全球跨境电商规模最大、发展最快的市场，2022年跨境电商进出口交易规模达到2.1万亿元。然而，在美日欧试图主导数字贸易发展格局下，中国面临着与发达国家之间的“数字鸿沟”加大，缺乏完善成熟的标准化规则体系，再加上全球数字贸易发展不平衡加剧以及转型困难的挑战，为中国数字贸易的快速健康发展带来了较大的限制。因此，正确把握中国数字贸易的发展方向，对于促进中国由贸易大国向贸易强国的转变具有重要的现实意义。

1. 中国数字贸易发展情况

（1）中国积极推进数字贸易发展。中国为抓住数字经济带来的发展机遇，在规划引导、法规保障、行业监管、开放合作、参与全球治理等方面开展积极探索，持续改善数字贸易发展的制度与市场环境，推动数字贸易开放发展与互利合作。

一是党和政府高度重视数字贸易的开放发展。2019年国务院发布的《关于推进贸易高质量发展的指导意见》指出，要“深化服务贸易领域改革和开放”，“加快数字贸易发展”。2020年国务院发布《关于推进对外贸易创新发展的实施意见》，提出要“加快贸易数字化发展”“发挥自由贸易试验区、自由贸易港制度创新作用”“不断提升贸易便利化水平”“促进跨境电商等新业态发展”。《中华人民共和国国民经济和社会发展第十四个五年规划和2035年远景目标纲要》再次强调，要“坚持实施更大范围、更宽领域、更深层次对外开放”，“创新发展服务贸易，推进服务贸易创新发展试点开放平台建设，提升贸易数字化水平”。

二是国务院各部门努力构建良好的数字贸易发展政策环境。各部委在搭建平台、贸易便利化、数据治理、市场环境、配套政策等方面，逐步加大对数字贸易的服务支持和制度建设力度。商务部利用服务贸易创新发展试点，不断完善数字贸易政策，积极优化数字贸易环境并对此审慎监管，加大数字贸易管理和促进的制度探索，大力发展数字贸易。工业和信息化部推动有序放开电信领域外资准入的限制，完善电信业务相关管理办法。海关总署持续健全支持服务贸易和数字贸易发展的管理机制。2020 年 9 月起实施的《中华人民共和国数据安全法》第十一条明确规定“促进数据跨境安全、自由流动”。2021 年 11 月起实施的《个人信息保护法》规定了个人信息可通过安全评估、专业机构认证、签署标准合同等途径出境。国家互联网信息办公室正在拟定相关具体管理规定，并与各方积极推进网络空间治理合作。在与跨境数字贸易紧密相关的平台治理、新业态监管、统计、税收、标准规范、创新和安全发展等国内政策领域，相关部门也都在加大探索力度，以不断改善政策环境。

三是各地积极探索推进数字贸易发展。数字贸易正成为新一轮经济全球化的主要领域，也正成为全球区域经济竞争的新焦点。为抢抓数字经济新机遇，多地在发展规划中明确将加快数字贸易开放试点探索、建设数字贸易先行区或示范区作为重点任务，并已在推进数字化转型、跨境电商创新发展、建设高能级数字贸易平台、优化数字贸易发展生态等方面取得积极成效。例如，北京市 2020 年发布《北京市关于打造数字贸易试验区实施方案》，率先推动跨境数据流动试点，包括个人信息出境安全评估管理的试点工作，积极推动 6 项增值电信业务逐步开放，吸引汇聚数字贸易企业，积极打造“贸易数字化示范区”，数字服务贸易占服务进出口的比重从 35%提高到 50.9%。上海市 2019 年发布《上海市数字贸易发展行动方案（2019—2021 年）》，提出打造上海“数字贸易国际枢纽港”，将云服务、数字内容、数字服务的行业应用、跨境电商作为数字贸易的四大主要领域，将城市数字化转型与贸易数字化发展相结合，建设数字贸易创新创业、交易促进和合作共享中心，汇聚中外跨境电商平台。2016—2020 年上海数字贸易进出口年均增长高达 9.1%。浙江省 2015 年在杭州市设立全国首个跨境电子商务综合试验区，“十三五”时期浙江省跨境电商年均增长 35%，产业集聚、政策优势凸显；2020 年印发《浙江省数字贸易先行示范区建设方案》，当年浙江省数字服务进出口同比增长 27.7%；2021 年 6 月发布《浙江省数字经济发展“十四五”规划》，全面启动数字化改革，加快打造全球数字贸易中心，预计到 2025 年数字贸易进出口总额将达到 1 万亿元。海南省利用自由贸易港政策积极发展数字贸易，着力推进海南生态软件园国家数字服务出口基地建设，大力吸引集聚创新资源和平台企业。截至 2022 年 11 月，全国跨境电子商务综合试验区已达到 165 个，为跨境电商发展与监管创新起到了积极的推动作用。

（2）中国数字贸易整体快速发展。一是中国数字服务贸易发展位居世界前列。数字服务贸易规模持续扩大。在国家政策的积极引导下，数字经济新模式、新业态不断涌现，持续推动数字贸易高速增长，规模逐渐扩大。近十年，我国数字服务贸易规模基本实现翻番，从 2011 年的 1 648.4 亿美元增加到 2020 年的 2 947.6 亿美元，年复合增长率达 6.7%，增速在主要国家中位居前列，数字服务贸易占服务贸易的比重从 36.7%提升至 44.5%。2022 年，中国数字经济规模达到 50.2 万亿元，其中软件业务收入达到 10.81 万亿元，同比增长 11.2%。我国可数字化交付的服务贸易规模达到 2.51 万亿元，同比增长 7.8%，其中数字服务出口 1.42 万亿元，增长 12.2%。

我国数字服务贸易的国际竞争力持续增强。从国际贸易顺逆差看，经过十年国际化创新发展，我国数字服务海外市场取得巨大突破，数字服务贸易净出口额从 2011 年的逆差 148.2 亿美元逐渐扭转为顺差，2018 年到 2020 年连年实现顺差，国际竞争力持续增强。2020 年，我国数字服务贸易顺差为 147.7 亿美元，贸易竞争力指数（净出口与进出口总值之比）为 5%（如图 10-4 所示）。

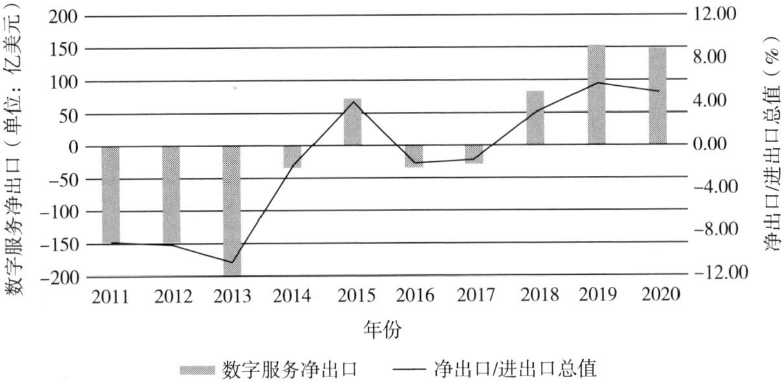

图 10-4　2011—2020 年中国数字服务贸易平衡和竞争力指数

资料来源：根据 UNCTAD 基础数据、商务部发布信息整理。

我国数字服务贸易规模的全球排名持续提升。2020 年，我国数字服务贸易规模在 105 个国家中的排名从 2019 年的第 7 名上升至第 5 名，十年来首次跻身全球前五强，也是前五强中唯一的发展中国家。但与欧美发达国家相比，我国数字服务贸易规模仍存较大差距，2020 年贸易规模约为美国的 1/3，也远低于同期爱尔兰、英国和德国，未来还有巨大的发展空间。

二是部分细分领域的数字服务贸易增速超过全球平均水平。知识产权、金融服务、ICT 服务等多项细分数字服务出口保持高速增长。2011—2020 年，我国知识产权、金融服务、ICT 服务等细分数字服务发展平均增速分别为 31.7%、19.6%和 17.4%，均高于世界平均水平（如图 10-5 所示）。这主要得益于中国超大规模信息基础设施网络建设，加快打造市场化、法治化、国际化营商环境，持续扩大金融、电信等领域对外开放，不断释放数字服务领域的发展活力。

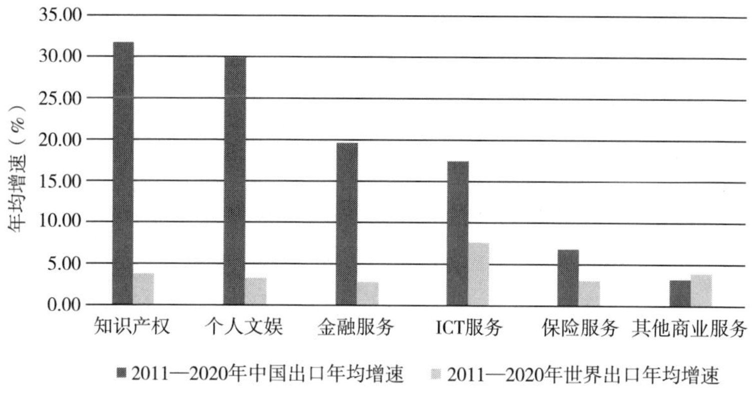

图 10-5　2011—2020 年中国细分数字服务平均增速对比

资料来源：根据 UNCTAD 基础数据、商务部发布信息整理。

ICT 服务是过去十年我国数字服务出口占比提升最快、增长贡献最大的领域。ICT 服务、知识产权服务是知识密集型行业，是国家支持发展的优先领域。2011—2020 年，我国 ICT 服务在数字服务出口中占比提升了 19.7 个百分点。目前，中国已成为全球最大 PCT 国际专利申请来源国，5G 网络、区块链、人工智能等领域专利申请量全球第一，涌现出一大批具有国际竞争力的 ICT 企业。

三是商业存在模式下，中国数字服务贸易具有较大发展空间。出口规模大、占比高。近年来，我国对外投资合作持续提升。根据 2021 年 WTO 最新发布的商业存在服务贸易数据，2018 年通过商业存在模式出口的服务达到 9 483.3 亿美元，在提供商业存在数据的 30 个国家中排名第 2，仅次于美国；在 2021 年服务出口中的占比超过七成，同样居于前列（如图 10-6 所示）。

2018 年我国商业存在模式下服务出口中，文化、体育和娱乐业，信息传输、软件和信息技术服务业，交通运输、仓储和邮政业，分别增长 241.6%、212.3%、54.4%，在所有服务类型中增速领先。但与发达国家比较，信息通信、文化等数字服务规模相对较小。例如，2018 年，我国商业存在模式下的 ICT 服务出口为 545.6 亿美元，约为美国的 10%。

四是跨境电商快速发展，为中国外贸发展注入新动能。作为数字贸易的主要组成部分，跨境电商在拉动消费提升，畅通外贸产业链、供应链等方面发挥重要作用。近年来，我国已逐步形成跨境电子商务产业全链条服务体系，跨境电商交

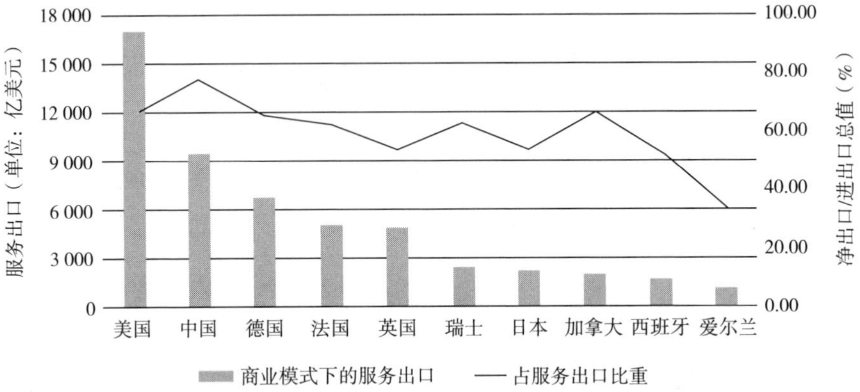

图 10-6　2018 年中国商业存在模式下的服务出口和占比

资料来源：根据 UNCTAD 基础数据、商务部发布信息整理。

易规模持续攀升，新增初创企业数量、融资情况屡创新高。

在规模上，目前我国是全球最大跨境电子商务零售出口经济体，也是全球电子商务零售额（B2C）最大的经济体。中国海关发布数据显示，2020 年，我国跨境电商进出口总额 1. 69 万亿元，同比增长 31. 1%，增速显著高于货物进出口增速。2022 年，我国跨境电商进出口规模占全国货物贸易进出口总值的 4. 9%，占比与 2021 年基本持平。其中，贸易出口 1. 53 万亿元，增长 10. 1%，占全国出口总值的 6. 4%。

在趋势上，贸易伙伴不断拓展增加。2020 年，欧美国家和地区仍是我国跨境电商发展的最主要市场。同时，我国不断加深与 22 个国家“丝路电商”合作，新增 46 个跨境电商综合实验区，东盟成为我国最大的贸易伙伴。渠道独立性和供应链稳定性不断提升，独立站成为打破业务天花板、拓展新市场的重要渠道，超过 50% 的跨境电商企业已经或筹划开设独立站。个性化定制模式逐步兴起，26. 9%的跨境电商企业探索向中小型企业提供选品、轻定制等供应链服务。

五是典型产业异军突起，推动中国数字贸易持续向好。云计算协同融合发展，助力构筑数字化底座。云计算有助于加速数据流通、汇集、处理和价值挖掘，在推动服务贸易数字化转型方面发挥重要作用。过去十年，中国云计算的算力增长 2 000 倍，年均增速超过 50%，是发展最快的技术领域之一。

2020 年，我国云计算整体市场规模达 2 091 亿元，增速 56. 6%，其中公有云市场规模达 1 277 亿元，相比 2019 年增长 85. 2%；私有云市场规模达 814 亿元，较 2019 年增长 26. 1%。根据中国信息通信研究院统计，2022 年我国云计算市场规模达 4 550 亿元，较 2021 年增长 40.91%。相比于全球 19%的增速，我国云计算市场仍处于快速发展期，预计 2025 年我国云计算整体市场规模将超万亿元。云服务从电商、政务、金融，向制造、医疗、农业等各个领域延伸拓展，应用程度不断深化。以云计算为承载，融合人工智能、区块链、数字孪生等新一代数字技术于一体的平台底座，将极大推动国际贸易数字化转型。

网络游戏加速海外扩展，业态不断创新和拓展。作为数字贸易的新兴业态，网络游戏在推动国内外文化交流，提升我国国际影响力等方面发挥着重要作用。在规模上，我国自主研发游戏海外市场实际销售收入稳步上涨，2020 年实际销售收入达 154.5 亿美元，同比增长 33.3%。我国有相当数量的自主研发游戏在全球上百个地区的下载榜和畅销榜上步入前列。

数字平台发展势头强劲，引领产业升级。作为数字贸易的有力支撑，数字平台在推动产业升级、优化资源配置、贯通经济循环等方面发挥重要作用。截至 2020 年年底，我国市值超 10 亿美元的数字平台企业达 197 家，比 2015 年新增 133 家，以平均每年新增超 26 家的速度快速扩张，市值规模达 3.5 万亿美元。2015—2020 年，我国超 10 亿美元数字平台总市值由 7 702 亿美元增长到 35 043 亿美元，年复合增长率达 35.4%。

从趋势来看，中型平台不断涌现并加速成长。2020 年市值在 10 亿美元以上 100 亿美元以下的平台数量从 2015 的 53 家增加到 161 家；各领域平台经济展现出巨大活力，电子商务和社交网络处在第一梯队，此外，在线教育、金融科技、数字媒体、本地生活、物流等领域发展较为活跃；但中美两国头部平台差距仍在扩大，2017—2020 年，中国 Top5 数字平台的市值增长率为 75%，而美国增长率达 200%。

（3）中国积极推进数字贸易开放合作。一是通过对外援助、发展融资，大力推进与发展中国家的数字领域合作。在基础设施领域，《新时代的中国国际发展合作》显示，截至 2019 年年底，支持建设了 37 个电信传输网、政务信息网络等电信基础设施项目，帮助伙伴国发展信息通信产业，为缩小国家间数字鸿沟做出了积极贡献。在融资支持上，2020 年 6 月亚洲基础设施投资银行通过推行数字基础设施行业战略，目前已与阿曼、柬埔寨、印度尼西亚等国启动项目合作，对各国数字基础设施融资进行支持。

二是积极推动“数字丝绸之路”建设。中国积极推动与沿线国家间的数字贸易便利化，作为“一带一路”国际合作高峰论坛的成果，中国海关总署、国家标准化管理委员会与多国共同发起设立海关和标准化领域的信息交换和共享平台，开展数字化公共服务合作，共享信息数据；与16个国家签署了“数字丝绸之路”合作备忘录；与阿联酋等7个国家发起“一带一路”数字经济国际合作倡议，与沿线国家共建国际陆缆海缆、跨境电商平台等数字基础设施，利用互通互利、共商共建来分享数字贸易和数字化转型的变革红利。

三是积极推动和参与数字贸易全球治理。在多边层面，中国是WTO框架下电子商务谈判、信息技术产品协定等磋商的重要参与方。在对话机制方面，中国是G20、APEC等多边机制中数字贸易议题的主要推动者。在区域安排方面，中国积极参与签署《区域全面经济伙伴关系协定》（RCEP），推动各方在电子商务、电信、知识产权等章节或附件达成共识，2021年4月中国率先向东盟秘书长交存RCEP核准书，并推动尽早生效实施，同时宣布积极考虑加入CPTPP。在双边协定方面，中国与韩国、澳大利亚、智利、毛里求斯等国签订的自贸协定中已纳入单独的电子商务或电信章节/附件。在标准合作方面，中国积极参与国际标准化组织（ISO）、国际电工委员会（IEC）和国际电信联盟（ITU）等联合国标准化组织的工作，与各国共同促进信息通信技术标准的演进升级。在网络空间全球治理、数字技术合作等领域，中国与各方一道积极贡献合作倡议和发展促进方案。

2. 中国数字贸易发展策略选择

当前中国数字贸易蓬勃兴起，数字贸易正成为未来中国对外贸易创新发展方向。但是在美日欧等发达国家试图主导全球数字贸易规则的国际背景下，中国数字贸易发展将面临较大的威胁和挑战，必须从战略高度重视数字贸易发展。

（1）中国数字贸易发展面临的威胁和挑战。一是美日欧谋划数据流通“朋友圈”，拉大全球数字鸿沟。从美日欧当前的谈判焦点来看，三方在跨境数据流通上将达成密切的“朋友圈”，这将会进一步拉大美日欧等发达国家与以中国为代表的发展中国家和地区之间的数字鸿沟。跨境数据流通在本质上是发达国家与发展中国家之间的产业国际地位之争，美日欧等发达国家之所以对跨境数据自由流动提出明确的诉求，是由于它们处于全球数字经济价值链的顶端，掌握着核心数字技术、核心数据以及核心网络。跨境数据自由流动能够帮助美日欧等发达国家和地区建立垂直型数字经济国际分工格局。与此同时，美日欧等发达国家和地区可以利用其垄断的核心技术和数据，向中国等发展中国家的市场进行渗透，借助数字经济实现向传统实体经济的渗透，从而可以最大程度利用发展中国家的人力资源优势。美日欧这种谋划数据流通“朋友圈”的发展格局，会导致中国等发展中国家被锁定在全球数字经济价值链的低端位置，在数字经济和数字贸易发展上与发达国家的差距将会进一步被拉大。

二是数字贸易规则分歧较大，阻碍中国融入全球高端数字贸易圈。美日欧以及中国作为全球数字贸易的领跑者，基于各自利益以及国情的差异，在全球数字贸易规则上存在较大的分歧，使得全球数字统一市场建设面临严峻的形势。美日之间现阶段在数字贸易规则上基本无立场冲突，美欧之间在个人数据隐私保护程度和方式上存在分歧，但美日欧均主张开放全球市场、推行跨境数据自由流动以及反对强制技术转让。中国作为以跨境电商为代表的新兴数字贸易大国，在数字贸易规则上主要侧重于跨境电子商务，强调在促进跨境电子商务发展的同时注重对国家安全以及消费者权利的保护，在跨境数据流动上有严格的限制，并且提出了数据本土化的要求。总体而言，美日欧等发达国家和地区重点主张将跨境数据自由流动纳入多边贸易规则，而以中国为代表的发展中国家重点强调跨境数据流动限制。双方之间在数字贸易规则上存在着较大的分歧，再加上发达国家很可能向美日欧贸易规则圈靠拢，导致中国等发展中国家难以融入全球高端数字贸易圈，对于数字贸易的良好健康发展带来较大的影响。

三是数字贸易发展存在明显失衡，不利于全球同步协调发展。现阶段全球数字贸易在发展上存在着明显的失衡，美欧日的强强联合可能会形成“强者恒强”的发展格局，不利于全球数字贸易实现同步协调发展。在国家层面，得益于先进的互联网基础设施以及数字化产品和服务，美日欧等发达国家和地区领跑全球数字贸易，而中国等发展中经济体数字贸易成长潜力巨大，但现阶段仍然与美日欧存在较大差距。

四是中国经济贸易数字化转型困难，面临观念和业态双重挑战。目前，随着中国数字基础设施的互联互通以及网络通信服务能力的快速提升，使得数字贸易正经历着前所未有的发展机遇，但是中国经济贸易的数字化转型之路并非一帆风顺，面临着严重的双重挑战。

其一是数字化观念转型困难，即存在着严重的传统工业经济向数字化经济转型意识较弱的挑战。当前中国占据主导地位的仍然是工业经济，数字贸易产业发展相对滞后，绝大部分制造企业尚未迈向数字化之路，这主要源于企业转型意识薄弱，对数字贸易的发展前景缺乏足够认识，受多种因素影响而转型动力不足。美国信息系统审计和控制协会（ISACA）通过调查发现，全球企业中仅有不到 25%的企业高层在发展过程中积极部署前沿数字科技，而将近 47%的高层领导缺乏数字化转型意识，由此可见，数字化转型观念意识薄弱已成为制约数字贸易发展的关键因素。

其二是业态转型困难，即传统贸易向数字贸易转型面临严峻挑战。当前中国数字贸易水平总体不高且发展不平衡，数字化产品和服务缺乏竞争力，数字贸易关联产业的发展缺乏核心数字技术等支持性要素，制约了中国数字贸易的整体发展；同时中国数字贸易规则发展滞后，再加上严重的数字贸易保护壁垒以及知识性要素的缺乏，使得业态转型面临着严峻的挑战。

（2）中国数字贸易发展策略选择。一是加强数字贸易顶层战略设计，提升在全球价值链中的格局和地位。数字贸易的发展已经超越了“数字贸易”自身的内涵，呈现逐步替代货物贸易以及服务贸易的发展趋势，不仅影响着国际贸易的走向，而且直接或间接地影响着一国在全球价值链中的格局和地位，因此必须从战略上高度重视数字贸易发展。具体而言，要继续践行“数字中国”以及“网络强国”战略，深入贯彻党的二十大报告中提出的推动数字经济与实体经济融合发展的战略部署，贯彻落实 2023 年 2 月中共中央、国务院印发的《数字中国建设整体布局规划》等，明确中国数字化发展的路线图和时间表；要针对数字贸易制定宏观产业政策，尤其是针对跨境电商和数字内容产业的发展制定中长期发展规划，明确数字贸易的支持领域、发展方向及重点；要完善数字基础设施建设政策，稳步推进城市信息网络的提速升级以及普及推广农村宽带，缩小城乡“数字鸿沟”，并逐步放宽数字基础设施领域的市场准入限制；要构建和完善数字贸易统计制度并逐步与国际接轨，加快建立标准化数字贸易统计机制，明确数字贸易分类体系，进而准确把握数字贸易发展现状及趋势。

二是积极参与数字贸易规则谈判，努力构建数字贸易“中式模板”规则。美国作为当前数字贸易发展最为成熟的国家，企图在数字贸易规则领域设定以美国为主导具有约束力的全球标准，积极推动数字贸易“美式模板”；与此同时，贸易额占全球总额 1/3 并且与美国关系密切的欧盟也在积极推动“欧式模板”数字贸易规则。中国虽然以跨境电商为代表的数字贸易发展迅速，但是在数字贸易规则领域却缺乏主导权，未来将在较长的一段时间内受制于“美式模板”及“欧式模板”，掌握数字贸易规则话语权将是未来工作的重中之重。

首先，中国要积极构建有利于自身数字贸易发展的规则，要针对中国跨境电商发展需要，在技术中立等方面积极主动地提出符合自身利益的诉求和主张，甚至要在相关数字贸易领域提出“中式模板”，化被动为主动以应对“美式模板”与“欧式模板”的挑战。

其次，中国要合理利用并对接“美式模板”“欧式模板”部分规则，构建一套符合自身利益发展的数字贸易法律法规，进而为与美国、欧盟等发达国家和地区的数字贸易规则谈判提供法律保障。

最后，中国要借鉴“美式模板”与“欧式模板”以改善国内数字贸易政策，在维护国家经济安全的同时改善数据监管政策，以便与美国、欧盟等国家和地区在谈判中能够更好地达成一致。

三是推动数字贸易支持性要素资源可持续发展，努力形成动态竞争优势。人才、技术、资金等知识性生产要素供给不足，成为制约数字贸易快速发展的重要因素，而数字技术的快速发展，为数字贸易支持性生产要素可持续发展提供了可能性，进而为中国数字贸易发展实现动态竞争优势提供保障。

首先，创新数字技术人才培养模式和机制。数字化人才是提升中国数字贸易竞争力的根本，国家应大力推动教育模式创新，积极通过教育部门力量促使数字技术与高等教育融合发展，强调数字技术的社会应用性在高等教育中的地位及作用，从而为数字贸易的发展提供可持续的人才资源。

其次，积极推动数字技术创新发展。数字技术是提升数字贸易竞争力的支撑，国家应鼓励在数字基础技术领域进行自主创新，推动一批数字基础技术企业发展壮大；构建数字技术转让及转化平台，推动数字技术向产业化转化。

最后，创新数字贸易产业领域投融资机制。资本资源是提升中国数字贸易的保障，然而融资困难成为目前阻碍企业，尤其是中小企业深度参与数字贸易的最大问题，国家应拓展中小型数字化企业融资渠道，通过减税等政策鼓励企业投资数字贸易产业；要进一步扩大数字领域对外开放，在确保经济安全的同时放宽对外资所有权的限制。

四是完善国内数字领域规制体系建设，营造良好数字贸易环境。国内现阶段数字贸易仍处于发展起步阶段，数字领域法律法规发展严重滞后，难以有效保障相关主体的合法权益以及维护国家经济安全，因此必须加快国内数字领域法规体系建设，营造良好的数字贸易经营环境。国家要针对数字贸易领域的个人隐私保护、知识产权保护、服务审查以及数字化交易方面加强立法工作，维护交易主体的正当权益；要厘清传统贸易与数字贸易的区别与联系，对传统贸易监管方式进改革，整合贸易、信息、海关、互联网管理等各领域的资源，创新构建数字贸易监管体系；要简化边境监管、制定 B2C 模式下的退税政策以及退货政策，优化数字贸易政策环境；要制定专门的跨境电子商务法律法规并向 WTO 提供此法律法规，提高中国在全球范围内跨境电商政策的透明度；要通过政府主导积极推动在数字证书、电子签名以及电子认证等相关信息和政策方面的交流，促使中国与其他国家在数字证书以及电子签名领域相互认证。

案　例

案例一：数字贸易的典型案例①

随着数字技术的不断发展和普及，数字贸易已经成为全球贸易的重要组成部分。以下的企业数字贸易典型案例，可以帮助我们更好地了解数字贸易的实际应用。

1. 亚马逊

亚马逊是全球最大的在线零售商，其数字贸易业务已经成为其主要收入来源之一。亚马逊通过其在线平台向全球消费者销售各种商品，包括图书、电子产品、家居用品等。亚马逊的数字贸易业务不仅为消费者提供了更加便捷的购物体验，也为卖家提供了更广阔的销售渠道。

2. 阿里巴巴

阿里巴巴是中国最大的电子商务公司，其数字贸易业务已经覆盖了全球多个国家和地区。阿里巴巴通过其在线平台向全球消费者销售各种商品，包括服装、家居用品、电子产品等。阿里巴巴的数字贸易业务不仅为消费者提供了更加便捷的购物体验，也为卖家提供了更广阔的销售渠道。

3. 谷歌

谷歌是全球最大的搜索引擎，其数字贸易业务已经成为其主要收入来源之一。谷歌通过其在线广告平台向全球广告客户提供广告服务，包括搜索广告、展示广告、视频广告等。谷歌的数字贸易业务不仅为广告客户提供了更加精准的广告投放，也为谷歌提供了更加稳定的收入来源。

4. 腾讯

腾讯是中国大型的互联网公司之一，其数字贸易业务已经覆盖了全球多个国家和地区。腾讯通过其在线平台向全球消费者提供各种服务，包括社交媒体、游戏、音乐等。腾讯的数字贸易业务不仅为消费者提供了更加便捷的服务体验，也为腾讯提供了更加稳定的收入来源。

5. 爱奇艺

爱奇艺是中国最大的在线视频平台，其数字贸易业务已经成为其主要收入来源之一。爱奇艺通过其在线平台向全球用户提供各种视频内容，包括电影、电视剧、综艺节目等。爱奇艺的数字贸易业务不仅为用户提供了更加便捷的观看体

---

① 资料来源：依据公开信息自行编写。

验，也为爱奇艺提供了更加稳定的收入来源。

6. 美团

美团是中国大型的在线外卖平台之一，其数字贸易业务已经覆盖了全国多个城市。美团通过其在线平台向全国用户提供各种外卖服务，包括餐饮、生鲜、药品等。美团的数字贸易业务不仅为用户提供了更加便捷的外卖服务，也为美团提供了更加稳定的收入来源。

7. 京东

京东是中国最大的在线零售商，其数字贸易业务已经成为其主要收入来源之一。京东通过其在线平台向全国用户销售各种商品，包括家电、数码、服装等。京东的数字贸易业务不仅为用户提供了更加便捷的购物体验，也为卖家提供了更广阔的销售渠道。

8. 网易

网易是中国大型的互联网公司之一，其数字贸易业务已经覆盖了全球多个国家和地区。网易通过其在线平台向全球用户提供各种服务，包括游戏、音乐、新闻等。网易的数字贸易业务不仅为用户提供了更加便捷的服务体验，也为网易提供了更加稳定的收入来源。

9. 豆瓣

豆瓣是中国大型的社交媒体之一，其数字贸易业务已经成为其主要收入来源之一。豆瓣通过其在线平台向全球用户提供各种社交服务，包括电影、音乐、读书等。豆瓣的数字贸易业务不仅为用户提供了更加便捷的社交体验，也为豆瓣提供了更加稳定的收入来源。

10. 滴滴出行

滴滴出行是中国大型的在线打车平台之一，其数字贸易业务已经覆盖了全国多个城市。滴滴出行通过其在线平台向全国用户提供各种打车服务，包括快车、专车、顺风车等。滴滴出行的数字贸易业务不仅为用户提供了更加便捷的出行体验，也为滴滴出行提供了更加稳定的收入来源。

数字贸易已经成为全球贸易的重要组成部分，各种数字贸易业务的应用也在不断扩展和深化。未来，数字贸易将继续发挥重要作用，为全球经济的发展和繁荣做出更大的贡献。

案例二：数字赋能贸易与物流高效协作案例

在地缘政治风险加剧等因素作用下，全球供应链稳定性和安全性受到影响，供应链稳定和物流畅通的重要性不断凸显，对企业供应链和物流发展应用新业态、新模式提出了更高的要求。“双循环”新发展格局下，宁波充分发挥中国（浙江）自由贸易试验区宁波片区和中国-中东欧国家经贸合作示范区两大国家战略的政策叠加效应，聚焦中国-中东欧国家经贸合作，建设中东欧贸易物流园与宁波中东欧大宗商品进口的旗舰平台“侨链国际-线上中东欧”，不断提升贸易服务数字化、物流园区集约化水平，持续增强中国与中东欧国家的贸易韧性与安全。

1. 经验做法

（1）供应链数字化转型，打通贸易链路堵点。侨链国际依托侨团侨社资源和数字技术连接中国与中东欧贸易和物流服务。以网络信息、算法算力、平台架构为工具，打造“侨链国际-线上中东欧”数字化贸易平台，开发了跨境进出口线上 B2C、B2B、海外物流智慧云仓等多种业态。运用数字化技术高效精准匹配供需两侧，帮助“客户散、规模小、价值低”的中东欧商品一般贸易打通订单、验货、国际物流、信用支付等环节痛点，降低了新冠疫情导致国际供应链中断的风险。

（2）以仓储为核心延伸服务，丰富配套功能。中东欧贸易物流园承接宁波保税区内中东欧进口客户的保税、非保、跨境仓储及配套服务功能，涵盖全程物流服务、销售平台、下游配送、出口集拼、大宗仓储、跨境仓运营、食品仓运营等 7 条完整的产品业务线，与宁波保税区优势互补，已打造成为集货运代理、海陆空运输、仓储配送、贸易执行等业务于一体的物流载体。

（3）对接物流中转枢纽港，提升物流通达性。借助物流园的运营管理方——中远海运物流在综合物流和全球网络等方面的优势，对接希腊最大、地中海第二大港口——比雷埃夫斯港。为中东欧客户提供全程进出口海铁联运，重点满足中东欧中南部地区及有一定时效要求的客户的出货需求。货物通过铁路班列运抵后，直接连接比雷埃夫斯港，海运至中国（宁波），打通了中东欧客户进出口全链路物流通道。同时，为中东欧贸易企业提供全程供应链服务。

2. 取得成效

（1）大宗商品交易量显著提升。“侨链国际-线上中东欧”与中东欧贸易物流园并驾齐驱，不断强化资源协同整合能力，促进与中东欧国家商品交易。侨链国际在进口中东欧大宗商品 B2B 平台建设方面取得实效，平均每月进口销售营业额超 1 000 万美元，服务上百家中国及中东欧企业。数据显示，2021 年 8—12 月，以宁波顺欧供应链管理公司为消费使用单位的中东欧大宗商品进口贸易开票金额已超过 2 亿元人民币，超过 2020 年同期宁波进口 200 强。

（2）跨境电商“后花园”支撑有效。中东欧贸易保税仓库是集恒温仓储、货运代理于一体的现代化冷链物流中心，已成为宁波发展中东欧贸易不可或缺的核心物流资源。仓库承担配合保税区进口商品展销中心作为中东欧贸易食品仓储核心物流载体，发挥了形象展示和业务承担双重作用，以“前店后仓”的运作模式树立了贸易与物流高效互动的标杆，助力中国与中东欧国家的经贸合作提质升级。

（3）在中东欧地区影响力与日俱增。“侨链国际-线上中东欧”等项目走进中东欧市场，影响力日益扩大。波兰前副总理、匈牙利总统等专程来电来函表示祝贺和支持侨链国际。此外，侨链国际更是获得省市相关部门的认可，“侨链国际-线上中东欧”获得“之江创客”2021 全球电子商务创业创新大赛二等奖、浙江省和宁波市科技型中小企业等荣誉。

3. 下步计划

“侨链国际—线上中东欧”将在中东欧各国建立平台地推团队子站和 FBA 仓，夯实平台本地化品牌化、双向良性经贸合作交流基础，辐射带动上下游相关中东欧企业产值和个人消费，力争打造成中国-中东欧国家经贸合作示范区的线上旗舰平台。中东欧贸易物流园将开拓中东欧国家葡萄酒、软饮、基酒等新业务线，对接参与客户省市配送业务，帮助客户实现进出口、内贸等多个方向的突破，不断优化各类产品线，进一步拓宽中东欧的供应链渠道建设，实现多种业务衔接的全程服务体系。

案例讨论题

1. 请找出数字贸易实际应用的相关案例，并思考数字贸易的实际应用带给你的启发是什么？

2. 宁波数字赋能贸易与物流高效协作的做法对我国其他地区有什么启示？

小　结

关于数字贸易的内涵，国内、国外对其界定解释并不统一。数字贸易发展既有传统的理论基础，同时又有新贸易理论支撑。数字贸易的发展既需要技术环境，同时又离不开政策环境、经济环境、人文环境等。全球数字贸易发展较为先进的是美日欧等，这些国家和地区在数字贸易发展中具有话语权。我国要采取加强数字贸易顶层战略设计、积极参与数字贸易规则谈判、推动数字贸易支持性要素资源可持续发展、完善国内数字领域规制体系建设等措施，加快我国数字贸易的发展。

关键术语

数字贸易　新要素禀赋理论　需求理论　交易成本理论　产业集群理论　平台经济理论

习　　题

1. 如何理解数字贸易的内涵？
2. 数字贸易的发展需要哪些环境做支撑？我国的数字贸易发展环境如何？
3. 我国数字贸易的发展面临哪些难题？应该如何解决？

第 11 章 数字经济下的金融创新

数字经济下的金融创新是指在数字化和信息化的背景下，金融行业通过应用新的技术和业务模式，推动创新和变革。当前，数字经济下的金融创新正在改变金融行业的运作方式，提供更多的选择和便利性，同时也带来了一些新的挑战，如数据隐私和数据安全性等。金融机构和监管机构需要适应这些变化，并制定相应的政策和措施来促进创新和保护用户权益。

学习目标

- 了解数字金融推动因素及发展概况
- 了解金融产品数字化转型与创新
- 熟悉区块链金融应用价值及其应用前景
- 了解金融服务数字化转型的驱动因素及实践路径

11.1 数字金融新业态

当前，科技创新与金融行业不断融合发展，在数字技术的引领支持下，金融行业打造出了越来越多的数字金融新业态、新应用、新模式。

11.1.1 数字经济发展催生数字金融新业态

在数字经济的快速发展下，金融机构与互联网企业利用人工智能、区块链、大数据、云计算等新兴技术，实现了投资、融资、支付和保险等业务的新型金融模式。在实现形式上，数字金融新业态可以分为以下四类。

1. 数字支付

数字支付包括互联网支付和移动终端支付。数字支付允许消费者通过手机或电脑进行在线支付，替代了传统的现金支付和银行卡支付。数字支付业态的代表包括支付宝、微信支付、PayPal 等。

2. 数字投融资活动

数字融资活动包括基于大数据建构的小微贷款、P2P 贷款以及众筹融资。众筹平台通过互联网为创业者、艺术家和社会项目提供资金支持，通过众筹，个人和小型企业可以获得来自大众的投资，而不必依赖传统的银行贷款或风险投资，Kickstarter 和 Indiegogo 是众筹平台的典型代表。

3. 数字货币

数字货币包括虚拟货币（如比特币、以太坊）和数字资产交易平台，数字货币允许用户进行加密货币的交易和数字资产的买卖，数字货币业态的代表包括 Coinbase、Binance 等。

4. 数字保险

保险科技公司利用技术创新和数据分析，提供更高效、更便捷的保险产品和服务，通过应用人工智能、大数据和区块链等技术，改进保险销售、索赔处理和风险评估等环节。

此外，数字金融还包括数字技术对金融业务的支持体系，包括金融信息整合及发布、传统金融业务数字化等，这种业态的代表包括彭博社（Bloomberg）和汤姆森路透集团（Thomson Reuters）等知名的金融数据服务提供商，这些公司通过收集、分析和提供金融数据和洞察，帮助金融机构和投资者做出决策，并提供风险评估、交易分析等服务。

这些数字金融新业态通过技术的创新和商业模式的改变，为用户提供便利高效的金融服务，并对传统金融行业产生了重要影响。

特别是在抗击新冠疫情的斗争中，数字金融新业态通过人工智能、区块链、云计算、大数据、5G 网络等新兴技术的支持，在助力疫情防控和服务企业复工复产中发挥了重要作用（如表 11-1 所示）。受疫情冲击，传统金融服务模式局限性凸显，金融机构纷纷应用金融科技技术拓展线上业务，优化丰富“零接触式服务”渠道，创新“零接触”金融产品，在有效减少人员集聚和防控疫情传播风险的同时，满足了企业复工复产中的贷款和金融服务需求。此外，银行等金融机构还建立敢贷、愿贷、能贷和会贷的长效机制，通过更丰富的数字经济工具，全面提升针对中小微企业的信息识别能力和风险控制水平，探索应用区块链、大数据等技术加强对贷款资金流向的实时监控和溯源，确保资金都真正流向了实体经济，并加大对涉农、外贸、制造业、现代服务业等重点领域和受疫情影响较重的产业支持力度。

表 11-1　数字金融在疫情防控与复工复产中的应用

底层技术	创新特征	赋能作用	在疫情防控与复工复产中的案例或应用
人工智能	机器学习、跨界融合、人机协同	智能运营、智能风控、智能客服	建设银行运用线上客服机器人和线下大堂经理机器人建设“无人银行”，减少人员接触
区块链	去中心化、共识信任、智能合约	分布式存证、多主体可信协同	蚂蚁链运用“区块链+供应链金融”推出“零接触”贷款，助力企业复工复产
云计算	实时在线、按需提供、高可靠性	赋能金融业务全流程线上运营	微众银行基于腾讯“金融云”向受疫情影响的小微企业提供低成本“微业货”
大数据	规模化、多样化、高速化、价值性、真实性	大数据征信大数据画像	长三角征信链平台运用大数据技术解决企业融资缺征信的痛点，助力复工复产
5G	超高速率、超高密度、超低时延	5G 智慧银行开放银行	工商银行 5G 智慧银行网点提供全方位金融服务，同时减少人员集聚

11.1.2　我国数字金融的发展现状

从全球历史演进来看，金融与技术相互交织且共同演进，最早可以追溯至 19 世纪后期电报与电缆在金融全球化中的应用，1967 年 ATM 的引入被认为是现代金融科技的开端。美国嘉信理财首席执行官贝廷格最早提出“金融科技”概念，用来指银行的专业知识、现代管理科学和计算机技术的结合。20 世纪 90 年代，花旗集团的一项科技合作项目也使用了这一概念。在这一时期，金融科技发展主要由传统金融业主导，利用信息技术推进流程电子化，因而也有“电子金融”的说法。2008 年金融危机后，金融监管变革与数字技术进步共同推动金融科技进入蓬勃发展的新阶段，并表现出与过去完全不同的特征。在全球范围内，区块链、大数据、云计算、人工智能等数字技术广泛应用于金融业并提升了变革速度，各类非金融科技公司与新兴企业也越来越多地进入金融领域，利用自身优势直接向企业和消费者提供创新型金融产品与服务。

从中国的发展态势来看，数字金融在 2010 年之后迎来蓬勃发展。根据北京大学数字金融研究中心构建的数字普惠金融指数，在 2011—2020 年中国数字金融发展呈现持续、快速的上升态势。从分项指标来看，中国数字化程度的发展快于数字普惠金融总体的发展。这表明得益于数字金融的移动化、实惠化、便利化，数字金融得以快速被使用者接受。

目前，数字金融已经在消费互联网金融领域蓬勃发展。数字支付、网络借贷、数字保险等新业态不断涌现，数字金融的数量和规模都在不断攀升，数字化、普惠化的现代金融服务体系逐步形成。

一方面，数字经济是经济发展的新引擎，既为数字金融发展创造了新的场景，也创造了新的需求。推进产业数字化和数字产业化，进而提高产业链现代化水平，急需提供与其相适应的数字金融服务，以更好地服务于产业数字化转型所需催生的新产业、新动能。

另一方面，金融科技赋能金融数字化服务，数字金融服务生态体系逐步形成。金融科技（FinTech）的发展为数字金融提供了强大的动力。众多金融科技创业公司涌现，通过创新的商业模式和技术手段，推动了金融服务的数字化和普惠化。支付、借贷、投资、保险等领域的数字金融服务逐渐形成了一个完整的生态系统。随着金融监管的不断升级，数字监管成为发展数字金融的重要推动力。监管部门加强对数字金融的监管和风险防控，鼓励数字金融回归金融服务的本源，保障用户权益和金融稳定。同时，金融基础设施的数字化也在不断推进，例如数字支付、电子银行、数字化身份认证等，为数字资产的流通和使用提供更便捷和安全的环境。

我国数字金融正处于快速发展的阶段。政府和监管机构积极推动数字金融创新，鼓励技术创新和合规发展，为数字经济的发展提供支持。随着数字技术和金融科技的不断进步，数字金融有望在推动金融服务的普惠性和高效性方面发挥越来越重要的作用，助力我国产业的转型升级和经济的可持续发展。

11.1.3 数字金融是产业转型升级的重要驱动力

随着我国的数字经济蓬勃发展，为数字金融的创新提供了广阔的应用场景。区块链、人工智能、大数据分析等技术被广泛应用于金融领域，推动了金融业务的数字化和智能化。数字金融已经成为数字经济的重要组成部分，既是最大的数字化应用场景之一，也属于数字经济的新型基础设施，成为产业转型的重要驱动力和关键支撑力。

1. 数字金融更好地匹配产业转型升级的资金需求

通过数字金融平台，创新的金融产品和服务可以更广泛地覆盖企业和个人，降低融资成本和门槛。通过数字金融手段，创业者和小微企业可以更方便地获得融资支持，推动产业转型升级所需的资金流动。同时，金融科技创新在数字金融领域的应用为产业转型升级提供了新的工具和解决方案。例如，通过区块链技术可以实现供应链金融的改进和优化，通过大数据分析和人工智能可以为企业提供更精准的风险评估和决策支持。这些创新技术可以更好地引导产业转型升级的方向。

2. 数字金融促进产业转型升级的数据价值效应加快释放

数字金融在数据采集、整合和分析方面具有优势，可以帮助企业更好地理解和应用数据。通过数字金融平台，企业可以获取更多的市场数据、消费者行为数据等，从而更好地把握市场需求，进行产品创新和市场营销，推动产业转型升级。数字化转型为金融服务产业转型升级提供了政策制度保障：政府和监管机构积极推动数字化转型，为数字金融服务提供了政策和制度支持。例如，建立数字支付体系、促进电子商务发展、制定金融科技监管政策等，为金融服务的数字化提供了良好的环境和保障，推动了产业转型升级的进程。

数字金融作为产业转型升级的重要驱动力，通过数字技术创新、金融科技赋能、数据价值效应和政策制度保障等方面的作用，为产业转型升级提供了资金、技术和政策支持，推动了数字经济的可持续发展。

11.2　金融产品数字化

金融产品数字化是将传统金融产品通过数字技术进行转型和创新，使其在数字化环境下更加便捷、高效、个性化，以降低交易成本和运营成本。然而，也需要注意数字化金融产品所面临的安全风险和隐私问题，并要对其加强监管和风险管理，以保护用户权益和金融稳定。

11.2.1　金融服务面临的新需求

随着数字经济的快速发展，金融服务面临着不断变化的用户需求。

1. 用户的线上化需求

随着互联网的普及和移动技术的发展，用户越来越倾向于在线进行金融服务。用户希望能够通过互联网、移动应用或在线平台完成银行业务、支付、投资和理财等操作，方便快捷地管理自己的财务。

2. 产品数字化需求

用户对于数字化金融产品的需求也日益增长。他们希望能够通过手机应用或在线平台访问和投资各种金融产品，如数字支付、数字借贷、数字投资和数字保险等。数字化产品能够提供更高效便捷的服务体验，并与用户的数字生活方式相匹配。

3. 服务定制化需求

用户对于个性化和定制化的金融服务需求不断增加，他们希望金融机构能够根据自己的需求和偏好，定制专属的金融产品和服务。例如，根据个人的风险承受能力和投资目标，提供定制化的投资组合和理财建议。定制化的服务能够更好地满足用户的个性化需求，提供更贴近用户的金融解决方案。

为了满足这些新需求，金融机构需要积极推动数字化转型，提供在线和移动化的金融服务渠道，并不断创新和优化数字化产品。同时，金融机构也需要加强数据分析和用户洞察，以深入了解用户需求和行为，提供个性化的金融服务。政府和监管机构也应提供相应的政策和监管支持，促进金融服务的创新和发展，确保用户的权益和信息安全。

11.2.2 金融数字化如何创造新场景

金融数字化的发展不仅仅是将传统金融业务转移到数字平台上，更重要的是通过数字技术创造新的场景。

1. 建设私域流量池

金融机构可以建设私域流量池，即积极发展自己的用户群体和建设客户数据库，通过数据分析和挖掘，了解用户的投资行为和需求，提供个性化的金融产品和服务。私域流量池可以帮助金融机构更好地与用户互动，提供精准的推荐和定制化的服务。

2. 精确识别用户需求

通过数据分析和人工智能技术，金融机构可以更加精确地识别用户的需求和偏好。通过了解用户的消费习惯、投资偏好和风险承受能力，提供更贴近用户需求的金融产品和服务。精确识别用户需求可以提高用户满意度和产品黏性，同时也为金融机构带来更多的营收和盈利。

3. 促进流量价值高效转化

金融数字化可以提高流量的管理和转化效率。通过引入智能营销和推荐系统，金融机构能够根据用户的特征和行为，精准地投放广告和推荐相关产品。同时，通过数字化的流程和自助服务，也能够提高用户的办理效率和体验，加速流量的转化和交易的闭环。

4. 持续深挖流量价值

金融机构应该持续深挖流量价值，通过交叉销售、增值服务和用户关系管理等方式，提高用户的黏性和价值。通过建立良好的客户关系，提供个性化的增值服务，如金融咨询、财富管理、保险规划等，增加用户的黏性和忠诚度。

11.2.3　金融数字化如何构建新业务

当前，国内商业银行数字化转型不断迈上新台阶，其主要方式是积极布局新型生态圈，包括搭建部落化的敏捷组织架构、提升数字化核心能力、创新银行数字化生态、探索新的市场和用户群体、注重用户体验和创新等五个方面。

1. 搭建部落化的敏捷组织架构

金融机构可以通过搭建部落化的敏捷组织架构来促进创新和新业务的快速发展。部落化的组织结构能够培养员工创新思维和合作精神，打破传统的层级和沟通壁垒。通过建立跨部门的创新团队和实验室，可以更加迅速地推动新业务的开发和上线。

2. 提升数字化核心能力

金融机构需要积极提升数字化核心能力，包括数据分析与挖掘、人工智能、区块链、云计算等技术。通过建设先进的数字化基础设施和技术平台，金融机构可以更好地支持新业务的创新和运营。同时，培养和引进具有数字化技能和思维的人才也是至关重要的。

3. 创新银行数字化生态

金融机构可以积极创新银行数字化生态，打造具有核心竞争力的新业务模式。这包括与科技企业、互联网平台和创业公司的合作，通过共享资源和优势互补，推动新产品的开发和推广。例如，与互联网平台合作开展跨界金融服务，推出金融科技产品和解决方案。

4. 探索新的市场和用户群体

金融机构可以通过数字化转型，探索新的市场和用户群体，寻找新的商机和增长点。例如，开展小微企业金融服务、农村金融服务、普惠金融等。通过数字化的渠道和服务，满足不同用户群体的需求，开拓新的市场空间。

5. 注重用户体验和创新

金融机构在构建新业务时应注重用户体验和创新，通过对用户的洞察和反馈，持续改进产品和服务，提供更加个性化、便捷和优质的用户体验。同时，通过创新业务模式和产品设计，提供具有差异化竞争优势的金融产品。

11.3 区块链金融

区块链金融是将区块链技术应用于金融领域的新兴概念。它利用去中心化的区块链网络，实现了去除中间商、增加透明度和安全性的金融交易和服务。区块链技术的特点，如分布式账本、去中心化、不可篡改等，都为金融行业带来了许多潜在的优势和创新机会。尽管区块链金融在许多方面带来了创新和机会，但也面临着挑战，如技术的可扩展性、合规性和监管等问题。然而，随着技术的进一步发展和应用案例的增加，区块链金融有望在未来改变金融行业的运作方式，并为个人和企业带来更多的机遇。

11.3.1 区块链金融的运行机理

区块链金融的运行机理主要涉及三个关键概念：分布式账本、非对称加密和共识机制。这些机制的结合使得区块链金融系统能够实现去中心化。

1. 分布式账本

在区块链中采用分布式账本，即所有的交易和数据都以块的形式被记录在多个参与者维护的账本中。每个节点都保存了完整的账本副本，这意味着没有一个中心化的实体掌控着所有的数据。分布式账本的优势在于提供了更高的透明度和安全性，因为任何的篡改都需要同时修改多个节点上的数据。

2. 非对称加密

在区块链中使用非对称加密算法，如 RSA 算法，来确保数据的机密性和身份的认证。非对称加密算法基于公钥和私钥的配对。每个参与者拥有自己的一对密钥，其中公钥用于加密数据，私钥用于解密。通过使用公钥加密的方式，任何人都可以向其他参与者发送加密的信息，但只有私钥持有者才能解密和访问其中的内容。这种机制确保了交易和通信的安全性。

3. 共识机制

在区块链中，共识机制用于解决分布式环境下参与者之间的信任和一致性问题。共识机制确保所有节点对于交易和区块的顺序和内容达成一致意见。常见的共识机制包括工作量证明（Proof of Work，POW）和权益证明（Proof of Stake，

POS)。在 POW 机制中，节点需要通过解决一定的数学难题来竞争记账权，而在 POS 机制中，记账权与节点持有的加密货币数量相关。通过共识机制，区块链系统可以达成一致并防止恶意行为。

这三个机制相互结合，构成了区块链金融系统的底层运行机理。分布式账本确保数据的透明性和安全性，非对称加密保护数据的机密性和身份认证，共识机制解决了去中心化环境下的信任和一致性问题。这些机制共同助力了区块链金融实现去中心化，并为金融交易提供了更高的安全性和可信度。

11.3.2 区块链在金融领域的应用价值

区块链技术的应用价值在于优化了金融业务流程，大幅减少交易时间，降低成本和风险。

1. 增强互信，减少成本开销

区块链作为一种分布式账本技术，将传统的对中心化信用机构的信任转变为对区块链账本的数据公信，既大幅减少了因信用中介机构的存在而产生的交易成本，又可以解决因信用中介而产生的“中心化”数据安全问题。一方面，由于交易不再依赖于一个中央系统来负责资金的清算结算和交易信息存储，中央处理或清算组织成为冗余，亦可以规避中心化系统需要支出庞大的服务器成本问题；另一方面，因为交易的真实性是由区块链上所有参与者共同验证和维护的，所以作为第三方的信用中介也失去了存在价值。同时，区块链还以其防篡改、高透明的特性，保证了数据的真实性和可追责性，减少审计流程，降低了金融监管成本。

2. 节约时间，提升效率

区块链有助于实现高效低成本的交易模式。金融业内部在资产流通方面的一些既定的繁琐程序，可以由建立在区块链上的智能合约加以轻松简化，从而大幅降低时间成本。“清算”这个资金交付环节在区块链网络中将不复存在，所有的交易都是“发生即清算”的，交易完成的瞬间所有的账本信息都完成了同步更新。通过计算机程序自动确认执行双方交易结果，大幅度提高了金融交易和结算效率，使交易完成时间从几天降低至实时或准实时，大大提高资产利用率。

3. 增强安全性与隐私保护，减少欺诈

区块链技术可以提供一种安全的加密方式保证数字资产的流通。基于多方

间的加密确认和验证流程，区块链为每个交易都提供了高度的安全性。由于每笔交易都单独加密，且这样的加密被区块链上其他各方验证，任何试图篡改、删除交易信息的行为都会被其他各方察觉，然后被其他各个节点修正。区块链中数据不可篡改保证了客户账户的安全性。区块链上的匿名性避免了用户在传统金融领域中繁杂的个人信息提交和验证的高成本，同时起到了很好的保护隐私的作用。区块链技术通过基于节点的授权机制和隐私权限设计完善用户个人信息保护制度。

11.3.3 区块链在金融领域中的应用

区块链以其去中心化、数据不可篡改、共识信任、交易可追溯等特性，在金融科技各业态中均具有广阔的应用前景。随着区块链技术的创新发展，区块链技术应用已延伸到数字人民币、互联网保险、智能制造、供应链管理、数字资产交易等多个领域。“区块链+金融”已成为国家区块链战略的首位要求，这就要求把区块链作为核心自主创新技术的重要突破口，推动区块链和实体经济深度融合，解决中小企业贷款融资难、银行风控难、部门监管难等问题。

1. 区块链技术在供应链金融中的应用

供应链金融是区块链的最佳应用场景之一，通过“区块链+供应链金融”模式可以实现供应链上核心企业信用的有效拆分和可信流转，赋能上下游各级各类小微企业供应商和经销商，拓宽小微企业融资渠道，提高融资效率，降低融资成本，从而助力解决小微企业融资难、融资贵和融资慢问题。

第一，供应链金融完美契合区块链应用要求，是区块链技术最佳落地场景之一。区块链独特的运行机制与创新特征适合应用于多主体、长流程、高价值和低吞吐的场景。与传统金融相比，供应链金融具有多方主体共同参与、上下游链条长、市场规模大、融资频率相对较低、主要服务小微企业等特点，能完美契合区块链技术的应用要求，是区块链金融应用中相对容易实现，并能在合法合规基础上充分发挥区块链“降本增效”赋能作用的最佳落地场景之一。由于区块链的数据不可篡改、可追溯、防抵赖特征，能赋予供应链金融更高的安全级别，保障交易背景真实性，畅通信息传递，解决信息不对称和供应链溯源问题，破解供应链小微企业融资的征信与风控难题，降低融资成本。由于区块链的智能合约、自治性和公开透明性，能减少供应链上试探性交易，节约沟通与协作成本，重塑清晰的业务模式，从而简化了供应链金融信用评估与审核放款流程，提高了小微企业的融资效率（如表 11-2 所示）。

表 11-2　区块链供应链金融与传统供应链金融对比

类型	区块链供应链金融	传统供应链金融
信息流转	全链条贯通	信息孤岛
信用传递	可达多级供应商	仅到一级供应商
业务场景	全链条渗透	核心企业与一级供应商
回款控制	封闭可控	不可控
中小企业融资	更便捷、更低价	融资难融资贵

第二，区块链的去中心化和共识信任机制能实现核心企业信用的多级可信流转。区块链的去中心化特征能使供应链上核心企业的应付账款无需任何中心化机构登记和认证即可实现“通证化”。作为基于真实贸易背景的债权债务关系证明，通证化后的应付账款成为区块链上创设的承载核心企业信用的电子凭证，能够在区块链价值互联网上分布式存证、确权、拆分和流转。区块链的共识信任机制，能进一步基于统一的算法共识规则，创建免担保的“机器信任”，使应付账款电子凭证在链上多级可信流转，从而使核心企业的信用扩散到包括末端节点在内的整条供应链上下游的小微企业。供应链上各级小微企业供应商和经销商均可基于真实贸易背景获得拆分、流转而来的可信的核心企业应付账款电子凭证，并据此方便地向金融机构申请融资。由于金融机构获得了真实可信的核心企业信用担保，在防控小微金融风险的前提下就能实现对小微企业敢贷、愿贷，解决了征信不足的小微企业融资难题。

第三，区块链智能合约有助于降低供应链上小微企业的融资成本，提升融资可获得性。在小微企业传统供应链融资中，银行等金融机构在贷前需要对单家小微企业的信用进行评估，而在贷后管理中需要在存货融资等业务中定期检查抵押物的状态和价值，这需要投入大量的人力、物力和财力，会产生高昂的运营成本，从而提高了对小微企业的贷款利率定价，增加融资成本。区块链 2.0 引入了可编程的智能合约机制，结合分布式账本的自治性，能极大地减少人工介入，实现供应链上小微企业融资的自动化和智能化。供应链上的各参与主体，包括核心企业、供应商、经销商、金融机构、仓储物流公司等均可以共享数据，链上各个环节都即时可见、可追溯，显著提高了整条供应链的协作效率，大大降低了运营成本、交易时滞和操作风险，从而有助于从根本上解决小微企业融资成本高的痛点。另外，智能合约通过“点对点”动态网络把基于真实贸易背景的供应链交易合同以代码的形式部署到区块链上，最新达成的合约集合会形成区块扩散到全网，并在约定条件下自动执行，从而更好地保障小微企业供应链融资的自偿性，降低了融资风险和成本。经由区块链技术开发的数字化票据和电子化凭证在整个生命周期中都是可编程的，在开放透明、多方见证的情境下可实现拆分和转移，小微企业据此获得融资，当电子化的应收账款到期时，智能合约根据预设的响应规则和响应条件自动偿还贷款，显著提升了供应链上小微企业融资的安全性和可获得性。

2. 区块链技术在互联网保险中的应用

金融科技新技术在互联网保险中的应用，形成了保险科技（InsurTech）新业态。其中，区块链被认为是我国最有可能在互联网保险行业普及和推广的技术。各互联网保险机构正积极探寻区块链技术的应用路径和落地场景。随着区块链技术应用的更加广泛和成熟，对于实现互联网保险行业的高质量发展具有重要意义。

区块链技术的应用对互联网保险发展瓶颈的突破主要体现在以下 4 个方面。

(1) 区块链的数据不可篡改特征能够提升互联网保险的信息安全水平。互联网保险作为互联网和保险两个行业融合的产物，面临着较高的信息安全风险和网络科技风险。区块链技术为互联网保险有效防控新型业务风险提供了新的解决方案。

首先，区块链把互联网保险数据分布式存储在区块链上，防止数据被篡改。区块链技术的“链式”结构能有效保证其数据防篡改性和防伪造性，特别适合互联网保险场景下电子化保险合同的数据保全与存证服务。互联网保险公司可以把合同中约定的保险标的、保险金额、保险缴费方式、赔偿计算方式等记录在区块链上，增强合同的可信度。合同订立后的变更、保费缴纳、分红、个人账户资产变动、事故通知、索赔、理赔等信息也可以及时记入区块链，作为证据。

其次，互联网保险的非对称加密算法能够防控客户信息泄露风险。在非对称加密算法下，区块链上的节点能够获悉其他人的交易内容，但对非自己的交易记录无法了解交易者的真实身份；同时保证每个人只能对自己的财产进行修改。因此区块链的匿名性和非对称加密算法，能够克服目前互联网保险对用户数据以及隐私保护不力的问题，更好地保障投保人的信息安全。

最后，区块链能够构建一个全流程可追溯的完整信息流，实现互联网保险相关各方间的信任共享。以蓝石科技的“非标人群风险精算和风险管理平台”为例，该平台建立了国内最大规模的、服务于保险场景的联盟链，将保险产品信息及投保过程、流通过程、营销过程、理赔过程的信息进行整合并上链，实现全流程追溯、数据在交易各方间公开透明以及保险公司、保险机构、监管部门、消费者之间的信任共享，最终形成一个完整且流畅的信息流，取得了良好的社会效益和经济效益。

（2）区块链的去中心化有助于构建网络互助保险的互信与监督机制，实现可持续发展。首先，区块链技术基于 P2P（Peer-to-Peer，点对点）对等网络，各节点地位平等，通过分布式记账技术实现“去中心化”，能够助力保险“脱媒”，降低保险中介费用；P2P 的联系可以突破时空界限，突破传统互助保险的局限性，使同质风险个体可以在更大范围内实现互助。

其次，区块链的集体监督维护特征，能够建立网络互助保险去中心化后有效的监督机制，实现可持续运作与高质量发展。2017 年 7 月，信美人寿互助保险社与蚂蚁集团合作，打造了国内第一个互助保险账户的上链。在这一应用场景中，要解决的核心的痛点是如何保证互助计划内部信息的透明。区块链平台基于去中心化、数据不可篡改、集体监督维护等特性，可以提供从互助计划的发起机构到互助保险资产管理机构的会员信息、会员互助计划的投资信息，包括基础资产的投资信息、投资明细、收益数据的可信存证。如果信美会员遭遇重大灾害、意外事故等，在得到现有保障及援助（包括社会统筹保险、商业保险等）后仍生活困难的，还可以申请爱心救助账户的额外救助。该区块链平台，每笔资金流向都公开透明，每笔资金流转数据都不可篡改，每笔资金的去处和用途都有迹可查，提升了互助计划的透明度，增加了会员对互助计划的信任。同时，该区块链平台也提升了互助机构的信息披露水平，有助于保险监管部门对互助计划进行有效监督。

（3）区块链的智能合约机制能够降低人工成本，提升互联网保险理赔效率。智能合约是指在计算机系统上，当一定条件被满足时，可以自动执行的合约。随着区块链技术发展到以“以太坊”为代表的 2.0 阶段，在区块链中通过“可编程脚本”的引入实现无须人为干预的自动执行程序，使智能合约从工作原理变成了现实，保证了智能合约在存储、读取和执行过程中透明可追溯以及不可篡改性，提高了智能合约的可信性。

基于区块链技术的智能合约给保险行业带来了很多益处。智能合约能够降低人工成本，提高保险智能化程度，开发更多触发型赔付的互联网保险产品。智能合约可以支持自动化理赔，它是一种透明且可靠的支付机制，并且可以用来执行特定的合同规则。在保险事故发生并满足赔付条件的情况下，智能合约会自动执行代码指令，自动启动保险理赔程序，实现自动划款赔付，减少了保险赔付路径中大量的人工操作环节，赔付效率得到了质的提高，可帮助保险公司减少大量的运营费用。例如，在农作物保险中，当出现恶劣天气时，对农作物收成产生了不利的影响，基于区块链技术的智能合约可以通过天气反馈机制，实现对农户的自动赔偿。2016 年，我国保险市场上也已经推出基于智能合约的区块链航空意外保险卡单等。此外，智能合约还可以通过自治性合同设计，减少合同纠纷，保护互联网保险消费者权益。

（4）区块链的共识信任机制有助于缓解互联网保险业务的信息不对称，防控欺诈风险。互联网保险通过网络承保时，无法与客户详谈，客户与保险公司之间的信任问题一直是影响互联网保险高质量发展的重要制约因素。一方面，互联网保险的网络特性决定了保险销售方不能面对面地向消费者主动说明产品相关信息，而大多采用“勾选阅读”方式，易出现销售误导、保险条款不透明等问题，造成消费者单方面曲解，在理赔时引发投诉；另一方面，也可能发生客户利用信息不对称而存在欺诈、骗保等现象，给保险公司带来风险隐患。区块链的共识信任机制使运行规则和全部交易数据公开透明，每一次运作细则都对全网可见，使各节点间的交易，不需要以信任机制为担保。算法共识机制使全网节点达成共识，创造出在区块链上免信任的记账机构，保证每笔交易在所有记账节点上的一致性。在线订立互联网保险合同并完成交易的每一步操作细节，都可以记录在区块链上，作为双方履行告知、说明义务的证据。区块链上的记录，对投保人可作为可保性证明，对保险公司可用于识别保险诈骗。区块链分布式数据库可以通过提供完整的历史记录，独立验证客户和事务（如索赔）的真实性，因此可以降低信息不对称，帮助保险公司识别赔付过程中可能存在的重复交易、欺诈骗保等行为，进而解决互联网保险的逆向选择和道德风险问题。另外，借助区块链的开放性，还可以提升大数据和云计算的应用范围，使互联网保险产品的开发和定价更加精准。可用表 11-3 来概括区块链技术在助力互联网保险高质量发展方面的作用。

表 11-3　区块链技术在助力互联网保险高质量发展方面的作用

业务环节	区块链技术	典型应用
产品设计	区块链+物联网	利用区块链的时间戳和分布式特征，结合智能可穿戴设备等物联网技术，可以打破时空限制，为保险产品设计和服务，特别是场景化和碎片化的产品创新奠定基础，构建基于风险标的更加细化和动态定价的产品方案

续表

业务环节	区块链技术	典型应用
售前（营销）环节	区块链+大数据	利用大数据构建用户画像和实现精准营销，同时基于“点对点”区块链，投保人可将保险产品的电子 卡单以红包的形式分享给好友，实现分享销售
售中（投保）环节	区块链+金融云	构建电子保单云存储服务系统，在保险合同订立时，用户的历史信息数据和保险公司的告知内容都会被记录在区块链上，作为双方履行告知、说明义务的证据。此外，由于区块链的“数据不可篡改”特征，通过把有关数据记录分布式存储在基于区块链的金融云上，可以避免合同争议
售后（理赔）环节	区块链+人工智能	区块链的智能合约机制，可在发生保险责任范围内的保险事故时，自动触发定损理赔。同时，区块链结合人工智能可以解决风险查勘和理赔环节自动化难题。2018 年 7 月，蚂蚁保险完成了国内首单无人工干预的“全流程 AI 快赔”；2018 年 10 月，推出了基于人工智能和区块链的“相互保”

区块链的开源、开放特征使其能与物联网、大数据、云计算、人工智能等其他金融科技新技术深度融合，综合应用于互联网保险的产品设计、售前营销、售中投保和售后理赔等各业务环节，提高产品的技术含量和运营效率，驱动互联网保险实现从“流量为王”的粗放式增长到内涵式高质量发展的转变，助力构建保险科技新生态，如表 11-4 所示。

表 11-4　区块链特征应用于互联网保险产品的各业务环节

区块链特征	助力互联网保险高质量发展的作用
去中心化	去中心化能够助力保险“脱媒”，降低保险中介费用；P2P（点对点）的联系可以突破传统互助保险的局限性，在更大范围内实现网络互助
数据不可篡改	区块链的“链式”结构具有防篡改性和不可抵赖性，能够有效解决互联网保险电子合同存证和交易数据保全的“痛点”

续表

区块链特征	助力互联网保险高质量发展的作用
非对称加密算法	区块链的匿名性和非对称加密算法，能够克服目前互联网保险对用户数据以及隐私保护不力的问题，更好地保障投保人的信息安全
可追溯性	能构建全流程可追溯的完整信息流，实现互联网保险相关各方间的数据公开透明和信任共享。能追溯每笔资金流向，提高监管透明度
集体监督维护	能够建立网络互助保险去中心化后有效的监督机制，实现可持续运作
智能合约	能够解决互联网保险“理赔难”的痛点，实现自动化理赔，提高保险智能化程度；还有助于开发更多触发型赔付的互联网保险创新产品
共识信任机制	缓解互联网保险业务中的信息不对称，防范销售误导，防控欺诈风险
开放性	促进区块链与大数据、云计算的融合，提升互联网保险产品创新、精准营销、动态定价和智能风控水平

3. 区块链技术在数字票据中的应用

票据，作为集交易、支付、清算、信用等诸多金融属性于一身的非标金融资产，规模大、参与方多、业务场景复杂，被业界认为是应用区块链的一个极佳场景。例如，2022 年全国企业累计签发的商业汇票就有 27.4 万亿元，但是票据市场面临的问题却非常多，比如假票、克隆票等问题，让判断票据的真实性成为目前票据市场存在的主要问题。另外划款的即时性也很难得到保障，票据到期后，承兑人往往不能及时地将资金划入持票人的账户。

区块链技术的分布式架构和不可篡改等特性，有助于解决票据市场的以下痛点：一是解决判断票据真实性问题。自票据发行时起，即对全网所有业务参与方进行广播，由全部节点验证真实性；同时，当检验数字票据信息是否被篡改时，区块链也可以提供无可争议的一致性证明。二是解决交易安全问题。构建了“链上确认与结算”的交易方式后，就能实现与支付系统的“无缝对接”，可以进一步杜绝票据错误现象，保障交易安全。三是解决隐私保护问题。在区块链非对称加密技术的基础上，通过采用同态加密、零知识证明等密码学算法设计，构建了可同时实现隐私保护和市场监测的机制。票据交易主体无须通过公开隐私信息的方式换取交易对手的信任，从而保护了信息安全。此外，借助于区块链的分布式数据库可以实现对所有参与者信用的搜集和评估，对信用风险进行实时监控。

4. 区块链技术在数字货币中的应用

数字货币是一种基于节点网络和数字加密算法的虚拟货币，包括以比特币为代表的各类非法定数字货币和以中央银行牵头研究的法定数字货币两大类型。

（1）非法定数字货币。非法定数字货币（Digital Currency），简称数字货币，又称密码货币（Cryptocurrency）或加密货币，是一种使用密码学原理来确保交易安全及控制交易单位创造的交易媒介。

数字货币不具有具体的物质形态，它只是保存在区块链上的一段数据。不同于仅限在网络游戏中使用的游戏币，数字货币可以用于真实的商品和服务交易，为零售支付（如电子商务、跨境交易、个人对个人支付等）提供便利，使支付速度更迅捷、成本更低廉。数字货币的发行者不是货币当局，而是任何个人、企业或机构。作为一种区块链上基于智能合约的新型通证，它不依赖于中心化货币当局的信用保证，而是基于去中心化的共识机制。去中心化的性质源自使用分布式账本的区块链技术。尽管数字货币无货币当局背书，但却是一种典型的数字资产，也具有价值，可替代货币的支付功能，还可以同法定货币兑换。数字货币的价值源自区块链网络用户对它的共同认可，而非对货币当局的信任。数字货币采用加密数字签名使用户能够签署数字资产或证明该资产所有权的交易。通过适当的架构，数字签名也可用于解决伪冒与双重支付问题。

数字货币以比特币为代表。比特币允许支付行为不必通过银行或交易清算中心等，可以直接转入他人账户，避免了高额手续费、监管体系和中间复杂的流程，这就让人们相信比特币所创造的价值。

从货币发行和控制的角度看，比特币有着显著的优点：作为记账单位，最终流通的比特币将总是略少于 2 100 万个，并可划分为更小的单位；作为记账系统，比特币实现了不由中央发行机构发行新钱、维护交易的目标，在每笔交易前，钱币的有效性都必须经过检验确认，由加密算法保证交易安全，交易记录由全体网络计算机收录维护。

2008 年 10 月，中本聪发表论文《比特币：一种点对点的电子现金系统》，首次提出区块链的概念，并由此构建了交易信息加密传输的技术基础和比特币网络。

2009 年 1 月，比特币面世，成为第一个去中心化的数字货币，自此之后数种类似的数字货币被创造出来，称作代币（Altcoins）。

2015 年，随着以太坊开源项目带来的智能合约平台概念，实现了各种不同类型资产及合约的注册和转移，方便了数字货币的发行和流通，极大程度地丰富了数字货币类型。特别是从 2017 年初开始，通过 ICO（首次发行代币）的方式，各种代币就层出不穷，引发了数字货币的新一轮繁荣。

Finbold 数据显示，2021 年加密行业创造出 8 070 种新 Token，平均每天约有 21 种新加密货币在市场上推出。另一项数据显示，2021 年 1—10 月加密市场总计新增约 5 000 种加密货币，而 11 月、12 月有超过 3 000 种加密货币进入市场。

（2）法定数字货币。法定数字货币是由中央银行发行的一种用来支付和结算的数字信用货币。法定数字货币目前尚处探讨阶段。

第一，法定数字货币的基本概念。法定数字货币，亦称央行数字货币（CBDC），是指中央银行发行的以数字形式存在的货币，它具有货币的计价单位、交易媒介、价值储藏及延期支付等功能，能够以数字形式流通。法定数字货币的基本职能包括：

计价单位。CBDC 由政府信用背书，具有法律保证的公信力，因而可以作为记账单位用来为商品、劳务、资产与负债标价。

交易媒介。CBDC 在代表现金的场合，可以像流通中纸币一样直接充当交易媒介；在代表存款或升息货币的场合，可以转换为现金，充当间接交易媒介。

支付手段。CBDC 作为中央银行负债发行用于支付的数字价值形式，代表的是货币的支付手段职能。CBDC 可以在商品的赊购赊销、资金借贷、财政收支、工资发放、租金收取等活动中发挥延期支付职能。

储存价值。CBDC 作为央行通过特定规则发行的、与法定货币等价并且生息的数字货币具有价值储藏功能，它不因时间影响，依然能维持一定的购买力。

归结上述，与目前流行的比特币等虚拟货币不同，法定数字货币是由央行发行的、加密的、有国家信用支撑的，用来交易、支付和结算的一种新型法定货币。

第二，法定数字货币基本类型。根据设计功能的不同，国际清算银行把 CBDC 分为通用型 CBDC 与批发型 CBDC 两大类型。通用型 CBDC 又称现金 CBDC 或零售型 CBDC，其特点是主要针对零售交易，面向非银行公众发行，供社会大众和所有公司使用。通用型 CBDC 是对现金的补充，可以替代纸币履行价值尺度、支付手段、价值储存等职能，目的是降低传统纸币发行、流通的成本，提升经济交易活动的便利性和透明度，以确保高效、稳健的支付系统和对货币体系的信心。CBDC 不与现有货币竞争，而是和现有货币和支付方式共同发展。CBDC 以法币计价并与法币的其他支付方式相同。通用型 CBDC 为社会普遍可用，用户资金存储在借记卡或智能手机应用程序中，转账无须银行干预或指示。中国央行目前研发的 CBDC 即为现金 CBDC，归属 M0 范畴。

批发型 CBDC 又称基于账户的 CBDC 或定向型 CDBC。批发型 CBDC 仅限于特定银行间的结算服务。在这个模型中，账户和交易都是在银行的授权下进行的，银行负责账户到账户的交易。批发型 CBDC 可以显著提高支付效率与弹性，并降低与现有支付系统相关的成本和复杂性。

批发型 CBDC 技术及运行方式设计如下：在传统的支付与结算系统中，OFI（发起支付的金融机构）在向 RFI（接收货币的金融机构）转移数字货币资产时，需要先向央行提交支付申请，再由央行来进行处理与结算，最后再将其发送给 RFI（如图 11-1 所示）。

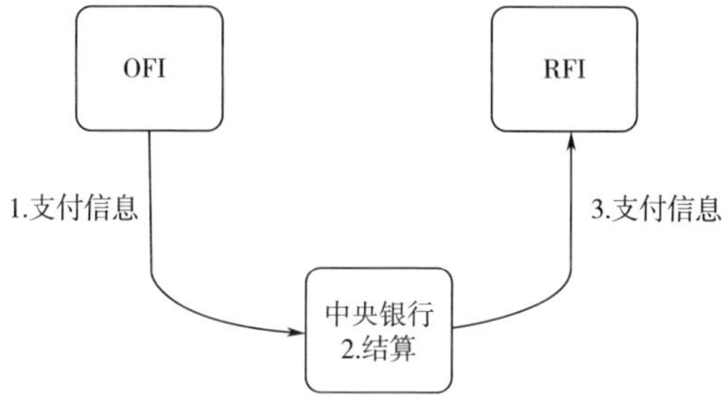

图 11-1　现有货币的支付与结算体系（V 形结构）

资料来源：《IBM & OMFIF：2018 年央行数字货币调查报告》。

批发型 CBDC 有两种支付与结算体系：Y 形结构和 T 形结构（如图 11-2 所示）。

在两种结构中，支付申请都不需要得到央行的批准或“签名”，但央行会接收支付信息。不同的是，在 Y 形结构中，如果央行检测到违法或无效的交易，将通知 OFI 和 RFI 介入，并可使此次交易无效。而在 T 形支付与结算体系中，央行仅起到一个背书节点的作用，支付不可逆转。

第三，法定数字货币的基本特征。不同于加密货币的投机属性，法定数字货币被定义为数字化的法币，以本位币的新形态出现，具有中心化、可信性、加密性、稳定性等特征。

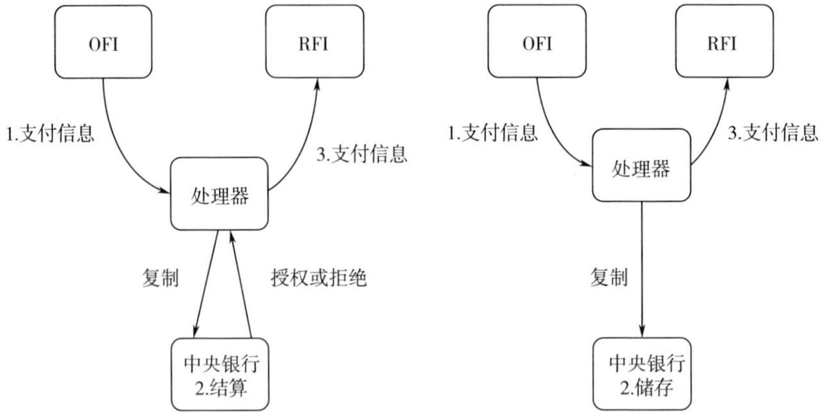

图 11-2　CBDC 的支付与结算体系（Y 形或 T 形结构）

资料来源：《IBM & OMFIF：2018 年央行数字货币调查报告》。

首先，不同于非法定数字货币具有典型的去中心化特征，法定数字货币仍然是一种典型的中心化货币，中央银行对数字货币的发行、流通和交易有着唯一的排他性管辖权。法定数字货币，其发行数量由发行主体决定，有一个中心监控网络交易的计算机网络，其交易受到中心化机构的监管。

其次，法定数字货币仍然是一种基于信任的信用货币而非基于算法的共识货币，中央银行以其代表的国家信用发行数字货币，与传统的信用货币（纸币及信用卡等电子货币）并无本质差别，它无须征得货币发行与流通系统的用户共识，仅凭借自身的特定法律地位与国家信用背书发行。

既然是信用货币，法定数字货币就被天然赋予了信用创造与收缩的功能。其作用机制是：中央银行增发数字货币，通过商业银行的信用创造功能，经济中的货币信用增加；反之，则减少。换言之，中央银行作为基础货币的创造者，同样可以通过法定数字货币的创造或收缩影响全社会的货币供应量，进而对经济产生影响。

第四，法定数字货币的研发概况。目前，全球央行积极开展数字货币研究，各国方案中以零售型 CBDC 居多。根据国际清偿银行（Bank for International Settlements，BIS）发布的报告，截至 2020 年末，全球已有 86%的央行正在研究央行数字货币。此外，日本、欧盟央行数字货币研究稳步推进，根据欧洲央行发布的最新工作报告，“数字欧元”计划于 2021 年启动。截至 2020 年 12 月 31 日，全球数字货币种类共计 8 153 种，总市值达到 7 727.3 亿美元，其中，比特币市值

5 436.4 亿美元，占比 70.4%，前五大数字货币市值占比 86.6%，头部效应显著。

相较于全球其他央行，我国央行对待数字货币的态度一直较为主动。2017 年 7 月，央行数字货币研究所正式成立。2020 年 8 月，商务部印发的《全面深化服务贸易创新发展试点总体方案》提出：在京津冀、长三角、粤港澳大湾区及中西部具备条件的试点地区开展数字人民币试点。人民银行制定政策保障措施，先由深圳、成都、苏州、雄安新区等地及未来冬奥场景相关部门协助推进，后续视情扩大到其他地区。2020 年 10 月，《中华人民共和国中国人民银行法（修订草案征求意见稿）》（以下简称《征求意见稿》）面向社会公开征求意见，明确提到"人民币包括实物形式和数字形式"。未来，《征求意见稿》的通过有望为数字人民币的正式发行使用扫清法律障碍。

5. 区块链技术在支付结算领域中的应用

支付清算尤其跨境支付领域是仅次于数字资产的区块链典型应用场景。区块链技术的诸多特性能够做到实时结算和实现交易的智能化，解决跨境支付成本高、效率低的问题。

（1）应用价值。一是简化流程，提高效率。传统跨境支付模式中存在大量人工对账操作，银行在日终进行交易的批量处理，通常一笔交易需要至少 24 小时才能完成，而应用区块链的跨境支付可提供 7×24 小时不间断服务，并且减少了流程中的人工处理环节，大大缩短了清结算的时间。例如一笔银行间跨境汇款在传统支付模式中需要 2~6 个工作日，但使用瑞波区块链解决方案，仅需 8 秒。

二是有效降低交易成本。传统跨境支付模式中存在支付处理、接收、财务运营和对账等成本，而通过区块链技术应用，削弱交易流程中的中介机构作用，提高资金流动性，实现实时确认和监控，能够有效降低交易各环节中的直接和间接成本。对于金融机构来说，可以改善成本结构，提高盈利能力；对于终端用户来说，可以减少各类交易费用，使得原先成本过于高昂的小额跨境支付业务成为现实，因而更具普惠价值。

三是客户身份识别便捷可靠。利用区块链技术建立信任，存储客户身份的电子档案，实现身份信息的安全管理，满足反洗钱监管的核心要求，为充分了解你的客户（KYC）流程和反洗钱监管合规领域，提出了新的解决思路。

（2）区块链跨境支付模式。区块链跨境支付，需要先将金融机构、外汇做市商（流动性提供商）等加入区块链支付网络，构建支付网关。这样可以满足所有参与支付结算的网关节点共同维护交易记录，参与一致性校验的需要，从而省去银行或金融机构间繁琐的对账流程，节省银行资源。

11.3.4 数字货币和匿名化支付存在法律风险并带来监管难题

数字货币和匿名化支付确实存在法律风险，并带来监管难题。匿名化支付和数字货币的特性使其容易被用于非法活动，例如洗钱和恐怖主义融资等。这给执法机构带来了挑战，因为难以追踪和监管这些交易，从而增加了法律风险。数字货币和匿名化支付系统往往不受传统金融监管机构的监管，这可能导致监管漏洞和法律问题。监管机构需要制定适当的政策和法规来管理这些新兴的支付方式，以确保金融体系的稳定和公平。由于数字货币和匿名化支付的特性，很难对交易进行监管和审查，也就难以防止洗钱和恐怖主义融资等违法活动。监管机构需要采取措施来确保合规性和追踪可疑交易，以维护金融系统的安全性和稳定性。在匿名化支付和数字货币交易中，个人的身份和交易信息可能暴露在公共区块链上，这引发了隐私和数据保护的问题，特别是在涉及个人敏感信息和财务隐私的情况下。监管机构需要平衡数据隐私和反欺诈、反洗钱等监管目标之间的关系。

1. 数字货币发行存在非法集资风险

缺乏监管。数字货币的发行和交易往往不受传统金融机构的监管，这使得非法集资者能够更容易地设立和操作欺诈性的数字货币项目。缺乏监管和法规的空白区域可能使投资者容易受到欺骗和损失。

虚假项目风险。一些非法集资者可能通过虚假的数字货币项目和初次代币发行（ICO）来诱使投资者投入资金，他们可能宣称有高额的回报和有巨大吸引力的投资机会，但实际上这些项目可能是空壳或存在欺诈行为。

隐匿身份和追踪困难。数字货币交易往往以匿名的方式进行，这使得非法集资者能够隐藏身份并更难被追踪，这给非法集资活动提供了便利，使得受害者难以追回其损失。

投资者教育和信息不对称。由于数字货币领域的复杂性和技术性质，投资者可能缺乏足够的了解和知识，容易受到不法分子的误导。非法集资者可能利用投资者的知识盲区来推销虚假的数字货币项目。

为了应对非法集资风险，监管机构和政府部门加强了对数字货币领域的监管和监督。它们制定了法规和准则，规范数字货币的发行和交易，并采取措施打击非法集资行为。此外，投资者应保持警惕，进行充分的尽职调查和风险评估，确保只参与合法和可信的数字货币项目。

2. 匿名性支付存在跨境逃汇或洗钱风险

跨境逃汇是指个人或机构将资金转移出本国，规避国家对资金流动的监管和限制。匿名性支付提供了一种绕过监管机构的方式，使得跨境资金流动更加难以被追踪和控制。同时，资金来源掩盖，匿名性支付使得洗钱活动更具隐蔽性。匿名性支付可以帮助洗钱者在交易过程中隐藏资金的来源，使其更难以被发现和追踪。

为了减轻跨境逃汇和洗钱风险，监管机构和政府部门采取了一系列措施：一是强化反洗钱法律和监管框架。国际和国内监管机构加强了反洗钱法律和监管框架，要求金融机构进行客户尽职调查和报告可疑交易，以增强资金流动的透明度和可追溯性。二是加强国际合作。国际合作和信息共享对于打击跨境逃汇和洗钱活动至关重要。监管机构加强了跨国合作，建立了信息交换机制，以便更好地追踪和打击这些活动。三是技术监管和监测。监管机构利用技术手段来监测和追踪跨境逃汇和洗钱活动。这包括使用数据分析、人工智能和区块链技术等工具来识别可疑交易和资金流动模式。需要强调的是，匿名性支付本身并不一定涉及非法活动，但它提供了一种潜在的机会，使得非法资金流动追踪更加困难。因此，国际社会和监管机构致力于制定和执行更加严格的法律和监管措施，以减少匿名性支付所带来的风险，并确保资金流动的透明度和合法性。

11.3.5　合规路径：区块链金融服务体系的监管框架构建

为了更好地监管区块链金融，需要明确其法律地位和属性定位。这包括区分区块链金融的性质，如虚拟商品、支付工具或金融资产，并根据其性质确定相应的监管要求。此过程中，需要坚持民刑区分认定原则，确保合规监管与法律责任的准确界定。

传统的监管方式可能无法完全适应区块链金融的特点和创新，因此，引入金融科技手段的新型监管模式是重要的保障合规的路径之一。其中两个关键的监管模式是“监管沙盒”和“穿透式监管”。

1. 监管沙盒

监管沙盒指为新兴金融科技企业提供一定时期和一定范围内的合规豁免，以便其进行创新测试和实验。通过建立监管沙盒，监管机构可以与创新者合作，共同探索新技术和新业务模式，并在监管的框架下评估和管理风险。

2. 穿透式监管

穿透式监管是指监管机构通过技术手段对金融市场进行全面监测和数据分析，以实现更加精确的风险评估和监管。通过采用数据分析、人工智能和区块链技术等工具，监管机构可以实时监测市场参与者的行为，并及时发现异常情况和潜在风险。通过明确区块链金融的属性定位和引入新型监管模式，监管机构可以在保护投资者利益和维护金融稳定的前提下，促进区块链金融服务的创新和发展。这些保障合规的路径可以平衡监管与创新之间的关系，为区块链金融的可持续发展提供支持。

11.4 金融服务数字化转型实践

金融服务数字化转型是指金融机构将传统金融服务模式与数字技术相结合，通过数字化手段提高金融服务效率、降低成本、提高用户体验，进而推动金融业务的创新和发展。金融机构需要制定数字化转型的整体战略，明确数字化转型的目标和方向，以及实现这些目标所需的资源和投入；需要根据数字化转型的需求，优化现有的金融产品和服务，或者开发新的数字化金融产品和服务，以提升用户体验和满意度；需要建立完善的数据管理体系，通过数据分析和挖掘，提取有价值的信息，为业务决策和产品创新提供支持；需要不断推进技术升级，包括但不限于人工智能、大数据、区块链等技术的应用，以提高业务效率和服务质量。同时，数字化转型也会带来新的风险和挑战，金融机构需要加强风险管理，这其中包括但不限于信息安全、合规风险等方面的管理，并需要加强与技术公司、互联网企业、科技创新公司等的合作，共同推动数字化转型，创造更大的价值。

11.4.1 金融服务数字化转型的驱动因素

随着互联网技术的发展和普及，用户对金融服务的需求和行为方式发生了变化，传统金融机构面临着来自互联网金融和科技公司等新型竞争者的挑战。数字化转型可以帮助金融机构更好地适应市场变化，提高市场竞争力。人工智能、大数据、云计算、区块链等新技术的应用，可以大幅度提高金融服务效率和质量，降低成本，创造新的商业模式和盈利模式。因此，金融机构需要积极探索和应用新技术，以推动数字化转型。

同时，随着市场竞争的加剧，传统金融机构也需要通过数字化转型提高自身核心竞争力，创新业务模式，拓展新的业务领域和客户群体，以赢得市场竞争优势。数字化转型可以帮助金融机构更好地满足客户个性化、多元化和高效化的需求，提升客户体验和满意度。

11.4.2　金融服务数字化转型的实践梳理

金融机构需要深入了解数字化转型的意义、目标和实施路径，对数字化技术和相关的金融业务有更深入的认知和理解。这可以通过组织内部的培训和知识分享、参与外部的行业交流和研究等方式实现。

金融机构需要根据数字化转型的需求，调整和优化组织架构，建立相应的数字化业务部门和团队，设立数字化转型专项工作组，明确各职能部门的职责和工作流程，以及实现数字化转型所需的资源和投入。

金融机构需要根据数字化转型的需求，优化现有的金融产品和服务，或者开发新的数字化金融产品和服务，以提升客户体验和满意度。例如，可以开发移动支付、互联网理财、数字化信贷等新型金融产品，或者引入人工智能、大数据等技术，提高金融服务的效率和智能化程度。

11.4.3　金融服务数字化转型的发展思路

金融机构需要把客户需求和体验放在转型的核心位置，通过数字化手段提升用户体验和满意度，提供更加个性化、便捷和高效的金融服务。这需要通过市场调研、用户反馈、数据分析等方式，深入了解客户需求和行为，以提高服务质量和满足客户需求。

1. 提升数据运用效能

金融机构需要建立完善的数据管理和分析体系，通过数据挖掘和分析，提取有价值的信息，支持业务决策和产品创新。同时，需要加强数据安全的管理，保障客户信息的安全和隐私。

2. 推进技术创新

金融机构需要积极探索和应用新技术，例如人工智能、大数据、区块链等，提高金融服务的效率和质量，创造新的商业模式和盈利模式。同时，需要加强技术人才的引进和培养，建立创新型的组织文化和机制。

3. 优化流程与架构

金融机构需要优化业务流程和组织架构，推动数字化转型的顺利实施。这需要通过重新设计业务流程和组织架构，提高工作效率和资源利用率，建立数字化转型的专业团队和专项工作组，确保数字化转型的实际效果。

11.4.4 金融服务数字化转型的国际经验

1. 优化战略布局

国际金融机构在数字化转型方面优化战略布局，加强战略合作和联盟建设，拓展数字化金融服务的市场份额。例如，美国的摩根大通银行（JP Morgan Chase）通过战略投资和收购，加强与科技公司的合作，推动数字化转型。

2. 强化技术支撑

国际金融机构注重强化技术支撑，加快数字化转型的步伐。例如，英国的巴克莱银行（Barclays Bank）通过建立数字化工厂，推动数字化转型，同时加强人才引进和培养，提高数字化技术的运用效益。

3. 推进产品创新

国际金融机构注重推进数字化金融产品的创新，满足客户个性化和多元化的需求。例如，德国的德意志银行（Deutsche Bank）通过建立数字化平台，推出数字化财富管理产品，提升客户体验和满意度。

4. 注重提升客户体验

国际金融机构注重提升客户体验，通过数字化手段提供更加个性化、便捷和高效的金融服务。例如，新加坡的 DBS Bank 通过数字化转型，推出数字化银行服务，提升客户体验和满意度。

11.4.5 金融服务数字化转型的实施路径

1. 聚焦战略规划，做好数字化转型的顶层设计

在数字化转型之前，金融机构需要明确数字化转型的战略目标，制定详细的数字化转型计划，以及建立数字化转型的组织结构和管理机制。这需要考虑到金融机构的业务特点、市场环境和客户需求，同时也需要考虑到数字化技术的发展趋势和前沿技术的应用。

2. 围绕客户需求，建设数字化转型的金融生态

金融机构需要建立数字化生态，将数字化技术应用到金融服务的各个环节，为客户提供便捷、高效、个性化的金融服务。这需要建立完善的数字化客户关系管理系统，推出数字化金融产品和服务，以及建设数字化渠道和平台，提升客户体验和满意度。

3. 推进技数融合，打造数字化转型的双轮驱动

金融机构需要积极推进技术和业务的融合，建立数字化技术和金融服务的协同发展机制。这需要建立数字化技术研发和应用的创新平台，加强人才引进和培养，推动数字化技术和金融服务的深度融合，提高数字化转型的效果和效益。

案　例

蚂蚁集团“双链通”服务中小微企业①

近年来，在以习近平同志为核心的党中央坚强领导下，我国多措并举加大金融支持中小微企业力度，全力破解企业融资难、融资贵。工信部也部署实施了中小企业数字化赋能专项行动，推动中小企业通过数字化转型实现高质量发展。

蚂蚁集团推出的“双链通”平台是国内首家基于区块链技术的互联网供应链小微企业金融服务平台，双链指的是区块链、供应链金融。蚂蚁金融双链最开始在成都应用，由成都中小企业融资担保有限责任公司担保，中科大旗及成都百脑汇“冠勇专卖店”在蚂蚁双链通上完成了第一笔融资。后与成都商业银行、成都中小企业融资担保有限责任公司合作，蚂蚁金服双链通完成了供应链金融的全链路覆盖。

在引入区块链之前，传统供应链金融中的银行等金融机构一般仅围绕供应链的核心企业以及较大的一级供应商或经销商提供金融服务，而处于供应链上下游末端的小微企业由于信用评估困难，信息真实性无法保证，很难从正规金融机构及时获得资金贷款支持；对融资性担保公司等增信机构而言，也通常只做核心企业的融资担保业务，对于小微企业做担保则存在较大风险。例如小微企业 B 是供应链上核心企业 A 的上游供应商，由于 B 处于相对弱势地位，因此在供货时常常存在账期，并容易出现流动资金短缺，这时 B 就需要向银行等金融机构申请贷款融资。银行提供贷款时通常需要抵押，但是 B 企业没有可供抵押的固定资产，只能拿出上游核心企业 A 的欠条，即持有的应收账款。但是对于应收账款，银行对其真实性存疑，且由于 B 属于小微企业，缺乏融资所需的信用记录，所以很难从银行获得所需资金。虽然 B 还可以通过增信机构，如融资性担保公司增信，再向银行申请融资，但是因为 B 的信用较难评估，担保公司也可能拒绝担保或者收

① 资料来源：依据公开信息自行编写。

取较高的担保费率，从而进一步增加小微企业的融资成本。

面对上述“痛点”，蚂蚁集团“双链通”平台基于区块链技术实现数字供应链金融创新，有效赋能供应链上的企业特别是小微企业，帮助这些企业获得金融机构的融资支持。“双链通”平台将区块链深度嵌入供应链金融，可以将核心企业、上游供应商、下游经销商、金融机构、增信机构等供应链参与主体都变成区块链上的节点，实现信息流、资金流、物流、商流“多流合一”，并将包括电子合同、应收应付账款电子凭证、电子发票、交易记录等数据上链存证和可信流转，从而减少金融机构与企业之间、增信机构与企业之间的信息和信任不对称，提升供应链金融服务质效，打通小微金融服务“最后一公里”（如图 11-3 所示）。核心企业与上游供应商、下游经销商的交易过程全部上链后，可以保障交易背景真实性，并创设基于核心企业信用的电子凭证，在区块链上实现核心企业信用的有效拆分和可信流转，使处于供应链末端的小微企业供应商或经销商，也

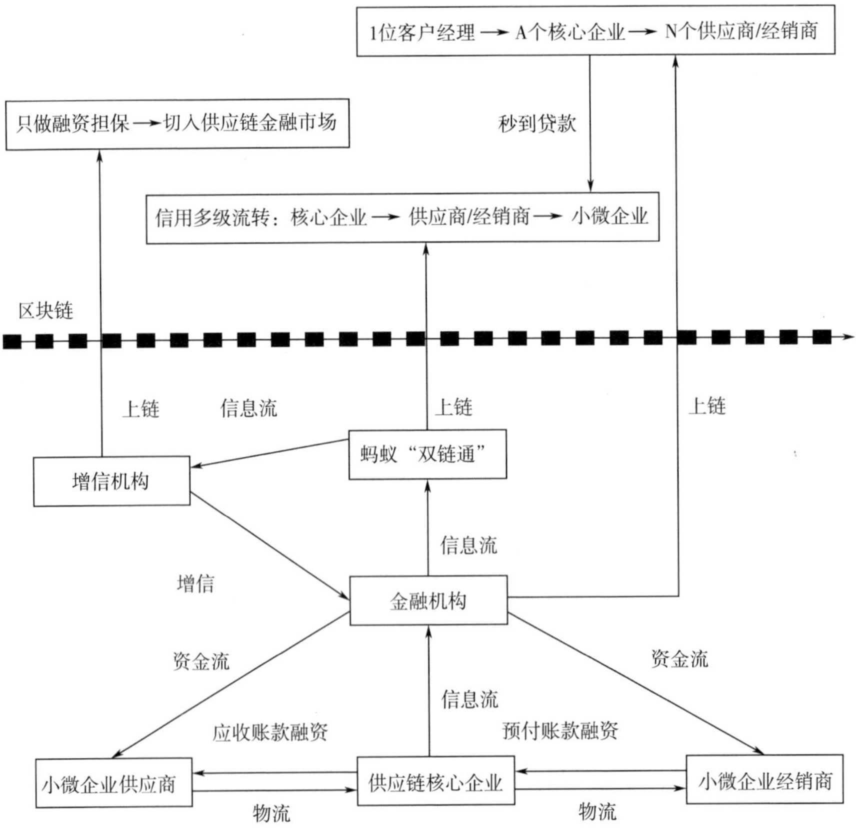

图 11-3　蚂蚁集团“双链通”融资模式

能凭借核心企业信用，通过应收账款、预付账款或仓单等方式快速获得资金支持，解决融资难、融资贵问题。同时，对金融机构而言，由于小微企业获得了核心企业逐级流转来的信用，并且区块链的防篡改、防抵赖、可追溯和智能合约可以确保基础交易可信度和贸易融资自偿性，因此大大降低了给小微企业贷款风险，从而使一位客户经理可以服务 A 个核心企业上下游的 N 个小微企业供应商或经销商，拓宽了小微金融业务服务范围；对于增信机构而言，不仅可以做核心企业融资担保，还可以切入整个供应链金融市场，在控制风险的前提下获得了新的发展空间。综上，蚂蚁集团“双链通”平台构建了供应链上多方参与主体合作共赢的金融科技生态圈，能够有效赋能小微企业融资和整条供应链协作效率提升，促进经济循环流转和产业关联畅通。

案例讨论题

1. 通过分析蚂蚁集团“双链通”案例，可以看出区块链技术具有哪些创新特征？

2. 围绕区块链技术的创新特征与小微企业融资需求的契合性，就如何充分发挥区块链技术的赋能作用解决小微企业融资难、融资贵和融资慢等问题展开讨论。

小　结

数字经济时代的金融创新主要依托于金融科技，通过人工智能、大数据、区块链等技术的应用，推出一系列新型金融产品和服务。这不仅涉及金融机构的内部创新，也包括金融市场的开放和创新。数字经济时代的金融创新需要建立数字化生态，将数字化技术应用到金融服务的各个环节，实现金融服务的智能化、个性化和高效化。数字经济时代的金融创新也需要加强金融监管的创新，建立数字化监管机制和监管体系，加强数据监管和风险防控，保障金融市场的稳定和健康发展。本章分为四节，分别对数字金融的新业态及发展概况、金融产品数字化转型与创新、区块链金融应用价值及其应用前景、金融服务数字化转型的驱动因素及实践路径进行了介绍。

关键术语

数字金融　金融数字产品和服务　区块链　金融监管创新

习　题

1. 如何利用大数据和人工智能等技术提高金融机构的风控能力和服务效率？

2. 金融服务的数字化转型如何提升客户体验和满意度？

3. 如何推动我国金融市场的数字化开放，促进全球金融市场的融合和发展？

4. 未来数字经济的发展趋势对金融行业会产生哪些深刻的影响？如何应对这些影响？

第 12 章 数字经济的治理与监管

数字经济治理泛指对一切与数字相关的经济活动的治理。习近平总书记强调："要健全法律法规和政策制度，完善体制机制，提高我国数字经济治理体系和治理能力现代化水平。"① 数字经济全球治理既应包括各国政府的监管，还应当引入平台、第三方、企业、消费者等数字经济参与者，共同探索如何营造一个可持续发展的健康生态体系，更好地发挥数字经济在经济动能转换过程中的作用。2018 年，联合国发布了促进全球数字经济发展的纲领性报告，强调对数字经济进行全球治理，敦促各成员国共同努力解决数字技术给社会、道德和经济带来的不利影响，从而更好发挥数字经济的作用。

学习目标

- 了解数字经济发展面临的主要风险
- 熟悉数字经济治理体系的基本内涵、全球数字经济治理体系的要素构成
- 熟悉全球数字经济治理的现状，理解数字经济治理的启示
- 掌握我国数字经济治理的特征、制约因素及数字经济治理现代化的路径
- 了解我国数字经济合作的进展情况

12.1 数字经济发展面临的风险

近些年，数字经济的发展速度、辐射范围、对经济的影响程度前所未有。这既深刻改变着人类经济社会的发展，也出现一些新情况、新问题，带来许多新风险、新挑战。当前，数字经济发展面临以下主要风险：

① 习近平：《习近平谈治国理政》第四卷，外文出版社，2022，第 208 页。

12.1.1 安全问题

1. 技术和基础设施安全问题

（1）新技术融合安全问题不断涌现。数字技术广泛渗透至现代经济生活的方方面面，给生产生活带来巨大改变，但是新技术也可能造成社会秩序紊乱，威胁人类生命安全。一个典型的例子是2020年6月在台北仙桃，一辆特斯拉汽车在开启自动驾驶状态时，将白色翻倒的卡车误认为是前方没有障碍物，毫不减速地撞上卡车，造成人员伤亡。此外，网络钓鱼诈骗、网络敲诈勒索、金融电汇欺诈等犯罪案件也层出不穷，隐私泄露和数据滥用案件频发。随着大数据、云计算等数字技术的快速应用发展，数据采集和分析应用越来越普遍，大数据信息泄露案件频发。如2018年某世界知名国际酒店发生5亿条用户数据泄露事件。我国在个人隐私和数据保护方面的法律制度建设相对滞后，在数据确权、交易流通等方面的标准规范亟待完善。

（2）重大数字基础设施面临网络攻击风险。随着互联网、物联网、区块链等数字技术的全球化应用，数字基础设施实现互联共通，但针对数字基建的网络攻击越来越密集，攻击手段越来越精准化、专业化，这对传统网络安全防护模式提出挑战。

2. 国家安全问题

在非数字经济时代，大国竞争主要围绕地理空间和资源。在数字经济时代，数字强国崛起，网络空间大国围绕核心数字科技和数据开展新一轮的竞争，全球的政治、经济和安全格局随之深刻改变。近年来，美国政府打压华为和TikTok（抖音国际版），对我国数十家企业实行实体清单出口管制，此外一些中国大学和研究机构也被列入了实体管制清单。数字地缘的争夺将加剧国家之间的冲突和对抗，引起新一轮各方力量的改变，国家和世界安全将面临重大挑战。

3. 伦理安全问题

近年来，人工智能取得显著进步，一些重复性、高危性工作被机器人替代，人类生活因此得到改善。但随着人工智能技术的成熟和广泛应用，人工智能或超级智能将对人类社会造成新的安全隐患，其中最为特殊的是伦理安全问题。比如智能机器人的决策逻辑与人类社会伦理约束相背离，未来机器人可能不仅具备决策能力，还会具备感知能力和自主意识，机器反叛甚至机器统治的安全问题将不容忽视。

12.1.2　知识产权问题

随着数字经济的发展，信息和数据的搜寻成本降低，可得性提高，但随之而来的是新的知识产权问题。一方面，传统的知识产权可能因此受到侵害。另一方面，数据作为新型的知识产权，其所有权如何界定，其使用权、权限如何管理，这些问题还亟待解决。产权的明确界定可加速数字经济发展，但一旦过度界定产权的范围，一些基础性的数据将被垄断，基于这些数据的技术发展，利用数据创新的难度加大，互联网行业的进入壁垒、发展壁垒可能形成。

12.1.3　信息不对称问题

数字经济发展下，企业形成和掌握的信息、技术优势可能加剧其与用户之间的信息不对称问题，也可能成为其牟利的工具；个人信息的潜在商业价值也驱动了部分企业的超范围收集用户信息行为；电商平台的“二选一”和“千人千价”的做法也会直接损害用户利益；技术的发展也可能被一些企业利用，导致强隐蔽性、高危害性的互联网会计舞弊问题的发生。

12.1.4　市场垄断问题

数字经济发展中，大型企业的“赢者通吃”属性会导致市场垄断问题的产生。平台经济领域中，数字经济的正外部性可能导致本身有资源优势的平台在资源获取、发展上的优势不断扩大。由此形成的一些大平台可能利用技术、数据、算法等进行合谋或限价，通过轴辐协议、排他性协议等手段抑制其他竞争者的进入和发展，影响了市场的公平竞争。部分大型平台甚至可能滥用其市场支配地位做出市场垄断行为，例如品牌屏蔽与封锁，“二选一”“大数据杀熟”等。

12.2　数字经济治理体系

随着数字经济的发展，数字鸿沟、平台垄断和跨境数据流动等问题日益超越传统全球经济治理边界，客观上需要建立一个关于全球数字经济治理的系统框架。

12.2.1　数字经济治理体系及其构成

数字经济治理这一概念首次正式提出是在中国信息通信研究院发布的《中国数字经济发展白皮书（2017 年）》中。数字经济治理概念提出后，学者们从各种角度对数字经济治理体系进行了界定，既有从数字经济治理的问题出发进行界定的，也有从数字经济治理的路径角度进行界定的。本书将数字经济治理体系的基本内涵界定为：在多元主体参与下促进数字经济健康发展的制度体系，包括数据信息、数字平台、网络生态等各领域机制和法律法规安排。数字经济治理体系是国家治理体系的重要内容，也是建设数字强国的必要前提。

12.2.2 全球数字经济治理的要素构成

全球数字经济治理是数字经济全球化背景下多元主体基于相关制度、规则对数字经济领域内全球性共同问题的治理，既涵盖数字技术对传统贸易、投资、金融议题的渗透，也延伸至平台治理、数据安全、数字人权等数字冲击下带来的新问题，其终极理想目标是构建统一、包容、共享、互惠的全球数字经济治理秩序。

1. 全球数字经济治理原则

第一，多元协同共治原则。随着互联网特别是移动互联网的发展，社会治理模式正在从单向管理转向双向互动，从线下转向线上线下融合，从单纯的政府监管向更加注重社会协同治理方向转变。全球数字经济是一个完整的生态系统，对全球数字经济的治理应当有协同治理的大理念。数字经济治理与传统经济治理在治理主体上的不同之处在于：大量技术、平台公司的崛起，以及数字平台在信息匹配、定价、信用评价、知识产权保护、消费者保护等问题上的具体实践，将直接决定跨国市场的运行方式，其对数字治理的落地和细化是全球治理规则的有力补充。当前以国家为主体的传统多边治理机制遭遇困境，作为连接产业与用户等多方主体的纽带，数字企业特别是平台企业可以灵活地游走于国际机制之间，推动数字经济领域的标准与规则的出台。

第二，谨慎的技术中性原则。1984 年的“环球影业诉索尼案”是技术中性（Technology Neutrality）胜利的一次里程碑，技术中性支持者大多认为剥离技术身上作为价值的善与恶，“赤裸”的技术本身是纯粹的、无偏见的。然而，随着技术的不断进步，特别是数字技术出现后，技术的发明初衷与其预期可能被赋予的价值的界限越来越模糊。“技术”愈发趋向于一个复杂的“过程”，而不是简单的“物”或“结果”。例如，人工智能与大数据技术在代码规则制定过程中可能被植入“歧视”因子，造成大数据杀熟等伦理问题。如今，各国为了抢占全球数字经济治理话语权的制高点，纷纷推出本国的数字治理规则。数字经济区别于传统经济的一个重要特征在于其数字技术属性，倡导谨慎的数字技术中性原则，让数字技术更多地回归技术本身，有利于国家间加强领域内问题的协同共治，也是促进技术向善、推动全球数字技术持续创新和促进数字经济健康发展的关键。

第三，公平互惠原则。在全球“数据价值链”中，许多国家处于从属地位，价值和数据集中在少数几个全球性平台和其他领先的跨国公司手中。处于发展阶段的国家只能成为这些数字平台的原始数据提供者，同时不得不为平台所有者利用这些数据产生的数字智能付费。例如，长期以来，包括欧洲国家在内的诸多国家都是数字服务的主要消费国，美国则是主要的数字服务提供国，特别是新冠肺炎疫情以来居民普遍使用数字平台来满足消费、出行、娱乐休闲等各种需求，加剧了这种不平衡，由此引发了欧美间加征数字税、贸易制裁等多种争端。秉承数字经济治理的公平互惠原则，一方面要弥合数字鸿沟，特别是要提高欠发达地区的数字技术水平，增加对落后地区的数字基础设施建设援助；另一方面要建立更加包容开放的全球性数字经济规则，既兼顾数字经济发达国家的利益，也要尽量减少部分发达国家的高标准对发展中国家构成的“发展壁垒”。

2. 全球数字经济治理主体

与传统的经济治理相同，全球数字经济治理的主体应当包括主权国家、国际组织、跨国公司和全球公民社会等。由于数字经济本质上仍是数字化的实体经济，这意味着参与全球数字经济治理的国家主体并未缺位，但同时数字经济意味着工业、农业等实体经济的高度数字化，传统经济与数字经济的边界越来越模糊，这又需要国家更多地将主权、责任让渡给一些超国家组织、平台。与传统全球经济治理相比，全球数字经济治理主体将发生以下重大变化：

第一，主权国家政府仍占据主导地位，但其在全球数字经济治理中的地位发生变化。互联网无处不在，使企业和个人可以轻易地绕过任何一个国家的法律，而国家法规与计算机网络的去中心化结构使协调变得越来越困难。但这并不代表互联网削弱了国家监管全球经济的能力，尤其是大国，仍然是处理全球化和互联网带来的社会和政治外部影响的主要行为体。一方面，强大的国家会使用一系列外交政策替代措施来推动其预期偏好转化为预期结果，而非国家行为体往往只是在边缘地区影响结果。此外，中国等新兴经济体经过多年蛰伏之后在全球数字经济治理舞台中占据了核心位置。但另一方面，数字经济治理主体同样存在着分化巨大的现象，在中国信息通信研究院统计的 47 个样本国家中，排名前十的国家的数字规模占比高达 88.7%，且绝大部分为发达国家。

第二，私营部门在全球数字经济治理中作用凸显。其一，公司的属性由多元化走向一元化。十年前，全球市值前五的巨头是埃克森美孚、通用、微软、花旗银行、美国银行，这些跨国公司遍布传统能源、制造业、金融等诸多行业。而在今天，全球市值前五的巨头悉数变为数字科技公司，分别是微软、苹果、亚马逊、谷歌和脸书，它们成为数字经济时代最富活力的经济组织。

其二，公司作为全球数字经济治理主体的重要性进一步深化。第二次世界大战特别是冷战结束后，富可敌国的跨国公司在国家经济决策乃至外交谈判中发挥着举足轻重的作用，许多跨国公司都是极其强大的机构，它们拥有的资源远远超过大多数联合国会员，但政府和国家依然是经济活动的主导者。而在数字经济时代，由于公众对网络平台的依附以及政府在网络空间的效能缺失，数字科技公司特别是超级网络平台甚至可能超越政府主体，从狭隘的网络治理延伸至社会治理乃至国家治理。

其三，公司的社会动员能力进一步加强。在过去，公司更多只是雇员的公司（即便跨国公司们会有很多拥趸，但公司对他们的动员能力几乎可以忽略不计），但在数字经济时代，超级网络平台成了容纳数十亿用户群体的庞大社会空间。以脸书（Facebook）平台为例，截至 2021 年第三季度，脸书全球月活跃用户达 29.1 亿人。社交平台为社会公众提供了生活、工作和休闲的新型基础设施，对用户具有极强的黏性。

其四，全球化由头部企业向平民级企业延伸。在过去的数十年里，参与全球化的企业往往都是大型跨国企业。在数字经济时代，全球化由顶层企业向平民企业延伸，并不是要求每个企业都在全球市场中参与大规模的重组、并购、投资、从而融入全球资本市场。数字经济尤其是平台经济的出现，让诸多中小企业（G7 国家中，中小企业占 GDP 的 50%以上；在中国，90%以上的企业都是中小企业）参与全球贸易的成本降低，得到更多参与全球化的机会。例如，近年来阿里巴巴推动的世界电子贸易平台（eWTP）项目接连落地，降低了中小企业参与国际贸易的门槛，蚂蚁金服收购英国万里汇降低了多个国家中小企业的融资成本。未来更多的平台以及多个平台的相互对接，意味着更多的中小企业将获得参与全球化的机会。

第三，个人开始走向全球数字经济治理舞台的中心。在数字经济时代，消费者将从社会生产的相对独立的旁观者变成深度参与者。有学者指出，工业时代和数字时代的分水岭，其实就是一个以产品为中心，一个以用户为中心。截至 2021 年 3 月 31 日，全球互联网渗透率达 65.6%。随着未来数字技术深度发展，这一组数字或将再创新高。在数字经济全球化时代，消费者的重要性进一步凸显的原因在于，一方面，数据资源成为关键生产要素。作为数据的主要生产者，互联网用户在体验和消费的过程中产生海量数据，由此组成了平台企业、各国政府的宝贵资源。另一方面，新一代消费者是数字经济最积极的参与者和推动者。被称为“数字原住民”的新一代消费者的消费习惯、消费路径和社交方式与互联网平台高度契合，这让他们更容易胜任今天的许多岗位，更快地成为高效工作者，更容易适应新商业模式以及新技术带来的各种组合。

3. 全球数字经济治理客体

2000 年前后，随着数字技术的兴起，全球互联网普及速度加快，信息技术迭代更新，深刻地改变了传统贸易、金融模式乃至货币形态。除了贸易、金融、安全等传统领域与数字技术融合带来的问题，全球数字经济治理客体还要更多地关注数字政策协调、数字垄断、数字鸿沟以及数字伦理等新问题（如表 12－1 所示）。

表 12－1　世界部分经济体数字经济发展战略（重要文件）概览

经济体	发布时间	战略文件
美国	2021 年	《5G 加速计划》
欧盟	2020 年	《塑造欧洲的数字未来》
	2020 年	《人工智能白皮书》
	2020 年	《欧洲数据战略》
	2020 年	《可持续及智能交通战略》
	2021 年	《2030 数字指南针：欧洲数字十年之路》
中国	2015 年	《中国制造 2025》
	2017 年	《新一代人工智能发展规划》
	2020 年	《国家数字经济战略纲要》
	2022 年	《“十四五”数字经济发展规划》
日本	2020 年	《数字新政》
	2020 年	《科学技术创新综合战略 2020》
韩国	2020 年	《人工智能国家战略》
越南	2021 年	《到 2030 年第四次工业革命国家战略》

（1）数字政策协调问题。进入21世纪以来，以数字经济为代表的新业态蓬勃发展，世界掀起了数字化浪潮，不管是老牌西方国家还是新兴经济体都出台了专门的数字经济发展战略（如表12-1所示）。当今世界正处在数字经济与工业经济交汇更迭的过渡时期，数字战略无疑在推动数字经济发展、提升国家治理能力等方面发挥了重要作用。但由于政策本身具有外溢性，规则外溢更是大国参与全球治理进而谋求主导全球治理规则的惯用伎俩，作为利益攸关者的各国在博弈过程中制定的政策往往是相互竞争乃至针锋相对的。2020年11月16日，美国国会两党合作的中美科技关系工作小组发布的政策报告《美国的科技竞争新战略》（Meeting the China Challenge：A New American Strategy for Technology Competition）便强调要针对中国，与盟国协调统一，重建美国在全球技术标准制定上的领导地位。美国强调宏观数字政策协调，一方面要让数字经济政策落到实处，推动各国数字技术、数字经济向善发展；另一方面则是减少制度间的交易成本、增进国家间的数字互信。

（2）数字垄断问题。源于数字平台企业的快速扩张与监管不足的矛盾，当前整个全球“北方”的监管格局可以说是自由放任的。正因如此，美国超级平台在全球范围内拥有几乎不受约束的主权权力。针对“数字寡头”的反垄断争议由来已久，学界对于是否对“数字寡头”进行有效监管一直持不同看法。但就目前而言，由“数字寡头”垄断已经衍生出市场机制扭曲、数据滥用、贫富差距等系列问题，成为全球数字经济治理中亟待解决的一大难题。

（3）数字鸿沟问题。根据不同国家、行业乃至个人对数据要素、数字基础设施占有程度、应用程度的差异而造成的信息差及贫富两极分化，在国际层面主要体现为南北国家在数字经济规模、数字基建、数字应用以及数字规则主导权的悬殊差距，在国内层面主要体现为年龄差异、性别差异、行业差异乃至种族差异等。数字贸易对传统贸易的取代，可能进一步削弱发展中国家的贸易收益。例如，发达国家当前强调数字内容产品的进口应遵循数字传输零关税原则，非洲等发展中国家则指出此举相当于发展中国家单方面取消了这类贸易产品的关税，而发达国家并未对此做出补偿。自数字鸿沟（Digital Divide）概念提出以来，便成为国际社会广泛热议、关注的话题，致力于缩小数字鸿沟也成为各大国际组织、论坛的重要议题之一。但迄今为止，如何应对全球数字鸿沟，国际社会仍缺乏可行之策。

（4）数字伦理问题。源于数字技术，特别是人工智能技术的快速发展及其在不同领域的普及应用，衍生出伦理及安全风险问题与监管缺失的矛盾，主要问题包括智能推送算法引发的“信息茧房”现象、就业与犯罪风险评估算法体现的“算法歧视”倾向，以及就业冲击、舆论操纵、隐私侵害等。随着数字技术与实体经济深度融合，数字化对全球经济发展和国家安全的影响不断加深，全球数字经济治理的客体也日益超越技术、经济层面的需求，面临国家安全、人权保障等一系列复杂的问题，网络空间俨然成为人类社会的“第五战略空间”。因此，可以预见，未来全球数字经济治理的客体还将随着数字技术的实践而不断拓展。

4. 全球数字经济治理方式

全球治理的基本依据是基于制度、规则的治理。第二次世界大战后，特别是这一轮全球化浪潮期间，世界诞生了非常丰富、复杂的全球化规则，它们共同构成了全球化秩序，是国家行为体参与全球治理的重要准则。截至 2021 年 3 月，已经生效且向 WTO 通报的区域贸易协定（RTA）共有 351 条，比 1990 年的 22 条激增了近 15 倍。

但是在全球化的实践中，卷帙浩繁的规则增加了制度的协调成本，无形中也构成了不同区域、国家、行业、文化、技术的壁垒。特别是近年来，新贸易保护主义者意图通过日趋碎片化的区域协定重塑世界经贸规则。多边规则实际上是全球资本的利益诉求与地方资本的利益诉求博弈的结果，各种壁垒反映了不同利益主体的诉求。在数字经济时代，以规则为基础的治理仍是行为体参与全球治理的重要准则，但规则的定义以及行使方式发生了两方面变化。一方面，代码成为继市场、法律、社会规范以外的第四种规制方式。如今的代码已经逐步确立了作为规范互联网用户行为的主要方式。特别是智能合约（Smart Contract）及区块链技术的出现，代码在规范人们在互联网上的互动方面发挥了更大的作用，未来的治理可能通过智能合约来完成全球范围内的协同操作、资源配置。另一方面，大数据及区块链技术进一步解析规则使壁垒透明化。这将有利于打通规则间的联系，帮助各个国家、机构乃至个人了解全球化的规则和壁垒，降低识别、参与规则的制度成本。

5. 全球数字经济治理目标

随着数字技术的飞速发展，全球数字经济治理对象已经由传统跨国贸易、投资、金融领域延伸至跨国数据流动、平台治理、数字服务税、人工智能治理、人权保障等诸多议题。全球数字经济治理目标也是多重的，除了服务全球治理以人类安全、和平、发展、福利、平等和人权为宗旨的基本目标外，还有以下几个方面：

（1）促进数字经济全球化纵深发展。数字技术和数字化转型使得世界经济联系更加紧密，促进了商品、资本、技术、信息在全球范围的配置。以数字时代最具代表性的芯片行业为例，阿斯麦尔（ASML）最先进的 EUV 光刻机，涉及上游 5 000 多家供应商，其产品 3 万多个零部件需要进口，德国蔡司和韩国 SK 海力士都是阿斯麦尔的主要合作伙伴。此外，数字经济在人类抗击新冠肺炎疫情中展现了良好的韧性与活力，在促进跨国交易和全球产业链稳定中发挥了关键作用。全球数字经济的有效治理旨在维护好数字经济全球化的秩序，有助于对冲“逆全球化”的风险。

（2）协调多元治理主体分歧。当前以国家为主体的传统多边治理机制面临多重困境，而随着数字技术的发展，以超级平台为代表的私营部门却凭借海量数据、先进技术和丰富的数字服务，成为连接产业链与用户等多方主体的纽带，推动大数据、人工智能、5G 技术等新兴规则出台。协调多元治理主体分歧，不仅在于缩小发达国家与落后国家间的数字发展鸿沟、理念差距，更应进一步消除主权国家政府与私营部门间的分歧，增进二者在数字领域内的共同合作，积极探索公私合作责任分担、技术支撑的新机制，共同应对数字经济全球化挑战，形成有效的多主体协同治理。

（3）促进数字技术向善发展。第二次世界大战后，以布雷顿森林体系三大支柱（关贸总协定、国际货币基金组织、世界银行）的创设为起点，世界诞生了一系列规范、规则、程序和制度，共同构成了延续至今的全球经济治理秩序。与通常被认为的制度非中性不同，技术本身更多地具有中性的特点。特别是近二十年来随着数字技术的进步，数据存储、计算和传输的成本大幅降低，即便是在传统经济全球化的偏远之地也可能从数字经济全球化浪潮中获益。但技术频频被滥用，算法被加入了宗教、肤色、种族、性别等因素，严重违背了平等、公平等原则。数字时代的技术力量将是空前强大的，未来促进数字技术向善，最大限度地削减技术本身及技术规则的非中性影响，帮助落后国家与弱势群体融入数字经济全球化，构建更加普惠、共享的数字经济新秩序，应当成为全球数字经济治理的重要目标。

12.2.3 全球数字经济治理的现状及启示

1. 全球数字经济治理的现状

第一，全球数字经济治理体系仍处在探索阶段。目前，全球性的数字经济治理框架尚未成形，数字经济治理体系仍处于探索阶段。

联合国一直主张在合作框架内对数字经济治理问题进行讨论，通过鼓励跨领域思考和行动破除孤岛意识，并在各利益攸关方之间建立信任关系。2019年6月，联合国数字合作高级别小组发布纲领性文件《相互依存的数字时代》，强调要通过多边合作完善数字合作机制，降低全球数字鸿沟。2019年9月，联合国贸易和发展会议发布《2019年数字经济报告》，针对数字经济发展和治理提出了更为具体的内容，包括如何对数据的所有权和控制权进行分配，如何建立消费者信任和保护数据隐私，如何监管跨境数据流，如何利用数据促进相关技能的发展和能力的提升，以及竞争政策和税收政策的更新等。

二十国集团（G20）将全球主要国家和国际组织聚集在一起，研究制定合适的数字化政策，旨在实现经济增长和解决数字化给社会规则带来的挑战。2016年G20杭州峰会启动了数字经济政策讨论，提出了《G20数字经济发展与合作倡议》，这是全球首个由多国领导人共同签署的数字经济政策文件，标志着世界数字经济发展正式走上全球性治理议程。2018年，G20布宜诺斯艾利斯峰会将重点放在数字政府、数字性别鸿沟、基础设施部署和数字经济衡量指标上，建立了全方位的数字政策库，并通过了《G20数字经济部长宣言》及《G20数字政府原则》等多个附件。2019年G20大阪峰会发布《数字经济大阪宣言》，宣布启动"大阪轨道"，承诺致力于推动国际政策讨论和国际规则制定。2020年以视频会议形式召开的G20数字经济部长特别会议，强调要通过数字技术和相应数字政策强化各国应对新冠疫情的能力。

第二，发达国家积极推动构建全球数字经济治理规则。一直以来，以七国集团（G7）为代表的发达国家，大力推进全球数字经济治理规则体系建设。自2016年起，G7开始组织信息和通信技术部长会议，强调基础设施投资、数字素养和可接入性的重要性，提出要促进跨境数据流动、隐私保护和数据保护以及网络安全，通过开放市场、交互操作标准促进创新，保护知识产权，推动研发等。2017年G7信息通信技术和工业部长会议联合发布了一份关于网络空间安全的国家责任声明，号召所有国家在使用信息通信技术时要遵纪守法、互尊互助，建立相互信任的关系，维护网络空间的稳定性与安全性。2019年G7峰会的主题之一是利用数字技术和人工智能创造的机会，针对社交网络服务等数字服务领域制定相应的消费者保护措施，进一步商讨解决有关数字税收的问题。但法国、英国等国试图以单边行动对互联网企业开征数字税，意图改变全球数字经济的税收规则。

第三，发展中国家参与全球数字经济治理的能力欠缺。以金砖国家组织为代表的发展中国家，以保护数据安全为主旨，参与全球数字经济治理。如俄罗斯出台了《个人数据法》等法律，规定信息拥有者、信息系统运营方有义务将存有俄罗斯联邦公民个人信息的数据库存放在俄罗斯境内。2019 年 12 月，印度电子和信息技术部向印度议会提交了《印度个人数据保护法草案》的修订版本，对敏感和关键性的个人数据实施限制政策，即要求关键数据本地化储存并限制跨境流动；制定社交媒体中介规范，要求社交媒体中介必须设置身份验证。2021 年 11 月 1 日起，《中华人民共和国个人信息保护法》正式施行，其中，对个人信息的跨境流动进行了限制，充分保护境内个人信息的安全。

2. 全球数字经济治理的启示

第一，加快数字技术与产业融合。一方面，加快大数据中心、人工智能、产业互联网和 5G 网络等数字经济基础设施建设，为数据、技术、人员和服务的流动提供更好的基础条件。鼓励集成电路、新材料、新能源和生物医药等战略性新兴产业与数字技术融合，积极推广自动驾驶、智能穿戴和智能研发等，提升我国经济的价值层级。另一方面，加大对中小企业数字化转型的支持力度，进一步降低宽带上网和移动通信费用，增加对贫困人口数字产品消费的补贴，缩减“数字鸿沟”。同时，增强数字贸易对国内产业发展的拉动作用，培育一批细分领域的数字贸易龙头企业，打通国内国际“双循环”。

第二，以先行先试探索国际议题的解法。一是以自贸区、自贸港为抓手，先行先试全球数字经济领域的重要议题。

二是在数据治理方面，探索建立科学分类、风险分级的治理体系。要充分考虑公众权益、个人隐私、企业合法利益和国家安全等因素，结合数据共享需求，分类制定不同的风险管理规范和流动标准。对涉及国家秘密、国家安全的重点行业（如金融、石油、电力、水利等）的数据，交由相关主管部门进行统一监管，实施跨境数据流动限制；对与政府有关的数据、企业商业秘密数据以及个人隐私的敏感数据，严禁跨境数据流动；其他纳入统一治理体系的数据，可由企业（平台）承担安全主体责任，适当放宽数据自由流动的要求。

三是在网络空间安全方面，实施分级分类多元治理。分类即针对政府和公共部门的算法系统和商业领域的算法系统设定不同的监管要求；分级即对于一般的商业算法系统如定向推送、个性化广告等采取事后追究法律责任的方式，对于具有与政府和公共部门的算法系统应用类似的重大影响的商业算法系统可考虑进行事前监管。此外，在防范技术滥用的同时也要给网络空间发展留有余地，采取分类分场景监管、行业自律、技术对抗以及数字素养提升等多元化的举措，在防范风险的同时考虑对技术的妥善利用。

第三，促进治理能力与数字技术应用的协同。一是给予数字企业试错机会。强化引导类产业政策，创新政策支持方式，鼓励数字新业态新模式发展，建立数字经济企业保险基金，降低企业“试错、容错”风险。

二是构建系统性风险防范机制。建立健全数字经济统计体系，探索风险监测、预警、处置体系，及时发现潜在经济风险，科学划分风险等级，强化风险控制能力。

三是完善国内数字贸易治理能力。推动个人和企业数据使用规则、数据管理规则和电子交易相关规则建设；推动数字经济相关行业的自律机制建设；建立数字贸易核算体系和信用体系，搭建数字贸易数据库。

四是提升应对结构性失业的能力。引导企业妥善处置员工安置和补偿工作，建立健全失业保险、社会救助与就业的联动机制，完善“互联网+”灵活就业的工资保险制度。

第四，以新冠疫情防控为契机寻求发展共识。自新冠疫情在全球蔓延以来，线上购物、娱乐、教育、办公和医疗已经成为常态，我国应抓住机遇寻求数据流动、信息共享、数字贸易等领域的国际合作新路径。一方面，推动人类生存发展所需的数据流动和信息共享，加快医药研发交流，加强生态环境数据互通，共同抵制全球性灾难。另一方面，探索构建全球数字贸易新规则。着力推动跨境货物贸易便利化等相关规则的制定，打造数字贸易的“中国模板”。积极推进数字贸易中的知识产权保护规则制定，构建“一带一路”跨境电子商务标准框架，为制订全球数字贸易规则提供参考。维护多边贸易体制，以自贸区建设为重点，加强区域之间的贸易协作，为数字贸易规则谈判提供良好的外部环境。

12.2.4　我国数字经济治理体系

2022 年，“数字经济治理”一词被首次写入国务院《政府工作报告》，并且在《“十四五”数字经济发展规划》中提出了“数字经济治理体系更加完善”的目标。党的二十大报告提出，要加快发展数字经济，促进数字经济和实体经济深度融合，打造具有国际竞争力的数字产业集群。在中国式现代化新征程中，必须加快推进数字经济治理体系的现代化，提高数字经济治理能力，深入推进数字中国的建设。

1. 我国数字经济治理体系的特征

一是数据化特征下的数据治理。数字经济发展的过程中，数据作为关键生产要素的价值不断被挖掘，与此同时衍生出一系列监管问题，但提高数据的利用效率又需要丰富各类数据信息，因此亟须建立平衡两者之间的数据治理体系，在完善信息及隐私保护制度的基础上尽可能释放数据价值。党的二十大报告强调，应加强数据安全保障体系建设。

当前，我国主要通过法律手段积极推进数据治理工作。2019 年 12 月，国家网信办秘书局、工信部办公厅、公安部办公厅、市场监管总局办公厅四部门联合印发《App 违法违规收集使用个人信息行为认定方法》，以界定 App 违法违规收集使用个人信息的行为；2021 年 6 月，十三届全国人大常委会第二十九次会议通过了《数据安全法》，并于 2021 年 9 月实施，将数据安全上升为国家安全高度；2021 年 8 月，《个人信息保护法》被审议通过，并于 2021 年 11 月实施，对个人数据收集与处理等问题做出了明确规定；2022 年 7 月，国家互联网信息办公室公布《数据出境安全评估办法》，以规定数据出境安全评估的范围、条件和程序，为数据出境安全评估工作提供具体指引。

近年来，我国集中出台保护数据安全和促进数据开放的相关法律法规，在立法层面上加快了数据治理体系的构建。在司法方面，2018 年起，我国积极开展全国网络安全执法大检查行动和针对大数据安全的整治工作。2019 年，工信部正式印发《电信和互联网行业提升网络数据安全保护能力专项行动方案》，在行业内部署开展为期一年的提升网络数据安全保护能力专项行动，并于同年完成对全部基础电信企业、50 家重点互联网企业以及 200 款主流 App 的数据安全检查。2021 年，国家互联网信息办公室依法下架“滴滴企业版”等 25 款存在严重违法违规收集、使用个人信息行为的 App，对其进行通报下架和安全审查。我国正不断加强重点领域个人信息保护执法，并通过对拥有大量用户数据的公司进行强监管来为公众用户撑起个人隐私的保护伞。

二是平台化特征下的市场治理。在数字经济的背景下，平台既是参与市场竞争的企业，又具备组织市场的职能。由于线上市场具有平台规模扩张速度成倍增加、消费者用户多归属、平台收集和分析数据的边际成本较小等特征，使部分数字企业滥用自身积聚的数据优势地位和极强的信息控制能力，不断发展壮大形成垄断势力，从而有偏向性地抑制其他竞争者参与市场竞争，催化平台经济呈现出明显的垄断趋势。由此，平台行业权利和责任亟待明确，平台垄断规制面临挑战。

为深化要素市场化改革、建设高标准市场体系，我国对平台反垄断问题的重视程度逐渐加深，积极开展以解决平台垄断问题的市场治理工作。在我国数字经济发展早期，考虑到互联网领域的相关市场界定不够清晰，因此反垄断执法在数字经济领域长期采取“审慎包容”的态度，在该领域没有适用反垄断法的案件。此后，鉴于一些大平台可能滥用其市场支配地位而不合理地排除和限制竞争，我国开始在平台反垄断监管方面持续发力。2021 年 2 月，国务院反垄断委员会发布了《关于平台经济领域的反垄断指南》，旨在引导平台经济领域经营者依法合规经营，预防和制止互联网平台经济领域的垄断行为。2021 年 8 月，中央全面深化改革委员会第二十一次会议审议通过《关于强化反垄断深入推进公平竞争政策实施的意见》，为各类市场主体特别是中小企业创造广阔的发展空间，更好保护消费者权益。

2022 年 8 月，新的《中华人民共和国反垄断法》正式施行，在内容上对数字经济平台各行业的反垄断做出更加明确的要求。目前，我国依然在积极吸纳有关互联网领域诉讼案件的判决内容和优秀经验，不断探寻反垄断监管的边界，推动数字平台反垄断监管的常态化发展。

三是多元化特征下的生态治理。在数字经济时代，互联网的发展打破了人类活动的时间和空间限制，为人们提供了更加便利的信息散播方式和更加丰富的信息获取途径，信息发布方和信息接纳方呈现出多元化的趋势。但是网络信息良莠不齐，各种鱼目混珠的内容充斥着整个网络，虚假信息和不良内容的发布成本和获取门槛低，使得这些有害信息在网络空间肆意横行，危害社会秩序。不同于西方国家仅仅依靠互联网企业和平台自治进行管理，我国向来重视网络环境的法治建设，主张在政府的主导下，积极构建企业、行业组织、公众等多主体参与的网络生态协同治理体系，进一步健全共建共治共享的社会治理制度。早在 2016 年，习近平总书记就指出：“随着互联网特别是移动互联网发展，社会治理模式正在从单向管理转向双向互动，从线下转向线上线下融合，从单纯的政府监管向更加注重社会协同治理转变。”① 2019 年 12 月，中央网信办发布的《网络信息内容生态治理规定》，首次将“营造良好网络信息内容生态”作为网络空间治理的目标，积极倡导构建多主体参与的网络生态治理体系。

---

① 习近平：《习近平在中共中央政治局第三十六次集体学习时强调：加快推进网络信息技术自主创新 朝着建设网络强国目标不懈努力》，《人民日报》2016 年 10 月 10 日。

2022年1月，国务院发布《“十四五”数字经济发展规划》，提出强化协同治理和监管机制，强化跨部门、跨层级、跨区域协同监管，加强分工合作与协调配合。2022年1月，国家发展和改革委员会等九部门联合印发了《关于推动平台经济规范健康持续发展的若干意见》，对构建多元共治的平台经济治理新格局进行了整体规划和设计，提出探索公众和第三方专业机构共同参与的监督机制。2022年10月，党的二十大报告指出，应“健全网络综合治理体系，推动形成良好网络生态”“健全共建共治共享的社会治理制度，提升社会治理效能”。由此可见，无论是在数据治理还是市场治理过程中，单靠政府或其他主体中的某一方均无法妥善处理数字经济发展过程中的问题，需要积极倡导政府、平台、行业协会、平台用户等多元主体共同发挥作用，打造权责清晰、激励相容的协同治理格局。

2. 制约我国数字经济治理体系现代化实现的因素

目前，我国虽然已初步建立起较为全面的数字经济治理体系，采取了较为科学的数字经济治理措施，但是与治理体系的现代化要求还有一定的差距，在实现数字经济治理体系现代化过程中仍面临各种新的问题与挑战。

（1）数据治理：立法完备性不足和技术水平不高。我国虽然出台了许多数据与信息保护相关的法律法规，同时也进行了不少保障数据安全和个人隐私安全的行动，但就这些措施的实施效果来看，对实现我国数据治理体系的现代化收效甚微，这主要体现在以下两方面。

一方面，数据治理立法完备性不足。我国现行的数据治理相关法律法规存在时效性较弱和规范性较差等问题。由于数字经济相关的成文法律往往依靠实践得以完善和发展，尽管我国已确立诸如数据安全法、个人信息保护法等针对某一特定领域的基本法律法规，但尚未形成囊括数字经济所有涉及领域的全面、系统的法律体系，进而在具体实施过程中缺乏顶层规划和总体把握，由此造成监管有效性较弱，数据安全和个人隐私安全仍然存在多种潜在危机。与此同时，严格的法律法规也给数据治理带来了一系列新问题。比如数据隐私保护的传统做法是基于数据泄露防护系统（DLP）的内容识别技术，对敏感文件进行数据安全保护以防止多途径泄露，但在面临网络安全以及个人信息保护等相关法规对于隐私保护和个人数据安全的严格要求时，这种解决方案便不再适用。由此可见，我国现有法律法规还未能平衡好数据保护和数据流动之间的关系，我国在数据安全法律体系的构建方面仍有很大的提升空间。

另一方面，数据治理技术水平不高。在进行数据安全治理工作时，需要借助与之相辅相成的数据安全治理工具，而目前我国风险监管手段的科技化程度不高。特别是在处理互联网金融领域积累的海量交易数据面前，纸质化保存的工作效率和准确性均比较低，并且数据流动路径错综复杂，若事后需要对数据进行追踪溯源也会变得异常困难。同时，在保护个人隐私信息安全性时，传统隐私保护技术可以通过对多来源、多类型的数据集进行关联分析和深度挖掘来复原匿名化数据，因此隐私保护存在失效的可能。整体来看，我国在数据治理过程中的治理工具和手段还较为落后，未能跟上大数据时代下数字信息的发展速度，进而在具体监督过程中无法起到消除安全隐患的作用，难以兼顾数据安全和数字化发展。

（2）市场治理：数字行为界定困难和事后执法失效。数字经济时代的反垄断治理与传统治理不同，数字平台由于可以通过资本扩张、跨界混业经营而形成一个相对独立的系统，并自行制定交易规则、搭建交易场所、提供支付服务甚至监管个体行为。在这种情况下，在过去标准市场中所使用的治理手段不再有效，由此形成了新的反垄断市场治理监管难点。

一方面，对垄断行为的定性和定量分析是惩治市场违规行为的前提。首先，在垄断行为所处市场的界定问题上，传统企业所属市场的界定较为容易，往往可以根据商品或服务本身的功能用途、需求弹性等维度定性。但数字平台下的企业往往涉及多领域，其相关联的商品和服务更新迭代速度极快，所属市场具有高度动态性，难以用传统分析方法对其进行界定，也无法将其简单划分为单一的行业范围，因此评审这类企业垄断的难度大大提升。判断该企业是否存在市场违规行为就变得极为复杂。其次，在垄断行为严重程度的界定问题上，各界普遍通过计算市场份额、市场集中度与边际利润来衡量垄断势力，在传统行业中高市场份额、高市场集中度、高边际利润往往意味着这一企业具有高垄断性，但平台企业所属市场难以界定，从而计算其产品的市场份额和市场集中度的可信度不高；并且平台企业创新速度快，也会导致市场份额和市场集中度快速变化，占据创新优势的企业可以迅速通过高边际利润快速实现盈利。可见，在平台企业市场界定市场份额困难和行为认定困难的双重阻力下，难以对平台垄断行为做出科学合理的评判。

另一方面，实施各种反垄断措施的目的在于消除垄断势力和促进行业发展。传统反垄断法律法规往往通过高额罚金和禁止行为处罚垄断企业，但对于平台企业来说，这种处罚对其垄断地位的影响力极低，垄断企业往往依靠其数据优势创造更多财富和价值，这一处罚结果并没有从根本上动摇其垄断地位和继续实施滥用行为的动力。并且，传统的反垄断法与数字平台发展适配性较差，数字平台创新性高，各种禁止性质的法律条例可能会挫伤企业创新积极性，对数字经济的创新发展产生不利影响。

（3）生态治理：管辖边界不清和主体参与度低。单靠一方发力难以构建健康有序的网络生态，只有政府、平台企业、行业协会、网民用户等多主体同参与、一起发力，才能促进数字经济有序发展。我国始终倡导这种多元协同治理理念，但这种多元协同治理格局尚未完全形成，并且在实现这一理想化治理状态的过程中涌现出一些新问题。

第一，各部门之间的分工存在重叠或空白，监督管辖的边界不够清晰。尽管在统筹安排上尽可能保证各部门分工明确、责任明晰，但由于数字经济涉及业务跨度广、种类多，在实际实施过程中难以达成预期。一方面表现为存在监管重叠现象，比如一项政府业务由多部门负责，公民在办理业务时可能会产生多部门之间推诿的现象，难以从根本上解决公民的需求；另一方面则是存在监管空白现象，比如分级管理某一事项时，各层次都配备了专门的组织进行监管，但到最后对个体层面实施的阶段，由于实施监管的群体过于庞大难以形成一对一式监控，进而在这一环造成监管漏洞。

第二，市场主体和社会主体的参与度较低，各主体的自身优势未能得到充分发挥。市场主体在采取行动时往往滞后于行业的发展，同时也没能及时形成对自身责任的正确认识。市场与政府之间的协同性不够，企业为牟利，不严格履行各项审核机制的事件也层出不穷。这均体现出我国市场主体的治理参与度不足，和政府主体之间的协同性有待提高。此外，我国的社会团体发展程度较低，有些领域尚未形成行业组织，而有些领域虽已经形成行业组织但其专业性和有效性稍显不足，致使社会主体的治理效果大打折扣。在这种情况下实现多元主体的协同治理更是难上加难。

3. 我国数字经济治理体系现代化的实现路径

为推动我国数字经济健康发展，针对制约我国数字经济治理体系实现现代化的因素，需健全数字经济法治体系，以科学的多元协同治理理念为基本方针，加深我国数字经济协同治理程度，以加快推进我国数字经济治理体系现代化，破解制约数字经济发展的治理难题。

（1）健全数字经济法治体系，提升智慧监管水平。党的二十大报告指出，全面依法治国是国家治理的一场深刻革命。健全数字经济法治体系是我国建设法治国家和法治社会的基本要求，也是完善数字经济治理体系和实现国家治理能力现代化的应有之义。因此，相关部门应加快数字经济法治体系的系统化建设，制定统一规范性的政策和制度，同时加快完善数据治理工作的分层管理机制和人员配置。在立法难点上也要做出重大突破，积极解决数据权属不清的问题，细化数据分级分类标准，引导行业在遵守国家相关法律法规和标准规范的基础之上促进数据流动、开发数据价值，平衡好数据保护和数据开放之间的关系。政府和监管部门应充分利用现代化技术，打破部门之间、部门内部的信息壁垒，创新“互联网+监管”模式，加快形成数据整合、特征构建、风险研判、动态监测、结果输出的智慧监管全流程。政府可以通过一定的研发补助和政策优惠，鼓励企业设立自主研发机构，加强两者之间的科技合作，建设新的数据安全治理框架。在此框架下，需要提高关键敏感数据的识别能力，运用敏感数据识别和自动分级分类等技术提升数据治理的时效性和精准性，依靠数据加密、数据脱敏、数据水印等技术手段实现数据的“专数专用”“高敏高保”“跟踪溯源”，提升我国智慧监管水平。

（2）科学判定垄断行为，强化平台事前监管。数字经济蓬勃发展引起的平台垄断给现行的反垄断法带来一系列新的挑战，而现行法律未考虑到数字平台企业的多边性和高动态性，由此造成其垄断行为难以界定，因此反垄断法的完善应致力于突破这些问题。可参考《国务院反垄断委员会关于平台经济领域的反垄断指南》所确认的观点，使用替代性分析：当只涉及单边商品时，根据一边的商品界定相关商品市场；当涉及多边商品时，根据多边商品分别界定多个相关商品市场并考虑各相关商品市场之间的相互关系和影响；当存在跨平台效应时，根据平台整体界定相关商品市场。针对垄断程度界定问题，需将数据垄断因素考虑在内，探寻新的衡量指标，并加入界定市场份额和市场集中度的计算结果作为部分参考，加权多种度量方法的分析结果，提高评定垄断程度的科学性。在有理有据的基础之上，还应提高监管人员评审能力，确保监管人员能够准确划分垄断行为所属的范畴，并根据垄断争议的核心领域市场进行反垄断调查，以使监管机构对市场垄断的判定和处决更加合理可信。

党的二十大报告明确提出：“坚持安全第一、预防为主，建立大安全大应急框架，完善公共安全体系，推动公共安全治理模式向事前预防转型。”① 在数字经济时代，应积极使用风险监管手段及时掌握市场主体情况、开展主体风险监

① 习近平：《习近平著作选读》第一卷，人民出版社，2023，第 44 页。

测，在严重垄断行为还未发生时就捕捉到大型平台具有垄断意图的行动并迅速约束制止，将各种风险扼杀在排查当中，建立起强化预防的“事前监管+事后执法”反垄断新体制，严密防范系统性安全风险。在这种反垄断新体制中，两种监管手段在数字平台反垄断行动中形成了良性互补关系：事前监管重在监控潜在风险，预防违规行为，维护市场公平；事后执法重在查处垄断行为，发挥执法威力，维护多元利益。当事前监管的作用得以有效发挥时，可以更好地避免垄断对多元主体的经济损失，从而弥补事后执法的缺陷。

（3）明确多元主体权责，推动多方深度参与。我国对数字经济治理的探索仍处于初级阶段，总体上还未形成协同共治的治理格局，多元主体的协同性亟须提高，而提高协同性的关键在于各主体明确自身的权力和责任。首先，政府主体在更多情况下扮演着“引领者”的角色，其所拥有的权力更多体现为服务公众的义务，政府在数字经济治理中要主动承担起处理数字经济发展过程中不利影响的责任，积极引导其他主体参与治理行动，加强与其他主体之间的良性互动。其次，企业主体在数字经济时代掌握先进技术和海量数据，其在追求自身发展的同时，也应肩负维护行业发展的责任，积极配合政府工作，积极回应群众诉求。最后，公民应积极表达自身诉求，行业组织应积极倾听传达民意，并与政府、企业一同参与数字经济治理。在各主体明确自身权利、责任与相互关系之后，可以减少治理主体之间权责交叉和错位现象的发生，从而降低监管重叠和监管空白的发生率。

在数字经济时代，为提高各主体在协同治理中的参与度，政府可提供平台积极引导多元主体间平等沟通以加深彼此信任，从而推动各类主体均能实现参与。同时，多元主体也应在合法范围内通过大数据技术增强数据的开放共享，从而消除其他主体进行共同治理时面临的数据壁垒。当然，多元主体也要提升自身治理能力的专业性和组织框架的规范性，以提高多元协同共治效能。

12.3 数字经济监管模式及创新

数字经济发展给传统的政府监管体制带来了诸多新的挑战，迫切需要创新政府监管体制和监管政策来加以应对，防止不恰当监管对数字经济发展和社会福利造成损害。正如经济合作与发展组织（OECD）发布的《2017 年数字经济展望》年度报告所指出的，“数字经济是一个高度复杂和不确定的领域，缺乏监管和过度监管都会给社会带来巨大的成本”。为此，各国都在根据本国数字经济发展状况来调整政府监管体制和监管政策。

12. 3. 1　数字经济监管面临的挑战

第一，以互联网、大数据、人工智能等通用技术为核心的数字经济挑战属地管理模式，亟须调整央地监管关系。数字经济快速发展的同时，当下的政策比实践略有滞后，难以完全满足新的市场环境的要求。由于数字经济企业具有跨行业、跨区域的特性，故其面临多部门、多主体、多维度、多地区的共同监管，正因参与监管的主体和部门众多，导致各方存在政策掣肘的现象。

以互联网为例，其具有“一个平台、服务全国”的运营特点，这与传统属地管理存在冲突。电子商务平台上有数以千万计的卖家，其注册地、实际所在地、发货地可能在不同行政辖区，服务的买家也遍布全国乃至世界各地。当纠纷出现时，基于行政区划的属地监管模式会面临较大挑战，亟须调整央地关系，改变事权划分，加强中央政府相关部门在数字经济中的监管责任。必要时可设立中央政府部门的区域派出机构，实现在全国范围内的统一监管。

第二，以数字化网络平台为发展基础的数字经济不断挑战传统行业管理模式，多主体、跨部门联合监管成为重要趋势。数字化平台作为数字经济的典型形式和一种资源配置方式，创造了巨大的数字红利。2008—2021 年，全球互联网平台企业数量和市值呈持续增长态势。尤其在 2020 年疫情期间，随着线下交易场所的关停，传统行业受到巨大冲击，绝大多数基于互联网平台的企业市值则一路逆市飘红。如果说企业的出现克服了个体生产中成本过高的问题，那么平台则通过聚合产业链上多环节多种类企业和多种生产要素，为各方提供资源整合的机会，提供业内所需的服务，突破了传统市场和企业在资源配置中存在的信息、认知约束。同时，由于互联网的创新大多发生在跨界边缘地带，这对行业监管提出新的挑战，传统的条块分割行业监管模式被打破，跨部门联合监管成为重要趋势。联合监管、联合执法有利于弥合政府监管中的缺位错位，避免监管活动出现“真空”或“缺位”，提高了执法有效性。因此，及时建立适应数字经济发展的跨行业、跨领域监管模式成为当务之急。

第三，以快速迭代的数字产品、持续的数字增量、跨境的数据流动等为特征的数字经济挑战传统监管手段，创新监管方式已成必然。随着互联网、大数据、人工智能等现代技术的广泛应用，大规模定制成为数字时代的制造范式，AI 算力产业化加速向产业 AI 化迈进，跨境数据流动等成为数字经济的新特征。同时，许多新产业新业态新模式呈现出“规模扩张边际成本接近零”的特点，但与之相应的监管成本却呈现大规模上升的趋势，监管执法中技术手段滞后，巡检、消费维权、行政处罚等传统的监管已经无法满足数字经济非本地、非实时监管的需要；以数据为支撑的企业间、平台间、国际上的竞争更为复杂和隐秘；算法合谋、大数据分析、技术性拒绝交易等更难被发现，单纯依靠传统监管手段已经很难对互联网平台企业的垄断行为或不正当竞争行为进行识别。因此，亟待更新市场监管活动中的监管方式和监管工具，通过数字技术进行市场监管，实时跟踪重点企业和产品、识别异常现象，及时发现违法违规可能性较大的市场主体，有针对性地加强监管的同时，最大限度减少对依规依法企业的正常经营活动干扰。

12.3.2 数字经济的监管模式

根据全球数字经济的监管经验，结合我国实际情况，建立法治框架下多元化协同联动智慧监管模式是必然趋势。

1. 构建数字经济环境下的法治监管框架

（1）制定适用于公共数据开放管理的相关法规。数据资源的开放共享是数字经济创新发展的重要基础，而我国目前尚未制定针对政府部门及有关机构组织掌握的公共数据开放管理的相关制度和法规，数据开放原则、开放平台、开放程度等管理制度还需要进一步完善。许多公共信息不能及时共享，商业企业无法接入并加以开发利用，针对这样的问题，应制定公共信息公开法，对公共数据信息的开放做出更高层次的法律规定，畅通各级政府部门之间的数据共享渠道，加大对公共领域数据的开放力度。

（2）制定和完善数据交易协议相关法律法规。应当在积极梳理电子商务法、网络安全法、数据安全管理办法、信息安全技术个人信息安全规范、合同法等法规标准中涉及数据权属保护、数据交易、跨境流动、安全保护监管的具体内容的基础上，完善数据交易协议的必备条款；针对数字经济发展中出现的盗版侵权问题，需要尽快制定数字版权法，更好地抑制网络盗版侵权行为；建立协同联动的数据安全流转制度，构筑协调数据流动与数据交易的运行机制，通过透明、严谨、合规的运行流程设置提升数据交易的置信度，培育和发展有序竞争的数据要素市场。

（3）制定适用于平台经济的反垄断机制。为保护市场公平竞争，激发创新创造活力，维护各方合法利益，2021 年 2 月，国务院反垄断委员会发布了《关于平台经济领域的反垄断指南》，根据平台经济商业模式和竞争生态，明确了平台经济领域反垄断执法原则，为平台经营者依法合规的经营提供了更加明确的指引。2022 年 8 月，新的反垄断法正式施行后，市场监管总局积极推动反垄断法修订工作。反垄断法的修订应当具有前瞻性思维和全球性视野，综合考虑市场进入、快速创新、效率提高、消费者保护等多重因素，使市场参与者的创新行为都能得到更多法律支持。

（4）构建数字经济下的新型消费者权益内涵。数字经济时代，消费者会在消费的过程中无意识地创造很多数据，虽然经营者获取的这些数据是建立在消费者授权基础上，但这些授权是消费者无意间或者必须授予给经营者的，而且经营者只需获得消费者一次授权，即可永久使用其隐私数据，这显然不能满足消费者对加强数据隐私保护的合理诉求。这种经营者重复、叠加、过度地收集消费者数据的行为对消费者利益造成实质性损害。因此，需要从消费者保护的角度去思考监管实践，确立消费者的公平交易权和自由选择权，并由法律赋予消费者一定的权利，尤其是数据权利，重新塑造消费者在数字经济时代的权益的内涵和外延，衍生消费者的权利，突出对经营者义务的规定。

2. 构建多元主体协同共治的监管机制

协同治理需要加强相关各方之间的协同，除了要加强不同区域之间的协同、政府各主管部门之间的协同，也要加强政府与平台企业间的协同、行业协会与企业之间的协同合作，同时也要注意平台企业与经营者、消费者、用户等利益相关方之间的协同监督。通过相关方协同共治形成分工明确、职责清晰的多元化协同治理结构，逐步建立监管部门、主管部门、行业协会、平台企业、经营者、消费者、群众共同参与的社会共治体系。要不断提高行业协会、中介组织、专业机构、经营者、消费者等参与市场监管的意识与积极性，加强行业自律，广泛利用社会媒介的监督功能，努力培养企业的社会责任意识，树立企业自我监管理念与法制理念，在多个参与主体之间形成有效的互动，寻求经济利益和社会效益最大化的平衡点。

3. 实施线上线下一体化的数字化监管

数据是数字经济时代的关键要素，这就要求监管部门不断提高监管的技术含量，强化数字治理手段，利用基于新一代信息技术的监管平台，实施线上线下一体化的数字化监管。首先，政府自身必须要加快数字化转型，实现监管理念的转变；推进政务数据资源跨地区、跨层级、跨部门共享和交换，加快构建基础性、主题性和业务性信息资源体系；不断培养和引进数字人才等，来提升各级监管部门“一站式”服务能力。其次，对政务资源的配置实施全局化部署，全面推进

"一网通办"，政务服务事项全部纳入平台办理，法律法规另有规定或涉及国家秘密的除外；并在全国范围内推进服务事项以及办事流程的标准统筹，构建覆盖数据企业各经营环节的信息采集上报机制。最后，打通监管部门和企业之间的数据流通通道，应用大数据和云计算等技术，构建公众监管系统和数字管理平台，政府各相关部门的基础数据库应逐渐向企业开放；同时，企业内部形成的海量数据库也应逐步向监管部门开放，双方能顺畅交换各自所需数据信息，形成无障碍的信息互换机制。

4. 完善与国际接轨的监管标准建设

通过学习并借鉴国际上比较优秀的监管标准体系，我国要建立并不断完善监管的标准体系，通过标准化规范引导整个市场的健康有序发展，塑造数字经济的市场化自主监管新格局。同时，数字经济融合业务的跨国经营越来越普遍，业务经营全球化要求加强各国之间共商共治，这就意味着我国数字经济监管标准化建设要统筹国内国际两个大局，立足国内、面向国际，充分研究欧美数据保护的监管规则，紧密协同配合，并积极宣传中国主张，推动在多边、双边和网络基础设施、个人信息保护、跨境数据流动等方面制定可普遍接受的国际规则。

12.3.3 数字监管体系的创新

1. 建立相对完善的数字经济监管法律体系

促进数字经济发展需要充分发挥法律规则的指引和规范作用。数据资源的开放共享是数字经济创新发展的重要基础。为最大化释放数字经济的增长潜能，应尽快制定促进数据开放、权属保护、数据交易、跨境流动、安全保护等相关法规，同时及时有效规范企业经营行为和政府行政行为，营造促进数字经济消费和创新发展的良好环境，促进数字经济创新发展。

数字经济监管立法的重点应主要包括以下几个方面：

第一，应不断完善《个人信息保护法》，明确个人隐私权，同时通过立法来肯定数据占有企业对其投资采集与挖掘处理后的衍生数据具有财产权的权益，为企业投资大数据采集及相关开发应用提供有效的激励。

第二，针对目前政府部门及公共财政支持的有关机构掌握的公共数据信息的对外封闭、商业企业无法接入并加以开发利用以及个别机构通过高收费谋利等阻碍公共信息知识共享的问题，应制定公共信息公开法，对公共数据信息的开放做出更高层次的法律规定。

第三，针对数字经济发展中出现的盗版侵权问题，需要尽快制定数字版权法。借鉴美国《千禧年数字版权法》和欧盟《数字版权指令》的经验，中国数字版权法应特别明确平台在版权保护中的义务与责任，对“避风港”原则和“红旗”原则做出进一步明确的规定，要求平台应提高自身的版权注意义务，并逐步确立平台版权内容过滤机制的事前审查义务，更好地打击网络盗版侵权行为。

2. 构建“平台+政府”双中心协同监管治理体制

“平台+政府”的双中心监管体制关键是合理确定平台和政府监管机构的责任和角色，建立政府管平台、平台管商家的“政府—平台—商家”新型监管层级关系。

一方面，发挥平台私人规制者作用需要合理界定平台的基本责任。具体来说：一是在侵权损害案件中平台应承担的是间接的有限责任。作为一个促进交易的中介组织，政府监管部门不能要求平台承担与传统企业相同的近于无限的风险保障责任。二是在数字商务平台出现假冒伪劣和盗版侵权问题时，平台不应该是完全免责，平台应该承担必要的版权合理注意义务。三是作为交易中介的平台需要遵守“公平、合理、非歧视”的平台中立义务。四是平台要建立完善举报投诉处理机制，建立与监管机构信息共享和重大风险报告与应急处理机制，并积极配合监管机构查处通过平台实施的各种违法行为。

另一方面，发挥平台自我监管的主体作用并不是平台不要政府监管。由于平台主要是追求私人利益最大化，这与政府监管追求公共利益最大化目标并不总是一致，因此政府监管仍有必要。由此，“平台+政府”双中心监管体制也称为“政府监管下的自我规制”。

在现实的监管过程中，政府和平台之间的体制模式需要根据具体情况来灵活选择，以追求最佳的监管效果。

3. 形成与数字经济相适应的监管体制

建立与数字经济创新发展相适应的监管体制，需要进一步深化政府监管行政体制改革，着力解决条块分割体制对监管有效性的严重制约，建立适应数字经济的监管体制。

首先，进一步完善综合监管体制。数字经济具有典型的跨界融合发展的特征，监管面对的多是跨行业的普遍性监管问题而非专业的单行业监管问题，如反垄断、网络安全、数据隐私保护等都是涉及所有行业。为此，需要继续推进大部制改革思路，弱化行业特色并整合分散在不同部门的相同或相似监管职能，成立大金融、大交通、大信息等综合性监管部门，并进一步简政放权，科学定位政府监管职能与监管机构职责权限，进一步建立完善跨部门合作机制，形成更有效的多部门协同监管体制。

其次，为加强对大数据的监管，应设立专门的数据监管机构。目前欧盟及其成员国、美国联邦贸易委员会等都在政府主要部门内设立了专门负责数据监管的机构。借鉴国际经验，为更好地协调数字经济监管，应明确设立专门负责数据监管的综合机构，赋予其更全面的数据监管职能。在强化网信办网络内容的政治与社会安全监管职能的同时，将其他涉及个人隐私数据、商业数据、政务信息公开、防止网络攻击和维护国家网络空间安全、数据跨境流动和监管政策国际协调等职能集中到专门的数据监管机构，明确专门数据监管机构的职责并强化其执法权限与能力，逐步弱化专业部门的数据监管职能，形成以专门数据监管机构为主的数据监管的体制。专门数据监管机构的主要职能是负责消费者个人隐私和商业数据安全的监管。

再次，为了更好地协调中央与地方的关系，防止各地方政府的属地监管突破国家统一监管的政策底线，未来应该逐步构建超越部门和地区利益的综合性数字经济监管机构，加强对中央有关行业部门和地方政府部门出台有关政策的审查监督，明确有关部门和地方政府制定政策的底线，强化对有关部门和责任人的问责机制，防止地方政府人为地提高监管门槛的监管和扭曲市场竞争的行政行为，确保监管政策在全国有统一标准和在地方能灵活适用的最佳组合。

4. 完善行政程序以实现审慎包容监管原则的制度化

目前，审慎包容监管仅仅是一种监管理念或原则，并没有具体细致的制度落实，为此需要进一步深化行政体制改革，完善政府监管行政程序，增强监管政策制定的透明度和可问责性，确保审慎包容监管原则的制度化落实。

首先，尽快建立落实政府监管政策制定的影响评估制度。政府监管政策影响评估制度的核心是对监管政策进行成本收益分析，确保政府监管以最低的经济社会成本来实现监管目标。数字经济监管政策影响评估的重点是对监管政策实施可能给企业带来的合规成本要进行测算。任何政府监管政策的出台都会对企业遵守有关的标准或监管要求产生一定的合规成本，可能会对数字企业的发展带来较大的负面影响。因此，政府监管政策的制定和监管执法行动必须合理权衡成本和收益。只有在政府监管的收益明显大于监管成本并且实施监管政策不会对行业创新发展带来严重阻碍的情况下，政府出台监管政策或监管执法才是合理的。

其次，建立制定监管政策的公共意见征询制度。监管政策的制定和出台前都需要向社会公众公开征求意见，特别是倾听利益相关者的意见。这里的利益相关者既包括消费者，也包括受监管的行业企业和产业生态中的其他合作企业。通过政府监管政策制定的公共意见咨询制度，监管机构可以更好地平衡政府监管目标和行业创新发展的关系，有助于政府制定更平衡、科学和扭曲市场风险最低的监管政策；同时，监管机构出台的对公共意见征询政策也会为相关企业提供相对稳定的政策预期和政策出台前自我调整的缓冲期，降低政策的不确定性和突击执法带来的产业损害。

再次，建立监管政策实施绩效后评估制度。确保政府监管政策有效不仅包括制定正确的监管政策，也包括对过时或无效的监管政策及时加以废止。对于已经出台的法规、规章和规范性文件要在一定时期后由专门机构或委托独立第三方对其有效性进行评估，如果评估结果显示法规政策已经不再适应数字经济的发展要求或者已对数字经济发展构成不必要严重阻碍，应当及时修改或宣布废止。对于政策本身没有问题但是监管机构执法不作为、乱作为等失职行为，要强化监督问责机制。

5. 创新数字经济监管实施机制

数字经济监管应建立全过程、轻干预和多手段的新型监管机制。

一方面，政府监管应该放松偏重事前准入的严苛监管，构建全过程监管体系。事前监管主要是明确基本规则或原则，公示企业经营不能违犯的红线，应实行负面清单制度，并明确网络与数据安全的技术标准；事中监管主要是充分利用大数据和人工智能技术来加强市场研究与风险评估，监管机构掌握平台生态的运行状况但不直接介入平台主导的生态监管制度运行，仅在必要时对其给予指导或提醒；事后监管主要是查处各种违法违规行为进行纠偏和问责，并进一步督促企业完善生态规章制度，同时监管机构也要完善政府监管体制与政策。在数字经济全周期动态监管体制下，要始终将赋予微观主体更大的经营自由和以平台私人规制主体作用作为基础，政府参与平台私人治理但不替代平台私人治理，并基于监管机构与数字平台企业间的信息分享机制和大数据技术来实现低成本、低经济损害和及时有效的监管。

另一方面，数字经济监管应更多地采取轻干预的监管政策方式。数字经济轻干预监管政策实施机制主要包括如下的方式：一是市场研究。面对数字经济新模式新业态的不断涌现，政府监管的首要工作不是迅速采取原有的监管政策进行应对，而是先要进行市场研究，明确市场运行规律并基于对市场调研的事实来制定有针对性的政策。二是基于大数据技术的市场监测与预警。采用技术手段加强对数字经济的监测，可及时充分了解市场运行情况和可能的风险，并制定有针对性的监管应对预案。三是对平台透明度的要求。为防止大型平台企业滥用其支配地位来扭曲市场竞争，监管机构可以对平台的算法规则、交易条款、收费规则和声誉评价规则等做出透明度要求。数字经济监管要注重发挥技术手段在解决监管问题中的独特作用。在一些技术手段能有效解决监管问题的情况下，监管机构不要直接采用行政执法手段，应优先适用技术解决方案。监管机构要积极采用大数据、云计算等技术手段。未来随着人工智能技术的进一步发展，监管机构也要开发出监管算法，实现智能监管。

12.4 数字经济治理国际合作

习近平总书记强调："积极参与数字经济国际合作。要密切观察、主动作为，主动参与国际组织数字经济议题谈判，开展双多边数字治理合作，维护和完善多边数字经济治理机制，及时提出中国方案，发出中国声音。[①]"围绕数字经济积极开展双多边国际合作，是推动我国经济高质量发展、加快构建新发展格局的客观要求，也是我国积极参与全球经济治理体系变革、构建数字合作格局的重要举措。通过与数字伙伴安全互通和合作开发数据资源，加强数字技术合作，参与数字技术国际标准制定，推动数字贸易领域扩大开放，有助于在国际上及时提出中国方案、发出中国声音。

12.4.1 我国在数字经济治理国际合作上的进展

首先，在顶层设计方面，我国相继印发了《数字经济对外投资合作工作指引》《"十四五"数字经济发展规划》，优化数字经济"走出去"布局，明确数字经济国际合作的方向，加快融入数字经济全球产业链，并且积极组织开展中国-东盟数字部长会议、G20 数字经济部长会议、中国-东盟数字经济合作等，持续打造数字经济国际合作平台。

其次，在全球多方治理体系方面，2021 年 11 月我国正式申请加入《数字经济伙伴关系协定》（DEPA）；2022 年我国成立 DEPA 工作组，全面推进 DEPA 谈判，扩展数字经济领域的互利合作。我国参与发起并加入了《全球发展倡议》

① 习近平：《习近平谈治国理政》第四卷，外文出版社，2022，第 208 页。

《G20 数字经济发展与合作倡议》等国际合作协定，积极探究数字经济国际规则制定，加强与世界各国在数字技术、数据标准和数字应用方面的沟通、合作，推动建立非歧视、公平和开放的数字营商环境。

再次，在数字经济国际影响力方面，2017 年我国与塞尔维亚、老挝、泰国、阿联酋、沙特阿拉伯、土耳其等国家共同发起《“一带一路”数字经济国际合作倡议》；2020 年我国提出《全球数据安全倡议》，倡导制定尊重各方利益、反映各方意愿的数字治理国际规则；2022 年我国与巴西、俄罗斯、印度、南非达成《金砖国家数字经济伙伴关系框架》，深化金砖国家数字经济合作共识。截至目前，我国已与五大洲 23 个国家建立“丝路电商”双边合作机制，与 17 个国家签署“数字丝绸之路”合作谅解备忘录。我国数字经济领域国际合作进程迅速延伸，不断为全球数字经济发展贡献中国方案和中国智慧。

12.4.2　我国数字经济治理多边合作的政策主张

数字经济是超越地理边界的经济，不受时空限制而进行跨区域、跨国界的经济活动恰恰也是数字经济的一个优势所在。因此，提高数字经济治理能力和治理水平需要积极开展多边合作。

早在 2014 年 11 月，习近平总书记在致首届世界互联网大会的贺词中，就把“互联网”与“命运共同体”的概念并列提出，指出互联网真正让世界变成了地球村，让国际社会越来越成为“你中有我，我中有你”的命运共同体。2015 年 12 月，在第二届世界互联网大会开幕式上的讲话中，习近平总书记正式全面提出共同构建“网络空间命运共同体”这一网络空间治理的时代命题。也正是在这次大会上，习近平总书记提出“五点主张”，为建设网络空间命运共同体描绘了“互联互通，交流互鉴，共同繁荣，有序发展，公平正义”的美好蓝图。

党的十九届五中全会提出，要“建立数据资源产权、交易流通、跨境传输和安全保护等基础制度和标准规范，推动数据资源开发利用”，这就为国际上开展多双边数字治理合作指明了方向。在开展多边数字经济治理的过程中，我们需要以网络安全为基石，以发展共享为内容，以依法治理为保障，以共同价值为纽带，树立整体思维和底线思维，正确处理好开放和自主的关系，平衡好我国自身的发展、安全和与世界共赢的关系等。

12.4.3　加强我国数字经济治理国际合作的主要着力点

第一，在开展多边双边数字经济治理合作过程中，可以依托我国超大规模市场优势，积极参与全球数字治理规则制定。我国已成为全球最大的电子信息产品制造基地，拥有全球用户规模最大的移动通信网，而且已建成全球最大规模的下一代互联网，信息产业已成为我国的支柱产业。我国数字经济持续向好发展，为我国在双多边数字经济治理中提供了话语权。推动全球数字治理规则制定和应用，既是我国的发展需求，也是我国的发展责任。一方面，需要完善我国相关政策制度，促进开放合作；另一方面，需要在国际上加强政策、监管、法律的统筹协调，建立数据资源产权、交易流通、跨境传输和安全保护等基础制度和标准规范，建立包容审慎监管机制，着力消除阻碍新业态新模式发展的各种行业性、地区性、经营性壁垒，以积极有效的制度和政策促进多边数字经济治理水平。比如统一数据开放标准和数据质量，推进高水平数字基础设施建设，让更多机构和个人能够挖掘和创造新的数据价值，产生经济和社会效益。在消除数字鸿沟，特别是跨区域的数字弱势群体方面提出更多的规则和方案，让多边共享数字红利。

第二，充分利用好我国已经开拓的良好国际平台，为提高多边数字治理能力和水平贡献才智。如充分利用“一带一路”、上合组织、世界互联网大会、世界人工智能大会、中国国际智能产业博览会等平台，争取联合世界银行、国际货币基金组织、二十国集团、世界经济论坛、亚太经合组织、全球移动通信系统协会、国际电信联盟、联合国经济和社会事务部、联合国贸易和发展会议等国际组织，传递我们的声音，提供中国智慧和方案。2021 年 11 月 12 日，第 23 次中国-东盟（10+1）领导人会议发表《中国-东盟关于建立数字经济合作伙伴关系的倡议》，双方同意抓住数字机遇，打造“互信、互利、包容、创新、共赢”的数字经济合作伙伴关系，加强在数字技术防疫抗疫、数字基础设施、数字化转型、智慧城市、网络空间和网络安全等领域的合作，就是一个很好的合作治理范例。

第三，加强技术创新，提高多边数字经济治理能力和水平。技术在解决数字经济安全问题方面，正在发挥日益重要的作用。在多边数字经济治理中，要努力搭建好数字经济网络交流平台，推动多边数字治理合作。目前，我国在通信、高性能计算机、数字电视等领域已经取得系列重大技术突破，成就了一批国际知名的信息技术企业，如华为、海尔、联想、中兴、TCL 等。在信息安全方面，我国也取得了一些创新性成果，例如，被国际同行称为“肖-Massey 定理”的相关免疫布尔函数的频谱特征；环岛出二元伪随机序列，揭示了密码设计一类新的非线性资源的密码学性质；提出的比特跟踪方法，在国际上产生了重大影响。在国内电子政务市场，国产的 PKI 系统已占主流①。在信息技术的应用方面，我国计算机集成制造系统技术得到推广，获得了国际大学奖和企业奖；农业信息化示范系统及其应用获得了联合国的奖励；我国开发的“用于测量与控制系统的 EPA 系统结构和通信规范”被列入国际标准，这都标志着我国在工业自动化的现场总线领域有了国际认可的核心技术。这些有利条件都为我国倡导的多边数字经济治理提供了良好的技术支持。

数字技术可以打破行业壁垒，跨界连接多个企业、多个产业和多种生产要素，形成提供解决方案的产业生态圈。数字化网络平台能够聚合产业链上多环节多种类企业和多种生产要素，为各方提供资源整合机会，提供业内所需的各种服务。平台内的消费者、企业和各种生产要素彼此相连，实时互动，当原有的产业链断裂时，平台能够迅速找到替代或调整方案，快速补链接链。与线下单点连接的传统产业链相比，数字化平台能形成多点连接的产业网链，使全球分工体系的稳定性安全性大大提高②。在这方面，我国可以强化基础设施建设，提升网络安全能力供给，推动 5G 技术与工业互联网深度融合，打造多层次工业互联网平台体系，发挥我国工业大数据中心作用，全面提升技术创新能力。通过加快“5G+工业互联网”、异构标识互操作、工业大数据等关键标准研制，加快智能网关、边缘计算、工业 App 等新型应用技术研发，加速推动 5G 商用部署，加强人工智能、物联网等新型基础设施建设，加快建设高速、移动、安全的基础设施，形成万物互联、人机交互、天地一体的网络支撑能力，助力多边数字经济治理。

第四，反对垄断和不正当竞争行为，加强数字经济多边的监管。在开展多边数字经济治理过程中要充分考虑国家数据安全与数字主权等问题，以提高安全保障。毕竟在数字经济中，数据是国家的基础性、战略性资源。在这方面，尤其需要强化多边数据隐私保护，使监管部门能够根据行业类别、数据类型、数据规模和主要用途等，合理确定数据敏感程度，划分数据安全级别，并允以相应保护。

第五，建立开放共享、协同创新的数字经济发展环境，构建各方联动的创新生态系统。数字经济跨区域、宽领域的特点，要求多边构建无缝隙、动态化的协同管理机制和工作平台，做到对普遍性或突发性问题迅速反应、及时处理。要综合运用法律、技术、市场手段，建立开放共享、协同创新的数字经济发展环境；构建完善数字经济领域开源平台体系，加强前沿基础研究和应用基础研究布局，

① 张世龙、马尚平：《技术突变下后发国家自主技术创新战略研究》，科学出版社，2014，第 45 页。

② 江小涓：《“十四五”时期数字经济发展趋势与治理重点》，《光明日报》2020 年 9 月 21 日。

建构全业式数字生态系统；建立高效的协同治理机制。

从全球治理角度看，数字经济在引领经济全球化的同时，也促使全球经贸模式产生了革命性转变，推动全球经济向着更加包容性的方向转变。研究数字经济与全球治理，有助于形成和完善世界范围内数字经济监管和治理体系。在开展多边治理过程中，要坚持以互利共赢为导向，推动全球数字经济治理的共建、共治、共享，从而建立一个多边、民主、透明的全球数字经济治理体系。

案　例

开启全球数字治理新篇章①

目前全球范围内尚不具备统一规范的数字经济治理框架，各国在数字经济治理上缺少足够共识，相关规则孤立且零散，无法形成有效治理模式与完整治理体系。原有全球治理体系无法充分应对时代新挑战，数字经济领域的国际合作面临政治考量、意识形态和文化安全等多方面的重大考验。习近平总书记指出："为世界经济发展增添新动能，迫切需要我们加快数字经济发展，推动全球互联网治理体系向着更加公正合理的方向迈进。"

2020 年 9 月，中方发起了《全球数据安全倡议》，为全球数字治理规则制定贡献了中国方案，得到国际社会广泛积极评价。在该倡议基础上，2021 年 3 月 29 日，中国外交部同阿拉伯国家联盟秘书处召开中阿数据安全视频会议，宣布共同发表《中阿数据安全合作倡议》，阿拉伯国家成为全球范围内首个与中国共同发表数据安全倡议的地区。中阿双方高度评价，认为这彰显了中阿在数字治理领域的高度共识，有利于推进数据安全领域国际规则制定，标志着发展中国家在携手推进全球数字治理方面迈出了重要一步。

数字治理是全球治理的新领域。数据安全风险是各国面临的共同挑战，化解这一风险需要各国建立互信、深化合作。然而一段时间以来，某些国家奉行单边主义和霸权主义，将数据安全问题政治化，严重干扰了全球数字合作与发展的努力。中国和阿拉伯国家由于历史原因曾长期是国际规则的被动接受者，双方都认识到要努力做全球治理的重要参与者、国际规则的主动制定者。《中阿数据安全合作倡议》的发表，有利于推动在多边主义基础上共建和平、安全、开放、合作的网络空间，树立了发展中国家参与全球治理的范例，为世界各国在全球数字治

① 《开启全球数字治理新篇章》，《人民日报》2021 年 3 月 30 日。(使用时有删改)

理领域寻求最大公约数贡献了智慧和力量。

近年来，中阿双方数字领域合作不断深化，取得丰硕成果。早在 2017 年，中国就与埃及、沙特阿拉伯、阿联酋等国共同发起《“一带一路”数字经济国际合作倡议》。2020 年 7 月，中阿合作论坛部长会又决定加强双方在互联网和数字经济发展领域的合作与互鉴。新冠肺炎疫情发生后，中国电商积极与阿方分享平台建设、物流管理等方面技术和经验，为助力阿拉伯国家复工复产做出了积极贡献。据统计，中国电商平台在海湾六国互联网用户覆盖率已达 80%。《中阿数据安全合作倡议》的发表，有助于深化中阿关系，推动双方蓬勃发展的数字合作取得更大成果。

凡益之道，与时偕行。历史已经并将继续证明，多边主义必将战胜单边主义，互利合作必将取代零和博弈。面对数据安全这一各国共同挑战，《中阿数据安全合作倡议》体现了开放、包容的合作精神，必将带动国际社会更多成员加入这一合作进程中，形成全球数字治理合力，开启全球数字治理新篇章，为共同构建网络空间命运共同体做出更大贡献。

案例讨论题

1. 当前全球数字治理合作面临着什么样的机遇与挑战？
2. 结合案例，谈谈完善全球数字治理体系应坚持哪些基本原则？

小　结

数字经济治理体系是数字经济发展的内在需要，也是实现国家治理体系现代化战略目标的迫切要求。随着数字经济的快速发展，产生安全问题、知识产权问题、信息不对称问题、市场垄断问题使得数字经济面临较大的风险挑战，迫切需要构建数字经济治理体系，根据本国数字经济发展状况来调整政府监管体制和监管政策。数字经济事关我国发展大局，围绕数字经济积极开展多边国际合作，是推动我国经济高质量发展、加快构建新发展格局的客观要求，也是我国积极参与全球经济治理体系变革、构建数字合作格局的重要举措。在实现中国式现代化的新征程中，必须加快推进数字经济治理体系的现代化，提高我国数字经济治理能力。

关键术语

数字经济治理　数字经济治理体系　数据经济监管

习　题

1. 简述数字经济治理体系的内涵及构成。
2. 数字治理体系创新的重点有哪些？
3. 简述我国数字经济治理体系现代化的实现路径。
4. 数字经济监管模式应该如何创新？

参考文献

［1］黄奇帆，朱岩，邵平．数字经济内涵与路径［M］．北京：中信出版社，2022.

［2］赵立斌，张莉莉．数字经济概论［M］．北京：科学出版社，2020.

［3］宋爽．数字经济概论［M］．天津：天津大学出版社，2021.

［4］杨新臣．数字经济：重塑经济新动力［M］．北京：中国工信出版集团，2021.

［5］汤潇．数字经济：影响未来的新技术、新模式、新产业［M］．北京：中国工信出版集团，2019.

［6］刘志毅．智能经济：用数字经济思维理解世界［M］．北京：电子工业出版社，2019.

［7］马俊，司晓，袁东明，等．数字化转型与制度变革［M］．北京：中国发展出版社，2020.

［8］国务院发展研究中心创新发展研究部．数字化转型：发展与政策［M］．北京：中国发展出版社，2019.

［9］李晓妍．万物互联：物联网创新创业启示录［M］．北京：人民邮电出版社，2016.

［10］李艺铭，安晖．数字经济：新时代 再起航［M］．北京：人民邮电出版社，2017.

［11］张先锋．数字贸易［M］．合肥：合肥工业大学出版社，2021.

［12］江青．数字中国：大数据与政府管理决策［M］．北京：中国人民大学出版社，2018.

［13］陈潭．大数据时代的国家治理［M］．北京：中国社会科学出版社，2015.

［14］新玉言，李克．大数据：政府治理新时代［M］．北京：台海出版社，2016.

［15］李海舰，蔡跃洲，彭战，等．数字经济蓝皮书：中国数字经济前沿 2021：数字经济测度及“十四五”发展［M］．北京：社会科学文献出版

社，2021.

［16］张剑锋. 数字治理：数字时代的治理现代化［M］. 北京：电子工业出版社，2021.

［17］袁国宝. 新基建：数字经济重构经济增长新格局［M］. 北京：中国经济出版社，2021.

［18］李国杰. 数字经济干部读本［M］. 北京：国家行政学院出版社，2017.

［19］杨丹. 智慧农业实践［M］. 北京：人民邮电出版社，2019.

［20］李培根，高亮. 智能制造概论［M］. 北京：清华大学出版社，2021.

［21］森德勒. 无边界的新工业革命：德国工业 4. 0 与“中国制造 2025”［M］. 吴欢欢，译. 北京：中信出版社，2018.

［22］布莱恩约弗森，麦卡菲. 第二次经济革命：数字化技术将如何改变我们的经济与社会［M］. 蒋永军，译. 北京：中信出版社，2014.

［23］舍恩伯格，库克耶. 大数据时代：生活、工作与思维的大变革［M］. 盛杨燕，周涛，译. 杭州：浙江人民出版社，2013.

［24］梅森. 新经济的逻辑：个人、企业和国家如何应对比未来［M］. 熊海虹，译. 北京：中信出版社，2017.

［25］帕克，埃尔斯泰恩，邱达利. 平台革命：改变世界的商业模式［M］. 志鹏，译. 北京：机械工业出版社，2017.

［26］多梅尔. 人工智能：改变世界，重建未来［M］. 迪赛研究院专家组，译. 北京：中信出版社，2016.

［27］施瓦布. 第四次工业革命：转型的力量［M］. 李菁，译. 北京：中信出版社，2016.

［28］习近平. 不断做强做优做大我国数字经济［J］. 求是，2022（2）.

［29］徐翔，厉克奥博，田晓轩. 数据生产要素研究进展［J］. 经济学动态，2021（4）.

［30］钟春平，刘诚，李勇坚. 中美比较视角下我国数字经济发展的对策建议［J］. 经济纵横，2017（4）.

［31］赵春江，李瑾，冯献. 面向 2035 年智慧农业发展战略研究［J］. 中国工程科学. 2021（4）.

［32］周勇，赵聃，刘志迎. 我国智能制造发展实践及突破路径研究［J］. 中国工程科学，2022（2）.

［33］王秀伟．从交互到共生：文旅融合的结构维度、演进逻辑和发展趋势［J］．西南民族大学学报（人文社会科学版），2021（5）．

［34］黄群慧，余泳泽，张松林．互联网发展与制造业生产率提升：内在机制与中国经验［J］．中国工业经济，2019（8）．